国文教育经典

体裁与风格

蒋伯潜　蒋祖怡　著

上册

首都经济贸易大学出版社

· 北京 ·

图书在版编目（CIP）数据

体裁与风格 / 蒋伯潜，蒋祖怡著. --北京：首都经济贸易大学出版社，2018.7
（国文教育经典）
ISBN 978-7-5638-2784-8

Ⅰ.①体…　Ⅱ.①蒋…②蒋…　Ⅲ.①汉语—写作 Ⅳ.①H15

中国版本图书馆CIP数据核字（2018）第059994号

体裁与风格
蒋伯潜　蒋祖怡　著
Ticai Yu Fengge

责任编辑	兰士斌	
书籍设计	张弥迪	
出版发行	首都经济贸易大学出版社	
地　　址	北京市朝阳区红庙（邮编100026）	
电　　话	(010) 65976483　65065761　65071505（传真）	
网　　址	http://www.sjmcb.com	
E-mail	publish@cueb.edu.cn	
经　　销	全国新华书店	
印　　刷	北京玺诚印务有限公司	
开　　本	787毫米×1092毫米　1/32	
字　　数	518千字	
印　　张	20.25	
版　　次	2018年7月第1版　2018年7月第1次印刷	
书　　号	ISBN 978-7-5638-2784-8/H·191	
定　　价	69.00元（上下册）	

重版前言

　　《字与词》《章与句》《体裁与风格》是蒋伯潜、蒋祖怡撰写的三部著作。蒋氏父子编过一套"国文自学辅导丛书"，共十二册，1940年由世界书局出版（1947年再版）。这十二册书分别是：

　　《字与词（上）》，《字与词（下）》，《章与句（上）》，《章与句（下）》，《体裁与风格（上）》，《体裁与风格（下）》，《经与经学》，《诸子与理学》，《骈文与散文》，《小说与戏曲》，《诗》，《词曲》。

　　其中：后六册在1977年由上海书店出版社编为"古典文史基本知识丛书"出版；前六册由首都经济贸易大学出版社在2015年合成"蒋氏中学基础国文三种"三册出版，现在又还原为六册，收入"国文教育经典"再版。

蒋伯潜在1940年为这套丛书写的"自序"中说，中学生国文程度低落的主要原因是："只重在教师的教，而不重在学生的学；只重在课内的受教，而不重在课外的自学！"所以决心要编一套适於中学生自学的有系统的课外读物。《字与词》《章与句》《体裁与风格》是基础的语文知识。《字与词》讲了字的读音，反切，错别字，六书，复词（复音词），词类等；《章与句》讲了句的构成，几种常见的修辞格，文章的结构，开端和结尾，记述和描写，思想与想象等；《体裁与风格》讲了古文的分类和诗、词、曲、小说、戏剧等文体，以及繁缛、简约，婉曲、直截，阳刚、阴柔等多种风格。书中在讲述这些基本知识的时候，也常常有一些作者独到的见解。这对提高学生的语文水平是有帮助的。在书中，这些语文知识的讲授对象是初中学生；照现在学生的程度，大约是高中学生阅读比较合适。

这三部书都是用小说的体裁写的。《字与词》是写国文教师周伯臧和他的家庭和学生们，时间背景为1937年"七七"事变前；《章与句》是写国文教师李亦平和他的学生章明、陈祖平等，时间背景为1940年前；《体裁与风格》是写寓居山村的国文教师尹莘耜和他补习班的一些学生，时间背景为1940年法国投降前。书中对教师与学生之间融洽的关系有很好的描写，对书中人物的家庭生活和社交活动以及他们对社会、时局的议论也写得很真切。在周伯臧和尹莘耜的身上，可以看到作者蒋伯潜的影子。这些都是研究民国时期教育史的有价值的历史资料。

先祖父蒋伯潜和先父蒋祖怡的小传和照片是我提供的，读者和研究者可以参看。

在这三部著作第二版付梓之际，我要再次感谢首都经济贸易大学出版社和兰士斌、彭芳、彭伽佳等诸位编辑，他们经过精心的筹划和辛勤的编校，使得这三部近八十年前出版的著作重新和读者见面。这为民国教育史翻开了几乎被遗忘的一页。

蒋绍愚

2018年3月於北京大学

蒋伯潜(1892—1956)

蒋伯潜

蒋伯潜（1892—1956），名起龙，字伯潜，以字行。出生於富阳新关村。光绪三十三年（1907年）毕业於杭州府中学堂，先后在闸苑小学、美新小学任教。民国四年（1915年）夏考入北京高等师范国文系，受马叙伦、钱玄同、鲁迅诸名师熏陶，在《新青年》《东方杂志》等刊物发表文章。1919年毕业，经系主任陈宝泉和时任浙江大学校长的蒋梦麟介绍，至浙江嘉兴省立第二中学任教。以后，先后在浙江省杭州第一中学、第一师范、女子中学、杭州师范、台州省六中等校任教，与夏丏尊、叶圣陶、郁达夫、朱自清等过从甚密。

在此期间，曾为世界书局编撰初高中国文课本12册，世界书局总编辑署曰"蒋氏国文"，出版后颇受教育界欢迎；又为开明书店编选并注释《开明活页文选》，注释精详。

1926年，国民军由广东出师北伐，马叙伦策动浙江省省长夏超起义以响应国民军，蒋伯潜曾参与其事。1927年，北伐军底定浙江后，马叙伦任民政厅长；蒋伯潜任《三五日报》主编，"四一二"事变后辞职。

1938年春，蒋伯潜应老友蔡丙因、董任坚、周予同之邀，赴上海大夏大学和迁沪的无锡国专等校任中文系教授，并兼任世界书局特约馆外编审。在此期间，根据其多年从事中学国文教学的经验，编撰《中学国文教学法》（上海中华书局1941年出版）；又与其子蒋祖怡合编"国文自学辅导丛书"12册（世界书局1940年初版，1947年再版），其中《字与词（上下）》《体裁与风格（上下）》《经与经学》《诸子与理学》为蒋伯潜编撰。蒋伯潜根据上海任教时的讲稿写成的《十三经概论》（世界书局1944年出版）是一部重要的学术著作，20世纪50年代后在台湾省多次印刷，1983年、1986年、2010年又几度由上海古籍出版社重印。

1941年，日军侵占上海，蒋伯潜应老友朱自清之邀离沪，准备去昆明西南联大任教；因为西南道阻，回故乡富阳新关村居住，在县立富阳中学等校任教，并和族弟蒋廷龙等一起创办了富阳简易师范。蒋伯潜、蒋祖怡父子二人合撰的"国学汇纂丛书"10种（正中书局1942—1946年出版）大部分在此期间完成，其中《文体论纂要》《文字学纂要》《校雠目录学纂要》《小说学纂要》《诸子学纂要》《理学纂要》《经学纂要》为蒋伯潜编撰。

1945年抗战胜利，蒋伯潜应邀到上海市立师范专科学校任中文系主任兼教授，任教期间撰写了学术专著《诸子通考》（正中书局1948年出版）。1947年应邀任杭州师范学校校长。1949年任浙江图书馆研究部主任，被选为杭州市和浙江省人民代表。1955年任浙江文史馆研究员，1956年1月逝世。

妻夏喜云（1893—1982），富阳里山人。

子蒋祖怡，另有小传。

蒋祖怡(1913—1992)

蒋祖怡

蒋祖怡（1913—1992），出生於富阳新关村。蒋伯潜之子。自幼受到父亲及其友人郁达夫、朱自清、叶圣陶、周予同等的教育和熏陶，中学期间就写小说发表在刊物上。1937年毕业於无锡国学专修学校。次年到上海任世界书局编辑。在此期间，与其父蒋伯潜合作编撰"国文自学辅导丛书"12册（世界书局1940年初版，1947年再版），其中《章与句（上下）》《骈文与散文》《小说与戏曲》《诗》《词曲》为蒋祖怡撰写。

1941年上海沦陷后，回新关村居住，并在浙西昌化第三临时中学、富阳简易师范任教。在此期间完成了父子合作编撰的"国学汇纂丛书"10种（正中书局1942—1946年出版），其中《文章学纂要》《诗歌文学纂要》《史学纂要》为蒋祖怡撰写。上述这两套丛书后来大多在台湾和大陆多次重印。

　　1945年抗战胜利后，蒋祖怡到上海任正中书局编审，兼任上海市立师范专科学校中文系副教授。1948年受聘於浙江大学文学院。1952年院系调整，浙江大学文理各系组成浙江师范学院。1958年，浙江师范学院并入新建的杭州大学。蒋祖怡长期担任浙江师范学院与杭州大学的中文系副系主任，为浙江师范学院和杭州大学中文系的建设付出不少心血。"文革"以后，他以病残之躯坚持教学，为杭州大学中文系培养了好几届研究生。同时，他又长期担任浙江省人民代表，作家协会浙江分会副主席，中国民主同盟浙江省委副主委。

　　蒋祖怡长期从事文艺理论和中国文学批评史的研究，著述甚富。在1949年以后出版的著作主要有：《中国人民文学史》（北新书局1950年出版），《论衡选注》（上海中华书局1960年出版），《王充的文学理论》（上海中华书局1962年出版），《王充卷》（中州书画社1983年出版），《文心雕龙论丛》（上海古籍出版社1985年出版），《钟嵘诗品笺证》（中州古籍出版社1995年出版），《全辽诗话》（与张涤云合著，岳麓书社 1992 年出版），《郁达夫旧体组诗笺注》（与蒋祖勋合著，浙江文艺出版社 1993 年出版），《中国古代诗话词典》（主编，北京出版社 1995 年出版），《中国古代文论的双璧——〈文心雕龙〉〈诗品〉论文集》（山东教育出版社 1995 年出版）。

妻沈月秋（1914—1996），富阳人。

子女五人：蒋绍惠（女），蒋绍愚，蒋绍忞（女），蒋绍忠，蒋绍心。

目 录

自序

　　我在浙江省各中等学校——旧制四年的中学、五年的师范，新制前三年后三年的初高级中学——教授国文，已二十多年了。这二十多年来，一般中学生国文程度的低落，几已成为无可讳言的事实。四五年前，我曾为浙江省教育厅典试中学毕业会考的国文四次，觉得中学毕业生的国文试卷，大有一届不如一届之势。论者往往归咎于学制的改革，把四年初小、三年高小的期限缩短了一年。其实，小学缩短了一年，中学已延长了二年；虽然大学的三年预科被废除了，但这於中学毕业生的程度是没有影响的。或谓从前的中学生大都是家塾出来的，现在的中学生完全是小学毕业的；家塾可以说是专读国文的，而且由教师个别教授；小学的学科较繁，花样较多，学生已不能专攻国文，而且用的是班级教学，这便是中学生国文程度低落的原因。这一说，颇有相当的理由，可是我们平心静气地想想：家塾里读死书的教学方法——只重背诵不重讲解——比现代小学里的教学法，优劣如何？家塾里采用的教本——自《千字文》《百家姓》以至"四书""五经"——比现代的小学国语教科书，哪一类适合於儿童的学习？即此二端，已足抵消上面所述的那种原因了！

　　我以为中学生国文程度低落的主要原因，还在於中学本身六年内的国文教学只重在教师的教，而不重在学生的学；只重在课内的受教，而不重在课外的自学！中等学校的国文授课时间，每周至多不过六七小时，去了二小时作文，只有四五小时了。讲授选文，如果贪多求速，每周也可以讲授三四篇。但这样草率了事，囫囵吞枣，学生能完全了解吗？能完全记诵吗？不但食而不化，难期应用，怕咽都来不及咽下去哩！如果预习、试讲、范讲、复讲、内容和形式的深究，以及默读、朗读、背诵、默写，要样样都做到，一周四五小时，怕只能选授一两篇文章。一学年不过四十多周，六年工夫只读了二百五十篇到五百篇文章，国文当然不会有长足的进步了。何况大部分学生在教室里听讲，和坐茶店听说书一般，有兴趣时，眉飞色舞，没兴趣时，便昏昏入睡；下了课，把讲义一丢，等到考试时再来临渴掘井呢！——所以我认为要提高中学生的国文程度，非提倡他们自学不可！非辅导他们自学不可！非养成他们课外阅读的能力、兴趣和习惯不可！

可是适宜於中学生课外阅读的读物，实在难找。他们得不到适当的读物，而自由阅读的兴趣又非常强烈，於是大多数学生尽量地阅读他们自认为有兴趣的小说，无论是武侠、神怪、恋爱、侦探等等，无所不阅，结果是无往不迷，虽然看小说於国文也不无小补，但终是所得不偿所失。学校当局，或听其自然，或竭力禁止。禁止固然无效，听其自然也不是办法。现在各初中差不多以《文心》《爱的教育》《文章讲话》《文章作法》《词和句》等为学生的课外读物，可是这一册、那一册，各自独立，并不是按照中学生程度，由浅入深，整套编成的；就各书的形式和内容看，也分不出它们的深浅。

所以甲校定《文心》为一年级的读物，乙校定《文心》为二年级的读物，丙校又定《文心》为三年级的读物，把它看成万应灵膏，什么人什么病都可贴的了。至於高中，尤其没有办法；许多教师只得将《孟子》《史记》《战国策》《通鉴纪事本末》提起笔来，随便替学生开一张书单了。

　　"我们得替中学程度的青年编一套适於自学的有系统的课外读物！"这是近十年来我和朋友们常说的话。浙江省中等教育研究会也曾发此弘愿，可是除出了一册《民族文选》之外，没听说编成什么书。我虽有此计划，因为靠教书过活，工作实在太忙了，时间精力都无暇及此。二十七年春，富阳沦陷，避地来沪；斗室虱处，忽忽两年。每和海上故人、浙东旧友偶然谈及，都说我左足既废，杜门避难，大可趁此闲暇了彼宿愿。去年为脑病所苦，濒危者屡，不能执笔。今岁任教大夏大学，乃於课暇奋力工作。至於材料之搜集，意匠之经营，文字之推敲，则儿子祖怡臂助尤力。陆先生高谊适主世界书局，许为印行，期以年半，完成全书。不但可以了我十年来的心愿，可以借此砚田笔耕，易米以度难民生活，也可以在我避难上海的一段生活史上，留一个纪念。至於疏漏纰缪之处，还望中等教育界同人不吝指正！

蒋伯潜序於沪西寓庐

中华民国二十九年三月

第一章　难中遇难

　　"时难年荒世业空，弟兄羁旅各西东。田园寥落干戈后，骨肉流离道路中。吊影分为千里雁，辞根散作九秋蓬。共看明月应垂泪，一夜乡心五处同。"

　　一阵悠扬顿挫的诗声从山涧边的三间小楼房里传出来，散播在月光如水的空场中。这空场上，有横架着当作凳儿坐的两株大竹子，有散置着的矮脚凳儿，三三五五地坐着乘凉的男、妇、孩子们。一位白发苍苍的老者，躺在一张竹靠椅上，手里拿一枝长旱烟袋儿，在讲他幼时听得的太平天国的故事。他忽然听到那悠扬的诗声，停止了故事的述说，叹道："尹老先生又在发感慨了！故园沦陷，家室流徙，这也难怪！阿良，他读的是什么诗？你知道吗？"

　　阿良是一个十六七岁的孩子，是这位老翁的孙子，坐在老翁的竹靠椅旁的一块大方石上，仰起头来答道："是唐诗。"

"弟弟答得太含糊了！这是唐朝诗人白居易作的一首七言律诗。白居易作这首诗，是怀念在乱离中散处各地的兄弟和姊妹的。尹太先生流寓此间，兄弟姊妹骨肉离散，处境正和白居易相似；今晚月明如昼，想起古人'隔千里共明月'的话来，所以朗诵这首诗了。"坐在老翁后面的素秋——阿良的姊姊，插嘴说。

那老翁道："素秋说得很对。我们在这儿纳凉，举头共见明月。你们的爸爸据阿良说的日子推算，已在碧湖回来的途中；你们的哥哥远在重庆。他们正是李白说的'举头望明月，低头思故乡'哩！——阿良，你去看看太先生；倘若他高兴的话，请他也来乘乘凉，谈谈天，散散闷。"阿良站起来，把披着的一件夏布小衫穿好，向那小屋跑去了。那老翁向乘凉的妇女们道："尹老先生和我们自家人一样，你们也不必回避。素秋，你去拿一壶茶，掇一张竹椅子来。"素秋答应着去了。

不多时，那小屋里走出一个五十多岁的人来，跛着脚，扶一条竹杖，阿良跟在他后面，从小屋前的板桥上缓步而来。老翁挂着那旱烟袋儿，站起来让座道："莘耜先生，请这里坐吧！"尹莘耜连忙抢上一步，摆一摆左手道："老伯请坐，别客气！"这时，素秋已掇了一张紫竹椅子来，请莘耜坐下。她又把一壶茶、两只杯子放在阿良坐的那块方石上。莘耜道："恭喜老伯，令孙承良已在简易师范毕业了！子寿弟和小儿已放暑假，想来不日也可回家了。"

坐在那枝大竹子上的山阿德插嘴道："阿良毕了业，可以留在本村，帮帮尹先生的忙；尹先生可以腾出工夫来专教补习班，尹大嫂也可料理些家务了。"那老翁道："我也是这么想。那一大批小孩也要劳尹老先生管教，未免太费神了。石中玉和素秋、承良，已有三人；那位王振之先生，我想下半年仍旧请他。他们四个人对付四班小学生已尽够了。补习班，因为镇上有许多外乡避难来的人家的子女请求加入，下半年怕要增加到三五十个学生，尹先生一个人教国文，已是很忙了。至於本村妇女补习班里的家事课，还得请尹大嫂主持，初中补习班的英文、算学，仍请石中玉、王振之兼任吧！"

莘耜道："老伯这样安排，都便宜了我和小媳。"

那老翁又道："莘耜先生，你家缺少些什么，尽管向我说，不要客气！"莘耜道："我家流徙到此，承蒙老伯收留，又替我治疗重伤，而且全家受合村豢养，已将两年，此恩此德，不知何日方能结草衔环图报万一。现在还要如此顾恤，更是感激不尽了！"那老翁道："莘耜先生说得太客气了！不但小儿子寿受您老人家的训诲提携，就是敝村，承您老人家的一番擘划，两年教训，成绩已是斐然可观了。"

阿德又插嘴道："不要说别的，现在我们村子里六七岁以上，五六十岁以下的人，没有一个不识字的；这不是尹老先生的大功吗？我们村子里大家遵守的公约和各种章程，哪一种不是尹老先生给我们定的？我们山石庵里的小学和补习班，如果没有尹老先生，哪里能办得这般发达，有这样好的名誉？尹老先生，不是我多嘴，喜欢旧事重提：前年冬天，我从谷口小辋川桥下背你起来时，何曾料想到您老人家在两年以内便替我们村子里建立起这许多事业来？"坐在一条矮凳上的石阿毛嫂也笑道："我们阿毛在镇上印刷所里做排字工人，已快一年了；前天，我接到伊格信，还说'我能做排字工

人，能写家信，写了信来你也能够看，都该谢谢尹老先
生和尹大嫂'呢！"莘耕忙答道："前年冬天，我跌下
小辋川时，如没有阿德哥、阿毛哥相救，还得了吗？你
们俩和福老伯都是我的救命恩人啊！"他们於是又谈到
了逃难，谈到了战事，谈到了不可测度的时局，直谈到
九点钟，方才散回家去。

　　原来这村子名叫葫芦谷，四面都是高山，环抱着一
片大盆地，形如葫芦。只有一条路通出谷外，却横梗着
一条小辋川的深涧，上面架着一条板桥。谷里却有四百
多亩水田，住着二三十户人家，都是姓山姓石的。山石
庵是这两姓合建的宗祠，奉祀他们的始迁祖山山老人，
却又不伦不类地配祀着一位葫芦和尚。据故老传说，这
葫芦谷原是个大丛林，后来一场大火把庙宇烧了，和尚
们死的死，走的走，这葫芦谷便埋没於荒烟蔓草中了。
前清中世，这山山老人带着他一家，两儿一女，和侄儿
侄媳，以及姓石的一男两女，不知从哪里流徙到这里，
便住了下来。那时，还有一个老和尚在葫芦庙的旧址搭
茅卓锡。他们便成了这葫芦谷的主人。这山石两家，世
为婚姻，现在谷中的住户，已繁衍到二三十家了。那

老翁姓山，名振福，是他们村子里一位年高德劭的村长。他的儿子叫山公仁，字子寿，号静安，是尹莘耜从前的学生。他已是四十多岁的人了，有两个儿子，一个女儿。大儿子叫承辉，在重庆兵工厂任事，第二个儿子就是承良，女儿就是素秋。他家住在山石庵旁，那天晚上乘凉的广场，就在山石庵前，可以说是葫芦谷的公共运动场。

　　这村子本是世外桃源，风俗也很特别。谷里的四百多亩田，除每家有十亩左右的私产外，其余一百四五十亩都是山石庵的公产，每年由山石两姓子孙轮流分种，每亩得向山石庵缴一石半谷、一石小麦的租。每家人家分居时，庵中得各各①分给五亩田、两亩地；可是没嗣子的，私产又收归公有了。四周的山，除山麓种杂粮蔬菜的地场分做各家的私产外，树木、茶场都归公有；每年木材、柴炭、茶叶的出产额也很可观。村里的出产卖出去，日用品买进来，向来是由山石庵统制的。尤其特别的，各家死了人，

---

① 今用"个个"。——编者注。

由山石庵殓葬，村子后北面的山麓就是全村的公墓；各家婚娶，如其男女都是在本村的，也向由山石庵主办，本家不化一钱，即便和村外人家结亲，也有相当的津贴；生了孩子，庵中也有一笔津贴的，叫作"喜钱"。据说，这些不成文的规例，是山山老人口授的遗嘱。村子里的人从来没有打过官司，钱粮也由山石庵收了去统缴的，所以竟有终身不曾到过县城、见过官差警察的。前清时候，村里从来没有去应考科举的人，虽然山石庵年年请着一位教家塾的先生。村民的职业，大部分是务农的、手工造纸的；但是木匠、铜匠、篾匠、铁匠、泥水匠等，却几乎行行都有。他们最大的缺点是识字的人太少，入学校读书的更是绝无仅有。子寿是他们村里第一个受学校教育、出门去做事的人了。自从前年尹莘耜流寓村中之后，替他们把那些不成文的规例，择其法良意美的加了几条，写成了《葫芦谷公约》；帮助他们组织村务委员会、产销合作社、公众卫生社、消防队等；又建设了一所小学，并附设补习班。那位山振福村长兼做了小学校长；他就咨询村委会，聘莘耜做他们的顾问。——两年以来，村中的文盲几乎全被扫除，各项公共事业也都井井有条、蒸蒸日上了。

那么，这位尹先生是哪里来的呢？读者不要性急，且听我慢慢道来。这位尹先生，单名一个农字，字莘耜，本是杭县上四乡人。他在本省教育界中有相当的历史。二十六年初冬，嘉、湖、杭相继沦陷。莘耜和他的儿子黎明带着家眷从枪林弹雨中逃难出来，好容易渡过了钱塘江，逃到了浙东，途中又遇着空袭、碰到盗匪，直至十一月里，方逃到离这葫芦谷十五里的一个大镇上。他觉得这里还安静，民风也还淳朴，就向一家天寿堂药店租了两间房子，暂住下来。有一天，正是阳历的年底，他偶然和那姓叶的房东在药店里坐着闲谈，瞧见账桌旁信插里插着一封写给山子寿的信，因问道："这位山先生，可是名公仁，号静庵的？可是上半年还在湖州中学教书的？"房东道："正是，他是此葫芦谷村长山振福老先生的儿子。他的信件都由小号转递的。"莘耜这时好似拾着了一件宝贝，自言自语道："我怎么这般糊涂？到了这里，为什么把山子寿忘了，不去投奔他？"那房东道："尹先生认识子寿吗？"莘耜道：

"他是我二十年前的学生，我得去会会他。葫芦谷离镇上有多远？怎么走法？"那房东道："尹先生要上葫芦谷去，我可以着长工王三陪了你去。那里离此地十五里，今天去，似乎太晚了，就是明天吧！"

莘耜又坐了一忽儿，回到寓里，笑着告诉他的儿子道："我们真是逃难逃得发了昏！在这镇上住了半个多月，却没有想到近在咫尺的葫芦谷、山子寿；我们天天忧虑着举目无亲，无可投托，为什么不曾想到他？"黎明也笑道："子寿老师的通信地址，我原是记得的；为什么到了壶镇，却忘了葫芦谷？爸爸，你今天怎么突然想到的？"莘耜道："我在前面房东的店堂里看见了转寄给他的信，方才想到他。房东已答应我了，明天叫长工王三陪了我上葫芦谷去。"莘耜的娘子秋氏道："山子寿先生不是八月里还有信给你，叫我们到他家里来暂时避居的吗？你们父子怎么这般健忘？"莘耜道："你又来了！我们健忘，你又何尝不健忘？忘记时，大家便都忘记了；记得时，大家又都记得了！"这天晚上，尹家真似泛在大海里的饱经风浪的一叶孤舟，忽然在前面望见了一片陆地，真所谓"喜而不寐"了。

　　第二日是个阴天，莘耜父子急於要会见山子寿，便邀了王三做向导，各带着一把伞，上午八点就从镇上出发，向葫芦谷来。一路是重重叠叠的山，曲曲弯弯的水；杭州的九溪十八涧如其可搬到这里来，真是小巫见大巫了。莘耜父子带着欣喜的心情，沿途观赏着清幽奇特的山水，虽是步行，并不吃力。可是走不到七八里路，忽然下起雪来。路越走越近，雪却越下越大。到了谷口，那小辋川的板桥上已是薄薄地铺着一层冰和雪了。那里的山势，真是壁立千仞，异常峻险。山顶上的竹木早已白似老人的头发了。王三在前，黎明次之，莘耜最后，三人走上桥去。莘耜正抬头看山上的雪景，不料脚下一滑，"扑通"地摔下桥去。黎明听得他爸爸"阿哟"叫了一声，回过头来，已是跌下去了，只急得直嚷："救命呀！救人呀！"王三已走过板桥，也在雪地上双脚乱顿，叫道："救人！救人！"可是大雪天，在这四无人烟的谷口，哪里来的人？他们叫"救人！救命！"只有山谷的回响而已。

　　黎明顾不得什么了，从桥块的斜坡上溜了下去，踏着雪，涉着水，从涧底那些大石头上攀缘匍匐着过去，在桥下雪花铺着的岩石上找到了跌伤的爸爸。他躺在雪里，已是晕过去了。黎明忙跪在一块大石上，俯下去，抱住他，"爸爸，爸爸"连声叫唤。隔了许久，他方大叫一声"痛杀了"，悠悠地苏醒过来。这时候，黎明的衣裤下面浸着水，上面蒙着雪，都已湿透了。想起全家刚从九死一生的兵乱中逃出来转辗流离，历尽艰辛，方到此地，满想今天会见了子寿先生，可以觅得枝栖①，不料爸爸竟会跌在溪里，又无可以援救的人，这般大雪，如何是好！眼泪便似桥下的涧水一般，滔滔地流下来，把胸前没有浸水没有沾雪的那一片衣襟也湿透了。

王三站在桥头干着急，想想，下涧去也不是个办法。这时候，谷口忽然走出两个戴着箬帽、穿着草鞋的人来。王三迎上去叫道："两位大哥，做做好事，一个朋友从桥上跌下去了，帮我们去救他起来！"前面那人道："我们有要事到镇上去，没这闲工夫！村子里人多着哩！你进村去叫人来救他们吧！"后面那一人道："这样高的

---

① "枝栖"，谓得一地位以求生。——编者注。

桥，涧里尽是大石块，跌下去十有九是死的了。冷天是不会臭的，你到村里去找我们的阿福太，向他讨口棺材来就是了！"王三道："我们这个朋友就是来找你们阿福太的儿子子寿先生的，他还是子寿先生的先生哩！"前面那人站了脚，问道"你的朋友姓什么？是哪里人？"王三道："他是从杭州逃难来的，姓尹，名叫莘耜，住在我们天寿堂药店里。他说子寿先生是他的学生，要来探望他，所以我们东家叫我陪来的。"

那人回过头去道："阿毛叔，子寿叔公不是叫我们托天寿堂的叶老板留心打听，现在下路逃难来的人很多，如果有个尹莘耜先生到镇上问起他，请代他好好照料，送到村里来吗？"石阿毛道："阿德哥，阿福太叫我们去买盐，原是要紧的事，跌下去的如果是子寿叔要打听的尹先生，我们得先救了他再说。"王三道："哪有假冒的！子寿先生有封信，叶老板也叫我带来的。"说时，从衣袋里掏出那封转递的信来，还有一张叶老板写给子寿的条儿，说王三陪尹莘耜父子来找他的事，也一并交给了阿德。山阿德虽然识字不多，看了字条，知道确是那位尹先生；因为子寿嘱咐他们时也有一张条子叫带给叶老板的，而且怕他们不认得"莘耜"二字，曾特别指给他看，读给他听的，便向石阿毛道："你快拿了这信和字条回去告诉子寿叔公，再邀个帮手带一具篮舆来。"石阿毛匆匆回去了。

山阿德同王三循着下涧去的路走下去，找到了莘耜父子。阿德力大，把莘耜抱了起来。王三、黎明帮同扶着，一步步捱上岸来。阿德叫黎明、王三抬住了，旋转身躯，重新把莘耜背起，径进谷口，投一所管山的茅舍里来，在稻草堆上把他放下。等了一会，山子寿撑着伞在前，石阿毛和另一人抬着一只篮舆在后，从村里急急赶来。阿德忙招呼道："在这里，在这里！"子寿踏进茅舍，见他的老师躺在草堆上哼，黎明蹲在旁边下泪，叫了一声"先生"，眼泪也扑簌簌地掉下来了。幸而这时候雪已止了，篮舆停在茅舍外面，里面垫着棉被，他们七手八脚地把莘耜抬了进去。黎明想央他们抬回镇上去。子寿道："跌伤第一要医得快，此地到镇上有十五里路，未免太慢。而且镇上没有跌打医生，不如抬到舍间，由家父去疗治吧！"阿德道："尹先生放心好了，我们阿福太是有名的伤科医生。"王三也道："的确，山振福老先生的伤科，是有名的；就是抬回镇上去，也得来请他的。"黎明只得依从，和子寿跟着篮舆进葫芦谷来。

　　阿德等四个人轮流着抬，抬得又稳又快；子寿、黎明跟在后面，也放开大步，急急忙忙地走。进了谷口，经过一个大田畈，从山石庵前那个广场上岔过去，已见苍髯白发的山振福先生带着他的大孙子立在门口遥等了。山承辉见他们来了，高声道："爸爸，祖父说，把尹先生抬到我们书房里去呢！"他嘴里这样说，已迎了上来。他们把莘耜抬向山涧那边的三间小楼屋去，在门外放下，把篮舆的杠子抽去，架子卸去，单抬着那篮儿进去，放在中央那一间里。黎明想央他们抱起他爸爸来。承辉道："东面的一间已安排好了，阿德哥，阿毛哥，棉被底下垫的是一条油布，只要连油布带被一气抬起来，不必抱了。"阿德、阿毛、子寿、黎明各抓住油布的一角，王三和承辉搎住了篮儿，便轻轻地把莘耜抬了起来，到东间里一张大竹榻上放下。子寿叫阿德、阿毛等领了王三到家里去吃饭，饭后带一个回信到镇上去。

　　这时，振福老先生已带着承良踱了进来，黎明站起来招呼，莘耜也想挣扎起来，可是痛得不能动弹。振福忙摇手叫不要动，走近去，从头上看起，把衣服也解开来细看：两手只有些儿皮伤；右脚也没有伤，屈伸自如；重伤却在左腿。承良早把西间里的伤科药箱捧了过来。振福开了箱子，取出一把剪刀，把莘耜穿的一条丝棉裤、一条绒衬裤左脚的裤脚管儿剪开。只见膝盖以上全是紫色，大腿已肿得和斗一般粗。他用手按了一会，莘耜觉得很痛；又托住了伤腿，慢慢放平，却和右脚一般长短；只是把左腿慢慢扳开时，便觉痛不可忍。

振福道："这左腿伤得着实厉害，膝盖骨跌碎了，大腿骨也裂开了，幸而没有折断；大腿的笋头虽已脱臼，但还搁在臼口上。——子寿、尹世兄，莘耜先生的胆子大不大？能不能忍痛？"黎明尚未回答，子寿道："老师素来是极胆小，极怕痛的；大腿肿得这样，要把笋头上进去，当然极痛的。"振福点点头道："那么，先吃些末药吧！"他在医箱里取出一小包白的药粉，从桌子上的一个小热水壶里倒出一杯很热的陈绍酒来，把药粉倒了进去，立刻溶化了。因又问道："莘耜先生的酒量如何？"黎明道："家父是不喝酒的。"一面说一面站起来接了那杯酒。子寿已把莘耜扶起了些。莘耜哼着痛，皱着眉，从黎明手中把那杯药酒勉强喝了下去。振福叫子寿把他放平了，过了一会又用手去按他的伤腿。初按时，莘耜只是喊痛，不到十分钟，却闭着眼，并不喊了。振福脱了鞋子，跨上竹榻，两脚跨开，左手握住伤腿近脚处的小腿，右手按住大腿的笋头，慢慢地把那只腿曲折过去。折到相当的程度时，右手用力一推，骤然伏下去，全身压在那条伤腿上；再站起来，把伤腿高高拉直，然后慢慢放下，跨下竹榻，穿上鞋，然后向黎明道："笋头已上进去了。"

莘耜笔直地躺着，好像死了的一样。振福叫承良去取两张极大的青布膏药来，承辉去取两个铜脚炉来，把膏药都烘融了；又在药箱里取出两瓶药粉，在膏药上各糁了许多；把莘耜那条大腿用这两张大膏药全贴裹了。解开衣裤看他腹部时，小腹也全现青紫色了。他又在药箱里取出一大罐酱似的药膏，敷在小腹上，盖上一张油纸；又在手上的皮伤处敷了些药粉，用布包起来。诊治完毕，黎明把莘耜的衣裤都穿好了，子寿从向南铺着的一张床上取过一条毯子盖上。振福又取过一把小茶壶，凑到莘耜的嘴边，灌了些凉开水下去；向黎明道："伤势虽凶，绝不要紧。不到一筒烟工夫，尊大人就可苏醒过来的，放心吧！我去开个方儿给他吃几帖药。——承辉，尹世兄的个儿和你差不多，去拿你的衣服来给他换换。子寿，你把我们的安排说给尹世兄听，和他商量着办吧！"说罢，径到西面那间里去了。

子寿道："我们早已安排好，你们全家到了，就住在这屋子里，楼上腾出两间，做你们的卧室，楼下这一间，做你们的起坐室、吃饭处。扶梯就在这间的后面。你看，东北角不是有一扇小门？开出去，就是扶梯间。墙外还有一个披头，已替你们打了一只小灶，做厨房用。虽是狭窄，已可将就了。现在老师跌坏了，只得暂时住在楼下调养。我想，今天时候不早，明天早晨就着几个人去把师母等一气接来吧！"黎明想了想答道："承老师如此盛情，一切遵命就是了。"这时，承辉已捧了一大包袱衣服、鞋袜来。黎明把袍子、裤子、鞋袜都换好。莘耜已苏醒过来；问他时，痛已好了许多。振福开好两张药方，走过来了。阿德也领了王三过来。振福叫阿德同到镇上去按方买药，却嘱咐他们二人不要把莘耜跌伤的消息泄漏，免得尹家着急。黎明见太先生如此细心体贴，便也到西间去借用纸笔，写了一个便条给家里，只说是老师家留住他们父子，明天来接全家移住到葫芦谷里来。

阿德和王三走了以后，承辉、素秋、承良已送过中饭来，在中央那间里的方桌上摆好。振福、子寿、承辉、承良陪着黎明，吃了中饭。子寿和黎明回进里间来时，素秋正捧着稀饭，在竹榻旁喂莘耜，让他躺着吃。莘耜见黎明进来，含着一口稀饭道："这是世妹素秋。——他们全家如此待我们，真所谓是再生之德了！"稀饭吃完，素秋收拾碗筷走了。莘耜躺着静养，黎明便把逃难的情形一一告诉了子寿。傍晚，阿德回来，药也买来了；并传叶老板的话，说明天由他着人送尹家来，不必去接，以免多费周折。当晚一宿无话。

第二天中午时分，尹家全家——莘耜的夫人秋氏、媳妇富氏和一个孙子一个孙女——以及行李箱笼都送到了。他们见莘耜跌得这样，当然又惊又痛；见山家如此安排，并已替他治疗，真是感激不尽。女眷到了，自有子寿的夫人陆氏和素秋过来招呼，一切日用品也都替他们预备齐全。从此，尹家便安心在葫芦谷住下。

　　静养了两个月光景，莘耜已能起来，扶杖缓步了。

　　——这是年半①以前的事。

---

① 　"年半"，其义指"一年半"。后同。——编者注。

第二章　文章与文学的分野

　　莘耜的腿伤养好了以后，也移到楼上去住了。他们老夫妻带着大孙子桂荪住在靠东的一间；黎明小夫妻带着女儿兰荪住在中央的一间；靠西的一间，是山家堆杂件的，仍旧锁着。子寿有许多书箱，本来也是堆在楼上靠西那间杂具室里的，却搬到楼下靠东的起坐间里，布置了一间书房。中央那间却改成客座了。靠西的那间，仍做振福的伤科诊察室。

　　尹家在这里住了年半，大人们自然时时牵记着沦陷了的家乡、离散了的亲友，桂荪、兰荪两个孩子却把葫芦谷认作故乡，"此间乐，不思蜀"了。初来的时候，桂荪已七岁了，还依稀记得些逃难的情形；兰荪还只有四岁，自然一点模糊的影子都没有了。他们是二十六年冬天来的。第二年春天，浙江省政府已在金华设立了行辕；杭、嘉、湖各学校也在丽水、碧湖设立了临时联合的高中、初中、师范；各种情形渐渐安定起来。莘耜觉得子寿和黎明长此闲住在家，不是个了局；到西南去，又因路太远，顾不到家，而且没有这一大笔川费；就和振福商量，由莘耜去信，把子寿荐到联合高中，黎明荐到联合初中去充当国文教师。他们师生两人在那里服务，已一年多了。承良是二十七年秋天插入简易师范科的，今年暑假毕业，所以先回来了。石阿毛也是莘耜荐到镇上一家新办的印刷公司里充排字工人。子寿的大儿子承辉本是二十六年夏季在浙大工学院附设的高中工科毕业的。

二十七年的春天，壶镇抽壮丁。葫芦谷是壶镇的附属，当然也须抽，不料抽着了山家一个寡妇的独养儿子承宗。那寡妇吓得死去活来，日夜向振福啼哭。振福也不晓得兵役法的规定——独子是可以免役的——只是代向镇长哀求。那镇长哪里肯随便答应，要他出两百块钱的免役金。葫芦谷的人家虽然是衣食无忧的，但一时要拿出两百块钱来，却也力不从心。承辉那孩子见他的寡婶哭得可怜，便瞒了家里，径到镇上去向镇长自告奋勇，愿代承宗去入伍。那镇长听说是山振福的孙子，以为是他祖父玩的把戏，便负气准了他的请求，当日就把承辉送上县里去了。当天晚上，振福见承辉不回家，非常疑惑；第二天，才有人把这消息传到村子里来。振福听了，也很着急；子寿又不在家，只得去找莘耜商量。

莘耜道："老伯何不早说？独养儿子，照兵役法是可以请求免役的。承辉是高工毕业生，本来也可以缓役的；现在既是自动投效，却不便再去请求。他是受过军训的，县里的操练，想来可以免除。最好把他的高工毕业文凭、军训的文凭一气送到县里去。我再写几封信去托在县里的友人，设法斡旋。——老伯放心，他绝不会上前线去当小兵的。"

振福依了他的主张，第二天，带着莘耜的信亲自赶到县里去。过了三四天才回来，说承辉暂时在本县壮丁训练队当书记，已把他编入技术人员的名册里送上去了。过了一个多月，承辉忽然回来了，说已由省政府派送他到重庆去，受技术人员训练，川费是由公家支给的，不久就得动身；在家里只住了五六天，就匆匆走了。到重庆后，受了几个月训练，便派在兵工厂里任事，倒有一百多块钱的薪给。振福他们方才放心。从此以后，大家知道尹莘耜避地葫芦谷；他从前的朋友，在金华、永康、碧湖的，也有先后来看他的，也有写信来找他出去任事的。他却死心塌地，愿留在葫芦谷里帮振福的忙，替他们办事，葫芦谷的人也都对他佩服起来了。

——这也是过去的旧话。

乘凉的那一晚的第二天，莘耜刚吃过早饭，在书室里看桂荪、兰荪写字，振福一手拄着那支旱烟袋，一手拿着一本簿子和一大叠信，踱了进来。莘耜立起来让坐，并且叫孩子们暂停工作。振福道："让他们写吧！我们可以到我看病的那间里去谈。"说罢先自走了过去开门。莘耜也跟了过来。他们在靠窗的台子边坐下，秋氏送了一壶茶过来。振福道："这些都是请求加入补习班的信，而且差不多指名要在莘耜先生处补习国文的。昨晚由承良整理出来，登记在簿子上，已经有二十一个人了。本村原有的补习班已有十二个人，合并起来便有三十三人。可是程度太不齐了，怎么办呢？"莘耜把簿子翻开来一看，原来这二十一人中，有九个是在壶镇小学和各机关任事的，有六个是避难来的，都已有相当的程度，而且他们的请求只是在星期日来补习国文；另外的六个人，方是正式加入补习班的。因说道："那十五个人只好另开一班，叫作国文专修班，但是星期日来上课，早来晚去，得跑三十里路，也不便当呀！"他和振福商量了许多时候，方决定下半年特开一班专教的国文补习班。可是每两星期，须开讲习会一次，习作一次；每学期，须缴读书报告和讲习笔记；至於个人质疑问难的通信，便不限次数了。每人收学费五元，杂费三元。另外的六个人，因为本村的补习班是为成人开的，不收住宿生，只好婉言谢绝。决定后，莘耜拟了一种国文补习班简章，两种回信的稿子，由振福带回去叫承良和素秋分别油印抄写，明天叫阿德到镇上去分送。

这天上午，天气仍是很好。莘耜正好带了桂荪去散步，忽然素秋和承良来了。秋氏婆媳和兰荪站在门口，招呼进来坐下。莘耜和桂荪也出来了，便在客堂中坐了下来。素秋道："太先生下半年办的国文补习班，程度如何？我们姊弟俩也想加入，不知道勉强够得上不？"莘耜道："程度呢，也不过在初高中之间。你们俩能抽出教授余暇来补习国文，那是好极了！"承良道："下午，石中玉到我家来过，我就拉他帮忙，缮印那份章程。他知道了这件事，也很想加入呢！他说，王振之先生如果得知了，一定也想加入的。我本想先去向祖父说的，中玉认为他老人家是很固执的，不见得肯答应，所以径来请求您老人家。"莘耜笑道："你们如果有志研究，有什么不可以？只要志向坚定，不可半途而废罢了！——我的理想，以为国文和别的学科不同；这样的补习，或许比在学校里肄业还要好得多哩！"素秋道："太先生，您定《古文辞类纂》和《经史百家杂钞》两部书做课本；每月一次的讲习，如何讲得完？"莘耜道："这两部书，不是逐篇讲解的，我想，讲的时候，以文章体裁为纲；每讲一种体裁，便在这两部书里选定例子，由诸位同学自己去研习诵读。如有疑难，通信质问，由我分别答复。习作，仿从前书院课艺的办法，也不必在课堂内限时做成。因为这种补习班并没有什么文凭、资格的关系，所以我认为来参加的人，大都真是有志补习国文的。这原是一种尝试的办法，利弊如何，只好留待将来的事实证明了。"

他们正谈得起劲，振福拄着旱烟袋，也踱了过来，手里拿着一卷油印的章程，还有许多没有封的信，刚走过板桥，笑道："你们也在这里！信件抄印好了，也不知道送来请太先生复核一下，便在厢房里书桌上成堆地一丢；这样不负责任，能替别人办事吗？"说得两个孩子都不敢作声。莘耜站起来接了油印的章程和信件，便邀振福走入中央那间屋子里，素秋、承良也跟了进来。富氏拿出一盏美孚灯来。莘耜先请振福坐了，在灯光下把章程大略地看了一遍，然后把那些信抽看了几封，原来是印着写的，格式字句都无错误。只是有几封的字迹特别娟秀，料是素秋抄的，便夸奖了她一番。一面向承良道："阿良弟的行楷，还得加意练习。你的笔仗倒很有力，大楷想已有相当的功夫了。"他乘便又把他们俩和石中玉想加入国文补习班的意思向振福说明。振福笑道："尹老先生肯收他们做受业弟子，这是我求之不得的！——你们俩得好好地自己努力，听太先生的指导！"谈了一阵，带着孙子孙女，告辞走了。

　　莘耜刚回书房里，看完桂荪、兰荪写的字，中饭已开出来了。中饭后，在书房里那张大竹榻上歇午觉，随手抓了一本《杜诗》，不经意地躺着看。两个孩子在门口饲鸡。他们今年新孵了六只鸡，只有一只白的是公鸡，其余五只都是母鸡，也有黄的，也有黑的，也有麻的。莘耜躺在竹榻上，起初还听得门外两个孩子呼鸡的"祝祝"声，后来渐渐地入睡了，竟打起鼾来。这一觉，从一点半钟睡起，直睡到三点半方才醒来。扶梯底下今年新布置了一间浴室，午睡后就去洗澡。洗罢澡出来，黎明已到家了，两个孩子正喊着他们爸爸，秋氏婆媳也在问长问短。莘耜拖着一双木屐踱了出来。见黎明到了，便问："子寿也同来的吧？"黎明答道："是的。本来五日前就可回家了，因为联高第一次招生於散学时举行，子寿先生主持国文笔试，叫我帮他们阅卷，前天刚完事，所以昨天方从碧湖动身。到了永康城里，又遇到赵望之老先生，留住了一宵，所以今天才能到家。"富氏捧出一碗蛋炒饭、一碗汤来，黎明坐下便吃。吃完饭，洗了手脸，子寿也来了。自春假之后，又有三个多月不见了，见了面自然有许多话好谈。乡间夏天的夜饭特别早，太阳还挂在屋角上，素秋已来找他爸爸回去吃夜饭了。

　　暑假里，子寿在家，常来和莘耜父子长谈。有一天下午，谈及莘耕所订的国文补习班的办法，子寿和黎明也很赞成；不过他们认为讲文章体裁，似乎不当为《古文辞类纂》和《经史百家杂钞》两书所束缚。子寿认为《昭明文选》和《文心雕龙》二书也应参酌；因为前两书只能代表所谓散文派的意见，后二书却可以代表骈文派的主张。黎明道："说到文体的分别，从前的骈文和散文，现在的文言和语体，也可以说是文章体裁的两大类。但是不如照现在一般的分类法，分作议论、说明、记叙、描写、抒情五类。因为照老式的分类法，竟有一种文体可以包括这五类的。例如'书牍'一体，议论文也有，说明文也有，记叙描写文也有，抒情文也有；甚至一封信里可以具备这五种的。"

莘耕道："我所以定《古文辞类纂》和《经史百家杂钞》二书为课本，一则因现在此地买书不易，这两部书比较普通些，即使一时买不到，也可以设法借到；二则因二书所选的文章颇多，便于举例，可以叫他们自己去阅读研习；三则因为现在初高中程度的学生，所阅读的以语体文为多，文言的散文已读得不多了，若要叫他们去研习骈文，不但是不必要，而且怕是不可能的。

《文心雕龙》论文章体裁的话当然也得提到；至於《昭明文选》的分类法，我却不敢苟同。例如汉朝的枚乘作了一篇《七发》，以后的作家都陈陈相因地摹仿他，所以又有《七哀》《七谏》《七启》等文章；《文选》却把它们特立一类，叫作'七'。如果'七'可以算作一种文章的体裁，那么从屈原、宋玉的《九章》《九歌》《九辩》以后，不也有《九叹》《九怀》《九思》等摹仿的作品，不也可以特立一'九'类吗？总之，《文选》的分别文章体裁实免不了'碎杂'二字的批评，实在不及姚姬传、曾涤生两家所分来得简明。至於明儿所说，固然是合於事实的。可是反过来说，则如'说明'文，不也可以通用於'书牍''奏议''诏令'等各体吗？'抒情'文不也可以通用於'书牍''哀祭''杂记'，甚而至於'传状''碑志'各体吗？——总而言之，骈散之分，文言语体之分，是以词句结构的形式为分类的标准的；议论、说明、记叙、描写、抒情五类之分，是以写作的方法为分类的标准的，《昭明文选》、《文心雕龙》及《古文辞类纂》、《经史百家杂钞》的分类，是以应用的方式为分类标准的。标准不同，类别各异了。"子寿笑道："骈散新旧，议论纷纷、莫衷一是的文体类别经老师一指点，明白得多了！一切门户主奴之争，实在大可不必。"

黎明道："照从前的分类法，诗词还可以勉强援曾氏之例，归附於'词赋'①类；小说、戏剧归到哪里去呢？"莘耡道："诗词归入'词赋'类，固可借口於曾氏所谓'词赋是论著之有韵者'的一句话。可是仔细按起来，终不甚妥当。至於小说、戏剧，更无可归附了。——我以为'文章'和'文学'根本不同。普通一般人所常论及的体裁，无论新旧，无论骈散，无论古文今语，都是指'文章'而言；至於小说、戏剧、诗歌以及我国古代的辞赋，却都是'文学'。文章，是一种实用的器具，例如一只碗，一个瓶，一把壶，可以盛水、盛酒、盛茶的；文学是一种艺术的物品，如一件古董瓷器，一个精致花瓶，其所以为人珍视的原因，不在乎它们的可以盛什么东西，可以供什么实用，而在乎它们的

①　"辞赋"和"词赋"，本书作者在自己行文或引述姚氏《古文辞类纂》时，用"辞赋"；在引述曾氏《经史百家杂钞》时，则从曾氏用"词赋"。特此说明。——编者注。

本身有艺术的价值，可以供人们的欣赏。从前的人所说的'文以载道'，也是指'文章'而言的。文章的用处，便在能'载'；文章的价值，还须看所'载'的是不是'道'。……"

莘耜的话还没有说完，黎明便插嘴道："爸爸，你怎么也相信这迂腐的话了？"莘耜道："我并不迷信宋儒的所谓'道'！虽然秦汉以后，有所谓汉、宋之分，汉学又有所谓今、古文之分，宋学又有所谓程朱、陆王之分；秦汉以前，也有儒、道、墨等等的派别，它们各有其所谓'道'，而各'道其所道'；但都得用文章去载它们的不同的'道'。就是现在，世界上各党各派也各有不同的'道'，也都得用文章去载这种种不同的'道'。至於文学，固然也可以说是广义的文章，无论是诗歌、小说、戏剧、辞赋，无论是用以记叙事实人物，发抒情理，也各有它们所载的内容。可是它们不但须能'载'，并且须载得巧；它们的价值如何，不在所'载'的是不是'道'，而在载得巧拙如何。例如记载人事的作品，如其是文章，就当问所记叙的事和人果是真否，作者的记叙是否能不失真；如其是文学——

小说、戏剧之类——则与其老老实实地记叙某人某事，不如虚构人物事实，即确有其人其事的，也得加以剪裁穿插了。文章中，固不乏有文学意味、文学技巧、文学价值的作品，尤其在所谓‘杂记’类和小品文中，但终不能视为纯粹的文学。所以‘文章’只可以说是‘杂文学’，‘文学’方才可以说是‘纯文学’。把这两大类分清楚了，然后再就文章来分别各种体裁，方不致混杂不清呀！”

莘耜滔滔不绝地发了这一大套议论，不但子寿、黎明听了折服，连坐在旁边的富氏也在点头——原来她也是一个高中毕业生。

这小小的书室，前面有三对和合窗儿，细木条儿斗成疏疏的冰梅的格子，用雪白的皮纸儿糊着。上面三扇都向上开着。窗下朝西摆着一张写字台式的长长的黑漆的书桌儿，是去年新做的，倒也可说是“窗明几净”的了。莘耜坐在朝西的一张紫竹椅上，子寿躺在他对面的一张竹靠椅上。靠东面的板壁，摆着那张大竹榻，黎明便坐在这张竹榻上。靠北面的墙壁摆着一张八仙桌，两张旧的椅子，桂荪、兰荪扒在那里演算学，富氏坐在桌旁指导他们。桂荪先算完，回头向窗外一瞧，叫道："妈妈，窗上有个人影儿，谁在外面呀？"富氏站起来，跑出去看，原来是素秋站在外面倾听。富氏一把拉着她进来，笑道："妹妹今天先在这儿上国文补习班了！你站了许久了吧？"素秋道："我也不知道有多久了；我来的时候，明哥正在讲骈文散文，文言语体，也是文章体裁的分类。我怕打断了他们的谈话，索性站在这儿细听；越听越有趣，深悔没有带铅笔和簿子来记录。——可惜只做了个门外汉！"莘耜也笑道："子寿，令嫒能如此到处留心，将来必能有些儿成就的！"素秋道："我真是忘其所以了；祖父叫我来找爸爸的，母舅来了呢！"子寿站起来告辞，一面向素秋道："傻孩子，为什么不早说？"便和素秋径自走了。

第三章　第一次讲习会

葫芦谷的气候有一样好处，虽在盛夏，不很炎热；因为它的地势非常之高，而且四周都是高山。下午还似炎夏，晚上九十点钟以后，竟是阴凉得很，几乎每夜少不了单被、夹被。可是草地多了，蚊子也特别多，特别厉害。苍蝇本来也是很多的；今年，经他们的公众卫生社竭力设法，预防扑灭，已大大减少了。莘耘在故乡时，原有种除虫菊的经验的，去年春天，便向山石庵租地，种了二十亩的除虫菊，大量制造蚊香。他这葫芦牌的蚊香，竟遍销浙东。村中各家，也有仿种仿造的，都请他指导、监制，并且都用葫芦商标。蚊香，竟成了葫芦谷的一种新兴的生产事业。装蚊香的纸匣儿，也由莘耘教阿德用老竹和废纸做原料，制造厚纸板，向镇上印刷所里定印了画着葫芦商标、标着蚊香字样的纸儿，用女工糊成匣儿。这又成了村中妇女们的副业。

日子过得真快，今晚又是七夕了。那广场上仍散坐着许多人在乘凉。各各分成几堆，谈他们自己的天。振福、莘耜、子寿绕着那块大方石三分鼎足地坐着，承良、中玉却和黎明一堆儿。此外，男的女的还攒聚着几堆儿。素秋和他的母亲陆氏却在涧那边的小屋前，和秋氏、富氏带着桂荪兄妹猜谜儿。子寿叹了口气道："我们住在这世外桃源里，衣食无忧，真可说是得天独厚。内兄子明刚从昆明回来，前几天来过，说那里的米价已贵到一百多块钱一石，而且有钱没处买哩！万一在这抗建大业最艰苦的年头遇到水旱，则人祸天灾相逼而来，老百姓怎样过日子啊！"振福道："莫说昆明，我们浙东的米价也比去年贵得多了。我们村委会里听说外面的粮食价比去年高，想把山石庵积存的三百石谷、一百石小麦统通卖去，我竭力阻止，终于把谷粜去了一百石，小麦已全部粜完了。前天，县政府还派人来商量，要买我们全部的存谷呢！"子寿道："为我们一村计，自然得积谷防饥；为顾全大局计，却又不好意思完全遏粜啊！"

莘耜道："这两百石谷，总得留待新谷收成有把握时再榘。"振福道："我们村子里的田，今年雨水充足，不愁旱荒；可是近来发现了吃稻秆儿的螟虫，怕要闹虫灾呢！"莘耜道："去年冬天没有大雪，虫灾是在意料之中的。我已长久没有到田阪里去走走了；前月底，阿德哥已向我谈起过。我叫他们把去年晒干收藏着的除虫菊根儿也研了粉，和制蚊香剩下来的除虫菊粉浸着水，借用消防队的洋龙，在喷水的橡皮管儿上装一个有细孔的铜帽儿向田里洒去，试试看。"

他说到这里，见阿德正坐在一张矮凳上，低着头吸潮烟，便高声问道："阿德哥，我说的法儿试过了没有？"阿德抬起头来道："前几天已在我的田里试过；水浇完了，我把沉在水底下的渣儿，一把一把地塞在每株稻的根头。今天，我去看看，田里的虫果然快死光了。可是四周别人田里的虫儿又都飞过来了。我想，这法儿，即使天天这样做，也是没有什么大效验的！"子寿笑道："阿德哥，这倒是很好的一个教训！你只顾自己，不顾别人，所以自己田里的虫虽然扑灭了，也没有用呀！"阿德道："是的，就是我每天辛辛苦苦地去除虫，也是枉费工夫的！"振福道："阿德，这是你错了! 莘耡先生的法儿, 你试了既有杀虫的效验, 为什么不来村委会报告? 我们这村子, 四面都是高山环抱, 和外面隔绝的; 只要大家同日照着这法儿办, 把全村田地里的害虫一起扑灭, 虫灾不是可以根绝了吗?"阿德这才恍然大悟, 举起手来在自己头上打了两下道: "这自私自利的山阿德, 该打该打!"乘凉的人们见了他这副怪相, 都哈哈大笑起来。

阴历七月初八, 振福便召集了一次村委会, 请莘耡出席, 把除虫的法儿当场演讲。村里的农民来听的很多。会开完了, 便邀同四五个村务委员带着大批农民, 同去参观阿德喷水驱虫。阿德兴高采烈地带着他两个儿子, 借了消防队的一架小洋龙, 在田边表演给他们看。他们便向莘耡要了好许多除虫菊的根儿。第二天, 派人在水碓里研碎, 浸在山石庵的二十只太平缸里。振福定十一日为全村动员驱虫的日子; 消防队里的两架小洋龙和几支木制的水枪都借了出来, 先稻田, 后菜圃, 一一地浇洒过去。剩下的许多渣儿, 又加了些水, 连水连浆一桶桶地倾倒在稻田里。他们这全村动员, 竟连妇孺都出来帮忙。从早到晚, 整整地忙了一天, 方才完毕。过了十天，又照样来了一次。莘耜和各家的除虫菊根儿都用完了，果然螟虫全被歼灭。全村农民对於莘耜更是颂声载道了。

葫芦谷的暑天既是比别地方凉，所以他们小学的暑假也特别缩得短。子寿和黎明没有到碧湖去，他们早又开学了。新办的国文补习班，也在开学后两天的一个星期日，召集第一次讲习会。到会的学生，除素秋、承良姊弟和石中玉、王振之外，有十二个人，十个是男的，两个是女的。他们借用山石庵的礼堂开会，由振福主席先致开会词，大意说："在这天灾人祸内外交逼的时候，诸位还有这样一个好机会，得尹先生的教导，来补习国文，真是幸运！诸位或者是从沦陷了的家乡流徙来的，或者是在我们镇上各小学各机关里服务的，在千辛万苦中，在百忙中，还要跑十五里路，来补习国文，真是难得！我们是中国人，国文是我们每个中国人必须用的一种东西，我们都应当学习。就如我，已是快七十岁的人了。以前虽然也曾读过十多年书，要应用时常常感到不够。自从尹先生避地来此，几乎和他天天见面谈话，承他不吝指教，两年以来，耳濡目染，无形中已得了许多进步。

诸位都是年富力强的青年，尹先生又肯负责指导，你们将来的进步一定是很快的。可是我想无论学习什么，都要靠学者自己努力的，决不能由教师把所有的知识像水般地灌到学者们的心里去的。尤其是作文，必须诸位自己努力习作，方能获得真确的进步，因为这也是一种技能。譬如医治跌打的创伤，无论是皮伤、筋肉伤、骨伤以至内伤，即使有灵丹妙药，也须病人的身体里有一种自己生长的力量，方能早日恢复原状。又如学习伤科，倘若自己不肯用心研究，从实际的诊察治疗方面切切实实地去练习，即使懂得些伤科的理论，也不能成为一个伤科医生。我所以至今还不敢收学徒，便恐传授不得其人，反而害了病人。大家都知道的，我是一个伤科医生，今天的话，又是三句不离本行了！"

说到这里，他停了停，右手捋了捋额下苍白的长须，继续说道："现在一般中学以上的青年，或者入什么速成的短期训练班，或者入大学，无非是为了将来的出路和资格。我们这国文补习班，既无出路可找，又无资格可得，诸位的加入目的完全在补习国文，这真可以说是为求学而来了。找出路、求资格，在目前的社会里，固然也是要紧的；我并不是唱高调的，对於一般人的找出路、求资格，也并不非难。可是诸位来加入我们这国文补习班，目的既和找出路、求资格者不同，学习的态度和方法当然也不同了。如果也和其他学校的一般学生一样，但求敷衍时日，则将来必致一无所得！必致后悔多此一举！——老实说一句吧！诸位与其将来半途而废，或者敷敷衍衍地白费自己的光阴，白费尹先生的精神，倒不如爽爽快快地尽早退出！我所以劝诸位等开过了会再缴费，就是因此。"

他说到末了那几句，声音越高，态度越严肃了；说完了话，一声不响地站着，似乎在等他们的回话，过了好几分钟，方才鞠躬下台。

接着上去的，便是尹莘耜。他的态度可温和多了。一开头便说："我们这国文补习班，是接了诸位许多的信，才下决心试办的；也可以说是应诸位的需要而办的。我们的目的，只是希望诸位能得到相当的实益，而不在赚诸位的学费。我们没有毕业的期限，暂以这半年为试办期。或者诸位补习了半年，感不到兴趣，得不到实益，或者莘耜指导不能得法，办理不感兴趣，都可以在寒假时停止的。否则，明年再继续办下去。这是要告诉诸位的第一点。这半年，我主张我们研习国文的目的，以文章体裁为纲。我先就《古文辞类纂》和《经史百家杂钞》二书所分的体类，提出来供诸位研习，一方面便以这两部书里所选的文章为实例，由诸位自己去阅读。习作方面，可以分命题习作和自由拟题习作两种，轮流学习。缴了课卷，都由我负责批改。关於国文，诸位如有什么疑难，尽可写信和我来研讨；我当就我所知，各予以相当的答复或指导。这是要告诉诸位的第二点。——今天是第一次讲习会，我先把《古文辞类纂》和《经史百家杂钞》二书的文章分类提出来和诸位谈谈。"说到这里，他回头向振福道："以下是和诸位同学开始讲习了，老先生请便吧！"振福站起来，点点头，径自走了。

莘耜拿起讲桌上的开水杯，喝了一口，道："今天讲姚姬传先生的《古文辞类纂》和曾涤生先生的《经史百家杂钞》两部书分类的比较，先列一简表如下。"说罢，取了一支粉笔，在黑板上写出一个比较表来：

他稍稍等了等，见大多数学生都已抄好了，拿起一

论辨①类第一——论著类第一

箴铭类第十

颂赞类第十一 ｝词赋类第二 ｝著述门

辞赋类第十二

序跋类第二——序跋类第三

诏令类第六——诏令类第四

奏议类第三——奏议类第五 ｝告语门

书说类第四——书牍类第六

哀祭类第十三——哀祭类第七

传状类第七 ｝传志类第八

碑志类第八

○○○——叙记类第九

○○○——典志类第十 ｝记载门

杂记类第九——杂记类第十一

赠序类第五——○○○

《古文辞类纂》　　　　　　　《经史百家杂钞》

---

① "辨",古通"辩"。本书多处"辨"字今宜用"辩"字,均从原书,未予改动。请读者留意。——编者注。

支教鞭，指着黑板上的表讲道："照这表看来，姚氏把
文章体裁分作十三类，曾氏却分作三门十一类。姚氏特
立赠序类，曾氏无之；曾氏特立记叙和典志二类，姚氏
无之，这是应当注意的第一点。姚氏的箴铭、颂赞、辞
赋三类，曾氏合并作词赋一类；姚氏的传状、碑志二
类，曾氏合并为传志一类；这是应当注意的第二点。姚
氏的论辨类，曾氏叫作论著类；姚氏的辞赋类，曾氏叫
作词赋类；姚氏的书说类，曾氏叫作书牍类；这是应当
注意的第三点。姚、曾二氏所列各类的次序不同，这是
应当注意的第四点。姚氏的《古文辞类纂序》，曾氏的
《经史百家杂钞序》，算是我第一次指定研习的文章，
诸位应当细细地去阅读，把我上面所提出的四点，都研
究出一个答案来。研究的时候，应当注意到姚、曾二氏
选文范围的不同——这是可以从他们那两篇序中看到
的。曾氏有一篇《书归震川文集后》，述他论文章的意
见颇详，也得去找出来参考。还有可注意的：曾氏的
《经史百家杂钞》序跋类中竟选入了几篇赠序；叙记类
中竟选入韩愈的《平淮西碑》，典志类中竟选入了曾巩
的《越州赵公救菑记》，前者姚氏列入碑志类，后者列

入杂记类的。诸位先把这几篇文章仔细研习了，可以做一篇'姚、曾二氏选文分类异同论'，於下一次开讲习会时缴卷，作为第一次习作。借此我可以知道诸位是否有研习的毅力和细心，是否有相当的写作的能力。诸位既有志补习国文，自动地参加此地的国文补习班，希望不要潦草塞责！老实说，教师对於教授批改的兴致，完全是和学生对於学习的努力成正比例的。诸位自己不肯努力，便难怪我意兴阑珊了！研习时，有什么疑难，可写信来问我。我预备每两星期，每人给你们一次回信。至於住在本村的几位同学，和我朝夕见面的，尽可当面来问，不必写信了。——现在已是十一点半了，诸位可以在此地吃午饭。本学期预算开讲习会十次，每次都照这样办；你们的膳费，已计算在杂费之内，不必另缴了。"说罢，宣告散会。

莘耜下课以后，揩了一把脸，喝了一杯开水，匆匆地回家去吃午饭了。许多学生，由王振之、石中玉、山承良、山素秋招待，在葫芦谷小学里吃午饭，十六个人，开了两桌。振之等四人，今天特地每桌添了两样菜，表示欢迎同学。小学里教师的饭，本是由阿德的兄弟阿康家承包的。六碗一汤，虽是乡村肴馔，却有家常风味，和镇上各机关的包饭不同。一个学生，叫作李桂的问道："振之兄，你们的饭，几块钱一月包的？"振之道："七块钱。这是校里包的；我们自己是不化一个钱的。"李桂道："为什么这般便宜？我们校里的膳费，已加到十块钱一月了，只有浅浅的四盘菜哩！米也没有这样好。"振之道："现在米价贵得很呢！我们这里，包饭的米，是山石庵公家以去年的价钱，籴谷给包饭的山阿康的，所以他没有受米价腾贵的影响。"中玉道："我们平时的小菜，也只有四碗一汤，今天是多添了两样菜啊！"

还有一个骆绍修问道："这位尹老先生，听说是本省中等教育界中有名的教师；你们请他教补习班，化多少钱一月的脩金呢？"承良笑道："我们并没有送他聘约，订定月脩；你算算看，我们一共十六个人，半年的学费一共只有八十元。他打算教我们五个月，充其量，每月只派到十六元而已。"石中玉道："碧湖省立联合师范，和处州新办的英士大学曾屡次来请他；论月脩，英大有二百多，联师也有一百多，他却都婉言谢绝，情愿在这里赚比我们还少的薪水。你们想，他为的是什么？说他是好名，这国文补习班的教师，不见得比师范教员、大学教授光荣吧！"李桂道："这叫作名不虚传。他今天讲的，虽不是什么了不起的学问，可是条理清楚极了。他的教法，完全是要我们自动的。可惜我职务太忙，若能专心致志地在他这里受业几年，国文怕没有长足的进步？"

他们吃了午饭，谈谈说说，直到四点光景，方回镇上去。素秋和承良是走教的，也别了振之、中玉，回家去了。途中素秋对承良道："弟弟，我们得受太先生亲自指教，是一个极难得的机会，须努力用功。我们和他特别接近，几乎可以天天去当面请教；如其将来成绩落人之后，未免太惭愧了。"承良道："他虽是蔼然可亲的，我见了他，总觉得有些儿害怕，这不知道是什么缘故。"素秋笑道："原来弟弟还是这般孩子气！"他家本在山石庵旁，转了一个弯儿就到了。他们俩性急得很，晚上就找出莘耜指定的那几篇文章，姊弟俩在灯下阅读起来。好在子寿还在家，不愁没人指导。一连五六

个晚上，便把那几篇文章都阅读完了；素秋并且把
姚氏、曾氏的两篇序都读熟了。

第四章　姚、曾二氏选文分类之异同

　　一个星期六的晚上，下了一阵大雨之后，天气异常凉爽。振福、子寿、承良祖孙父子同坐在堂前的廊下。

　　子寿今天接到承辉从重庆寄来的信，这封信还是国历六月底寄出的，在路上竟走了一个半月。信里谈到重庆虽曾遭轰炸，情形非常安谧，他在厂里，也能安心工作。他在技术工作之外，又被派充工人补习班的教师。他深刻地感到国文程度的不够应用，希望他的妹妹和弟弟，趁尹太先生在他们村子里，於暑期中努力自修国文。他又问他弟弟在简易师范毕业后，还是去服务，还是再去升学。如果不升学，与其到别处去，不如留在本村。一则爸爸和他都出门了，祖父年迈，弟弟在家，不但有些事可以代劳，而且老人家的心里也得到许多安慰；二则可以在课余自修国文，请尹太先生指教；三则弟弟既学师范，对於桑梓的教育，也应负相当的责任。又说他妹妹在初中肄业，离毕业只差了一年，因战事发生辍学，是很可惜的。如果她想复学，希望爸爸不要拦阻她。如果仍在本村小学帮忙，也希望能於课余自修国文。

振福的眼睛花了，晚上不能看信；子寿把信里的话一一讲给他听。讲完了，把这封信递给了承良。承良一面看，一面又讲给刚从里面出来的妈妈听。讲完了，把信交还子寿。

振福忽然问道："素秋呢？哪里去了？——今晚天凉，不如早些睡吧！"振福是睡在西边厢房里的；承良原陪着他祖父睡的，忙先去替他点上了那盏青油灯，又在床上点了一支葫芦牌蚊香。振福进去时，他早已都安排好了。陆氏也上楼去了。子寿见东边厢房里还点着灯，走过去一看，原来素秋一个人在那儿抄写她那篇《姚曾二氏选文分类之异同》，已全篇抄好，在那儿加标点了。

子寿就在书桌旁坐下，把这篇文章拿起来看时，只见上面写着：

姚、曾二氏选文分类之异同
山素秋试作

我国文章的分类，有以章句组织的形式为标准的，如从前的骈文和散文，韵文和无韵文，现在的文言文和语体文；有以写作的方法为标准的，如现在一般人所主张的议论文、说明文、记叙文、描写文和抒情文。而古今讨论文章体裁的，远之如《文选》和《文心》，近之如姚姬传的《古文辞类纂》和曾涤生的《经史百家杂钞》，则多以应用的方面不同，来分别文章的体裁。《文选》《文心》二书，我未曾阅读过，无从说起；现在姑就姚曾二氏的选文分类，比较其同异如下：

（一）姚氏之《古文辞类纂》分文章为十三类，曰论辨、序跋、奏议、书说、赠序、诏令、传状、碑志、杂记、箴铭、颂赞、哀祭[①]、辞赋。曾氏之《经史百家杂钞》，则以著述、告语、记载三门为纲，十一类为目；著述门有论著、词赋、序跋三类，告

[①]　原书遗漏了"哀祭"一类，这里"哀祭"二字系编者据第68页之引文所加。——编者注。

语门有诏令、奏议、书牍、哀祭四类，记载门有传志、叙记、典志、杂记四类。——这诚如曾氏原序所说，"论次微有异同，大体不甚相远"了。

（二）以时代论，曾氏在姚氏之后，其文体分类之此有彼无者，可以说曾氏对姚氏的分类有所增删。赠序一类，姚氏所有，曾氏删之；叙记、典志二类，姚氏所无，曾氏增之；这是二氏见解最不同的地方。

（三）曾氏对於姚氏所分各类，不但有所增删，而且有所并合。如姚氏的箴铭、颂赞、辞赋三类，曾氏并合为词赋类；姚氏的传状、墓志二类，曾氏并合为传志类；这也是值得我们注意的一个异点。

（四）此外，还有每类立名的略异和次序的不同。如姚曰论辨，曾曰论著；姚曰书说，曾曰书牍；姚曰辞赋，曾曰词赋；这是立名的微异。姚氏十三类，始於论辨，终於辞赋；曾氏十一类，始於论著，终於杂记。既如上述，二氏所列次序的不同，已可一望而知了。

　　子寿看罢道："素秋，你的作文已有相当的进步了。这篇文章，词句上已没有什么大病，层次也很清楚。可是'远之如《文选》和《文心》'这一句，还得加几个字，改作'远之如萧统的《文选》和刘勰的《文心雕龙》'。一则因为下句把姚、曾二人的姓字提出，上句也当把萧统和刘勰提出，方能相配；二则因为现在开明书店有一本读物，是夏丏尊、叶绍钧编著的，也叫作《文心》，不如把刘氏的书名全写出来。"素秋听了，立刻改好。子寿又道："你这篇文章已把姚、曾二氏选文分类的不同都说明了，可是只述说他们的不同，而不曾推究他们的所以不同。曾氏对姚氏所分之类，有所增删并合，固已说出来了；何以要删，何以要增，何以要并合，却没有推究出来。你的研习，仍没有深入啊！"素秋听了道："对呀！我这篇文章，只说了个表面。爸爸，应当怎样改呢？"子寿道："不必改了。尹老师自然会替你详加批改的。今晚天气凉，我们上楼去睡吧！"父女俩上了楼，子寿又把承辉的信给素秋看。看完了信，各自就寝。

　　星期日，刚吃过早饭，素秋拿着她的作文，径到尹家来。黎明带着两个孩子出去散步了；秋氏婆媳在收拾厨房，洗衣服；莘耡一个人坐在书室里看书。素秋走上去，叫了声"太先生"，把那篇作文送了过去，并且说："爸爸批评我只能举出姚、曾二氏分类不同之点，而不能推究其所以然；我很想自己改过，重做一篇，可是无从下手。所以今早特地过来请教。"莘耡叫她坐下，接过那篇文章来，从头至尾看了一遍，道："你这篇作文，已做到文从字顺的地步了。你在初中，只肄业了两年，能做这样清顺的语体文，已很难得。第一段，你把那天在窗外听到我们所谈的意思简括地写了下来，做得很不错。《文心雕龙》简略作《文心》，本没有什么不可以；因为现在有一种以故事体写国文学习方法的书，夏丏尊和叶绍钧作的，开明书店出版的，也叫作《文心》，所以还是用原名，不省略好。"素秋道："爸爸也这样说，所以加了'萧统的'、'刘勰的'和'雕龙'几个字。"莘耡道："上句既已改了，那么下面'《文选》《文心》二书'一句，也得加'雕龙'二字了。"素秋笑道："我怎么如此粗心？"

莘耡道："你这篇文章，第一段算是总冒，以下分作平列的四节，是不是？"素秋道："是的。"莘耜道："下面这四节，形式上似乎可以平列，实际上却并不平列：因为（一）可以说又是一段总冒，（四）又似乎是补充和余波，和（二）（三）两节提出曾氏对姚氏的分类有所增删、有所并合的两大差异之点，是不相称的。而且第一节依次列举姚曾二氏所列之类，第四节又说到他们所列的次序不同，如再依次列举一遍则嫌重复，不列举又欠明显，所以末了几句，很难措辞了。——你在做第四节时，必已感到这种困难吧？"素秋道："正是。太先生，您怎么猜得这样准？那么，怎样改呢？"莘耜笑道："只要把两节并作一节，改成全篇的结论就是了。"素秋点点头。

莘耜又继续说道："那四节里，（二）（三）两节，是这篇文章最重要的一段，可以说是全篇的中心。姚氏特立'赠序'一类，曾氏为什么要删？姚氏没有'叙记''典志'二类，曾氏为什么要增？姚氏分作'箴铭''颂赞''辞赋'三类，'传状''碑志'两类，曾氏为什么要合？你得就我在讲习会上所提示的几点，仔细去推究一番，这就是令尊所说的进而推求其所以然了！"素秋道："我真是所谓'学一隅不能以三隅反'了！好，我再去试试看，重做一篇吧！"莘耜道："你肯如此努力，我觉得很满意。前星期所讲习的，你曾笔记下来吗？"素秋道："也曾笔记，怕不完全。——不错，曾涤生那篇《书归震川文集后》，我还没有看过呢！"莘耜道："你们爸爸的书箱里有《曾文正全集》，你可找了去细看一遍。"素秋照着莘耜的指点，在书箱里找到了《曾文正全集》。翻着了那篇书后，重新拿了她的作文，告辞回去了。

她走出门外，正碰着黎明领了两个孩子散步回来。黎明招呼道："素秋妹，今天是星期日，坐坐再去吧！"素秋道："我这篇习作，还得重做过，想趁星期例假把它写成，不能久坐了。"说罢，点点头，匆匆地走了。黎明走进书室，见了莘耜，问道："爸爸，素秋妹第一次作文，你为什么要她重做？不把她习作的兴趣压了下去？"莘耜笑道："这是她自己的意思。做好了，不怕重做的麻烦，这正是学不厌的精神！素秋这女孩子，很肯用心，比他的弟弟强得多了！"

素秋回到家里，一个人躲在厢房里，关起门来，先把那篇《书归震川文集后》仔细看了一遍，又把姚、曾二氏的序翻出来细细推究，《古文辞类纂》和《经史百家杂钞》二书，更是前翻到后，后翻到前，看个不了。她翻阅了许多时候，忽然如有所悟，拿起笔，在一张文稿纸上洋洋洒洒地写个不休。午饭的时间到了，振福和子寿父子在对酌。子寿谈起五天后就要和黎明动身到碧湖去。承良也从山石庵回来了，和他妈妈并肩坐下吃饭。振福道："素秋呢？半天没有看见她了！"承良道："她一定在尹家坐久了，也许在尹家吃午饭了。"子寿道："她昨天已把那篇作文抄好了，一定到尹老师那里去交卷了。"振福道："阿良，你吃了饭，去找找她吧！尹家如果没有吃中饭，不如叫她回来吃。"承良吃了饭，跳呀跳地去了。

　　子寿先吃完了，洗了脸，踱到厢房里去歇午觉。推进门去，见素秋一个人拿着一张稿子咿咿唔唔地在读，书桌上摊满了书。子寿笑道："素秋，弟弟到尹家找你去了，你却一个人躲在这里做文章。——你的文章不是昨天已抄好了吗？"素秋道："今天早晨，我把昨天做的那篇文章拿去请教太先生。他指出我许多缺点，并教给我改做的方法；我觉得昨天那一篇，做得太不成

样子了，所以拿回来重做。我怕弟弟来打搅，所以把门
关上了。我，八点多钟，就回来开始工作了。今天的中
饭怎么提得这样早？已经吃好了吗？爸爸。"子寿笑
道："好孩子，你真是发愤忘食了！中饭我们大家都吃
过了，快去吃了饭再来誊清吧！"素秋把稿子递给她爸
爸，自去吃饭了。

素秋匆匆地吃了饭，又回厢房里去时，子寿已在那
张客铺上睡着了，把素秋的那张稿子丢在里床。素秋把
稿子轻轻地取了出来，重新关上门，把那篇文章抄好。
看看壁上挂着的钟，已是两点多了；爸爸仍没有醒，便
虚掩着厢房门，又到尹家去了。她一走进去，见莘耜躺
在那大竹榻上，午睡未醒；黎明却坐在书桌旁写信。她
搭讪着道："太师母他们呢？弟弟妹妹呢？"黎明道：
"都在后面厨房里吧！——妹妹的大作又做好了吗？让
我先拜读一下！"素秋红着脸道："第一次做得太不成
样子了，第二次虽然重做了，还是个不成样子。我真是
不可雕的朽木！"黎明道："不要客气，爸爸在称赞妹
妹不怕重做的麻烦，有学不厌的精神哩！"

"边孝先，腹便便；懒读书，好昼眠。"莘耜说了

这几句话，从竹榻上坐了起来，向素秋道："老夫懒散惯了，每天总得打个中觉；如在孔老夫子门下，不是和昼寝的宰予同成为不可圬的粪土之墙，不可雕的朽木了吗？"素秋想，刚才的话被太先生听到了，觉得脸上一阵热烘烘地，连脖子都红了，呆呆地站着。莘耜趿着一双木屐，站了起来。黎明忙到灶间里去舀一盆脸水来。莘耜揩了脸，在书位上坐下，叫素秋在对面的竹靠椅上坐了，问道："你那篇文章，想已改造好了，拿来我看。"素秋只得递了过去。莘耜接过去，在书桌上摊开，看了一段，道："这第一段，本来可以不必改。"再看下去，已和第一次的完全两样了。她这样写着：

　　曾氏《经史百家杂钞序》首举姚氏所分之十三类，与彼所分之十一类，做一比较。赠序一类，姚氏所有，曾氏删之；叙记、典志二类，姚氏所无，曾氏增之；颂赞、箴铭二类，姚氏所分，曾氏附之词赋之下编；传状、碑志二类，亦姚氏所分，曾氏合之为传志一类：这些是姚、曾二氏选文分类最不相同之点，也是我们现在所当注意讨论之点。我们不但要知道它们的不同，并且应该推求它们的所以不同。

姚氏《古文辞类纂序》，於赠序一类，引老子"君子赠人以言"的话，引颜渊、子路相违时各以言相赠处和梁王觞诸侯、鲁君择言而进的两个故事，以为"所以致敬爱，陈忠告之谊"，并且说："唐初赠人，始以序名，至於昌黎乃得古人之意，其文冠绝前后作者。"可见姚氏对於赠序一种文体看得很重，尤其是韩昌黎的作品。曾氏则认为，古人赠别，系以诗歌；为赠别的许多诗歌作序，乃谓之"赠序"，所以赠序实在仍是序跋一体；即退一步说，也不过是序跋的变体而已。曾氏删去赠序一类，而於序跋类中选了四篇赠序——韩愈《赠郑尚书序》《送李愿归盘谷序》《送王秀才埙序》，欧阳修《送徐无党南归序》——便是这个缘故。至於那些本无赠别的诗歌，而空空洞洞送人一篇赠序的，以及做寿送寿序，有喜事送贺序，曾氏认为都是些骈拇枝指，可以不存。——这就是姚氏特立"赠序"类，而曾氏把它删去的理由吧！

　　姚氏之《古文辞类纂》，不采经传子史之文。故其序於论辨云"今悉以子家不录"，於序跋类云"余撰次古文辞，不载史传，以不可胜录也"，於奏议类云"其载《春秋内外传》者不录"。曾氏则以为言孝者不当敬其父祖而忘其高曾，言忠者不可曰"我家臣耳，焉敢知国"，故每类必以六经冠之，此犹涓涓之水以海为归，无所於让。又曰："余今所论次，采辑史传稍多。"且於论著，选庄、荀、韩非诸子之文，至十二篇之多。他的选文范围，较姚氏广大得多了。曾氏序，於叙记类，举了许多经史上的例，而曰"后世古文，如《平淮西碑》是，然不多见"；於典志类，也举了许多经史上的例，又曰"后世古文，如《越州赵公救菑记》是，然不多见"。姚氏既不选经史，则后世古文家虽然间或有几篇可以归入叙记、典志二类的文章，也是寥寥可数，怎么能分立为两类呢？所以韩愈的《平淮西碑》只得选入"碑志"类去，曾巩的《越州赵公救菑记》只得选入"杂记"类去了。曾氏既选经史之文，则此二类文章可选者就多了，所以特地添立了这两类。——这就是姚氏无叙记、典志二类，而曾氏增设起来的理由吧！

姚氏於传状类外，别立碑志一类；序中说："碑志类者，其体本於诗，歌颂功德；其用施之金石。"故上编所录，如秦刻石诸文，以及班固《封燕然山铭》、元结《大唐中兴颂》、韩愈《平淮西碑》、苏轼《表忠观碑》诸文，都不是记个人之事的；而记个人的墓志之文则别录之为下编。曾氏则合传状、碑志二类为传志类，而释之曰"所以记人者"。故如韩愈《平淮西碑》，则列入叙记类；如韩愈《南海神庙碑》、苏轼《表忠观碑》之类，则列入杂记类。所以他并入传志类的，只是墓表、墓志之类的文章。姚氏认辞赋类为《风》《雅》之变体，义在托讽，大抵设辞无事实；故与自警自戒、辞质意深的箴铭类，源出《诗》《颂》、不施金石的颂赞类，不能混为一谈。曾氏则以为这两类也大都有韵，故以附於词赋之下编，而释之曰"著作之有韵者"。——这就是姚氏分列传状、碑志二类，箴铭、颂赞、辞赋三类，而曾氏把前二者合成传志类，后三者合成词赋类的理由吧！

　　总之，姚氏所列的十三类，曰论辨、序跋、奏议、书说、赠序、诏令、传状、碑志、杂记、箴铭、颂赞、哀祭、辞赋。曾氏所列十一类，曰论著、词赋、序跋，为著述门；曰诏令、奏议、书牍、哀祭，为告语门；曰传志、叙记、典志、杂记，为记载门。虽除上文所说的增删分合的异点外，还有所列次序的不同，所用名称之略异（例如姚曰论辨，曾曰论著；姚曰书说，曾曰书牍；姚曰辞赋，曾曰词赋）。而其文章体类，则多数相同。这真如曾氏序所说的"论次微有不同，大体不甚相远"了。

　　莘耜一口气把这篇文章看完，脸上露出得意的笑容来。这时候，恰巧子寿一脚跨进书房，莘耜竟站了起来，向子寿拱拱手道："恭喜，恭喜！老弟可谓有女了！"素秋见她爸爸来了，刚从竹靠椅上站起，见莘耜这般夸奖她，倒有些害羞起来，低下头在一边站着。子寿笑道："小女还肯用功，得老师指教，颇有斐然成章之望！"莘耜想拿那篇作文给子寿看时，已被黎明拿去，摊在那张方桌上，两夫妻在共同欣赏了。子寿晓得莘耜的用意，便道："小女重新做过的那篇作文，我已把稿子看过了。阿良做的，有没有交上来呢？"莘耜道："我限他们下星期日缴卷，素秋是缴的头卷，而且很有第一的希望哩！"子寿道："素秋，你们一共有十多个同学，我想，一定有做得比你好的。即使这次你侥幸得了个第一，万万不可自满，下次仍当一样努力！"素秋连声应道："是，是！"黎明看完了这篇作文，也觉得很满意。富氏携了素秋的手道："好妹妹，倘使我也加入补习，要对你退避三舍了！你今天太劳苦了，我陪你玩玩去。我们屋后新种的两缸荷花，还开着呢！婆婆和我们两个孩子都在那里，我们同去散散吧！"说罢，两人径自去了。

第五章　论辨

　　星期三的晚上，莘耜家请振福、子寿吃便饭，算是给子寿饯行，因为明天他和黎明便要动身了。同席的便是莘耜父子和桂荪兄妹。主人既不会喝酒，客人也不多喝了，不多时便已终席。莘耜又谈起国文补习班的作文成绩来。原来这是第一次习作，全班学生都很踊跃，卷子已陆续缴齐，而且已完全批改过了；结果是素秋那篇第一，承良却排在第十名。刚说到这件事，素秋也来了，大家对她又有一番夸奖。

　　素秋听说她的作文已批改好了，急待一看。莘耜在书桌抽屉里拿了出来。素秋拿来一看，改的字句很少很少，批语倒特别多，特别详细。论赠序那一段的上面，便有好几条眉批：

（一）傅玄、潘尼辈已有赠序矣；姚云，唐初赠人始以序名，误。

（二）《诗》有《燕燕》，相传为卫庄姜送归妾而作，有《渭阳》，相传为秦康公送舅氏晋文公而作；则以诗歌赠别，由来久矣。

（三）文谓"赠序系为赠别的诗歌作序"，极是。即韩愈所作的赠序，也有许多篇明说为赠别的诗歌作的。例如《送杨少尹序》云："丞相……又为歌诗以劝之。京师之长於诗者，又属而和之。"《送郑尚书序》云："将行，公卿大夫士，苟能诗者，咸相率为诗……"《送石处士序》云："遂各为歌诗六韵，遣愈为之序。"诸如此类，不胜枚举。

论叙记、典志那一段的上面，也有一条眉批：

姚氏之不选经文，虽是尊经的意思，但子史也主张不选，故其选文范围限於集部。盖自刘歆《七略》、班固《汉志》、六艺、诸子，已与单篇之诗赋分途；此后荀勖四部、王俭《七志》、阮孝绪

《七录》及《隋书·经籍志》以后的四部分类，莫不皆然。但姚氏序跋类中，采自《史记》《汉书》及欧阳修《新唐书》《新五代史》的，已颇不少，未免自破其例。经子之书，异於单篇；即史书，亦多互见之例（如《史记·管晏列传》以大事均已互见於《齐太公世家》，故多载管晏二子琐事）。学者宜总览全书，不当割裂一篇，加以揣摩。故姚氏之不选经史子，原亦未可厚非。惟现在学校中科目繁多，社会上亦人事繁杂，不能再如前人之专习国文，矻矻穷年，以至白首。则为使学者各窥见其一斑计，曾氏之遍采经传子史，亦确是一法。

论传志、词赋的一段上，也有两条：

（一）姚氏的碑志类和曾氏的传志类中所并进去的一部分的"志"，实在是不同的。文能将此点看出，极好！

（二）姚氏说辞赋类皆义在托讽，设辞无事实，且亦有无韵者；这正是姚氏特到之见。所以这

一类是文学，非文章。至於箴铭、颂赞二类，则虽
有韵，仍是文章而非文学。曾氏把这三类合为词赋
一类，其识见实不及姚氏。

篇末又有一个总批，对於素秋的勤於习作，做好了
不惮重新做过，而且比第一次试作的好了许多，大大地
奖勉了一番。

子寿笑道：“老师可谓狮子搏兔亦用全力。小孩子
的文章，这样详细地批，未免太费心了！而且割鸡用牛
刀，太不合算！——素秋，这些批，你得仔细揣摩；有
不懂的，仔细请教。以后经太先生批改过的作文，得
永远保存着！”他和黎明又把其余的几篇翻了翻，振
之、中玉做的两篇是文言，但都不及素秋那篇来得内容
丰富。承良那一篇，词句还有些不妥的地方。只有一个
姓方名叫中的，比较好些，便列在第二了。他们在翻阅
那些作文，素秋却捧着自己那篇作文，细细地在看那些
批语；莘耜不惮烦地站在旁边讲给她听。因为莘耜主张
把这篇文章在开第二次讲习会时揭示，所以素秋看完之
后，仍交还了他。振福等祖孙、父女三人一起回去了，

尹家也就收拾安寝了。

　　第二天，子寿和黎明因为要到镇上去趁当天可到碧湖的汽车，上午七点就出发了。他们只各带了一只手提箱、一只小网篮，便由阿德挑了送去。莘耜带着桂荪直送到村口，方作别回来，又送桂荪到山石庵小学里去。礼堂里墙壁上预备国文补习班揭示作文成绩的一块板，已有木匠在那里装钉了。这是一块暗绿色油漆的长方形的木板，装着可以夹住作文纸儿的几条竹片儿。因为玻璃太贵了，所以不用玻璃框，而且装在礼堂里。莘耜看了看，指导木匠几句话，也就回去了。

　　第二次讲习会的日期又到了。素秋那篇作文便夹在那新做的揭示板上。镇上几位同学陆续来到，一个个都站着细看；对莘耜那样详细地批，知道素秋这篇文章是做了又重做的，都赞尹老师的教不倦、素秋的学不厌，自幸遇到这样负责的老师，自愧没有好好地写作。李桂道："尹老师和素秋家的世谊很深，她这篇文章又是考第一的，所以批得如此仔细的吧？"振之道："这倒不见得。去年我曾经请教他老先生一次，还不是正式的习作，他也替我详详细细地改批，还亲自来讲给我听。我们这一次习作，虽都不及山素秋，他的批改一定也很详细的。"中玉道："等忽儿分发出来，就可知道的，何必预先瞎猜？"

他们正在纷纷议论，一阵铃响，开会的时间到了。大家就坐，多怀着一种期待的心理，等候莘耜进来。莘耜带着一个包儿，穿着一件半旧的白罗长衫，踱进礼堂来。上了讲台，行了个礼，把那包儿放在桌子上，取一支粉笔，在黑板上写了"论辨类"三字，道："今天的讲习，以这种文体为中心。这种文章，姚氏叫作'论辨'，曾氏却叫作'论著'。因为姚氏不选经子，惟取集部的单篇文章，'录自贾生始'，所以叫作'论辨'。曾氏则远及经部《尚书》的《洪范》，旁及孟、庄、荀、韩非诸子之书，这些都自成专书的著作，和后世古文家集子里单篇的文章有些儿不同，所以改称'论著'了。"

他说到这句，素秋忽举起手来。莘耜道："素秋，你有什么疑问？"素秋站起来道："老师，《孟子》不也是十三经之一吗？"莘耜道："是的。可是在《汉书·艺文志》里，《孟子》并不列入六艺——汉人称六经为六艺——而列入诸子的儒家。可见刘歆、班固把它看成子书，和《荀子》一样的。《艺文志》《经史百家杂钞》选入序跋类中，诸位可以去查一查。宋儒才把《孟子》抬得特别高；南宋时，朱子辑注四书，把《孟子》和《论语》及自《小戴礼记》中抽出的《大学》《中庸》二篇，等量齐观，於是《孟子》一书，方入经部，而成为十三经之一了。"

他说到这里，暂时停了一下，走下台来，向振之借了一本《古文辞类纂》，一本《经史百家杂钞》，重新走上讲台去，叫他们找出姚姬传的《古文辞类纂序》，指定中玉朗读序文论辨类那一段。中玉站起来高声读道：

论辨类者，盖原於古之诸子，各以所学著书诏后世。孔孟之道与文，至矣。自老、庄以降，道有是非，文有工拙。今悉以子家不录，录自贾生始。盖退之著论，取於六经《孟子》，子厚取於《韩非》贾生，明允杂以苏、张之流，子瞻兼及於《庄子》。学之至善者，神合焉；善而不至者，貌存焉。惜乎，子厚之才可以为其至，而不及至者，年为之也。

中玉放开了喉咙，把这段文章摇曳生姿的神韵，都抑扬顿挫地表现了出来。莘耜微笑道："请坐下吧！你读得很好。文言文，无论是骈文，是散文，声调都是很重要的。我们如其要学文言文，想学得它的声调神韵，便非朗诵恬吟不可。从前有许多人在做文章时喜欢咿咿唔唔地低声诵读，也就是这个缘故。现在的学校里对於国文，只重讲解，不重诵读，以为可矫正从前偏重诵读不重讲解的老习惯；我以为学语体文或者可以不读，学文言文和诗词等便非读不可！不但要读得熟，而且要读出诗文的声调神韵来。就如这段文章的末句，大有摇曳生姿之妙，经中玉这一读，便完全显出来了。所以一个人对於某篇文言文能否完全了解，能否领悟它无形中的神韵，只要叫他朗读一遍，便可测验出来的。"经他这么一说，十多个人都低声试读起来。

他略略停了一歇，喝了口开水，又叫他们翻出《经史百家杂钞序》，把关於论著类的一段，朗朗地念道：

　　论著类，著作之无韵者。经如《洪范》《大学》《中庸》《乐记》《孟子》皆是。诸子曰篇、曰训、曰览，古文家曰论、曰辨、曰议、曰说、曰解、曰原；皆是。

　　念完了，微笑道："这一段倒是老老实实的文章，不像姚氏那段有一种摇曳的神韵声调。"接着，又道："姚氏说论辨原於诸子，曾氏却上接《尚书》的《洪范》。姚氏又说：'孔孟之道与文，至矣。'则认经中也有这种文体了。"又在黑板上写了一段刘勰《文心雕龙·论说》篇的话：

　　昔仲尼微言，后人追记，仰其经目，称为"论语"。盖群论立名，始於兹矣。自《论语》以前，经无"论"字。《六韬》二论，后人追题乎？

　　写完后，说道："刘勰认为'论'的名称，始於《论语》。这与曾氏的上溯《洪范》并不冲突。因为'论'的文体虽然早已有了，以'论'名书，不妨以后才有。

不过《论语》一书之所以有此名称，若依《汉书·艺文志》看来，又别含一种意思。"他又在黑板上写道：

> 《论语》者，孔子应答弟子时人及弟子相与言而接闻於夫子之语也。当时弟子各有所记。夫子既卒，门人相与辑而论纂，故谓之《论语》。

"照班固这段话说，则《论语》一名，是说门人'论纂其语'，不是说这一部书所录的'语'是'论'了。可是'论'的一种文体，经书里早已有了，则是事实。战国时的子书里，便有明明白白地用这'论'字名篇的了，如《荀子》的《礼论》《乐论》等。"承良突然插嘴道："《庄子》也有《齐物论》。"他是坐着说的。莘耜板着脸道："听讲时发言，当站起来！这不但是礼貌上应当如此；假如大家都像你这样，随便发言，你一句，我一句，教室里的秩序还会好吗？你也在当教师了，怎么连这一点都不顾到？"说得承良绯红了脸，低着头不敢作声。莘耜停了停，方继续说："是的，《庄子》里有一篇《齐物论》。子书，原来全部都是

'论'，《庄子》也不能例外。至於这篇《齐物论》，却有两样解说：（一）这是一篇'齐物之论'，'论'字是指这篇文章的体裁而言；（二）这篇文章是'齐种种物论'的，那么，'物论'二字是连属的，'齐'字却是个动词了。"承良微微地点头表示已经懂得了。

莘耕又道："曾氏推'论著'之原，在经书中举出《洪范》《大学》《中庸》三篇和《孟子》一书来，这是随便举的例。其实经书中此种文体甚多，如《礼记》的《礼运》《儒行》等篇，郑玄《目录》所谓'於《别录》属於通论'的各篇，都可说是属於'论著'类的。曾氏所说的诸子曰某曰某，古文家曰某曰某，都是'论'的别名。如《淮南子》便叫作'训'，例如《道应训》之类。——但也有人说：'高诱注《淮南》各篇，故名曰训，训是训诂之训。'——《吕氏春秋》有八篇'览'，所以又名《吕览》。你们把《经史百家杂钞》论著类的目录翻出来看看吧！所选的《庄子》《荀子》《韩非子》不是都题着什么篇吗？其实，'篇'字不是文体的名称，而是普通用以计书籍数量的公名。古代无纸，起初用竹简木牍代纸，后来用缣帛代纸。用竹简的，以'篇'计；

用缣帛的，可以舒卷，则以'卷'计。所以《汉书·艺文志》或曰某书几篇，或曰某书几卷。无论六艺、诸子、诗赋、兵书、术数、方技，都是如此。至於古文家称'论'的，称'辨'的，称'议'的，称'说'的，称'解'的，称'原'的，在目录里又可以找出实例来。"

方中举起一只手，接着恭恭敬敬地站了起来，问道："韩愈的《伯夷颂》，为什么也列入论著类？"莘耜做了做手势，叫他坐下。然后答道："这篇文章名义上虽叫作'颂'，实际上是一篇《伯夷论》，而且是不用韵的。所以姚氏也选入论辨类中，曾氏更不能把它列入词赋类里作为一篇'颂赞'之文了。诸位把姚、曾二氏的目录去详细查阅一遍，可见'论'的别名不仅曾氏所举的几种。总之，凡用以论事、论人、论学、论政，发表自己的主张，或和他人辨驳，或说明他人的主张以及事物学理的，都可归入这一类。和近人所分的文体类别比较，则论辨类或论著类可以包括议论文和说明文。至於曾氏以'著作之无韵者'为论著的定义，则殊不妥当。古代的文章，有韵无韵之分，并不如后世那么严格；所以辞赋诗歌竟有不用韵的，大都无韵的论文却往往夹入

有韵的句子。你们且看《经史百家杂钞》的第一篇《洪
范》吧！"大家又一齐翻开书本。莘耜高声读道：

> 无偏无陂，遵王之义。无有作好，遵王之道。
> 无有作恶，遵王之路。无偏无党，王道荡荡。无党
> 无偏，王道便便。无反无侧，王道正直。

"这一段，不明明是有韵的吗？就是《老子》书中，韵
文也很多。所以说'论著是著作之无韵者'，是不妥当
的。反过来说，曾氏所选，除词赋类之外，不都是无韵
之文吗？'著作之无韵者'一语，怎么能把论著文的特
征表示出来呢？"

近中午了，天气渐渐地热起来；莘耜的汗已从脸上
流下来了。他从衣袋里摸出块帕儿来，揩了一揩。又继
续讲道："议论文、说明文的做法，将来再详细地讲。
现在且简括地说几句：论辨文最重要的条件是'能立'
和'能破'。所谓'能立'，是能把自己的主张确立，
不易使他人驳倒；所谓'能破'，是要驳倒和我敌对的
主张，使它不能站住。《文心雕龙·论说》篇有几句话，

倒说得还精采的。"他又转过身去，在黑板上写道：

> 论之为体，所以辨正然否。
>
> 必使心与理合，弥缝莫见其隙；辞共心密，敌
> 人不知所乘。

"这就是我所说的'能立'，是论辨文积极方面的事。至於'能破'，则如《孟子·神农之言》章用分工合作的道理驳陈相所信从的许行君臣并耕之说，便是极巧妙的一种辨驳法。"

讲完了，他又在姚、曾二书里选定了几篇议论文，叫他们去自己阅读，然后把批改好的第一次作文分发给他们。又宣布道："第二次习作，自由拟题，文体不拘，但极迟须於下次开讲习会时缴卷。"他退课时，已十一点多了；连续讲了两个多钟头，学生都站着目送他缓步出去，大衫背后已渗出了一大片汗。王振之挥着扇道："尹老先生太卖力了！"李桂捧着自己那篇作文道："我这样蹩脚的国文，也劳他老人家这般详细批改，太对他不起了！"

　　素秋、承良想回去吃中饭，振之、中玉一齐拦阻道："在这里吃饭吧！饭后，我们想大家商量商量，怎样把尹老师所讲的记录下来，整理起来，编成一部有系统的讲义哩！"素秋姊弟只得依从。午饭后，他们休息了一忽儿，便开了一个会；讨论了许久，才定出一个办法来。他们一共十六个同学，推定山素秋做总编纂，方中、李桂担任出版和校对，王振之、石中玉担任抄写；每次讲习，由其余十一个同学轮流担任记录交给素秋先核阅一遍，然后誊清了请尹老师审定，如果改得多了，便由振之他们重行抄清，送交方中、李桂，到镇上印刷所去排印。他们每人先垫五块钱，做印刷费。他们认为这部讲义印成本儿，一定可以卖出去的。会开完了，便推举素秋、振之、中玉三人做代表，去向尹老师提出请求。

第六章　序跋与赠序

"今天是阴历八月十一了，团团圆圆的中秋节又快到了！"秋氏坐在月光之下一张小竹榻上，仰着头，呆呆地望着天上那个将圆未圆的月，不禁又回忆到她两年光景没有见过的故乡。"杭州城里不一样可以望见这样和蔼高洁的月光吗？西湖上的三潭印月不仍和以前一样，水中的月影儿不比这山涧里的月影儿更好看吗？——'我欲乘风归去，只恐琼楼玉宇，高处不胜寒！'"她曼声地念出这两句《水调歌头》来，她在怀念着杭州城里的老娘家了。"碧湖、宜山，隔千里兮共明月！——唉！"她又带着感慨，在想念她远在广西宜山浙江大学的外甥和在碧湖的儿子了。"姨母，弟弟来信曾说，浙大想搬到贵州去哩！"原来富氏本是秋氏的妹妹的女儿，所以这般称呼。秋氏的妹妹和妹夫早已亡故了，剩下了富氏姊弟两个孤儿，富氏名叫碧如，她弟弟名叫昂如。"那不是越搬越远了？"秋氏说。

"再过四天，便是八月半了。八月半夜里的月亮，会像圆镜子一般。"兰荪扳着小手指儿在算日子。"我希望今年八月半夜里的月亮真会变成一面大镜子。我们可以在这大镜子里照见爸爸，照见舅舅。他们也可以从这面大镜子里照见我们。"桂荪说。"月亮虽不是大镜子，虽照不见远处的人；可是如其我们和远在两处三处的人，在同一中秋之夜，同时抬头望月，那么月儿就成我们和他们的眼光的交叉点了。"素秋正缓步走过涧上的板桥来，这样地对桂荪他们说。桂荪道："前天承良老师说，眼睛和它所看的东西中间，有一条'视线'。我想，眼光所及，如果真的有那么一条线，这中秋夜的月儿，不成了许多线打结儿的地方了？我们把头一转动，月儿就会纸鹞儿般地被我们牵动呢！"素秋笑道："桂儿，你真是想入非非了！"

"时人未会盈虚意，不到团圆不肯看！"莘耜也从屋子里踱了出来，嘴里哼着这两句诗。"今夜的月光清冷极了。夏日，秋阳，固然是可畏的；即使可爱的冬日，也有一种热烈刚强的所谓'阳气'，和月光的清冷柔和的属于'阴'的气象完全不同。素秋，人的气象也有这两种的不同：例如你们祖父，便像个可爱的冬日；你们的爸爸，却像个中秋的明月。"莘耜见素秋也在那儿，便这样对她说。"文章似乎也有这两种吧？我读韩愈、苏轼、王安石的文章，有一种特别的感觉，读欧阳修、曾巩、归有光的文章，似乎又另有一种特别的感觉；可是说不出所以然来。前一派的文章像日，后一派的文章像月；太先生，可不可以这样说呢？"素秋说。莘耜点点头道："你能推论到文章上去，足见聪明！这就是古文家所常说的'阳刚'和'阴柔'，可以说是文章的两种气象。将来讲到文章风格时，是要详细讨论的。"秋氏道："凳儿现成有在这里，为什么不坐，要立着谈？"他们师生俩便都坐了下来。

素秋问道："太先生，第三次讲习会又快到了，预定讲哪一类？序跋类呢？还是词赋类呢？"莘耜道："我打算讲序跋和赠序。""序跋，姚氏列在第二类，曾氏列在第三类。"素秋道："姚氏的序里这样说：

　　序跋类者，昔前圣作《易》，孔子为作《系辞》《说卦》《文言》《序卦》《杂卦》之传，以推论本原，广大其义。《诗》《书》皆有序，而《仪礼》篇后有记，皆儒者所为。其余诸子，或自序其意，或弟子作之；《庄子·天下》篇、《荀子》末篇皆是也。余撰次古文辞，不载史传，以不可胜录也。惟载太史公欧阳永叔表志序论数首，序之最工者也。向、歆奏校书各有序，世不尽传，传者或伪；今存子政《战国策序》一篇，著其概。其后目录之序，子固独优已。

曾氏的序里，比较说得简单：

　　序跋类，他人之著作，序述其意者。经如《易》之《系辞》，《礼记》之《冠义》《昏义》皆是。后世曰序、曰跋、曰引、曰题、曰读、曰传、曰注、曰笺、曰疏、曰说、曰解，皆是。

太先生，这两段序文里，我还有许多不明白的地方

哩！"富氏道："素秋妹妹的记性真好。这两篇序，我也读过的；姚氏那一篇还有些记得，曾氏那一篇，我从没有读熟过。"桂荪道："姑姑第一个歌唱得很好听。"原来素秋背诵姚氏那一段序文时，虽然是低低吟诵，却把抑扬顿挫的声调都表示出来。秋氏道："姑姑是在背书，不是在唱歌。这种读法，你既觉得好听，将来请姑姑教你好了。"兰荪却在那儿唱起"月亮团团"的歌来了。

莘耜道："素秋，你有什么疑问，不妨先提出来问。"素秋道："姚氏所说作《易》的前圣是谁？孔子作的既是'传'，为什么不引用在传状类里，而引用於序跋类？下文既说'不载史传'，何以又采太史公的文章？'向、歆'是刘向、刘歆父子，西汉末典校书籍，我已查着了。姚氏说他们'奏校书'，怎么讲？子政就是刘向，子固就是曾巩吧？"莘耜道："你一下子就提出了许多疑问，我一条条地解释吧！——《易》，就是十三经里的《周易》，一般人都叫它《易经》的。其实，这部书里，有'经'，有'传'。据一般的传说：伏羲画八卦，周文王被纣王拘於羑里——这'羑'字，上半和'美'字相同，下半是个'久'字，音幽。羑里是地名。——把八卦两个两个地重叠起来，成了八八六十四卦，这叫作'重卦'。八卦，你总看到过了？"素秋道："从前我们房里还挂着一个妈妈绣的八卦。爸爸说：三画的叫作'乾'，三画中间断的叫作'坤'。其余的，记不得了。"莘耜道："八卦的每一卦有三画，两卦叠成一卦，不是有六画了？这就叫作'六爻'。'爻'字是两个×儿。连成一画的是'阳爻'，中间断的是'阴爻'。文王既把八卦重叠成六十四卦，每卦又做成'卦辞'，每爻也做成'爻辞'，於是有六十四条《卦辞》，三百八十四条《爻辞》，便可以供卜筮之用了。这是《易》的'经'。"素秋插嘴道："那么，作《易》的前圣是指伏羲、文王了。"

莘耜道："是的，《易》，原是卜筮之书；孔子却认为含有很高深的哲理，晚年时，曾努力加以研究。《论语》上载他自己的话道：'假我数年，五十以学《易》，可以无大过矣。'《史记·孔子世家》也说他晚而喜《易》，读《易》，韦编三绝。古代以竹简代纸，用皮带穿编成册，所以叫作'韦编'。'韦编'断了三次，足见他阅读之勤了。他把研究所得，写成了《系辞》《说卦》《文言》《序卦》《杂卦》诸篇，此外还有《象传》——'象'字就是屋椽的'椽'字去了'木'旁，《象传》——象棋的'象'字，各分上下篇；《系辞》也分上下篇，一共有十篇。这十篇文章是推论《易》理的，是辅助《易》的'经'的，所以叫作'十翼'——'羽翼'之'翼'，是帮助的意思——这是《易》的'传'了。这里的'传'字，指经传之'传'，不是传状之'传'。这正合於曾氏所说，'他人之著作序述其意'了。姚氏所说'不载史传'，是指传状类不采史书的'传'。而序跋类中却选了几篇司马迁《史记》，欧阳修《新唐书》《新五代史》里'表''志''传'的序论；因为这些是做得最工的序，所以他不能割爱。刘向、刘歆掌校群书，每一书校毕了，须做一篇序，献给皇帝看；所以'奏校书'者，奏其所校之书也。这许多奏校书的序，本来曾辑合成一部《别录》的。《别录》已亡，故云'世或不传'。后来造假古书的人，知道刘向父子掌校书籍的这件事是大家晓得的，往往并假造刘向的序文；如今本《列子》是一部假书，前面就有一篇托名刘向的假序。所以说'传者或伪'。子政是刘向的字，子固是曾巩的字。姚氏在同一段文章里，对於同一古人，前面用他的名——向，后面忽又用他的字——子政，未免叫阅读者疑乱，这也是一种缺点。"

素秋被引起了兴趣，又问道："曾氏说序跋是'他人之著作序述其意者'，姚氏却说'其余诸子或自序其意'。姚氏、曾氏这两篇文章便是自序，可见序跋不尽为序述他人著作之意了。曾氏下的定义似乎不能自圆其说。"莘耜说："素秋，你可谓能读书得间了。曾氏所以下这条定义，因为'著述门'中分'论著''词赋''序跋'三类：前二类是'著'，就是今人所谓'创作'，是自己的著作；后一类是'述'，是序述他人著作的意旨。他只顾到序跋和前二类的分别，却把序跋类中的'自序'忘了，这确是一个缺点。他这句话，如改作'已成之著作，序述其意者'，便比较妥当了。《天下》是《庄子》的末篇，《荀子》的末篇叫作《尧问》篇。《天下》篇如果是庄子的自序，真是一篇绝妙好辞。它列叙周、秦之间的各学派，把它们的优点劣点一一评述出来；说到庄周，便只叙优点，不加抨击，最妙的，是自己站在第三者的地位，把自己也看成和各派学者一般。不过这篇妙文究竟是庄周的自序呢，还是他的弟子做的呢？却还是一个问题。至於《尧问》篇，则'为说者'以下，明明是弟子称述《荀子》之辞。《论语》为孔子弟子门人所记所辑，上次讲习时已说过了。末了一篇，不是《尧曰》吗？我想，《荀子》一书也是他的弟子所辑，以《尧问》为末篇，是摹仿《论语》的。"

素秋又问道："序，应该在书的前面的，在后面的便是'跋'了。为什么姚氏说列在书末的《天下》《尧问》是《庄子》《荀子》的'序'呢？"莘耜笑道："素秋，你先想想，以事实说，著作者还是先写成一篇自序，再着手著作的呢，还是把全书做成了，再写一篇自序的呢？"素秋道："当然略！得先写成全书，才好做序。""那么，这篇自序，以著作的先后说，不当放在书末吗？你去翻翻《史记》《汉书》看，《太史公自序》和《叙传》，不也排在书末的吗？就古人的创作说，也是每篇文章做成了，然后加题目的。而且古人的著作往往是无题的，题目大都是后来编辑的人所加，所以多取篇首一句的数字为题，而且是绝无意义的。例如《诗经》的第一篇叫作《关雎》，即取首句'关关雎鸠'中的两个字；《论语》首篇叫作《学而》，即取首句'学而时习之'中的两个字；《孟子》首篇叫作《梁惠王》，即取首句'孟子见梁惠王'中的三个字。无题，或取首句数字为题的，唐人诗中尚多此例。如李商隐的集中，'无题'诗便很多；有许多有题的诗，也只取首句的数字为题，例如'为有'一诗，第一句便是'为有银屏无限娇'。《庄子》的篇题，有的是有意义的，如《逍遥游》之类；有的是无意义的，如《马蹄》，便取首句'马蹄可以践霜雪……'的首二字为篇题。'题'的本义是额，'目'就是眼。文章所以要有题目，原为分别眉目起见；所以写成了文章，总得加上一个题目。现在我先出了题目，叫你们做文章，不过为习作便利起见而已。"莘耜也越谈越有劲了，老远地拉扯开去。

素秋又追问道："那么，为他人的著作做序早於为自己的著作做序了？"莘耜道："姚、曾二氏都认孔子作《十翼》是为他人著作做序之始。不过这十篇《易传》究竟是否孔子亲笔写成的，还是一个疑问。欧阳修的《易童子问》，便疑心它们不是孔子所作。至於自序，彰明较著的以序为名的，要算《吕氏春秋》的《叙意》篇为最早。序，本是在书末的；后来序移书前，所以又有'后序'和'跋'了。左思作《三都赋》，自己已做了一篇序，又求皇甫谧做一篇序，这是请人做序及一书两序之始。至於曾氏所说属於序跋的各种名称：'跋'如欧阳修《集古录跋》，'引'如苏洵的《族谱引》——这篇文章《古文辞类纂》里有的。苏洵的父亲名叫序，所以苏氏父子为避讳起见，把序改称'引'——'题'如归有光《题张幼于哀文太史卷》，'读'如韩愈《读荀子》。至於'传''注''笺''疏''说''解'，是指注解古书的那些文章而言。如《诗经》有毛公的《传》、郑玄的《笺》；疏则是注解的注解，如十三经都有'疏'。曾氏认为这些都是述说他人著作的意义的，所以也归入序跋类。总而言之，序跋类的文章是'说明文'居多。但也有发议论、抒情感的。"

桂荪兄妹玩了许多时候，已倦得想困了。秋氏婆媳只得先带了他们上楼去，站起来向素秋招呼。素秋听得出了神，不但她们向她招呼全没理会，她们把许多小竹榻、凳儿搬了进去，也没有注意，却仍向莘耜道："关於序跋类的种种，前次习作上太先生的眉批中已说得很明白了！"莘耜点点头道："赠序之为赠别的诗歌做序的，可以说是序跋的变体；并无赠别的诗歌而仅仅做一篇赠序的，又是变体之变体了。这种赠序，只是道离情别意，或致忠告之辞，或陈赞勉之义；论其作用，实在和'书说'相同。所以姚氏把赠序类列於书说类之后。寿序起於明代，实在又是赠序的一种别支，现在成了社会上一种极普通的应酬文章了。只要有几个钱、有相当的势力，不论那做寿的人是贪官，是军阀，是奸商，是土豪劣绅，是毫无事实可说的一个平庸愚笨的老太婆，都得做一篇寿序去恭维他或她。所以曾氏对於它深恶痛疾，认为天地间不当有这种文体。他所以特删赠序一类，或者是从厌恶寿序起的念头，也未可知啊！"素秋听了，点头道是。

"素秋，九点钟了！还缠着太先生，不让他休息。痴丫头！好回来睡了！"振福高声地在叫唤。"太先生，我只顾缠着你，不知不觉，已是九点钟了。今天晚上，真所谓'一夕话胜读十年书'！我得谢谢您，费了您好多精神！"莘耜笑着站了起来道："我们谈得太久了；你去吧！明天见。"素秋把她和莘耡坐的两张小竹椅子掇进屋子，然后告辞走了。莘耡关上门，掌着秋氏他们留在小堂屋里的一盏灯，上得楼来，他们已是呼呼入睡了。

中秋那天，秋氏因为桂荪兄妹都在葫芦谷小学读书，宰了一只鸡，请振福和振之、中玉、素秋、承良四位教师吃夜饭。第三次讲习会，也已开过了。席间，他们便谈到编印讲义的事。莘耡道："素秋第一次那篇作义，可以改成一章绪论，以后便可按每次所讲习的编述下去，如第一章'论辨'，第二章'序跋与赠序'之类。你们能把记录整理修改一番，交我订正，原是很好的事，而且可以说是一部集体写作的书。不过我所讲的都是关于国文的常识，而且都是老生常谈，卑之无高论的；印出去，有谁要买？你们的本钱怕是捞不回来了，何况现在排印工钱和纸墨都是那么贵！"振之道："这是同学们大家的兴致。叫他们不要付印，便觉扫兴了。卖得出去，最好；卖不出去，也可以留着送人的。"振福倒很赞成他们的计划，并且说："你们如果能继续地编印下去，将来可以印成一部书，也不枉莘耡先生辛苦一场，印刷费不够时，我可以替你们设法的。"素秋等都大为高兴。

　　第二次的习作，各式各样的作品都有：文言文，语体文；议论文，记叙文；还有做白话诗、文言诗的。因为前天刚缴齐，莘耜还搁着没有改。散席后，素秋偶然提及他们的作文，莘耜便拿出来给他们先看看。素秋很喜欢学文言诗，试作了四首七绝。振之道："这次怕又要她第一了。"莘耜笑道："素秋有意学诗，固然很好；子寿的诗时有些陶靖节、王右丞的意境。她如肯好好学习，或者竟可继承家学。可是这次是初学，平仄和韵脚还有不对的地方，怎能得到第一呢？倒是赵介写给他爸爸的那封信，倒是一篇至性流露的文章。——我没有细看过，究竟哪个做得最好，还不能决定呢！"他们谈了一忽儿，都道谢走了。

第七章　从奏议、诏令谈到上行下行的公文

素秋的做事最性急；她早已照着莘耜的话，把第一次作文改成《国文讲习社讲义》的绪言，送去请莘耜审阅过了。因为她催得急，本论也已写成了两章：第一章是"论辨类"，第二章是"序跋类和所谓赠序"。这两章也已送交尹老先生了。第四次讲习的是"奏议"和"诏令"二类。开会的那天，李桂、方中各挟了一大包东西来；打开一看，原来是他们的讲义的绪言，已经印好。他们这十多个同学都非常开心。先检齐了三份，预备分送给莘耜、子寿和黎明的。他们每人分了二份，其余的暂归振之保存，放在葫芦谷小学里。振之叫素秋把送子寿和黎明的两份邮寄到碧湖去。开会时，莘耜固然依旧地讲，他们都格外留心听了，尤其是素秋和那轮着做记录的同学。

　　阴历九月初，葫芦谷的天气已是很凉了，况且又下了几天濛濛的细雨。这天下午，莘耕正坐在檐下，看桂荪和兰荪斗蟋蟀，忽然素秋撑着一把小伞，赤着脚，穿了一双木屐，冒雨跑来找他。莘耕道："今天星期日，你有得空了啊！——我正闲得无聊，希望有个人来谈谈。"他们一老一少走进书室里去。秋氏正坐着在做针线，素秋是小辈，又是常来的，虽然彼此招呼，却并未站起来。素秋直跟莘耕走到书桌边，把手里那份讲义稿交给莘耕。秋氏见素秋赤了脚穿着木屐，笑道："毕竟是你们年轻的福气！我像你那般年龄时，还缠脚呢！——俗话说，观音大士修了几世才修得一双天足。素秋，你们是哪一世修来的？"素秋被她说得红了脸，见莘耕正低着头在看她拿来的讲义稿，便搭讪着踱出门口，蹲在地下，看桂荪他们斗蟋蟀了。

　　莘耕看这份讲义稿时，见上面写着：

第三章　诏令和奏议

　　诏令、奏议二类，姚、曾二氏所分之类，所定

之名，完全相同；惟姚氏列奏议类於第三，诏令类
於第六；曾氏则诏令类列为第四，奏议类列为
第五。次序稍有不同而已。姚氏云：

"奏议类者，盖唐、虞三代圣贤陈说其君之
辞，《尚书》具之矣。周衰，列国臣子为国谋者，
谊忠而辞美，皆本谟诰之遗；学者多诵之。其载
《春秋内外传》者不录，录自战国以下。汉以来，
有表、奏、疏、议、上书、封事之异名，其实一
类。惟对策，虽亦臣下告君之辞，而其体少别，故
置之下编。两苏应制举时所进时务策，又以附对策
之后。"

按：《汉书·艺文志》云"左史记言，右史记
事。事为《春秋》，言为《尚书》"，《尚书》为
古代记言之史，故古圣贤陈说其君之辞，备见於
《尚书》。曾氏於此类以《书无逸》冠其首，即周
公旦告成王之辞。《春秋内传》为《左传》，《外
传》为《国语》，二书相传皆左丘明作；惟《左
传》依《春秋》编年，《国语》则为国别史，故有
内外传之分。曾氏此类选《左传》三篇，而《国

语》所载春秋时臣子谏君之辞亦甚多。姚氏不选经，故皆屏而弗录。但战国时臣子说当时君相之辞，姚氏采录甚多，故曰"录自战国以下"。对策者，汉时郡国举贤良文学之士，天子亲加策问时所对之策。董仲舒《贤良策对》三篇，姚氏即选入此类下编中；而苏轼、苏辙兄弟应考科举时试卷中的时务策，姚氏也选了十七篇。

姚氏又云：

"诏令类者，原於《尚书》之誓诰。周之衰也，文诰犹存；昭王制，肃强侯，所以悦人心而胜於三军之众，犹有赖焉。秦最无道，而辞则伟。汉至文景，意与辞俱美矣，后世无以逮之。光武以降，人主虽有善意，而辞气何其衰薄也！檄令，皆谕下之辞，韩退之《鳄鱼文》，檄令类也，故悉附之。"

按：誓如《甘誓》——夏启征有扈，《牧誓》——武王伐纣，都是誓师之辞；诰如《大诰》《洛诰》，都是诰谕臣民之文。——但是《尚书》中之诰，也有下告上的，如《召诰》，召公告成王。——东周以后，上告下的文章，《经史百家杂钞》所选《左传·王子朝告诸侯》就是一个实例。秦始皇是一个魄力很大的皇帝，所以他能废封建，改郡县，把中国造成空前的一统，他所创的种种政治制度，汉以后大部多沿袭着；在政制的历史上说，也是一个划时代的大改革。他的诏令自然是刚健伟大的了。可是姚、曾二氏都只选了一篇。姚氏选录西汉的诏令很多。东汉以后，只选了光武的两篇；檄文，也只选了一篇司马相如的《谕巴蜀檄》：都不如曾氏选录得多。韩愈驱鳄鱼的那篇文章，本名《祭鳄鱼文》，可并不是"哀祭"，而近於檄令，所以姚、曾二氏都附在诏令类后。

我们再来看曾氏的序吧！他把这两类列入"告语门"，序云：

"诏令类，上告下者。经如《甘誓》《汤誓》《大诰》《康诰》等，皆是。后世曰诰，曰诏，曰谕，曰令，曰教，曰敕，曰玺书，曰檄，曰策命，皆是。"

"奏议类，下告上者。经如《皋陶谟》、《无逸》、《召诰》及《左传》季文子、魏绛等谏君之辞皆是。后世曰书，曰疏，曰议，曰奏，曰表，曰札子，曰封事，曰弹章，曰笺，曰封策，皆是。"

按：曾氏以诏令类概括上告下的文章，所以如马援《诫兄子书》[①]、郑玄《戒子书》等，虽非皇帝的诏令，也都选入。虽然有人以为诏令、奏议二类是从前专制时代的文体，似已不适用於今日；若以曾氏的定义——上告下，下告上——推广言之，则现在的下行公文——令、训令、指令、布告、批、任命状——就是诏令类的文体，上行公文——呈——就是奏议类的文体了。

至於诏令、奏议的异名，也很多，例如：

誓——誓师用，如《尚书·甘誓》，为夏后启征有扈氏，大战於甘，誓师之辞。

诰——告大众用，如《尚书·大诰》，为成王

---

① 似应指《诫兄子严敦书》。——编者注。

初立，淮夷及三监叛，周公相成王，将黜殷，告诸邦民众之辞。

诏——此名起於秦。如汉高帝《求贤诏》，为高帝十一年求贤之诏。

谕——如汉高帝《入关告谕》，即是他初入关中，与秦民约法三章的告谕。

令——如秦始皇《初并天下议帝号令》。

教——如诸葛亮《与群下教》。时诸葛亮为丞相，以此告其属下之官吏。

敕——亦作"策"。如汉武帝《封齐王策》《贤良策》。前者用於封赏，后者用於策问。"策命"亦属此类。后世又有"册书"，用於封、立、哀、谥等事，亦与此同。

玺书——可说是一种非正式的诏令。如汉光武《赐宝融玺书》。亦曰"赐书"，如汉文帝《赐南粤王赵佗书》。

制——就是"诏"。亦起於秦。如陆贽《拟奉天大赦改元制》。

檄——始於战国时张仪《告楚相檄》，后多用於军事。如陈琳《讨曹操檄》。"露布"者，犹今之宣言，其用与檄同。如贾洪《为马超讨曹操露布》。初时写在布上，以长竹竿揭之。

（以上属於诏令类。）

谟——谋也。如《尚书·皋陶谟》，即皋陶封禹所陈之辞。

诰——此为下告上之"诰"。如《尚书·召诰》，为成王在丰，命召公奭往洛相宅，告於成王之辞。

书——如晁错《言兵事书》。亦曰"上书"，如苏轼《上仁宗皇帝书》。

疏——此与序跋类注疏之"疏"不同，也是奏议的别名。如贾谊《陈政事疏》。

议——此与论辨类之"议"不同。如贾让《治河议》。

奏——奏者，进也。亦起於秦。如赵充国《屯田奏》。

表——此多用於陈述情意者。如李密《陈情表》，诸葛亮《出师表》。

札子——此起於宋，即唐代所谓"榜子""录子"。如王安石有《本朝百年无事札子》。

封事——机密的奏章，封以皂囊，藉防泄漏，故曰"封事"。如刘向《极谏外家封事》。

弹章——这是用以弹劾官吏的奏章。《昭明文选》有《奏弹刘整》一文。

对——这是答君上之问的。如东方朔《化民有道对》。

笺——这不是上皇帝的，虽然也是一种下对上的文体。所以如杨修《答临淄侯笺》，曾氏便列入书牍类中了。

（以上属於奏议类。）

总而言之，诏令类是下行的公文书，奏议类是上行的公文书。（曾氏把私文书也列於这两类中。）现在下行的公文，分作六种：（1）"令"，公布法律，任免官吏及有所指挥时用之；（2）"训令"，上级机关对於所属下级机关有所谕饬或差委时用之；（3）"指令"，上级机关对於所属下级机关，因呈请而有所指示时用之；

（4）"布告"，政府机关对於公众宣布事实，或有所劝诫时用之；（5）"批"，政府机关对於人民陈请之事项有所准驳时用之；（6）"任命状"，任命官吏时用之。上行的公文，都叫作"呈"，下级机关对於所属上级机关，或人民（不论个人或法团）对於政府机关，有所请求建议，或有所报告，或答复其命令时用之。有所请求建议者，叫作"呈请"；有所报告的，叫作"呈报"；有所答复的，叫作"呈复"。但在文体上，都属於"呈"的一类。

莘粗一口气看完了，抬起头来，问道："素秋呢？"素秋正在窗外和桂荪兄妹谈话。桂荪说他的蟋蟀是英雄，能够进攻兰荪的那一只，而且把它打败。素秋笑道："你的蟋蟀是个侵略者；受了人的嗾使，拼命攻击同类，也可以说是'傀儡'，可以说是蟋蟀中的叛逆、败类！"桂荪一时答不出话来。兰荪本已垂头丧气，听素秋帮她，站在旁边嘻嘻地笑。桂荪想了半天，道："胜利者荣耀呢？失败者荣耀呢？"素秋道："这也不一定。替别人从热灰里挖热栗子的猫脚爪，要别人牵线的傀儡，狐假虎威，同类相残的傻家伙，虽然胜利了，终是可耻的。抵抗强暴侵凌的，虽则结果是失败了，也是荣耀的！"——他们正辨得热闹，素秋忽然听得莘耜隔了个窗儿在叫她，应了一声，三脚两步地赶了进来。

莘耜正提起笔，在改她方才拿来的那章讲义稿；前面那两章已改好了，搁在书桌上。她顺手拿起"序跋和赠序"那一章，批改的地方倒不很多，只加了两条按语：

按：《诗序》有《大序》《小序》之别。《关雎序》前半——"《关雎》，后妃之德也"起，至"用之邦国焉"——为《关雎》一篇之序，谓之"小序"；后半——自"风，风也"以下至完——为全部《诗经》之序，谓之"大序"。见陆德明的《经典释文》。（朱熹的《诗序辨说》，则以"诗者志之所之"至"诗之至也"为"大序"，其余首尾为"小序"。）自《关雎》篇以后，每诗皆有一小序。或谓大序子夏作，小序子夏、毛公合作（沈重说）。其实，东汉卫宏作《诗序》，明见《后汉书·儒林传》；且其说多诞妄不可信。（崔述《读书偶识》言之甚详。）不能据为最早的序跋。

此当指《尚书》各篇前之"小序"。《汉书·艺文志》云："《书》之所起远矣；至孔子，撰焉，上断於尧（《帝典》——即今本之《尧典》《舜典》），下讫於秦（《秦誓》）。凡百篇（此古文《尚书》说，今文《尚书》仅二十八篇），而为之序，言其作意。"故人多信为孔子所作。但自吴棫、朱熹、蔡沈已疑其非。近人崔适、康有为更明指为刘歆所伪造。（崔说见《史记探原》，康说见《新学伪经考》。）盖班固《汉志》，即采刘歆《七略》而成；故此说即出於歆。至於卷首之《孔安国序》，则与今本之伪古文《尚书》及孔安国《传》，同出王肃所伪造。朱熹早已疑之；经清代学者多人，如阎若璩、段玉裁、王鸣盛等考证，已是显明的事实了。

这两条按语，素秋还不十分明白；可是莘耜方振笔疾书，不好去打断他，呆呆地站在书桌旁。不多时，莘耜已写完了。素秋看时，见这一章末了也加了一条按语：

　　按：现行公文，除"下行""上行"外，尚有所谓"平行"，如"咨"及"公函"是。"咨"，平列的机关公文往复时用之；"公函"，不相隶属之机关公文往复时用之。公文最重程式，不但上行、下行、平行程式上有种种不同，就是文中引用别一公文时，也须按撰此公文的机关与所引公文之发文的机关之阶级，而异其用语。例如引上级机关之来文，则曰"案奉……令（或训令，或指令）开……等因，奉此……"；引下级机关之来文，则曰"案据……呈称……等由，据此……"；引平等机关之来文，则曰"案准……咨（或公函）开……等情，准此……"。即其语气，亦大有分别。但善于辞令者，即上行公文，亦绝不出以卑屈诡谏之辞；即下行公文，亦绝不出以侮慢武断之语。学习公文者，不但须注意于习惯的程式，词语仍须顾到语气，顾到身份；又私人函牍，叙交情者极多，公文中则不宜涉及私情。此点亦须顾到。

　　她看了一遍，又就第二章按语，择其不明了者，逐处询问了一遍。莘耜一一加以解释，并且道："你们编这讲义，第一，要注意各章的内容和形式，使它们详略深浅大致相同；第二，要注意使和你们的程度不相上下的人们看了一目了然，不必再去查什么书；第三，要顾到读者的兴趣，不使他们味同嚼蜡。你既负了总纂的责任，全书或用语体，或用文言，也得求它一致。我所改的，都是信笔写去，所以或用文言，或用语体，甚至文语夹杂；你也得重看一遍，替我订正。"素秋唯唯称是。

　　莘耜正叫素秋把改好的讲义稿包好带去，只听得外面桂荪兄妹高声嚷道："赵老先生来了！"莘耜诧异起来，跑出去看时，一乘山兜子已在山涧那边停下，赵望之已跨了下来，向莘耜远远拱手道："两年不见，想念得很！早要来看看你，总为冗务所羁，可恨得很！"莘耜也举手一拱道："老先生会务很忙；我则以残废之躯虬处山中，懒散已惯，未曾趋谒；渴念之心，彼此彼此! 今天怎么得空, 竟劳先施? ”赵望之道: “子寿兄和令郎都在碧湖, 你一人久住此间, 不寂寞吗? 为什么不出来逛逛呢? ”他们俩说着让着, 已进书室来了, 在书桌旁分别坐下。

素秋已跑到灶屋里去通知秋氏。秋氏立刻忙碌起来。素秋便帮她们婆媳的忙, 先提了一壶凉茶出来, 叫两个抬的人在中央那间坐坐吃茶, 又进去替他们先后捧了一盆脸水、一碗茶、一碗点心出来。那位赵老先生见她衣服很整洁, 可是赤了一双脚, 有些莫名其妙, 等她回进去了, 笑着问道: “刚才端茶出来的是什么人? 莘耜兄, 我晓得你是没有女儿的; 令媳我也认得, 而且年纪不对。她又不像一个雇来的女仆。”莘耜道: “这倒要你猜猜看了。她的爸爸, 也和老先生熟认的。”望之思索了一歇, 恰巧素秋又捧出点心来了。望之钉住了她, 上下打量了一番, 忽然道: “对呀! 一猜就着——你是子寿兄的小姐, 山素秋, 可不是? ”说罢, 哈哈地笑了起来。素秋却瞪住了。望之又道: “长得真快! 四年前, 你去考杭州中学时, 不和你爸爸到我家里来过的吗? 那时我还住在马市街。素秋小姐, 还记得吗? ”素秋却忘记了，仍是摸不着头脑。

　　莘耜道："这位是赵望之老先生，是我的前辈；四年前，你和你的爸爸到赵宅去，我也在那里，曾同桌吃过饭的。那时，你还只有十二三岁啊！"素秋方有些记忆转来。望之向她上下打量时，她被他看得不好意思起来；低下头去，见自己赤着一双脚，更觉得难为情，两腮上红了起来。急急向他们两人告别，拿了讲义稿，径自回去了。

　　望之道："乡下姑娘毕竟比都市小姐天真质朴得多。就是同一赤脚，此则出於自然，彼则徒觉做作，相去不知几何了。"桂荪、兰荪又捉了几只蟋蟀来。桂荪急急忙忙地跑进来拿盆儿，两只小手都是泥。莘耜道："快去洗了手来，客人在这里。妹妹呢？""就在外头廊下。"他回答了一句，又匆匆地走了。望之用瓢儿吃那碗点心，问道："这里有旱莲吗？哪来的新鲜莲子？"莘耜道："这不是旱莲，我种了些荷花，结了几个莲蓬。这碗莲子羹是很难得的，要吃第二碗，已拿不出来了！"

　　抬兜子的人已走了。吃夜饭时，莘耜邀了振福来做陪客。莘耜介绍道："这位是子寿弟的父亲。"望之觉得这老头儿於质朴诚实之外，还有爽直的好处；虽是初会，却很谈得拢。晚上，望之就在书房间里下榻了。

第八章　重九登高

　　赵望之已是六十岁了，精神体力却比莘耜好得多。第二天，太阳出来了。吃过中饭，地下已燥。莘耜带了竹杖，陪着望之，到葫芦谷各处走走。先去看莘耜种除虫菊的地。这时，花儿、叶儿、茎儿都已采的采去，剪的剪去；已相间地种了许多菜。旁边有几间小屋，屋里有几个女工在做蚊香，门前地下晒着许多做好的绿色的香。望之道："你的蚊香，比市上卖的各种牌子都好哩！金华也有得买，而且价钱便宜；葫芦牌已卖出名了。还有一种竹筒儿装的干菜笋干，也是葫芦牌，味儿比余姚出的唯一干菜笋还鲜；是这里哪一家出的？"莘耜道："这也是我试做的。这几间小屋，初夏时，就是做干菜笋干的工场了。"望之笑道："你的枪花真多！"

　　他们向北走去，参观村里的公墓；绕过去，东北角上又有几只烧木炭的窑。一篓篓的白炭，堆积在很大的一间茅屋里。莘耜道："这也是此地的一项出产。"望之听得蓬蓬的声音，问道："这是什么？"莘耜道："是水碓。"他领着望之从炭窑那里绕了个弯，只见一条砌得很整齐的水澳，依着一级级低下去的地势，连造着两所水碓，每一所里有三只臼，舂的却是些竹料。

那里还有手工造纸的厂屋。许多人摇头摆脑地在用竹簾兜纸儿；兜了，一张张湿的褪下来，已堆了二尺多高。望之道："不会破的吗？这技艺倒不错！"造纸的工人都向莘耜招呼。看了一歇，又领他走进另一间厂屋去，里面非常的热，工人都赤着膊，手里拿着一把用松毛做成的刷帚，把纸头贴到墙上去。莘耜告诉他，这是夹墙，里面烧着火的，叫作"焙"。纸儿贴了上去，不久就干了。有几个孩子，把纸儿揭下，这一扯，分成了五纸。望之看了，道："孩子们有这样好本领！——可是小小的年纪，就要做工，未免使他们失了读书识字的机会！"旁边一个工人插嘴道："我们白天做工，晚上还得读书、写字、学算哩！"望之道："这里还有夜学校吗？"莘耜道："这里的夜学校很发达；学生，男的、女的，老至六十岁，小至七八岁，差不多全村没有一个失学的人。"那工人又插嘴道："不但没有失学的，也没有失业的。""那么，谁是你们的东家呢？"望之问。另一工人道："我们的东家吗？是山石庵。"莘耜道："这里太热了，我们走吧！"

　　原来这里已近葫芦谷口；他们走出纸厂，重新走进村来，又走入住宅区。弄口各有木头的垃圾桶，地下很干净。这里面有一片空地，晒着许多装蚊香的纸匣儿。再走过去，有一所十开间的房子，并排开着四家店似的——药店、盐店、洋货布店、南北杂货店——却都没有字号招牌。当中空着一间，又似乎是一个总账房。莘耜道："在这里坐坐吧！"店里一个五十多岁的人便走来招呼，他们两人坐下了。望之就向那人问道："尊姓？"那人答道："敝姓山。"望之道："原来掌柜和振福老先生同族。——你们这四家店，是一起的吗？"那山掌柜道："是一家的。我们村子里买进卖出的货色，都归这里经理。"望之道："那么，你们的老板是哪一位呢？"那人道："可以说是山石庵。"这时候，有人来接洽生意了，那位山掌柜道："失陪，失陪！"

匆匆地走开去了。

　　莘耜又陪了望之慢慢走去，从弄儿里转了几个弯，忽然现出一所大房子。从东面挂着许多牌子——"葫芦谷小学""葫芦谷村务委员会""葫芦谷民众夜学校""国文补习社"——的侧门走进去，原来是三进五开间的房子。最外面的一进，对面有一个戏台。前面有一个大天井，天井里摆着二十只太平水缸。振福坐在廊前一张椅子上，前面一张小桌子放着笔砚，摊着一本簿子。有许多农民挑着谷儿，鱼贯地进来，向他报告多少石谷。他只点点头，用笔在簿子上一写。他们又挑着谷向西面的门出去了。振福忙得很，似乎没有看见他们。莘耜也不去向他招呼，陪着望之径向里面走去。

　　第二进是学校了。五间正屋，中间的一间是通道，也似乎是会客室。两旁是四个教室。两间厢房，东面的是办公室，西面的是图书仪器室。莘耜领着望之，走进办公室去，阒无一人。他们坐下了，山阿德进来，倒了两杯开水。莘耜道："阿德哥，几点钟了？没放学吧？"阿德道："三点半；再过一忽儿，退了班，就要放学了。"望之坐了不久，要去参观上课，莘耜便陪了他到各教室外看看。原来有一间正是素秋在那儿上课。望之低声笑道："原来她还是一位小学教师！"四个教室，一个是空的。他们匆匆地走了一道，又从第二进的侧门出去，原来就是莘耜家旁边的那块广场。许多小学生在那里做游戏，一个年青的教师在教导他们。那教师很活泼，他自己似乎也化作小孩子了。莘耜道："这是子寿第二个孩子——山承良。"站了不久，又回进来，走入第三进去。望之这时才知道这所大房子是葫芦谷的宗祠。因为这五开间的大礼堂，就是供祖宗神主牌儿的隐堂。天井里两株大桂花树，有许多盆菊花，搭成一座菊花山儿，收拾得异常清洁。

"当——当——当——"，退课钟响了。莘耜先领着望之回到办公室里，振福已坐着在等候他们了。学生一队队地散出去，教师一个个地走进来。振之、中玉、承良、素秋都先后来了。莘耜一一向望之介绍，大家就坐。望之向振福道："福翁忙得很哩！"振福道："刚才替山石庵收租，缴租的陆续不绝，几乎使我应接不暇，所以虽然见你们二位进来，不及招呼，抱歉得很！"望之道："收租为什么不过斗的？东面挑进，西面挑出，又是怎么一回事？"振福笑道："山石庵的租，向来是由村人自己量好了送来的，不再量过；他们也从没有作弊少缴的。西面出去，就是个仓房，去上仓的。"望之道："这倒是料不到的，这山村里有这样一位大财主！"振福、莘耜等听了，都为之愕然，不知所答。过了一忽儿，振福笑道："赵老先生别取笑吧！这些租谷，不，不是我的，是山石庵的。"望之道："我说的大财主，就是这位山石庵呀！纸厂的东家是他，四五家店的东家也是他，这许多田的地主也是他！"莘耜哈哈大笑道："赵老先生，这个大财主山石庵，远在千里，近在眼前，您还不认识他吗？"望之倒瞪住了。

振福笑道："赵老先生，山石庵不是人名，就是我们这个宗祠。我们村里的人只有山、石两姓，这宗祠是合建的，叫作山石庵。老先生所说的店，是我们全村的产销合作社。这村子里，不但纸厂，连那烧炭的窑，也是山石庵的；四周的竹木山场，也是山石庵的。村前那一阪田，也有一半是山石庵的。"望之这才恍然大悟，笑道："好极了！你们这葫芦谷真是一个理想国了！怪不得我们这位尹先生，虽经三请四召，不肯出山，要赖在这儿做你们的寄生虫！"说得大家都笑了起来。他们又把葫芦谷种种的特殊情形，讲给望之听。望之更是欣羡了。坐了许久，莘耜陪了望之，邀了振福，回到他寓里，同吃夜饭。

吃饭时，振福谈起，明天是阴历九月九日，应当去登高。葫芦谷最高的山峰是北面公墓上面的卧虎峰。顶上有一块十亩大的平地，有个卧龙潭，泉水异常清冽。卧虎峰下有一个卧虎洞，里面宽大得很，可以摆二三十张八仙桌子。望之道："这倒是一个天生成的防空洞。"振福道："我们这里是个小小的山村，敌机不至於光降的。如果要来侵袭的话，四面的高峰上，只要有几支步枪，也可以打得下来的。"望之笑道："这里并没有军事、政治上的关系，又不是工商业要区；二三十家的山村，来轰炸，也太不上算了！我以为浙东山僻各地，所可顾虑的不在军事的袭击，而在经济商业的封锁。"莘耜道："赵老先生的话很对！以我所到过的地方而论，乡村的自给自足、团结一致和有组织能力，要以此地为第一了。"振福道："盐、布匹、煤油、火柴等，仍须仰给於外来。其余的日用品，倒都可以将就。

照平时统计，消费和生产相抵，年年有些盈余。"望之道："这已经很难得了！"这晚，望之仍在莘耜书房里下榻。

第二天是重阳日。上午九时，振福就来邀望之去登高，因为他已知道，望之是喜欢游玩山水的，而且脚力颇健。振福这天的打扮，很像《渭水河》那出戏里的姜太公。头上戴一顶草凉帽，身上脱去了长夹衫，腰里系着搭膊，脚下穿了一双草鞋，胸前有半尺光景长的花白胡子随风飘动，手里提着那支旱烟袋儿。望之个儿高，正向开着的和合窗儿向外眺望，看见他远远走来，不禁叫了一声："好！"莘耜坐在竹靠椅上，忙问："什么？"振福已踱了进来。望之笑道："福翁如此装束，我怎样呢？"莘耜道："你也得化装一下，合唱一出《渔樵会》吧！"望之恐山路难走，也向他们讨了一双草鞋，套在鞋子外面，又向莘耜借了那支竹杖，提着一只小藤夹，跟着振福走了。莘耜脚跛，只得留在家里。

振福在前，望之在后，向村后走去。这是昨天走过的老路。到了公墓的柏林前，却折向墓道走去。道有半里光景长，两旁都是大柏树。走完了墓道，有一座石牌楼，上面刻着"泰山磐石"四个大字。里面便是排着葬的许多坟，坟前各有一块小石碑，刻着姓名。中央却有很大的一张石祭桌，八张石条凳儿，地下铺着石板，算是祭坛。望之笑道："你们贵村，真是乐土；不但活着的人没有衣食之忧，死了也有这般好的所在！"

他们站在牌楼下望了望，没有进去，折而向东。走不多路，便见岩石嶙峋，山势雄峻。一条小溪上，架着板桥；走过桥去，便在松林下找到了那卧虎洞。这里的山，真像一只卧虎；那洞好似虎口，张着想吞噬的样儿。洞口不甚大，须伛偻着进去。洞口有许多石乳石笋，和虎口里的牙齿一般。进去不远，便觉宽大，可是很暗。幸而望之带着电烛，向藤夹里取了出来，向洞壁一照，原来还有像人像兽、天生成的许多岩石。弯弯曲曲地进去，忽然射进日光来。那里果很宽大，而且有几块平得像桌子般的大石头。旁边还有可以坐人的大石块儿，好像是天生成给游人憩坐的。振福道："我们且歇歇吧！"望之叹道："自游此洞，西湖上的烟霞、黄龙黯然失色矣！"他找寻那日光的来处，原来洞顶是裂成一条缝的，好像开了个天窗。因又问道："莘耜先生来过没有？"振福道："这里是到过了。"

他们坐得不久，仍从原路出洞，折向西去，找到了一条上山的路。振福道："我们要上山了，赵先生脚下留神些！"振福在前，望之在后，一步步地循着那条小径上去。——大约有五六里路吧！到了山顶，果然有一片很大的平地。一个两张八仙桌大的水潭儿，似乎泉水是从下面涌上来的。他们走得有些乏力了，在潭边的石块上坐下歇力。望之随手拾了一块小石子，投下潭去，道："这潭很深哩。"振福道："这卧龙潭一名万丈潭，是大旱不干的。我二十多岁时，曾用绳子系了一个铁秤锤儿，沉下去测量过。绳子只带了三丈，放下去，只须二丈光景，便到底了。"望之道："山顶上有二丈光景深的水潭，已可说是奇迹了！"

振福又道："站在这里，可以望见永康城。可惜我眼睛已花了，白茫茫的看不见什么！"望之从藤夹里取出一架望远镜来，校正了，递给振福。振福对着镜儿，用左手指点道："这里是壶镇，那里是永康——啊！公路上驶着汽车也望得见的！赵先生，你看。"望之接过来一看，果然看得非常清楚。望之道："可惜不会照相，而且没有照相机！"他看了又看，不忍释手。"这葫芦谷是就形象取名的。从这里望下去，四山环抱着，不正像个葫芦吗？葫芦口的那条长板桥，远望去竟似葫芦蒂儿上的茎呀！——那边田阪里不是有人在做工吗？那一堆堆的，不是新割的稻草吗？啊！这里是住宅区了。那所顶大的房子便是山石庵了。有趣，有趣！莘耜先生的那所住宅，也看得清清楚楚！这是山下的公墓啊！咦！挑着担子往公墓那边来的人是做什么的？后面还跟着两个人呢？福翁，你看，这不是莘耜先生吗？他到哪儿去呀？后面怎么又跟着一个女子？福翁，你瞧！"说时，把望远镜递给振福。振福看了一歇道："我们该下去了。我打算在卧虎洞里请你喝杯酒的，所以吩咐家里把些儿酒菜送来。不料莘耜兴致很好，也跟来了。那女子就是我的孙女儿。"望之道："素秋小姐吗？她在小学里任课的呀！"振福道："我们下去吧！"说罢，领了望之，挂着旱烟袋儿，走下山来。

　　振福性急了些，又是下山的路，在前头走得很快。望之虽然是个游山的惯家，急急跟去，方追得上。不到二十分钟，两个老头儿，一先一后，赛跑似地冲下山来，到了平地，方收住了脚。折而向东，到了洞口。见莘耜、素秋正要叫那送酒菜的人上山来寻，便走过去招呼。振福道："素秋，你有课，怎么得来？"素秋道："今天下午，我只有一课。太先生要我陪了来，课由世嫂代了！"振福笑道："不是莘耜先生下命令，就使我要叫你陪到这里来，也不成功！何况赵老先生又是生客！"望之道："生，倒并不生；我和令孙女，相识已有四年了。——可是你说她听你的话，不如听莘耜先生的话，我倒有些不信！"振福道："他是尹老先生新收的得意门生呀！"望之笑道："莘耜，你还收了这样一个好学生？"莘耜道："是国文补习班的学生呀！——做教师真难！有了个得意些的学生，不但同学中易生妒忌，连学生的祖老太爷都不平起来了！"连那送菜来的山阿德也哈哈笑了。

　　阿德在担儿里取出一盏诸葛灯，点着了，交给振福提着，在前引路。次之是望之，次之是素秋扶着莘耜，阿德挑着担儿跟在后面，鱼贯入洞。阿德放下担儿，找了一块大石，把担儿里酒菜拿出来摆上。一碟皮蛋，一碟白鸡，一碟鸡四件儿，一碟油煎的溪鱼。又捧出一个打气的煤油炉来。望之笑道："这山村里，倒也有新式的家伙。"素秋道："这是向尹老先生借来的。"素秋就去点起炉子，把担儿里的一把瓷壶炖上。阿德放好了钟筷，他们就散坐在石块上喝起来了。望之、莘耜、素秋都是不会喝的。振福喝得气闷起来，叫道："阿德，还是你来陪我吧！"阿德还有些怕难为情的样子，倒是望之、莘耜一同叫他喝。他们两个，你一杯，我一杯，倒很对劲。望之、莘耜、素秋只吃了些菜。素秋站起来，从担儿里取出一只小锑锅，放在汽油炉上，又取出一碗猪油，放了些下去；担儿里还有切好的鸡丝儿、火腿丝儿、开阳、笋干以及激好的面，她就在那锅子里炒起面来，盛了两大盘。望之、莘耜先尝了一筷，齐声赞道："真看不出，却是个烹调的好手！"阿德道："担子里还有双竹筷儿哩！"说罢，取了出来，递给素秋。她和望之、莘耜三人合吃一盘，还吃不完；振福、阿德两人都一起吃完了。望之笑道："今天这次野餐兴趣很好！最难得的是一尝素秋小姐的烹调！"

　　阿德收拾了担子，大家走出洞来，太阳已是斜了。素秋道："请大家等一等，我想替赵、尹二老先生和祖父摄一个影，以留纪念！"振福道："哪来的照相机呢？"素秋道："黎明先生很喜欢照相，他有一部照相机，这里的景物，差不多全摄过了。我也从他那里学会了照相。他到碧湖去，这部照相机没有带去，所以今天借了来用用。"於是他们三个老头儿在卧虎洞口，站的站，坐的坐，由素秋摄了一个影。望之又叫振福、莘耜和素秋三人站好，替他们也拍了一张。阿德挑着担儿去了，他们四人笑着，谈着，回到莘耜的寓里来。

第九章　书牍

　　望之在葫芦谷做了几天客，因为省参议会的常会期近了，告辞要走。振福亲自送他到镇上，看他上了公共汽车，然后作别回来。照好的干片，由他带去洗印。洗印好了，就从邮局寄来。在卧虎洞口拍的，振福、莘耜、素秋各得了一张。还有谷口的小辋川桥，莘耜的寓所，山石庵里的小学、造纸厂，一共有六张，是素秋在重九那天傍晚陪着望之去拍来的；莘耜、素秋各得一份。素秋替莘耜把那五张照相在糊纸匣儿的厚纸板上插起来，挂在书房里。她自己得到的一份，加上她祖父那一张，也用厚纸板插了起来，并且题上几个字；三个老人家合摄的一张，题了"三老"二字，她和祖父、莘耜合摄的一张，题了"虎口"二字；莘耜的寓所，仍用莘耜自己题的"鹪寄庐"三字；谷口的一张就题"小辋川"三字；山石庵小学照的是她们补习社借用的教室——揭示板上恰好有她和同学们的作文成绩，这是她最得意的——题了"他山之石"四字；造纸厂的一张，题"蔡侯遗业"四字。题好了，挂在振福睡的厢房里。——这是一星期以后的话。

望之走了以后，不过三天，讲习的日期又到了。这次的讲题是"书牍类"。莘耘道："这一类，姚氏名曰'书说'，曾氏名曰'书牍'，名虽微异，实则相同。姚氏序云：

> 书说类者，昔周公之告召公，有《君奭》之篇、春秋之世，列国士大夫，或面相告语，或为书相遗，其义一也。战国说士说其时主，当委质为臣，则入之奏议；其已去国，或说异国之君，则入此编。

曾氏则云：

> 书牍类，同辈相告者。经如《君奭》及《左

传》郑子家、叔向、吕相之辞，皆是。后世曰书，曰启，曰移，曰牍，曰简，曰刀笔，曰帖，皆是。

《君奭》是《尚书》的一篇。《书序》说：

> 召公为保，周公为师，相成王。召公不说，周公作《君奭》。

奭，是召公之名；他是文王庶子，食邑於召，故曰召公。周公名旦，亦文王子。当时武王既崩，成王嗣立，周、召二公做他的师保，辅助年幼的成王。周公相成王，摄行政事；权太重了，又有管叔、蔡叔‘公将不利於孺子’的谣言，所以召公对他也不免有些隔膜，这篇就是周公告召公的话。姚、曾二氏都推他为这种文体的始祖，这是两家相同的一点。曾氏所说《左传》郑子家——有《与赵宣子书》，叔向——有《贻郑子产书》，吕相——有《绝秦之辞》；诸人的例，也就是姚氏所说‘春秋之世，列国士大夫或面相告语，或为书相遗’。不过姚氏是不选经的，所以虽然也曾提及，终是没有入选。这是两家相异而实相同的一点。姚氏所选，自战国始。如乐毅《报燕惠王书》，是在去燕奔赵以后；如陈轸《说楚王无绝齐交》，是说异国之君；所以姚氏都选入此编。自第一篇赵良《说商君》起，至汗明《说春申君》止，都是战国游说之士的说辞，其中并非形之笔墨的正式书牍，而为当面陈说之辞者极多，所以他把这类叫作'书说'。曾氏则于战国时的作品，只选了乐毅《报燕惠王书》、鲁仲连《遗燕将书》，而且都不是当面口说的，所以改称'书牍'。这是两家相异的一点。曾氏以'上告下''下告上''同辈相告'为诏令、奏议、书牍三类的区别。诏令和奏议，固然可以'下行'和'上行'分之，可是书牍和诏令、奏议二者的区别，以普通一般的概念说，却不在行文的等级，而在文件的公私。所以姚氏于战国说士委质为臣时说其国君，则入之奏议，如莫敖子华《对楚威王》、信陵君《谏与秦攻韩》等。——及其去国，或说异国之君，则因无君臣隶属的关系，只可视为私人往来的函件，而入之此编。至於普通所谓书牍，若以行文的阶级说，则父与子，师与弟子，尽多往来，便不能说是'同辈相告者'了。曾氏不问公私，完全以下行、上行、平行为分别诏令、奏议、书牍三类的标准，所以把马援《诫兄子书》、郑玄《戒子书》等私人函件也归入诏令类了。这又是曾氏特殊的一点。又如曾氏於子家则曰郑子家，於叔向、吕相则不曰晋；他以为子家是郑君同族，故可加'郑'字以别於他国人同名子家者；叔向、吕相则没有加'晋'字以分别之的必要。但我以为此与在同一篇文章中，对於同一个人，忽称其名，忽称其字，忽称其别号，同是一种不统一的缺点。虽是小疵，也得加以注意的。"

讲到这里，他略略休息了一下。有人问，"委质"二字怎么解法。他答道："质，当读若'致'，通挚，通贽。《国语·晋语》：'臣委质於狄之鼓'，韦昭注：'质，贽也。士质以难，委质而退。'《史记·仲尼弟子传》：'儒服委质。'司马贞《索隐》引服虔《左传注》：'古者始仕，必先书其名於策，委死之质於君，然后为臣，示必死节於其君也。'按：惠栋说：'质，读为贽，死质，谓难也。'其实，古人始相见，都有'贽'。《礼记·曲礼》：'童子委质而退。'孙希旦《集解》说：'童子见先生或寻朋友，不敢与成人相授受，但奠委其贽於地而退。童子之贽悉用束脩，《论语》'自行束脩以上'是也，童子於先生，不敢自居於宾客，故其贽亦奠之，盖事师之敬，与事君同也。这比服虔所注明白得多。就是所委之质是死的，也未必是表示将来必死节的意思。因为投某君做臣，必先委质，所以《孟子》上有'出疆必载质'的话了。"他一面口里解答，一面把所引之话都写在黑板上。

他答了"委质"二字的问，又继续讲道："曾氏所举'书''启''移''牍''简''刀笔''帖'等，都是书牍的异名。'书''启'二称，现在还很普通。古代以竹木代纸，'简''笺'为竹片，'牍''札''笺'皆为木板。你们学习书法，不是常临碑帖吗？碑，是从石碑上拓下来的；帖，本是古代人写的字条儿，因为写得好，把它刻石保存，拓下来的便叫作'帖'。研究书法的人有所谓'北碑南帖'的一句口头语。因为南北朝时，北方人写的是介乎隶、楷之间的一种字体；这种字体，端庄雄伟，宜於刻碑，现在叫它作'魏碑'或'北魏'。南方人写的字，则多行楷，玲珑生动、秀丽潇洒的居多；尤其是他们写的书信便条，这些就是所谓'帖'

了。所谓'帖'，其实就是书牍的一种名称。'刀笔'
这名词，诸位有些觉得特别吧！北宋的杨亿、黄庭坚都
名其尺牍为刀笔，所以曾氏举了这个名称。古代以竹简、
木牍代纸，以漆代墨，所用的笔，也不是现在一般人认
为是中国特有的毛笔。诸位试想想，如其用毛笔挑漆写
字，一支笔有几次好用？那时用的所谓笔是一头用以挑
漆写字，一头是一把刀的。写错了字，要把它去了重写。
就掉过头来用刀在竹简、木牍上刮去，好像现在一头镶
橡皮的铅笔，字写错了，就可掉过头来，用橡皮揩脱一
般。'孔子作《春秋》，笔则笔，削则削'；因为他用
的工具，也是竹简、木牍和刀笔。至於现在称作诉讼状
子的讼师叫'刀笔'，怕是另外一种意思。所谓'我有
笔如刀'，不能和这里所用的'刀笔'二字混为一谈。"
讲到这里，又有人提出"尺牍"二字来问。莘耘道："牍
是木板，尺牍就是一尺长的木板。古代用作信函的牍也
是越大越阔的，好像现在人写信，喜欢用又长又大的官
封，以为足以表示他的势派。汉朝皇帝遗匈奴单于以尺
一之牍，单于却用更大的尺二之牍回答他，便是一个实
例。普通用的都是一尺长的牍，所以有'尺牍'之名了。"

　　"还有一个名称叫作'移',现在也不很通行的呢！"一个学生又站起来问。莘耜答道："移,实在是一种公文书。《文心雕龙·檄移》篇说：'移者,易也；移风易俗,令往而民随者也。'旧制,不相临属之官署用'移'。可见本是一种平行的公文,和现在的'咨'和'公函'差不多。可是又有檄文的性质,所以《文心雕龙》和'檄'相提并论。如《北山移文》,便是一例。曾氏只以同辈相告为书牍的定义,而不问公私文书之别,所以'移'也归入此类。——私人来往书函,绝没有叫作'移'的！"莘耜乘便又把书信内外的格式、称呼、习用语等,细细地讲了一遍。讲完了,便叫他们这次习作,试写一封旧格式的文言信；写给谁,却没有指定。退了课,便回寓去了。学生们吃过了中饭,也都散了。

　　匆匆地又过了三四天,有一天下午四时,产销合作社到镇上去挑货的人带了几封信来给莘耜。望之寄照片来的信,也是其中的一封。莘耜叫桂荪去邀了素秋过来,把照片分给她,把望之的来信也交给她,嘱她带去给祖父看看。素秋很是欢喜,就在这天傍晚,把照片都收拾整理好,替莘耜挂在书室的壁上。莘耜道："望之先生的信上特别提到你，他对你印象非常之好。他在这里做客时，曾对我说，他有三个女儿，年龄都比你大，却都及不上你。我想，你可试试，写一封文言的回信给他。这封信，你可先用作文纸抄，作为这一次习作，等我看过了，再用信纸誊清，附在我复他的信里寄给他。"说罢，从抽屉里取出一封信来，交给素秋道："这是我从前一个女生从上海寄来的信，你可以看看，当作参考。"素秋拿了两封信——一封是望之的来信——匆匆地回到家里，走进书房，坐下来，抽出莘耜借她看的那封信，从头细看：

老师函丈：

　　抗战军兴，旧雨星散；时逾两年，人隔千里。睽违之感，离乱之悲，云胡能已！昔者三年以前，尚坐春风；今则千里之遥，时怀落月。因念向承熏陶，视安犹女，而两年以来，未悉吾师税驾之所，思何可支！前日接母校校友会自碧湖印发季刊，始得吾师流寓葫芦谷消息。人间果有桃源，卜宅何嫌山僻？遥想杖履雍容，定多清胜。师母、师兄嫂等，想亦阖家团聚也。欣喜无量！

　　安於杭城沦陷时，随家大人渡江，避地绍兴。僦居半年，又转徙来此。虱处洋场，鹪寄梅隅，行三年矣。虽合家团聚，幸无离散之悲，而托庇外人，厕身孤岛，每念故园咫尺，归已无家，风雨晦冥，待旦无期，中心忉怛，无以自释。此间生活指数日高，已逾初来时之一倍。来日大难，念之惕惕。德国自前次欧战失败后，生聚教训，已二十年；磨砺以须，终须及锋而试。奥地利、捷克已遭吞噬矣，近更对波兰威胁恫吓，无所不用其极。英相张伯伦之妥协政策，似已难得妥协；现实主义，似亦不能实现。盖侵略者如封豕长蛇，决无餍足之时，东侵得志，又将肆其西封。复仇之焰，终必及於英、法。欧战万一爆发，则我国战事恐更难了，因我国固亦世界之一环也。彼时上海能否安靖，亦一问题矣。

　　蕙君姊近已远适昆明，时有信来，深以不得老师近讯为戚。此在老师，想亦时劳廑念者。昆明生活程度，闻较此间尤高，寓居亦大不易耳。同班同

学，通信者不多；闻多已结婚，并有小宝宝矣。尊
处离碧湖近否？母校情形如何？校长闻在四川，已
回校否？亦甚在念。

云山迢递，景仰为劳。倘荷时锡教言，勿以在
远见遗，曷胜企幸！战云如墨，暗霁何时？果能再
侍杖履，徘徊湖山，於愿足矣！

万语千言，不尽一一，专此，敬请
诲安。

受业
若安叩上
师母大人前，均此请安，恕不另启。

素秋看了一遍，又看一遍，觉得她的国文程度又在
自己之上，大概她是太先生的一个得意的学生。想提笔
写给赵先生的复信，一时竟不敢随便下笔。翻出《古文
辞类纂》和《经史百家杂钞》所选的书信，读了几篇，
也觉得无从依傍。便把信件书籍都收拾好了，踱出去散
了一会步。回来吃夜饭时，现出一种无精打采的神气来。

振福替村里两家人家调解一件事，吃了夜饭才回

家。在厢房里看见了那几张照片，也很高兴。他问承良，承良叫素秋来回对。素秋便把望之给莘耜的信念给他听，并且说："太先生要我写一封文言的回信给他，我竟无从动笔哩！"振福想了想道："你自己直接写信给他，颇难措辞，不如用我的名义，代写一封问候信吧！"承良道："姊姊，你这封信，可以当作一篇习作，题目就用'拟代家祖父致赵望之先生书'好了。"素秋道："那么，你的课题选定了没有？"承良道："我想写一封文言信去给哥哥。你看好吗？"振福道："写信可以代课艺吗？"承良道："这是太先生指定的，这次作文用书牍体，而且要照旧格式，用文言文写。"振福道："这倒是很切实用的。"祖孙三人谈了一忽儿，便就寝了。

国历十一月十二日，总理诞辰，山石庵里的小学放假一天。振福和承良都在小学里吃午饭，素秋却在家里抄写莘耜替她改好的代祖父写给望之的那一封信。抄好了，刚想拿去给莘耜看，振福已扶着旱烟袋儿回来了。他刚在堂前坐下，素秋就把抄好的那封信，递给她祖父。振福道："我的眼镜呢？"素秋到厢房里去取了来。振福戴上老花眼镜，接过来看，那信上写道[①]：

望之先生有道：

钦迟有日，恨未识荆！顷以莘耜先生避地此间，乃邀高轩枉顾；此犹戴安道隐居剡溪，始得王子猷雪夜一访，为山灵生色不少，非仅老拙一人之幸而已！顾自惭僿野，迥隔云泥，虽亟思一瞻丰采，终觉逡巡踟蹰，未敢贸然奉谒。比莘耜先生隔篱呼取，方得接杯酒之欢。生平快事，未有逾此者矣！

侧闻先生素有山水癖，爱於九日循登高之俗，奉陪玉趾，上卧虎之峰，临伏龙之涧，并邀莘耜先生小酌於卧虎洞中。盘飧市远，樽酒家贫，正虑有亵高贤；不意送酒白衣，竟得与靖节合留一影，俾山间萧萧白发，得如篱下黄花与南山同附骥尾，幸何如之！孙女素秋稚气童心，未谙礼法。乃承谬加奖饰，直觉惭过於感。

① 本书中有几封文言文书信。为便於读者了解当时文言文书信之格式（如抬写等），这里将这封信的原书样式影印，按当时先右后左的顺序插在第145和144页。其他几封文言文书信不再提供原书样式。——编者注。

村中事务，率由旧章者十之六七，经莘耜先生擘划改进者十之四三。老拙不过执行惟谨而已，岂敢居为己功耶？国难未已，来日大难。蕞尔山村，奚足以言自保？先生领袖群贤，主持省议，将来仰赖卵翼指教者正多也。临楮神驰，欲言不尽，专此布臆，敬颂

秋祺。

弟山振福拜启

月　日

再晚素秋、承良附笔请安。

"呵呵！你的国文竟进步得这样快？——怕全是尹老先生的改笔吧！"振福说时，还摇着头。

素秋一声也不响，把手里莘耜批改过的那份课卷递给振福道："原稿在这里，请对着看吧！"说罢，撅着[1]小嘴儿站在旁边。振福接过来，从头至尾，又看了一遍，果然改的不多。他又仔仔细细地把素秋的原文复看了一

---

① 今用"噘"。下同。——编者注。

先生素有山水癖爱於九日循登高之俗奉陪

玉趾上臥虎之峯臨伏龍之澗並邀　莘耘先生小酌於臥虎洞中盤殖市遠樽酒家貧正慮有褻

高賢不意送酒白衣竟得與靖節合留一影俾山間蕭蕭白髮得如籬下黃花與南山同附驥尾幸何如

之　孫女素秋　稚氣童心未諳禮法乃承

謬加獎飾直覺慚愧過於滅村中事務率由舊章者十之六七經

莘耘先生擘劃改進者十之四三　老拙不過執行惟謹而已豈敢居爲己功耶國難未已來日大難最爾

山村奚足以言自保？

先生領袖羣賢主持省議將來仰賴

卵翼指教者正多也臨楮神馳欲言不盡耑此佈臆敬頌

秋祺。

　　　　弟　山振福拜啓

　　　　　　　月　　日

再晚素秋承良附筆請　安。

『呵呵你的國文覺進步得這樣快？』——怕全是尹老先生的改筆吧！』振福說時還搖着頭。素秋一聲也不

響把手裏莘耘批改過的那份課卷遞給振福道：『原稿在這裏請對着看吧！』說罷撅着小嘴兒站在旁邊。

素秋道：『那末你的課題選定了沒有』承良道：『我想寫一封文言信去給哥哥。你看好嗎』振福道：『我

信可以代課藝嗎』承良道：『這是太先生指定的，這次作文用書牘體，而且要照舊格式用文言文寫。』振

福道：『這倒是很切實用的』。祖孫三人談了一忽兒便就寢了。

國曆十一月十二日總理誕辰，山石庵裏的小學放假一天。振福和承良，都在小學裏吃午飯。素秋却在

家裏鈔寫莘耜替她改好的代祖父寫給望之的那一封信鈔好了，剛想拿去給莘耜看，振福已扶着旱烟袋

兒回來了。他剛在堂前坐下，素秋就把鈔好的那封信遞給她祖父。振福道：『我的眼鏡呢』素秋到廂房裏

去取了來。振福戴上老花眼鏡接過來看那信上寫道：

『望之先生有道欽遲有日恨未識

荆頃以莘耜先生避地此間乃邀

高軒枉顧此猶戴安道隱居剡溪始得王子猷雪夜一訪爲山靈生色不少非僅 老拙 一人之幸而已顧

自慚僬野迥隔雲泥雖亟思一瞻

丰采終覺逡巡踟蹰未敢貿然奉謁比

莘耜先生隔籬呼取方得接杯酒之懽生平快事未有逾此者

矣側聞

遍。初看去，也觉得文从字顺；细按起来，还有语气不合、格式不对、下字未稳适、造句未老练……的疵累。莘耜改得虽然不多，却大有点铁成金之妙。因又哈哈大笑道："我太小觑你了！简直已不是吴下阿蒙！素秋，你得仔细看批改的地方；他只换了一两个字，或者前后移易了几个字，便稳妥、老练、生动得多了。这样诲人不倦的良师，即在通都大邑之中，能有几人？他在补习班学生中特别喜欢你，这是你的幸运。努力吧，好孩子！照目前的进步推算起来，再过一年，我可以请你做女秘书了！哈哈。"素秋经她祖父一夸奖，方转嗔为喜，却又红了脸，有些怕难为情似的。

　　"素秋，你的信抄好了没有？"莘耜拿着一封写给望之的信，邮票也贴好了，踱到他们家里来。振福取下了老花眼镜，站起来招呼，并道："我得谢谢您，素秋的国文，自承指教，已有长足的进步了！"莘耜笑道："这是她自己用功的效果！——承良不如她肯用心，所以进步也不及她。"振福道："莘耜先生，来，来，我再给你看一件东西。"竟把莘耜领到他卧室里去。素秋觉得奇怪，也跟了进去。原来振福请他去看那照片上素秋题的字。

莘耜道："虽只寥寥数字，也见聪明。'三老'二字已用得巧了；'虎口'二字更巧，如其是题我一个人在卧虎洞口照的相那更妙了；最巧的要算'他山之石'四个字了，又切山石庵，又切他们的补习国文，而且是一句《诗经》里的成句。"振福道："素秋，你没有读过《诗经》哪？"素秋道："太先生对我们补习班的同学曾说起过的。"莘耜笑道："随便谈的话，我倒忘记了。你能如此到处留心，那更好了！"

素秋把自己抄好的信和那篇课卷以及望之、若安两封来信，都交还了莘耜。莘耜却把自己写给望之的回信抽出来给她看。这封信疏疏朗朗地只写了两张小信笺，素秋读了一遍，又读一遍，觉得有许多含蓄着的情意，说不出的趣味，竟是不忍释手。莘耜笑道："你喜欢这一派书牍文吗？你们爸爸书箱里有一部《世说新语》，一部《名人小简》，可取来揣摩揣摩。我以为书信的文章，比别种文章有真性灵。因为别的文章是打算给大众看的，免不了有几句门面话；书信却只打算给受信者一人看的。至于日记，是打算只给自己看的，更可信笔写去，毫无拘束，更是心坎里的话了。所以这两种东西里，竟有绝妙的小品文。"素秋点点头，似有会心。振福说："这封信，交给我去寄吧！"莘耜坐得不久，便回去了。

第十章　哀祭

　　开过了讲习会的一个星期日下午，素秋、承良姊弟俩在他们家里的厢房里整理听讲的笔记。承良把笔记簿翻开，呆呆地看了许久，不曾下笔。素秋却已写了许多。承良道："姊姊，振之和中玉最便宜，只要抄写，不必编辑！我最倒霉，轮着编这一章'哀祭类'！——好姊姊，你帮帮我的忙吧！你的笔路又快。"素秋道："弟弟，太先生说你的天分并不坏，只是不肯用心。这编讲义的事，与其说是义务，不如说是权利；与其说是对同学们的义务，不如说是对自己的义务。这是一种学习的机会呀！"承良道："我想了半天，竟无从下笔呢！"素秋道："这又不是做文章，照前几章的样子编下去就是了。——你先把姚、曾二氏序文中说哀祭类的话，先摘录上去。"承良只得翻开《古文辞类纂》和

《经史百家杂钞》，把两段序文直抄下来：

> 哀祭类者，《诗》有《颂》《风》，有《黄鸟》《二子乘舟》，皆其原也。楚人之辞最工，后世惟退之、介甫而已。

> 哀祭类，人造於鬼神者，经如《诗》之《黄鸟》《二子乘舟》，《书》之《武成》《金滕》祝辞，《左传》荀偃、赵简子告辞，皆是。后世曰祭文，曰吊文，曰哀辞，曰诔，曰告祭，曰祝文，曰愿文，曰招魂，皆是。

素秋道："这两段话里，要解释的词语，太先生都讲明白了；有不很明白的，从《辞源》上查出来，加上按语。"承良检查了许多时候，先打了草稿，给素秋看过，然后抄上：

> 按：《诗》有六义，曰风、雅、颂、赋、比、兴。赋、比、兴，是《诗》的作法；《风》《雅》《颂》，是《诗》的体制。现存《诗经》，即依

它们的体制，分作《风》《雅》《颂》三部分。"风"是民间的歌谣，由各地采选编集的，所以分二《南》和十三国编辑。"雅"是士大夫的作品，用以美刺当时的朝政的——雅，就是政——分《大雅》《小雅》。"颂"是宗庙中祭祀时用以歌颂先王的功德的，分《周颂》《商颂》《鲁颂》。颂皆用於祭祀，故是属於哀祭类的。风之中，有《秦风》的《黄鸟》篇、《邶风》的《二子乘舟》篇，也都属此类。秦穆公死了，用他的朝臣，子车氏的三良——名叫仲行、针虎、奄息——殉葬，秦人哀之，作《黄鸟》这篇诗去追悼他们。卫宣公为太子伋娶妇於齐而美，自纳之，曰宣姜。宣姜生了两个儿子，曰寿、曰朔。寿和伋很友爱，而宣姜有夺嫡之心。宣公信了她的谗言，使伋赴齐，却叫一个强盗埋伏在出境的要路上，要杀害他。这个毒计，为寿所知；但又不便直言告，便追上去，假作为伋饯行，用酒把他哥哥灌醉，换了他的衣服，偷了他的使节上路走去。那强盗原是不很认识他们的，误认作伋，把寿杀死。伋酒醒了，发觉自己的衣服和使节被寿偷去，也急急忙忙地赶上去，已是不及了。他伏尸痛哭了一场，就埋怨那强盗，如此糊涂，杀错了他的弟弟。那强盗才知道他是仮，正是国君命他来杀的人，於是又把仮结果了性命。卫人觉得这是一件家庭的惨剧，所以作这首《二子乘舟》去哀悼他们。《楚辞》里有《九歌》，近人说是屈原替楚人作的祭神的舞歌；有《招魂》，相传是宋玉哀祭屈原而作的。姚氏说楚人之辞最工，即指此。后世古文家善作祭文的，只有韩愈、王安石二人。

又按：曾氏亦以《黄鸟》《二子乘舟》为哀祭之原，却又添举了几个例。《武成》《金縢》是《书经》的两篇，《武成》记武王伐纣大功告成事，《金縢》记从前武王有病，周公旦祝天愿以身代；成王当初因管、蔡流言，对周公也不无误会，后来发见了周公祝天愿代他爸爸死的事，便悔悟了，亲去接周公回来。这两篇里都有告天的祝辞。荀偃、赵简子都是春秋时晋大夫。简子名鞅。二子告辞，均见《左传》。

　　承良写完这几条，已是吃夜饭的时候了，站起来道："麻烦得很哩！"素秋道："你刚一动手，就怕麻烦，太贪懒了！"他们姊弟俩进去吃饭时，振福手里掇着一碗酒，笑嘻嘻道："阿良今天也用功起来了！——素秋，你是姊姊，得好好地指导他，帮他的忙！"吃完了饭，姊弟俩又同走出来。素秋道："如何？——你不是常说祖父偏向着我吗？你肯用功，他老人家更欢喜呢！读书用功，起初没有习惯，自然觉得有些麻烦，习惯了便也成自然了。如有进步，便可生出一种兴趣来。好弟弟，不要再懒下去吧！爸爸、哥哥不是常有信来勉励我们吗？""姊姊说得是。可是'寡人有疾，寡人好懒！'我得有个人天天在旁边警觉才好，否则，便像早上刚醒来，朦朦胧胧，又合上睡眼了。"承良说。素秋喜道："弟弟如果决意立志用功，我就自告奋勇，当天天警觉你的差使吧！"他们洗了脸，休息了一忽儿，点了一盏美孚灯，又去继续工作了。

　　承良看了许多时候笔记，又提笔写了，请素秋斟酌。写的是：

曾氏之意，以为哀悼祭祀之文，或对人鬼，或对神祇，皆以哀悼祭祀者对於所祭之鬼神有所告语之口吻写成，故亦列之告语门中。现在迷信虽须破除，为表示我们之哀念或纪念计，亦不妨假定鬼神亦具有灵感，可作文以告之。故祭祀之典不废，则此种文体当然有存在之必要，学习之必要。小之，如本村山石庵追祭先人的祀典；大之，如追悼抗战阵亡将士的大会；都还用到哀祭之文。祭文例须宣读，故以韵文为多。或用《骚》体——兮字调——此摹仿《楚辞》者也；如潘岳《哀永逝文》——祭他的妻的——或用四字句，此摹仿《诗经》者也；例如陶潜《自祭文》——自祭文，实在是一种游戏文章；或用骈语，例如陆机《吊魏武帝文》；唐末，乃有所谓四六文，故宋明以后，四六的祭文亦多；或用长短句，如韩愈《祭田横墓文》；也有纯用散文的，此则多系哀祭极亲密之人者，至性至情，以白描出之，最能动人，例如韩愈《祭十二郎文》；近人还有用语体文写作书信式的，例如朱自清《给亡妇》。总之，作哀祭之文，须有真挚的情感，抒写得法，则宣读起来，自然能哀戚动人了。

素秋道："你这段文章，倒写得很好；太先生看了，一定大加夸奖的。——以下便要述说哀祭类的许多异名变体了。今天太晚了，我们明天还有教课，下午课毕再来续写吧！"承良照他姊姊上了楼，自去祖父那里睡了。振福还坐在床上吸旱烟，见他进来，笑嘻道："阿良，用功要缓缓地来的；只要有恒，不可一曝十寒。现在快十点了，好好安寝，不要再去想什么了！"承良唯唯答应，放倒头便睡。他正睡得很甜，尹老先生忽然蹀了进来，在床前叫他。他睁开眼看时，天已大亮，连忙擦擦眼睛，一骨碌扒了起来。尹先生埋怨他道："你怎么这样贪睡？今天不是十月半，你们山石庵里举行大祭的日子吗？我因为你拟做的那篇祭文做得好，所以派你读祝的。现在祭礼已在开始了，你还睡在家里？"承良模模糊糊地跟了莘耜就走，也没有洗脸，也没有吃早饭。跑到山石庵的礼堂里，果然已在那儿举行大祭了。他急急忙忙地去站在那读祭文的位置上。看那主祭的俯伏在地下，似乎是他的祖父。那司仪的人高声叫道："读祭文！"他连忙跪下，在香案上取起那篇祭文，翻开来要读时，却是一张白纸；这一急，把汗都急出来了。"维中华民国二十八年，冬，十一月，裔孙山振福谨率山、石两族子弟，以清酌庶羞之奠，祭告於先灵曰：呜呼……呜呼……"下面的句子一些也记不得了，怎么办？正在着急，俯伏着的主祭者站起来喝道："不中用的家伙，滚吧！"一脚向他踢来，他便从礼堂前面高高的阶沿上直滚下去；这时，阶下挤满了看做祭的人，他躺着扒不起来，又痛，又羞，又恼。他祖父仍赶下来，举起那旱烟袋要打他。远远地看见素秋飞跑进来，急得大嚷道："姊姊，快来救我！"素秋刚赶到，用手去挡时，已来不及了，那又粗又大的旱烟袋的铜斗儿正打在头顶上，一阵剧痛，晕了过去。耳边听得有人呼唤，睁开眼一看，见是祖父，忙又紧闭着眼睛，求道："饶了我吧！饶了我吧！"

振福用手抚拍他道："阿良，你梦魇了；快醒醒，不要害怕！"承良微微睁眼看时，只见他祖父披着一件夹袄，坐在他床沿上，桌上点着那盏油灯：明明是睡在床上，睡在祖父的房里。回想梦中情形，不禁笑了起来。

振福见他已醒，仍坐到自己床上去吸旱烟。他问道："你老人家还没睡过吗？"振福道："我早睡着过了，被你叫醒，又点灯起来的。——现在觉得怎样了？"承良道："是做噩梦，本没有什么。我们睡吧！"

第二天，素秋姊弟照例到小学去教书。承良偶然走到礼堂里去，联想起昨天晚上的梦来，自己也觉得好笑。课毕回去时，在路上，一五一十地讲给素秋听。姊弟俩说说笑笑，早到家了。素秋道："弟弟，你先去动手，把昨天的工作做完，我还得去替母亲帮些儿缝纫的忙哩！"承良道："你去去就来，不要使我和梦中一般，高叫'姊姊救我'吧！"素秋笑着去了。承良一个人，翻开自己的笔记看了一会，觉得记得太简单。就寻出素秋的笔记来看，笑道："原来她已记得这般详细，待我来抄录下来。这倒真是'姊姊救我'了！"想罢，提起笔来就抄：

　　　　吊文——如贾谊《吊屈原文》，则用以吊悼古人；李华《吊古战场文》，则用以发抒其凭吊古战场的情感。这类文章，并不如祭文之须有实际的荐饎进爵的礼仪的。

悲文——例如蔡邕《悲温叙文》，也是吊祭之文的异名。

诔——《周礼》太祝"六辞"，其六曰诔。诔者，累也，累其德行而称之，用以定谥者也。古者，天子崩，则称天以诔之；卿大夫卒，则君诔之。其体，先述死者的世系行业而后抒写哀思。如鲁哀公之诔孔子，则有诔而无谥；柳下惠妻诔柳下惠，则为私谥之始。私谥者，不由国君定谥，而由师友亲属私加谥法也。

哀辞——用於童殇夭折之幼辈，故以哀痛为主；挚虞《文章流别》，刘勰《文心雕龙·哀诔》篇皆如此说。例如班固有《梁氏哀辞》，潘岳有《金鹿哀辞》。

哀策与哀颂——任昉《文章缘起》言李尤有《汉和帝哀策》。此用於帝或后者。哀颂亦群下颂死者功德之作，但不限用於帝后耳。汉张纮有《陶侯哀颂》。

挽歌——起於田横门客挽田横所作之《薤露歌》

《蒿里歌》。及汉武帝之乐府，李延年采此二歌合乐，而分之为二类，以《薤露》为贵人之挽歌，《蒿里》为庶人之挽歌云。古代葬时，以车载棺，送丧者助挽之，故曰"执拂"，而"挽"字亦作"輓"，皆因此。挽丧车时所唱之歌，谓之"挽歌"。

挽联——以对偶联语表对死者的哀思，悬之灵前，谓之挽联，盖由挽歌变来。故或以竿揭之，负之而行，为丧车之前导云。

祝文——此告於神祇者。例如刘备《成都即位告天文》。

盟辞——此为结盟宣誓，告於神祇，以昭信守之辞。如汉高帝《白马盟辞》，即与诸功臣盟誓之辞。

此外，对於神祇，有所祈祷、诉愿、伸谢，皆可以文辞告之，亦入此类。所谓"哀祭"，实不限於哀死者，而亦有用以祭神祇者。即如韩愈之《祭鳄鱼文》，就其意言，不啻为驱逐之檄令；就其体言，要亦祭文之变格。至於以祭者言，或为个人，或为团体；以祭者与所祭者之关系言，或为人与神或为人与鬼；而人与鬼之关系，或为亲属，或为戚党，或为师友；虽有不同，要以能具有真挚的情感而又能发抒得当者为上。

他抄好了，素秋还没有来，就拿了去送给莘耜。莘耜大略翻阅了一下，说他记得不错，他便欣欣然告辞回来了。

第三天下午，承良和素秋刚从小学校里回来，振福道："阿良，尹老先生来过了，你那一章讲义，他已批好拿来了。他很夸奖你哩！说你如果肯从此用功，赶上你姊姊是很容易的。"说罢，拿出那篇东西来，交给承良。素秋、承良姊弟同看时，已加了许多眉批：

（一）"风""雅""颂"的解释，旧说如此。梁启超以为《诗经》当分四部，一即《南》——《周南》《召南》是。古人对《周南》《召南》，都不得其解。他疑"南"为音乐的一种，故有"以雅以南""象箾南籥"的话。大概"南"即是"乱"，为曲终全体合奏的一种乐歌；《论语》所谓"《关雎》之乱，洋洋盈耳"者也。

风，讽也，即讽诵之讽。供徒歌之用，不以合乐；此如今之民歌，不合弦管，而徒播之唇吻者。雅者，正也；为周代之正乐。颂，则歌而兼舞矣。颂为"容貌"之容之本字，故从"页""公"声。舞则不但歌以合乐，且须重舞容。《大武》之舞容，犹见於《礼》；此正见於《周颂》，表演武王伐纣之故事者。梁氏此说，颇新颖而合理。然实本之魏源之《诗古微》。梁氏有《要籍解题及其读法》一书，可供参考。

（二）祭文须有真挚的情感可供发抒；故为人代拟，往往苦於无情可抒，无哀可述。充其量，不过如八股文之代人立言而已。挽联亦复如此。作挽联，须讲对仗，调平仄，但尤须求用意切贴，造语自然，而有真挚的哀情，可供抒写。

其余改的、批的，也都是一句一字上的斟酌。他还夹着一张字条儿，说阴历十月十五日，是纪念山山老人的秋祭之期，主祭的是福翁，叫素秋、承良各拟一篇祭文，以免袭用那篇老祭文。承良笑道："姊姊，我的噩梦，有应验的危险哩！"说罢，笑了起来。振福追问他，他就把那天夜里做的梦，告诉他祖父。振福也笑道："你放心吧！不叫你去读祝就是了。"

素秋拉着承良到尹家去，请莘耜选了几篇祭文，约略讲了一遍。莘耜今天的兴致很好，拿起韩愈的《祭十二郎文》《祭田横墓文》，王安石的《祭王深甫文》《祭周畿道文》，朗朗地读给他们听。又取出他做的挽联的稿本来，挑了几副，讲给他们听，并且把做法指示大概。他这稿本儿里，还有寿联、喜联和名胜、祠宇、书室、题赠等对联。素秋看了又看，问了又问，不忍释手。莘耜道："你爱看，拿去看看吧！有不懂的地方，随时可以来问。"素秋道："我很想学做对联，最好看看什么书？"莘耜道："你爸爸有一部梁章钜的《楹联丛话》《巧对续录》，很可以看看。你也拿了去吧！"素秋捧了许多书，匆匆地走了。

她回到家里，躺在堂前她祖父所常坐的一张竹靠椅上，看莘耜做的对联，虽然不能完全了解，却越看越有味儿。这也是她的聪明处，竟从联语里辨出平仄、声调来。承良叫她去吃夜饭，她看得出了神，并没有听见。"痴丫头，怎么耳朵也聋了？——天色已经暗了，再看书，眼睛会弄出毛病来的！"振福放下了酒碗，亲自来叫她了。她见祖父亲来叫唤，只得丢开书本，进去吃饭。匆匆地吃了两碗饭，又独自一个到厢房里去，点着灯，抄那本对联了。她觉得那种五言的、六言的、七言的对联，句法和作诗差不多；言简意赅，是它们的特点。长联也有长联的难处和特长。她最欢喜的，是那些带有散文气势的长句，尤其是那些嵌字集句的对联，竟有天衣无缝之妙。在她看来，这一联固然好，得抄；那一联也不错，也得抄。她踌躇了一下，找出一本直格儿的本子来，竟从头至尾，一副不遗地抄下来。她写字本来很快，这夜抄到九点钟，已抄了大半。她妈妈逼着她上楼去睡，方怏怏地放下了笔，随着妈妈上去。

第十一章　传志（一）

星期日又到了；讲习会上星期已开过，这天是闲空的。镇上的同学们约他们到镇上去逛，振之、中玉、素秋、承良四人同去。他们七点多就动身了。初冬天高气爽，还似暮秋。谷口的枫林，已和醉了一般。不过一个多钟头，到了镇上；方中、李桂和一个女同学——孙蕙英——已在那座石头桥等他们了。七个人一同到镇上的中心小学里，因为方中他们三人是在中心小学教书的。坐了不多时候，方中等陪了他们四人往各处闲逛，到十一点多才回来。在印刷所当职员的李桂，在镇公所当书记的骆绍修，在公路汽车站当站长的王承宗，避难流寓的赵价和苏慧等，先后来了。十六个同学，都已到齐。因为他们预定在这时候聚餐的。饭菜是中心小学的厨房包的，席设在他们大礼堂里。虽然没有所谓山珍海味，十六个青年同学，谈谈笑笑，无拘无束，却也非常快乐。饭后，王承宗道："我这个职务是没有星期例假的，所以讲习会也旷过一次课，今天又只好失陪了。"匆匆地先走了。其余的同学托故先走的也有。承良也同了方中，跟着李桂去参观他们的印刷所，苏慧却邀素秋、孙蕙英到她家里去坐坐。

　　单说素秋跟着苏慧、孙蕙英出了中心小学，转弯抹角，走进一条小弄。这条弄叫作安吉里。苏家租的是弄底一所两楼两底的房子。她们到了之后，苏慧请出她老母亲来，见了个礼。在楼下那间客堂里坐不多时，便邀她们到楼上房里去。这一间小小的房，便是她的卧室兼书室了。房间虽然不大，却收拾得很整洁。她请素秋在她的书位子上坐下。在谈话中，素秋才知道她家庭的情形。原来她父亲在省参议会做秘书，这几天正在开会，所以不在。她的哥哥在金华中学教书。家里只有她的母亲、小弟弟、小妹妹、嫂嫂和一个手抱的侄儿。她们原是嘉兴人，流寓此间已有两年了。素秋道："我们这补习班里，只有你们两位女同学，又远在镇上，不能时常亲近，真是憾事！"苏慧道："素秋姊，我是不会讲客气话的。我们爸爸曾说过，你的国文程度可以做我的先生，可惜不能时刻在一块儿！"孙蕙英道："这倒是真话，我也那么想。——今天你既来了，我们不能再错过机会。上次讲习的传志体，由苏慧姊姊记的。她邀我帮忙，我们两人共同整理；虽已整理好了，可是自己看看，仍不成个样子。慧姊姊，你拿出稿子来请素秋姊先替我们改一改，再来誊清缴去，免得被男同学们轻笑。——况且素秋姊原是个总纂。"苏慧把原稿拿出来，素秋看了一遍道："大致不错，不必多改。"苏慧道："好姊姊，替我改一改吧！"边说边拿出笔砚来，替她磨好了墨。孙蕙英也帮着央求道："不多改，少改也行！——我们记不下来，查不出来，留着空白的地方，总得请你指教填补的。"

素秋觉得她们出於至诚，便道："恭敬不如从命！"就提起笔来，增的增，删的删，改的改，费了一个多钟头，方才改完。并且道："改得不对的地方还请再酌！"她在改的时候，她们俩把《辞源》《辞海》《古文辞类纂》《经史百家杂钞》都搬了过来，替她翻查。素秋没有见过《辞海》，问道："这书，此地买得到吗？"苏慧道："是爸爸买来的。姊姊如其要买，我写信去问爸爸好了。"素秋道："倒也并不急。"她是个仔细的人，便一个人在那儿翻阅。苏慧和孙蕙英却在看素秋替她们改过的稿子：

　　"传志"是"传状"和"碑志"。姚氏分作两类，曾氏合为一类。曾氏序云：

　　"传志类，所以记人者。经如《尧典》《舜典》，史则本纪、世家、列传，皆记载之公者也。后世记人之私者，曰墓表，曰墓志铭，曰行状，曰家传，曰神道碑，曰事略，曰年谱，皆是。"

　　姚氏则云：

　　"传状类者，虽原於史氏，而义不同。刘先生云：古之为达官名人传者，史官职之。文士作传，凡为圬者种树之流而已。其人既稍显，即不当为之传；为之行状，上史氏而已。余谓先生之言是也。虽然古之国史立传，不甚拘品位，所纪事犹详；又实录书人臣卒，必撮序其平生贤否。今实录不纪臣下之事；史馆，凡仕，非赐谥及死事者，不得为传。乾隆四十年，定一品官乃赐谥。然则史之传者，亦无几矣。余录古传状之文，并纪兹议，使后之文士得择之。昌黎《毛颖传》，嬉戏之文；其体，传也。故亦附焉。"

又云：

"碑志类者，其体本於《诗》，歌颂功德；其用施於金石。周之时，有石鼓刻文。秦刻石於巡狩所经处。汉人作碑文，又加以序，序之体，盖秦刻琅琊具之矣。茅顺甫讥韩文公碑序异史迁，此非知言。金石之文，自与史家异体；如文公作文，岂必以效法司马氏为工耶？志者，识也。或立石墓上，或埋之圹中，古人皆曰"志"。为之铭者，所以识之之辞也。然恐人观之不详，故又为序。世或以立石墓上，曰碑，曰表，埋乃曰志，及分志铭而二之，独呼前序曰志者，皆失其义。盖自欧阳公不能辨矣。墓志文，录者尤多，今别为下编。"

传志之文，曾氏和姚氏所以或合或分之故，实在分类标准之不同。观姚氏序中所说，盖以"歌颂功德"的石刻，如秦代的《泰山刻石》《琅琊刻石》及韩愈的《平淮西碑》之类为"碑"，以记个人事实的墓志之类为"志"，而"碑志"和"传状"之分，全在刻石和不刻石。曾氏则以"记人"为"传志"类的特征，去和"记事"的"叙记"类、"记政典"的"典志"类、"记杂事"的"杂记"类相区别。所以他把姚氏所谓歌颂功德、记事不记人的"碑"，从碑志类中划分出去，插入他特立的叙记类中。此二氏相异之点一。姚氏选文，不采史传，故尢诸史之本纪、世家、列传，所录者自以文人所作单篇之传状为多。曾氏则於史书记传，选录甚多。此二氏相异之点二。

以下便是注解姚、曾二氏序文的按语了：

（一）按：《尧典》《舜典》记尧舜事，为《尚书》之二篇。《史记》以本纪记帝王，世家记诸侯，列传记人物。此种体例，叫作纪传体。《汉书》以后承之。我国所谓正史之二十四史，皆纪传体。因系史官所作，故曰"记载之公者"。"后世记人之私者"，指文人所作记人之墓志等，以非国史所载，故曰"私"。"墓表"，例如欧阳修之《胡先生墓表》；"墓志铭"，例如韩愈之《柳子厚墓志铭》；"行状"，例如韩愈之《赠太傅董公行状》；"家传"，例如归有光之《陶节妇传》；"神道碑"，例如韩愈之《赠太尉许国公神道碑》；"事略"，例如归有光之《先妣事略》；"年谱"，如近人胡适之《章实斋年谱》。

（二）按：刘先生，即刘大櫆，字材甫，号海峰，清桐城人，姚氏之前辈，序中所谓曾向之受古文义法者。圬者，即泥水匠；韩愈有《圬者王承福传》。柳宗元有《种树郭橐驼传》。"行状"，状其生平行事，上之史官，以为作传之根据者。"实录"，专记帝王大事者，如韩愈有《顺宗实录》，即记顺宗朝事。乾隆，清高宗年号。毛颖，笔也。韩愈有《毛颖传》。

（三）按：《诗》之《颂》，所以歌颂功德，但不施之金石耳。石鼓，为周宣王时物，所刻之辞，颇似《诗经》。秦始皇於巡狩所到处，皆刻石自颂其功德；《琅琊刻石》亦其一种，前有序文。茅顺甫，名坤，明代古文家。韩愈谥文。史迁，即司马迁。"识"，读若"志"。欧阳公，欧阳修也。

　　她们俩看完了，觉得颇满意。那时，素秋还在翻《辞源》和《辞海》。孙蕙英笑道："姊姊，你要把它们一条条地读熟来吗？"素秋笑道："我不至於那么傻！我在这里把它们做一比较。"苏慧道："究竟哪一部好呢？"素秋道："后来居上。"苏慧道："后编的可以抄袭，便宜得多了，怎么说后来居上呢？"素秋道："可以抄袭，固然是事实，但若只顾抄袭，没有改进之点，谁还愿买《辞海》呢？我且举个例给你们看看。"说罢，先翻出《辞源》《辞海》"石鼓文"这条来，叫她们比照着看。她们看了许久，果然《辞海》所载详细些。苏慧道："我们那条按语，可以加改得详细些。但是用哪一种好呢？"素秋道："我们所要的不是石鼓文的详细考据，不必太详，只要就《辞源》《辞海》二书，择要摘录几句好了。"便提起笔来，替她摘录了一条：

> 石鼓凡十，刻有文字，相传为周宣王时刻以颂功德者。但考订者，恒多异词。如唐韩愈、张怀瓘以为周宣王时物；韦应物以为周文王时物，宣王时刻之；宋程大昌以为周成王时物；郑樵以为秦时物；金马定国则以为宇文周时物。唐时散置陈仓野中，郑余庆置之凤翔孔庙。五代时，又散失；宋司马池复得之，而亡其一；向传师复得之於民间，后又迁於东京（今开封）。金人破汴，辇归燕京，故今犹存北平旧国子监中。

她写好了这一条，又道："《辞源》引书，惟举书名；《辞海》则兼举某篇。"她随手翻了"石牛道"的一条，指给她们看。《辞源》只说"《水经注》"，《辞海》却说"《水经·沔水注》"，又引《白帖》和胡曾《金牛驿诗》，证明它又称"金牛道"。她们爽然道："姊姊，我们真佩服你的细心！这两种书，我们已糊里糊涂地用了半年多了，姊姊今天一翻，便看出它们的差异来！怪不得尹先生要夸奖你了。"素秋道："这也是偶然的事啊！——尹老先生的那部《辞源》，你们没见过哩！他用极薄的纸儿，写着蝇头细字，贴在《辞源》的书眉上，把注错的、疏略的地方，都补正了。我们祖父对他说：'年纪五十多岁了，何苦这样用功？'他说：'老而好学，如炳烛之光；烛光虽弱，不愈於暗中摸索吗？'他尚且这般孜孜不倦，我们应当怎样呢？"

蕙英道："听说尊大人是尹老先生的学生，小尹先生又是尊大人的学生，姊姊又是尹老先生的及门弟子，他的孙儿孙女又是姊姊和令弟的学生，可以说是三世的师生了。府上和尹家又是紧邻。你们姊弟两人可以朝夕接近尹老先生，所得的益处，必较其余的同学大得多了！"素秋道："舍间和尹家的世谊，诚如蕙英姊所言。尹老先生和尹师母，的确把我当作小女儿或大孙女儿看待的。我有空的时候也常到他那儿去。他虽然并未如惠英姊所猜度，特别地秘密地教我许多学问，可是在他老人家身边，耳所闻，目所见，只要你肯随时留心，不但都是与国文有益的，修养上也可以获得许多教训。他老人家并不如一般人所想象的那么拘板；古人所谓

'霁月光风'，恰是他给予我的一种印象，我以为。下星期不是又要开讲习会了？午后，如两位姊姊愿去，我可陪你们到他那里去一次。"孙蕙英道："这是我们很愿意的。可是我们说要去看尹老先生，同学们如果都跟着去，怕尹老先生厌烦扰吧！"素秋道："怕烦是不会的，不过他那里坐不下许多人呀！——只要你们两位愿意去，我就有办法。"

她们正在谈论，一个女仆送上三碗面来。这是福建的伊府面，烧得特别可口。她们就坐在书桌旁一起吃。苏慧谈起沦陷了的故乡的情形，说有人从上海来，他已到嘉兴、杭州去过。从她这里，又得知了长沙大捷、南宁失守的消息。葫芦谷是没有报看的，即使偶然传到几张，也已和读历史一般了。苏慧的书桌上有一口小钟，这时已是三点半了。素秋站起来道："时候不早了，舍弟等怕要回去了。"苏慧她们仍旧陪她到中心小学来。振之、中玉、承良都在等她，便辞别方中等，动身回葫芦谷来。

路上谈起，承良他们到过印刷所，在排字房里曾遇见石阿毛；他们印的讲义，价钱特别便宜，原来李桂已升充营业部主任了。他们又到汽车站去看过王承宗。据他说，到我们那里来过的赵望之是省参议会的常务委员，战前做过大学校长、省政府秘书长，是本省一个名流。永康县长听说他到葫芦谷来了，曾坐了小包车亲自到镇上，想来候他，哪知他却於上一天悄悄地走了。"倘不是山老先生亲自到站送他，我也不知道他就是赵望之先生！"王承宗那么说。素秋道："这位赵老先生原来是个大名鼎鼎的人物，怎么一些架子都没有的？"振之道："如其是一个喜欢搭架子的人，便不会独自一人跑到山僻小村来，找我们的跷子老师了！"素秋道："物以类聚，这也可以说'端人取友必端'了。"

一路谈谈讲讲，已到了谷口的小辋川桥。振之道："这是尹老先生那年跌坏的地方。"他们从桥上看下去，只见突突兀兀的许多岩石，涧水从岩石间奔流而过，激起水花，泛为白沫，轰轰之声，不绝於耳。素秋胆小起来，不敢久视，快步过桥。中玉道："真险呀，从这么高的桥上跌下去！"振之道："尹老先生的诗文，如果编印成集，流传久远，这小辋川桥将来怕要成古迹哩！"承良道："他有什么文章，什么诗，记小辋川的？你看见过吗？"振之道："我不过这样猜想而已。"中玉笑道："他的诗文里，不但有小辋川，还有他得意的学生哩！"说时，向素秋瞟了一眼。振之、承良跟着哈哈大笑起来。素秋红着脸道："不要挖苦了吧！"中玉又笑道："哈哈，'得意的学生'，谁当得起这称呼，除了山素秋女士？这还是挖苦吗？"承良也笑道："'得意的学生'，我们谁不希望这美名？姊姊不必客气了！——我们家里还有现存的证据哩！"素秋撅起了小嘴道："弟弟，你也来瞎说！什么证据？"承良笑道："祖父房里不挂着祖父和尹太先生和你在卧虎洞合摄的照相，你题着'虎口'二字吗？"中玉道："这'虎口'二字固然可以说是借用作卧虎洞口的，但也可以双关到尹老师从他沦陷了的故乡逃出来是'虎口余生'的意思，侧重在他身上。如此聪明，怪不得他老人家得意啊！"

中玉、承良你一句我一句，逼得素秋答不出话来，涨红了脸，急得要哭出来的样子。到底振之年纪大些，从中解劝道："我们同学中，尹老先生最得意的是素秋，这是大家公认的事实。学生的成绩好，进步快，先

生当然是得意的。我们不也各有得意的学生吗？你们
故意拉拉扯扯地把这大家公认的事当作话柄，当面向
她讲，如果不承认有挖苦的嫌疑，却也有因羡生妒的嫌
疑了！——算都是我的不是吧，这番谈话，是我开端
的！"他们方才停止了谈话。到了山石庵前，振之、中
玉、承良进小学去了。

　　素秋一个人，低着头，红着脸，走回家去。走到家
门口，恰好撞着莘耜从她家里出来。见了她，问道：
"你到哪里去来？走了多少路，脸都发了红？"她仍旧
低着头，呆呆站着不响。莘耜有些诧异起来，又问道：
"在和谁怄气吗？好孩子，有什么委屈，告诉我吧！"
他的语调神气，异常得关切，却把素秋两只眼睛里的眼
泪勾引了出来，扑簌簌地落在衣襟上。莘耜更诧异了，
走近去握了她的手，安慰道："素秋，你是明白的！有
什么委屈尽管说，你们祖父那里，我可以委婉代达。如
其令堂对你有什么误解，我也可以去向内人说，由她转
达的。哭，不是个最好的办法。"他携着素秋的手，叫
她到自己家里去坐坐。素秋掏出一块手帕揩了泪痕道：
"我和振之、中玉、弟弟到镇上去来。回来时，中玉和

弟弟挖苦我，说我是太先生最得意的学生。"莘耜不禁哈哈大笑起来道："你毕竟还是孩子气，你们同学十六人中，最好的当然是你。说我最得意你，也用得着哭的吗？——好孩子，快不要哭，好好回去吧！"他看她进了家门，方扶杖回去。

第十二章　　传志（二）

　　素秋晚上睡在床上，想到白天从镇上回来时闹的笑话，觉得中玉和弟弟取笑她固然可恶，自己和他们一般见解，因此生气，而且见了太先生竟哭了起来，也是太女孩子气。她越想越悔，越羞。第二天，简直不敢见莘耜的面。第三天下午，她接到苏慧寄来的传志类那一章讲义稿，才鼓起勇气来，亲自送到莘耜家去。她似乎以为秋氏、富氏都已知道他们那天闹的笑话了，所以对她们无意的一言一笑，好像觉得都含有讽刺的意思。莘耜却坦然和平时一样，绝不问起那天的话，接过稿子，翻开就看。

　　她仍旧在书桌对面的竹靠椅上坐着，和秋氏婆媳扳谈，告诉她们杭州一带沦陷区的情形和长沙大捷、南宁失守的消息。她们听到南宁失陷了，又挂念起富昂如来。她们在谈话，莘耜却在动手批改那一章讲义稿子。不过大半个钟头，已批改完了，递给素秋道："这次的讲义稿，苏慧记录的，却比她平时的作文好。——下次轮着哪一位同学记录了？"素秋道："孙蕙英。蕙英姊是在镇上中心小学里当教员的。苏慧本来是嘉兴人，也是避难来的。听说她的父亲在省参议会做秘书，哥哥在金华中学教书，她和母亲、嫂嫂却住在这里镇上。"莘耜道："他是苏子文的女儿吗？苏彀甫原来是她的哥哥！"素秋道："太先生认识他们父子吗？"莘耜道："子文是我从前在北京读书时的先后同学，可是长久不相闻了。彀甫曾和你爸爸做过同事的，和我只在杭州见过一次。据子寿说，倒不是个摆公子架子的。苏家听说很有钱。苏慧的服装倒也还朴素。"素秋道："前天，我到过她家里。苏慧倒也不像个官家小姐。——太先生，赵望之先生是个要人吗？他到这里来做客的时候，永康县长还想赶来找他哩！恰巧那县长赶到镇上，他已于前一天走了。这是王承宗告诉我们的。"莘耜道："我亏得没有留他，否则这葫芦谷不得安静了！——王承宗怎么知道的呢？"素秋道："他是镇上的公路汽车站站长。他说，那天家祖父亲自送他上车，后来他招呼家祖父，问他送的是什么人，才知道是赵望之。第二天，县长坐了一部小包车到镇上来，到站后，问他葫芦谷可通汽车，才谈到要来找赵望之。他告诉县长，赵先生已於昨天走了。那县长简直没有到街上，就趁原来的小包车去了。"莘耜笑道："这也可以说是'乘兴而来，败兴而返'啊！——赵老先生虽不是什么要人，却也有相当的声望。否则，县长老爷便不会来找他了。"

素秋把手里那份批改好的讲义稿捧着细看，只见第一条按语上面批了许多字：

今本伪古文《尚书》，第一篇为《尧典》，第二篇为《舜典》。这两篇本是一篇，叫作《帝典》。伪古文《尚书》却把"慎微五典"以下，分作《舜典》，加了"曰若稽古帝舜……"一个冒头。今本《尚书》，不但非今文本，亦非真古文本，为东晋枚赜所献，东汉末三国初，王肃所伪造。业经清代学者阎若璩、段玉裁、王鸣盛诸人考证明白。曾氏非经学家，故犹据伪古文《尚书》为说。

　　素秋问道："这是怎么一回事呀？"莘耜道："这事说来话长。秦始皇不是有焚禁《诗》《书》这回事吗？可是以政府的力量焚禁书籍，效力是很小的。何况秦的国祚那么短促。汉惠帝四年，便明令废除挟书之禁了。文帝初年，访求能治《尚书》的老师宿儒。那时济南有个九十多岁的老儒伏胜，还是秦的博士。因为他太老了，不能请他到都城去，文帝便派晁错到他家去，请他传授《尚书》。伏胜传给他的只有二十九篇（一说二十八篇），就是今文《尚书》，因为是用汉朝通行的隶书写的。武帝时，鲁恭王（景帝子，名余）想扩充他的宫，把旁边孔子故宅的墙壁拆毁，得了许多竹简的用古代文字写的书，里面有一部《尚书》，比今文多十六篇。这是古文《尚书》。后来，古文本较今文本多的十六篇又亡了。东晋元帝南渡时，枚赜献上所得的古文《尚书》，比今文本多二十五篇。现存十三经中的，就是这一种伪古文《尚书》。《大学》引《尚书·尧典》中语'克明峻德'，作'《帝典》曰'；这可以证明《尚书》中本来只有《帝典》，并无所谓《尧典》《舜典》之名了。"

素秋道："曾氏不也和姚氏一样，认为义理、考据、词章三者不可偏废的吗？为什么这部是伪书都不晓得呢？"莘稆笑道："姚氏那时，正是清代经学的全盛时代，他却是站在反对经学、依附理学一方面的。所以他虽然有那句冠冕堂皇的门面话，对於经学实在不很内行。就是理学，也没有什么精深的研究。曾氏实际上也是如此。——理学的研究和行谊的实践，原来是两件事。姚、曾二氏的行谊都是可以佩服的。我说他们对理学没有什么精深的研究，并不是说他们的行谊有何缺点；这是不可误会的！"

素秋接下去看第二条眉批：

《史记》是我国第一部纪传体的史书，《汉书》以下的二十三史，都仿其体，是不错的。可是《史记》自五帝直记至汉武，是通史；因为中间有春秋、战国一个长期的割据时代，所以有"世家"以记各国侯王。《汉书》则起自汉高帝，至孝平、王莽之诛，记的是西汉一代，是断代史，所以没有

"世家"（二十四史，只有《史记》是通史）。苏君於此点，未说明白，易滋误会。

素秋道："这是我已经知道的，为什么也看不出破绽来？"又看第三条眉批道：

二十四史并非都是官修之史。司马迁虽曾做太史令，《史记》却是他私人的著作，他自己曾说要"藏之名山，传之其人"的。《汉书》《后汉书》《三国志》，也是班固、范晔、陈寿的私人著作。《晋书》以后，方是历朝设局官修之史。故以记载之公私分别，不如说史传和文人之传不同妥当。

翻到末了，还有几条补充的长批，第一条说：

史传始於《史记》之列传。或谓《史记》本纪十二，仿《春秋》之经，列传七十二，仿《春秋》之传。按《春秋》所记为十二公，《史记》本纪亦十二篇，此亦偶合。至於《春秋》三传，

《公羊》《穀梁》皆释《春秋》义例（**此正合於经传之传的体例，因传者，所以释经者也**）。惟《左传》则记实事，但亦与《史记》之列传，以人为主者不同。故纪传体的历史，当以《史记》为首创。此"史传"也。其为文人单篇之作，以别於正式之史传，曰"小传""外传""别传"；用以载入家乘族谱，则曰"家传"。古有以"传"名其书者，如刘向之《列女传》，习凿齿之《襄阳耆旧传》；或专传某一类人，或所传之人限於某一地域。此虽非所谓"家传"，而亦异於史传。李商隐有《李贺小传》，实亦家传之属。别传外传，亦有变为小说之流者，如《飞燕外传》《太真外传》等。后世文人单篇之传，唐世尚少；如韩愈之《太学生何蕃传》，柳宗元之《童区寄传》（"区"音"欧"）。至如韩愈之《圬者王承福传》，柳宗元之《种树郭橐驼传》《梓人传》，则借以发自己之议论，初不问其人之生平，有无可传之价值者，谓之"托传"。托传之外，又有"假传"。假传有三类：（1）假设一人，实无其事者，如阮籍之

《大人先生传》；（2）假托人名实以自喻者，如陶潜之《五柳先生传》，王绩之《五斗先生传》；（3）托物拟人，近於寓言者，如韩愈之《毛颖传》，柳宗元之《蝜蝂传》。此皆传之变体也。又姚氏所引刘海峰说，谓非史官，不当为人立传；此意顾炎武已先言之，见《日知录》。

　　素秋看了道："太先生，这些，你那天似乎都提到过的。我们怎么把它漏了？讲义上也得加进去吧！"莘耜道："你把它们编进去吧！后面还有呢！"素秋又看那第二条：

　　"碑"之名，最早似见於《仪礼》。《士昏礼》（"昏"同"婚"）云："入门，当碑揖。"按注，则此碑乃用以识日影者。《礼记·祭义》云："牲入，丽於碑。"丽，附也。按注，则此碑乃用以系牺牲者。《檀弓》记季康子之母死，已有丰碑。按注，则此碑以木为之，穿中为辘轳，穿纤，用以下棺者。及秦，乃立石碑刻文字以颂功德矣；汉以后，乃立石碑於墓，以记死者之事迹矣。古时有功德之人，往往有铸鼎刻铭以纪念之者；蔡邕《中郎集》中，尚有《朱公叔鼎铭》。刻碑以记功德，不过移金文以施之石；碑者铭器，铭者碑文，序者所以使人详其所铭之事耳。

素秋道："这一段所说的，那天似乎没有完全讲到。"她仍继续看下去。

墓志铭，似以汉杜子夏为最早。亦曰"葬志""圹铭""椁铭""埋铭""坟记"，其实则一。其刻於石椁之盖者，曰"盖石文"；刻於砖者，曰"墓砖记"或"墓砖铭"；刻於木板者，曰"坟板文"或"墓板文"；用於未葬而暂厝者，曰"权厝志"；殡后葬而再志者，曰"续志"或"后志"；死於异乡，迁柩归葬故乡者，曰"归祔志"；用於和尚所葬之塔者，曰"塔铭"或"塔记"。至於铭辞，则三言、四言、七言的韵语都有，亦有用散文或"兮"字调者。墓志应具之要点，为死者之姓氏、讳字、乡邑、族系、履历、行事、卒年月日、年寿、妻子、葬地。为人作墓碑墓志，因系由於死者子孙之请求，故称其善不称其恶，此其与史传不同处。苟遇恶人，但当拒而不作；若以情感或金钱关系不惜为之粉饰，则为"谀墓之文"矣。

素秋道："此段所述，那天我也记不完全。"后面还有一条，说：

"碑"之外，又有"碣"。晋潘尼有《黄门碣》，似为最早者。黄宗羲《金石要例》说，"龟趺螭首"的叫作"碑"，五品以上之官用之；"方趺圆首"的叫作"碣"，五品以下用之。"趺"音夫，就是碑碣下面，用以树立碑碣的那块石头。"墓表"亦称"阡表"（欧阳修有《泷冈阡表》，"泷"音"双"），实即神道表。神道即墓道也。《谒者景君墓表》，东汉安帝元年立，似为最早的墓表。碑，不仅用以记颂功德，或树之坟墓，庙中亦有之，如韩愈《处州孔子庙碑》，颜真卿《颜家庙碑》；不但阳面可刻文字，阴面亦有刻文字的，如《孔宙碑阴》。秦碑多小篆，汉碑多隶书，魏碑则其字在隶、楷之间，唐碑多用楷书、行书；拓下来的，多可以供学习书法之用。

素秋道："这一段，却有许多话，是今天补充上去的了。——现在补充上去的不必说，那天讲过的也记不完全，我们的听讲笔录的程度可真太差了！"莘耜道："以笔记论，怕也是你好些！"他怕素秋回忆到那天闹的笑话，说了一句，便不说下去了。素秋倒并没有觉得，说道："太先生，你的记性怎么这般好？这许多话都是随笔写出来的，我如果不亲眼看见，也以为你是临时翻查来的呢！"

素秋忽然联想到那部《辞海》，就说："前天，我在苏慧家里见到中华书局新出的《辞海》，这部工具书，似乎又在《辞源》之上。太先生见过这部书吗？"莘耜道："《辞海》，在战前已发售预约了。我逃难出来，《辞海》的预约券倒带来的。赵望之先生也说起过，这书已出版了，而且从前在杭州预约的，都可在金华分局里取书。我已托他带了预约券去取书了，大概不久就可寄来。"素秋道："我已有一部《康熙字典》，一部《辞源》，如能再买一部《辞海》，工具书可说大致完备了。"莘耜笑道："工具书完备了？谈何容易！就最普通的说，辞典也不仅这两种；还有人名辞典、地名辞典、各科的专门辞典，如哲学辞典、文艺辞典、生物学辞典等。此外，查虚字用法的，有《经传释词》《助词辨略》及近人编的《词诠》等；查文章中所引经书句子来源的，有《十三经索引》等；查双声叠韵的变化的，有《辞通》等；查各种辞藻成语的，有《佩文韵府》《渊鉴类函》等；查各种旧书的，有《四库书目提要》等：真可以说不胜枚举。这些书，我已经有的，也不算少，可惜和我的家一起沦陷了！"这时，莘耜的脑子里重映出他的家来——他的窗明几净的书室，他的插架千卷的图书，他的庐舍，他的祖宗的丘墓，他的离散了的弟兄亲友，一幕幕、一件件地映过去，俨同电影一般。"每忆田园思故里，徒将涕泪泣新亭！"他呆呆地凝想了一阵，忽然吟出这两句诗来。素秋听了，也觉得凄然。

桂荪手里拿着一叠信，跑进来叫道："爹爹，爸爸的信来了。"莘耜接过来一看，一共有三封信：一封是黎明的家信，一封是赵望之的信，都是邮寄的；还有一封，只写着"萧缄"二字，是便带来的。他先把望之的信拆看，向素秋道："《辞海》已经取到，付邮寄来了。"莘耜又拆看了黎明的信，叫桂荪拿去给奶奶、妈妈看。这才拿起那封"萧缄"的信来，心里想，"这是谁呢？近地我没有姓萧的朋友呀！"随手拆开，抽出一张信笺来：

莘耜先生大人钧鉴：

久未识荆，深以不曾函候为歉！先生驾临此间，玖璧忝为东道主，而竟未一晤，怅甚！日前敝县长驾镇，玖璧趋站致敬，得晤王站长，始悉先生寓葫芦谷尹村长府上，已有数年。且玖璧业师赵望之夫子亦曾枉驾来访。兹定于下星期日专诚奉谒，一倾离悰。玖璧原住省垣，与先生本为同乡至亲也。特此先容，余俟面罄。敬请诲安。

乡晚萧玖璧顿首拜禀

　　莘耜看完了，竟笑得合不拢嘴，把信交给素秋道："你看，这位萧先生，不是文理欠通，便是神经有病！'先生'固是最普通的称呼，下面却又加以'大人''钧鉴'——一开头便觉不妥。'识荆'，用的李白'但愿一识韩荆州'那句话。'未识荆'，可见他和我是素昧平生的了，何以上面用一'久'字？既是素昧平生的人，当然不会通信的，又何必以'不曾函候'为歉？他既以'东道主'自居，即使退一步说，应该是镇上的人了。镇上的人，和我素昧平生的，也可以算是我的'东道主'吗？何况他下文又说原住杭州，是我的同乡。他如其是杭州人流寓此间，便不应认此地为他的'敝县'，此地的县长为'敝县长'，既称'敝县长'，何以又得抬写？素昧平生的人，又有什么'离愫'可'倾'？'同乡'之下，又加'至亲'，是说同乡人是至亲呢？还是说他和我，同乡之外，又有至亲的关系呢？至于自己写信来约走访的日子，而曰'先容'，对素昧平生之人而请'诲安'，还要算是小小的不妥了！"

素秋也笑道："这个固属不通，这人也必可厌。他已不打自招了！因为要拍那县长的马屁，所以赶到汽车站去；因为去恭候县长老爷，才打听出县长是为赵老先生而来，赵老先生是为太先生而来。他大概费了许多脑力了，认为树从根脚起，不如先来结识你。信里的许多毛病，病根就在想竭力奉承你！"莘耜道："对呀！大概那县长来找赵望之，扑了个空；他去恭候县长，也扑了个空哩！我想，王承宗一定会知道这个人。你们祖父那天也许看到过这位萧先生！我想托故谢绝他，可又不知道他的住址。"素秋笑着道："太先生，我把这封信带回去给祖父看看，可以不可以？"莘耜道："有什么不可以？我还想留着裱手卷吗？"

素秋拿着这封信和改好的讲义稿，飞跑回家。振福没有回来。承良道："姊姊，你又得了什么宝？这样得意！"素秋正色道："弟弟，你以后再讲俏皮话，我要告诉祖父了！"承良道："姊姊，我见你一面跑一面笑，所以随便问你一句，你怎么误会了？"素秋听他如此说，倒也罢了，随手把那封萧玖璧的信递了给他，承良却高声朗诵起来。读了一遍，道："姊姊，这封信，以句法论，并没有什么不通，而且声调很好。不过这个人却是'马屁精'。他想拍马屁，想昏了，所以信里的意思便写不通了！我想，一定是王承宗那天告诉我们的那个怪人！"素秋道："他告诉你们过吗？究竟是怎样一个怪人呢？"

"谁是怪人呀？"振福拄着那长旱烟袋进来了。素秋忙把那封信送上去给她祖父看。振福看了这信，哈哈大笑起来："大概是他。他简直是件怪物！"素秋道："您也见到他吗？"振福道："不晓得是不是那件东西。——那天，我送赵老先生上车之后，王承宗因为在这里补习国文，是认得我的。车子开出之后，邀我到站长室里去坐坐。他问我送什么客，我说是尹老先生的朋友赵望之先生。他正待和我谈几句天，忽然站役拿一个老式的大红名片进来，说'有客'。我说：'你公事忙，我不坐了，再会吧！'我跑出来时，只见待车室里坐着栳栳似的一件怪物。坐在屋子里，头上还戴呢帽。肚皮大得真可以：他坐的椅子离桌子有二三尺远，肚皮还紧靠着桌子的边儿。脸上却戴一副黑眼镜，仰着头，在看天花板。"

　　承良道："承宗告诉我们的，正是这个怪人。他说：'这怪人见了他，一躬到地，作了一个揖，恭恭敬敬地问道：'赵老师来过没有？'承宗被他一问，弄得丈二的和尚摸不着头脑，反问他道：'你问的哪一位？'怪人道：'敝业师便是现任省参议会常务委员的赵望之老师，你怎么连他都不认得？'承宗道：'的确不认得。刚才有一位搭客，由一位乡下的老先生送来上车的。听他们在谈天，似乎也姓赵，也叫作望之。已趁前一班车子走了。'怪人自言自语道：'不像，不像，也许是同名同姓。'摇摇头，竟自走了。第二天，县长坐着小包车来了。一到站，便叫：'传站长！'我只得出去，站在小包车旁伺候。他在小包车里问：'听说省参议会的赵望之先生在这里，耽搁在哪一家的？'我回道：'赵先生是到葫芦谷去访友的。已于昨天回去了，由葫芦谷村长陪送上车的。'他单对汽车夫说了句：'回去吧！'就原车去了。过了好几个钟头，那怪人又来了。见了我，却异常客气，异常亲热，伸出他那只棉花般的似乎肿着的手来和我握手。'站长，你好！你明明认识赵老师，却骗我！我已在天寿堂药店里打听清楚了，赵老师特地来拜望贵业师的。敝业师既和贵业师如此要好，我和你也可算是同门了，站长！哈哈！'我见他似乎是个疯子，便道：'刚才县长也来找贵业师哩！大概他也是这位赵大人的学生，倒真和您是同门了！''正是。站长猜想得不错！'那怪人的脸上立刻现出一种得意的神情来。'我正到站上来候我们的同学。他到哪里去了？'我说：'他坐着原来的小包车回县去了。'怪人说：'他大概有什么要公，所以没有来看我。'就向我拱手告辞，出了车站，摇摇摆摆，踱着官步去了。我想祖父看见的怪物是他，写信给太先生的，也是他了。"

振福、素秋听罢，都笑得弯了腰。

第十三章　叙记与典志

　　星期日上午八点半，补习班的同学已先后到齐，只有王承宗没有来。承良笑道："我们这位同学的站长，怕又被那位县长的同学缠住了，不能脱身！"有许多同学一齐问道："哪一位是县长的同学？你怎么知道要去缠他？"振之道："你说那个怪人吗？"承良道："不是他还有哪个？——这怪人写了一封信给尹老师，说今天要来看他；他一定缠着承宗陪了他来的。"素秋道："那可糟了！今天的讲习会开不成了！"苏慧附着素秋的耳朵，叽叽咕咕说了几句。承良道："苏慧，你认得这怪人吗？他叫作萧玖璧呀！"苏慧道："谁认得他？只有你晓得他的姓名！"同学中，有些不曾听说过这怪人，要承良原原本本地讲出来。承良便一五一十，从头讲起，而且描摹他想象得来的那副怪样子，引得大家发笑。

尹老先生一跷一拐地来了，他们的笑声方才止住。莘耜先生在黑板上写了"叙记类""典志类"六个字，开始讲道："这二类，为姚氏所无，曾氏所有。姚氏所以不立这两类的缘故，从前已讲过了。骆绍修，你还记得吗？"他已知道这次轮值他记录，所以特地指名问他。骆绍修站起来答道："因为姚氏是不选经史的，而这两类的文章，经史居多，古文家的单篇文章里虽然也有，却是很少，所以不特列这二类了。"莘耜点点头，又问："曾氏序中怎么说呢？请你把这两段序朗读一遍。"绍修提起嗓子读道：

> 叙记类，所以记事者。经如《书》之《武成》《金縢》《顾命》，《左传》记战事，记会盟，及全编，皆记事之书。《通鉴》法《左传》，亦记事之书也；后世古文，如《平淮西碑》是，然不多见。
>
> 典志类，所以记政典者。经如《周礼》《仪礼》全书，《礼记》之《王制》《月令》《明堂位》，《孟子》之《北宫锜章》，皆是。《史记》之八书，

《汉书》之十志，及《三通》，皆典章之书也。后世古文，如《赵公救菑记》是，然不多见。

读完了，坐了下去。中玉站起来问："老师，《武成》《金縢》二篇，曾氏在哀祭类里不是已引过了吗？何以又说它们是叙记类呢？"莘耜道："这是一个疑问呀，诸位同学，谁能解答这个问题？"振之答道："哀祭类，仅举这两篇里告天之辞为例，此地却指它们的全篇。"莘耜道："答得不错。《左传》虽然是《春秋》经的传，列于经类之中，实际上却是一部记事的史书。《左传》的体例，和《史记》《汉书》之类，有何不同？"方中答道："《左传》依《春秋》作传，是编年史；《史》《汉》却都是纪传。编年史以记事为主，以年月为纲；纪传史却以记人为主，以人分编。"莘耜又问："那么，《左传》和《通鉴》的体例，是否完全相同？"大家都答道："相同的，因为它们都是编年史。""《史记》和《汉书》都是纪传史，它们也毫无异点吗？"莘耜又问。振之答道："《史记》是纪传体的通史，《汉书》是纪传体的断代史；《左传》是编年体的断代史，因为它只记春秋时代的事；《通鉴》是编年体的通史，因为它所记的时代，上起战国，下终五代。"莘耡道："这就对了！《左传》和《通鉴》的作者，想来是大家知道的。——苏慧，你说说看。"苏慧道："《左传》是左丘明作的，本来叫作《春秋左氏传》；《通鉴》是司马光作的，本来叫作《资治通鉴》。"莘耡道："不错。可是《左传》这部书却有问题。"他们听说《左传》有问题，脸上都露出很诧异的样子来。

莘耡道："《春秋》经有三部传，现尚存在：《公羊传》《穀梁传》都是今文，都是重在解释《春秋》经的义例的；《左传》则是古文，是记载事实的。这话，我已提到过了。孔子作《春秋》，因获麟而绝笔，是大家都知道的。获麟事，在鲁哀公十四年；《春秋》经也就到这一年为止。《公羊传》《穀梁传》也都到这年为止。《左传》，则十五年还有《春秋》经，十六年也还有《春秋》经；而且十六年的经还写着'夏四月己丑孔子卒。'这是谁家的《春秋》经呢？还是孔子未死时已先自知将死在己丑这天，而这样预记的呢？十六年以后，一直到哀公二十七年，悼公四年为止，年年都有传。'传'本所以释'经'；'经'已早就停笔了，作经的人也早死了，还要做这许多年的传干什么？又如隐公三年的《春秋》经书'尹氏卒'。《公羊传》《穀梁传》所附的经同。《公羊传》的解释，以为孔子是在'讥世卿'。《左传》所附的经，却改作'君氏卒'，并且以为就是隐公的母亲声子。如其三传同出孔门，对於《春秋》经，即使见解不同，何至歧异如此？"他们听了，都觉得有些奇怪。

"《左传》又说'虞不腊矣'，又用到'左庶长'的官名。'腊'是秦的节名，始於秦惠文王时；'左庶长'是秦孝公时的爵名。如其左丘明就是《论语》里孔子所说'左丘明耻之，丘亦耻之'的左丘明（照孔子的口气看来，左丘明即使不是孔子以前的古之君子，也是孔子同时的前辈），或退一步说，是孔子的弟子，也不当在战国中世还活着。而且这部《左传》的来历，据刘歆说，是在秘府所藏书中发现的；那时许多学者都以为左氏不传《春秋》（不传《春秋》，言非《春秋》经之传）；刘歆请立《左传》於学官（立於学官，谓设此经专科博士，以之为正式教本），曾引起许多人的公愤（见《汉书·刘歆传》，传并言，引传解经，自刘歆始）。所以古文派经学家多以此书为可疑。司马迁《报任少卿书》及《太史公自序》（迁作《史记》成，以示东方朔，朔署曰《太史公书》。此《史记》原名。晋以后，始称《史记》）都说：'左丘失明，厥有《国语》。'《汉书·艺文志·六艺略·春秋》家书目中有'《国语》二十一篇'，班氏自注，'左丘明著'；又有'《新国语》五十四篇'，班氏自注，'刘向分《国语》'。今存《国语》，就是二十一篇的那一部，而刘向所分五十四篇的那部《新国语》，则已不可寻究了。如其是同一部书，何以二十一篇分至五十四篇之多？又何以加一'新'字？《国语》是记春秋时代的事的，何以今存之本，反详于《春秋》以前、《春秋》以后的事，而略於《春秋》时代？康有为因此断定：左丘明所作者，是《国语》，非《左传》，而且就是那部五十四篇的《国语》。刘歆从这五十四篇的《国语》中，抽出和《春秋》经时代事实相合的，按《春秋》经的年月编排，改成了编年的《春秋左氏传》；余下来的，便是今存的二十一篇的《国语》了。刘歆为什么要这样做呢？一方面用来陪衬他为王莽改定官制而造的那部假托周公的《周官》经（此系原名，刘歆谓须改名《周礼》），使大家认为古文经不只《周官》经一书（古文《尚书》、古文《礼》比今文本所多的几篇，不久又亡；今文家认为只是一个空幌子）；一方面还可以或改或增，加入些帮助王莽的话（例如前举《春秋》书尹氏卒，《公羊传》以为是讥世卿，就大不利於几世弄权的王氏，所以要改）。——康氏的话，详见他的《新学伪经考》中（'新'是王莽的国号。康氏以为古文经学，是'新学'，非'汉学'）。我说《左传》这部书有问题，就是指此。"

　　说到这里，他才透了一口气，喝了一口开水。"站在经学的立场上说，以今文派的眼光来估量，《左传》是一部'伪经'；可是站在文学的立场上说，以批评文章的眼光来估计，《左传》是一部有文学价值的记事的史书。尤其是记战事的诸篇，真写得活龙活现，有声有色。《通鉴》是学《左传》的，记战事的文章也写得很好。诸位即无暇阅读全书，《经史百家杂钞》选的几篇，是值得阅读一下的。"

歇了一歇，又继续零零碎碎地讲道："《顾命》，也是《尚书》的一篇，记成王将死'顾命'的事。《周礼》，本名《周官》经，相传记周公所定官制，内分六篇：（一）天官冢宰，（二）地官司徒，（三）春官宗伯，（四）夏官司马，（五）秋官司寇，（六）冬官司空。据说这部古文经，李氏献给河间献王刘德，独缺冬官一篇。河间献王悬千金重赏购求，终不可得；乃取《考工记》一篇补之。这部书，今文经学家虽断定它是刘歆为王莽伪造的，影响倒很大；清季以前，所谓'吏、户、礼、兵、刑、工'六部尚书的制度，还是从《周官》经来的。《仪礼》，今存者是今文《礼》，共十七篇，汉人叫作《士礼》，所记是古代的礼仪，汉时又有古文《礼》，比今文《礼》多三十九篇，据说得之於鲁之淹中里，但不久又亡失了。这里说的《礼记》是十三经中的《小戴礼记》（《小戴礼记》是汉戴圣所辑；还有一部《大戴礼记》，是汉戴德所辑）；《王制》《月令》《明堂位》，是《小戴礼记》中的三篇。《孟子·北宫锜》章记孟子答北宫锜问周室的爵禄制度。《史记》八书是《礼书》《乐书》《律书》《历书》《天官书》《封禅书》《河渠书》《平准书》。《汉书》十志，是《礼乐志》《刑法志》《律历志》《天文志》《郊祀志》《沟洫志》《食货志》《地理志》《五行志》《艺文志》。'三通'就是唐杜佑的《通典》，宋郑樵的《通志》，元马端临的《文献通考》。'三通'加上清代奉诏纂修的'续三通''皇朝三通'，便是'九通'。《通志》原是一部纪传体的通史，因为本纪、列传都不是作者注意所在，它的精华全在二十《略》，所以也归入《通典》《通考》一类的。"

他讲到这里，素秋站起来问道："曾氏既说《汉书》十志都是典志类的文章，何以他的《经史百家杂钞》把《汉书·艺文志》列入序跋类里？"莘耜带着微笑道："善哉问！可谓读书能得间矣！——曾氏所谓典志类，以现代通行语说起来，可以说是记'文化'的。他把典志类说作'所以记政典者'，则记经子百家古籍的《艺文志》，似乎不好说它是'政典'吧！他说序跋类是'他人之著作序述其意者'。古籍当然是他人之著作；《艺文志》虽不是一部一部地序述其意，却也分别古籍部居，序述其源流大意，所以勉强归入这类了。"

　　"当——当——当——"，十一点的下课钟在打了。莘耜走下讲台，缓步踱到办公室去了。苏慧、孙蕙英拉着素秋在礼堂的角儿里谈话。中玉却向承良道："刚下课前，你姊姊发问时，尹老先生笑容可掬的神气，你看到吧？那种得意的样儿！"承良道："你别再提了，姊姊要去告诉祖父了哩！"振之在旁笑道："你们怎么如此好玩？刚才素秋提出的问题，同学中谁能注意到？即使我们易地而处，做了尹老先生，能不得意她吗？自己努力，争取老先生的青眼，才是正理啊！"经振之一说，他们方不再讲俏皮话了。

　　吃午饭时，苏慧问起卧虎洞的风景，振之、中玉、承良便邀同学们趁今天同往一游；因为洞里很阴凉，再迟了，怕太冷。素秋竭力怂恿，并且愿意向尹家去借手提照相机和软片。中玉道："那是最好没有了。"吃完了饭，素秋匆匆地揩了一把脸，道："我去借照相机去，少陪了！"孙蕙英说："今天的讲义，轮着我记录，可是讲《左传》的那一段，有许多记不清楚，想再问问尹老师。素秋姊，你是常到他家去的，我跟了你同去。"苏慧道："我也跟了你们去走一遭。"她们三个女生径自扬长走了。振之还赶出去说："早去早回，不要误事！"

　　这原是素秋施的一条脱身之计。她陪着两位女同学径投尹家来，走进书室，莘耘招呼坐下。素秋走到里面，见秋氏婆媳在做馒头，甜的咸的都有。她向富氏借了照相机和软片，包好了，叫桂荪送去交给承良，并且教了他几句话："那位孙先生向祖父问书，祖父在详细地教她，不好就来，请他们先去吧！"桂荪点点头去了。她这才回进书房去。原来莘耘已在和苏慧她们谈天："你们祖老太爷是我在北京时的同学，近来有好几年不见了。令尊和素秋的爸爸山子寿先生也是同事。"又问孙蕙英道："你是本地人吧？我的话听得懂吗？"蕙英她们二人毕竟还有些拘束，只是点头答应。素秋进来了，书室里顿时增了许多生气。她等馒头做好了，把秋氏、富氏都请了出来，并且一手搀着兰荪，一一地替她们介绍。她又请苏慧谈谈她所得到的杭嘉一带沦陷区的一般消息；这却引起了秋氏婆媳的注意，谈得很入港。她见苏慧在谈天了，便又叫蕙英拿出今天记的讲稿来，检那不明白的地方，向莘耘质疑。桂荪也回来了，说："许多先生们已去游卧虎洞了。"她便叫桂荪兄妹下陆军棋，替他们做公证人。——这间小小的书室里，似乎在上三级合一教室的复式课，由她支配，一个人也没闲着。

谈了许久，秋氏又回进里面去了。约莫过了十多分钟，捧出一笼热气腾腾的馒头来。军棋下完了，蕙英的书也问毕了；素秋帮着收拾，抬桌子，撮凳子，拿筷子，七个人团团地坐下来吃馒头。刚吃罢馒头，她不让秋氏、富氏先动，已跑进去端了两盆脸水出来，招呼苏慧和蕙英道："我们三个合一盆吧！"让她们两个洗了手，揩了嘴，又替两个孩子洗手。她们两个同学见她简直和尹家自己人一般，毫无拘束，他们对她也毫不客气，而且时时显露出她的敏捷能干来，不觉暗暗赞叹。

阿德捎着一大包书，送了进来，向方桌上一搁。秋氏叫他吃馒头，阿德不客气，用手抓着就往嘴里送。"你们自己做的吗？比镇上点心店里的做得好呀！"他一连吃了五六个，道声"谢谢"，径自走了。素秋找了一把剪刀，把那包裹拆开，原来里面是两部《辞海》，一大一小。书里还夹着赵望之一张条儿："嘱代取《辞海》三部。乙种一部，已寄令郎；甲种、丁种两部，付邮寄上，乞检收。"莘耘接了那条儿随便看了看，便叫素秋把甲种的《辞海》放在新做的书架上，丁种这部放在案头。素秋只是翻弄书桌上那部《辞海》。苏慧和蕙英起身告辞。莘耘送出门外道："素秋，你代我送送吧！——傍晚，请你再来一趟，我还有些小事。"和她们点点头，回进去了。

　　她们三人同回山石庵，振之他们还没有回来。苏慧道："时候不早，不必等他们了。他们跑得快，倘若时候过迟了，他们拔步飞跑起来，我们如何赶得上？"素秋道："你们先走也好，我送两位姊姊出村去吧！"她们三个人，一路谈笑，向葫芦谷村口走去。蕙英道："尹家的情形很好，和你竟熟极了。"素秋道："相伴两年了，怎得不熟？"蕙英道："书房里那副对，'未能一日寡过，恨不十年读书'，还有一张'鹩寄庵'的横额，真写得好极了，是尹老先生的大笔吧？"素秋道："是前几天来的赵望之老先生写的。"苏慧道："他家没雇用人吗？""没有长年雇着的。阿德哥有时帮帮他们的忙。只有种割除虫菊和芥菜，做笋干、菜干的时候，才雇许多工人。"苏慧道："她们婆媳两个太苦了！"素秋笑道："看她们的神气，并不觉得苦哩！"蕙英道："人有四等：一种是'做做吃吃'，一种是'吃吃做做'，一种是'做了吃不饱'，一种是'吃了不必做'。做了吃不饱，未免太苦；吃了不必做，福气最好。苏家姊姊，你是有福气的人呀！"苏慧道："虽然不必做，也得找点事儿做做。只吃不做，太无聊了！"素秋道："对呀！所以最好是'吃吃做做'那一等人，我以为。"她们谈谈笑笑早已到了小辋川桥，就握手作别。

　　素秋看她们去了，回进村来。她想："太先生叫我再去一趟，不知什么事？"便径向尹家走来。富氏在中央那间里裁衣服，莘耜和秋氏在逗着两个孙儿玩。莘耜见素秋来了，也没有站起来，但说："书室里方桌上有一包书，你拿回家看去。"素秋走进书室，果然有方方的一包书，放在桌子上，包纸是封着的。她就捧着出来，问莘耜："是这包吗？"莘耜道："是的。"他又和桂荪在讲故事了。素秋捧着那包书，一面走，一面想：大概是给我选定的课外读物吧？不晓得是小说，还是诗文？回到家里，她妈妈问："素秋，阿良哪儿去了？"她随意答道："和男同学们游卧虎洞去了。"她走到厢房口，推门进去，把包儿搁在书桌上，拆将开来，顿时使她心花怒放，喜出望外。——原来里面是一部丁种《辞海》，而且一翻开来，第一页空白纸上题着："奉赠素秋，供棣与令弟承良检查之用。莘耜。"还盖着一方图章。这几个字，她觉得含有许多意义哩！

第十四章　一幕滑稽剧

"莘耜先生家里，近来似乎有什么变化似的。"振福对素秋说。"他们本来是不穿什么绸衣服的，可是昨天，我看见他们两老夫妻和媳妇儿都穿着有补绽的衣服了。书室里，向来挂着的一张金冬心的字，两条王石谷、蒲作英的画，和他心爱的一方古砚，也都不见了。莫非都拿去当了，卖了？我想，他或者有什么经济上的困难，可是又不便问。你倒去向太师母探探口气。倘有什么周转不灵的地方，只要他愿意，我们村子里，谁不想帮助他？何况他们和我家有三代的交情了？——可是千万不要莽撞！"素秋听了道："上个星期日，他送我一部《辞海》，第二天曾去谢过他。现在又有五天没去过了，您老人家不叫我去，我也想去看看太先生了。"——这是一个星期日的上午，九点多钟，他们祖孙俩的谈话。

素秋受了祖父的吩咐，便踅到尹家来。这一次，可和以前不同，她处处在留心观察。桂荪兄妹在涧这边广场上玩小皮球，看见她来，忙叫"姑姑"。她摇摇手，叫他们不要嚷，顾自己玩好了。走过那条板桥，只见尹家门口放着一张矮凳儿，几块剖开的竹片，一把斫柴用的钩刀。屋子里静悄悄的。她站在窗子外，伛偻着身子，向纸窗的破洞儿里张望，果然看见莘耜两老夫妻都穿着肩头上补了一大块的棉袄，并坐在竹榻上不知唧唧哝哝地谈些什么。秋氏忽然笑了起来道："且看你唱这出《空城计》，能否退司马懿的大兵？"莘耜摇手道："别嚷吧！隔墙有耳呢！"素秋正在偷看，听到这句话，倒吓了一大跳，暗想：被太先生看到了，反而不好意思。于是离开窗下，走进屋里去。富氏一手拿着一件布夹衫，一手拿着针线，正走出来，笑嘻嘻地道："妹妹来了。今天上午且在这里多坐坐吧！"素秋故意问："太先生空着吗？"富氏忍住了笑，把嘴向书室里一努，撮了张小竹椅子，坐在门口，去补衣服了。

素秋闯进书室去，见秋氏也含着笑向她招呼，并看不出有什么忧虑的样子。她上身穿了一件补肩头的棉袄，下身穿了一条布裙，也是补上一大块的。莘耜穿着短袄，一条很旧的裤子，见了素秋，仍和平时一样，叫她坐坐。素秋转着一双灵活的眼珠，只在屋子里上下盘旋。壁上的画对，果然都除去了，连赵望之写的一张横额、一副对儿，也不挂了；只有她做的那张插照片的厚纸板，依然静静地在老地方挂着。书桌上不但没有那方古砚，莘耜心爱的一个雕花的竹笔筒儿也不见了。再看那张大竹榻上，前星期铺着的一块真羊毛毯，也收拾去了，上面只铺着一条薄薄的旧的布褥子。——的确，一切景象已有了变化，和星期一大不相同了。

她一面看，一面搭讪着和莘耜谈话："太先生，写信给你，说上星期日要来找你的萧玖璧，没有来过吗？"莘耜道："他又来过一封信，说因为有病，所以失约，今天上午准来。""太先生，你预备见不见他？"素秋问。莘耜笑道："人家专诚枉顾，哪有不见之理？而且我又不是什么阔人，有门房可以替我挡驾。——《论语》，你是读过的。阳货欲见孔子，孔子不见。阳货瞰孔子之亡，而馈以蒸豚。古时，大夫有赐於士，不得受於其家，须亲往拜赐。孔子亦瞰阳货之亡，而往拜之，遇诸涂。这故事，你还记得吗？所以，即使是不愿见的人，一定要见，还是爽爽快快地见了他一面好。"

素秋正听得有味，忽然桂荪高声嚷道："爹爹，客人来了。"素秋侧耳一听，忽闻远远地传来轿夫吆喝之声。莘耜立刻站起来，一跷一拐地奔跑出去。素秋从来不曾见过他这般快地走，怕他倾跌，想去扶持。秋氏把她拉住道："客人来了，妹妹且和我到里面去吧！"素秋跟着秋氏，走进灶间，却和秋氏都从灶披通到外面涧边去的小门口张望。却见一乘藤轿，三名轿夫，已抬到门口的广场上歇下。一个轿夫手里拿着个红帖子，在问桂荪："尹老爷，尹莘耜住在哪里？"桂荪笑嘻嘻地回答道："那边小屋里！门口不是有人吗，你去问他好了。"素秋索性走出小门去望时，莘耜却手里拿着那把刀，坐在门口的矮凳儿上。那轿夫走过桥来问道："喂，老阿哥，尹莘耜，尹老爷，住在这里吗？"莘耜放下了刀，慢腾腾地站了起来，弯着腰，两只手反过去捶腰脊骨，问道："是的。你问他干什么？"那轿夫道："我们萧老爷特来看他，你快些去通报！"莘耜道："啊！萧先生果然来了！尹莘耜就是我哪！——且慢，等我去穿件长衫来接他吧！"回转头来叫道："老伴儿，我的夹衫呢？"富氏把手里那件夹衫一抖，拿过去道："公公，夹衫刚缝好了！"莘耜一面急急忙忙地穿夹衫，一面道："拿我的拐杖来！"富氏递了那支竹杖给他。他拄着竹杖，一跷一拐地，似乎很想快些走，而又走不快的样子。走过板桥，直到轿子前，拱着手道："萧先生，素昧平生，竟蒙先施，抱歉得很！既承枉顾，请到寒舍少坐奉茶。"那时，轿子里钻出一个怪物来。头大如斗，却戴着一顶呢帽；鼻子上戴着一副阔边的黑眼镜；身上穿一件闪光华达呢驼绒袍，凸着一个栲栳似的肚皮；脚下是黑得发光的皮鞋。轿夫扶着，跨出轿来，向莘耜拱手道："尹老师，久仰大名，今日方得识荆！""岂敢岂敢！请，请！"莘耜在前，那怪物在后，过桥进屋里去了。

　　过了不久，外面在叫"茶！泡茶，泡好茶！"是莘耜的声音。素秋是惯在他家帮忙的，问道："太师母，茶碗呢？"秋氏道："早准备好了。"原来方桌上木盘儿里放着两只茶碗，一只的盖是破了补好来的。素秋提起热水壶，泡那两碗茶，只有一碗里放着朵玫瑰花儿，一碗却只有少许茶叶。秋氏端起茶盘，亲自送茶出去。素秋道："我来代劳。——碗盖换一个吧！"秋氏道："不必，不必！"

素秋见板壁上有个小洞儿，便去偷瞧。只见莘耜和那萧玖璧正在指指点点地看照片。秋氏端茶出去，把碗盖破的那一碗递给莘耜，另一碗递给客人。莘耜随即介绍道："这是内人。——萧先生是赵老先生的高足，今天特地来看我的！"玖璧站起来向秋氏鞠了个躬。秋氏裣衽回礼，拿起茶盘，回了进来。素秋索性拖一张凳儿，坐了下来，仍旧在那小洞里张望。"尹老师避地此间，已两年了？"玖璧欠身问。莘耜也欠身答道："萧先生，你这称呼，万不敢当！——我自家乡沦陷，流徙来此，因与山村长的令郎有旧，所以投奔此间。不料屋漏偏逢连夜雨，来的那一天，适逢大雪，从村口小辋川那座高桥上跌下涧去。幸而山村长擅长伤科，得以苟全性命，但这条左腿终身残废了。"玖璧也装出一副苦脸来道："这不但是老先生的不幸，实在是国家社会的不幸！否则，如您老先生的长才，尽可和敝业师共同为国家办些大事！——老先生和敝业师是多年的旧交啊！"莘耜道："我认识赵望老已有多年了！杭州沦陷时，他也曾到过我的老家。过江之后，才分手的！""那真可说是患难之交了！——他这次亲自枉驾，想是来邀老先生出山的？"莘耜道："他也曾劝我出去找些事做做，可是老朽残废之人，还能做什么事？"玖璧从身边摸出一个亮晶晶的香烟匣来，取了一支烟，莘耜忙叫："取个火来。"一面对他道歉似的说："没有备烟，抱歉得很！——我是不吃烟的。"玖璧已取出洋火，把香烟烧着了。秋氏想送洋火出去，素秋向她摇摇手。

　　玖璧吸着烟，向屋子里又打量了一下，突然问道："老先生，怎不弄几张字画儿挂挂？"莘耜笑道："这就是所谓'家徒四壁'啊！"玖璧道："老先生近来闲着不做什么事？"莘耜道："我不是不愿做事，却是无事可做。近来承山村长的情，叫我在此地小学附设的国文补习班里担任功课，每月大约有十多块钱的收入。小儿在处州当个小职员，倒有三四十元月薪；小媳也在此地小学附设的民众学校任些课。因此，两年来的难民生活，得以勉强挨了过来。""啊！——"玖璧拖着长声"啊"了一声，良久道："尹先生一寒至此！——可惜玖璧也是流寓，不能援手！"莘耜道："我们流徙到此，得一枝之栖，能不转乎沟壑，已是大幸，还有什么奢望？萧先生的一番盛意，着实铭感！"

玖璧立起来，除了黑眼镜，去细看那些照片，自言自语道："这是新近自己用手照照的！""尹先生，敝业师此来，对於尹先生，经济上定有些帮助吧？"他突然回过脸儿向莘耜问。——"阿哟！太师母！"素秋突然低低地叫了一声。秋氏正呆坐着，忙问："什么？""他还是一双大白眼呀！"素秋忍不住，扑嗤嗤地笑了起来："这副怪相！"莘耜搔搔头皮，露出一种极尴尬的脸色，踌躇了许久，方站起来，走到玖璧的身边，放低了声音道："这话，我本来不愿意告诉别人。——萧先生既如此关注，而且是亲炙过赵望老的，说说也不妨吧？"玖璧道："敝业师，从前简直当我自己的子弟看待的，什么事都不瞒我。先生但说无妨！——而且行藏隐显，尽管可以不同；通财之谊，是不能抹煞的。虽然此地是个山僻之区，近来倒也太平。

先生可以不必过虑！好在敝县长也是兄弟的同学，即使有什么风吹草动，只要拿兄弟的名帖去关照一声，就不怕乡下人和你为难了！"莘耜听了，仰天打了个哈哈，忽又皱急双眉道："萧先生，你错会了我的意思！你看，我穷到这个样子，还怕什么？"玖璧道："那么，为什么不愿明说呢？"莘耜道："说出来未免坍台！"玖璧道："数目太少吧？"

莘耜摇摇头道："不！萧先生请坐，待我慢慢地告诉你。"玖璧回到原位上坐了。"我和赵望老的交情，自问也不错；他待我，也不是泛泛的。所以杭城被空袭时，他便叫他的家眷避到舍间——杭县上四乡来。"莘耜说。玖璧也点点头。"可是住了没有几天，杭城沦陷的前夕，他也跑来了。他到的那一天，风声已紧极了。我就当天着人把他的一家送到对江萧山的义桥去。哪知这天的后半夜，突然就有日军来占据我们的村庄。我们全家从睡梦中惊醒，狼狈出走。屋前屋后，已是一片火光；哭声，喊杀声，飕飕的流弹声，一时大作。我们全家老老小小，男男女女，跌跌冲冲，从兵荒人乱中逃到江边。幸而有一只渡船，已挤满了难民，总算捱了上去。撑到江中，回头看时，我们的村子已是火光烛天了！——唉！"莘耜说到这里，长长地叹了口气。

玖璧道："逃难的情形，大抵皆然，不必追叙了！"莘耜也不去理他，继续说："好容易，於第二天上午，到了义桥，找着了望老。——萧先生，你想，我们这样逃出来，除了手提的小包里外，能带些什么呢？""当然！——不是我说风凉话，你是见机太迟了！""在义桥住了两个月。当初，还痴心妄想，偷渡过江去，找寻些埋藏在地下的首饰之类，可终究没有这机会，这勇气。'坐吃山空。'我们已到山穷水尽之日了，只得打算望浙东内地跑，找找亲友，碰碰机会。我去和望老商量，问他愿不愿一同走。他说，还要等一家至亲，劝我先走。我那时，没奈何，只得向他告借些川费。承他的情，在预备着逃难的有限的款子中，借了我三百块钱。我就向他说定，等我找到了安身啖饭之处，无论如何，一定撙节下来还他。我到这里，已两年多了。今年，他方打听得我的下落。我也知道他供职省参议会了。因此，便又常常通信。——他这次来看我，意思要我还他那三百块钱的！到了这里，住了两天。我也曾想张罗些款子还了这笔账。可怜我在此间，举目无亲，即使想剜肉补疮，借债还债，叫我到哪里去设法呢？"

玖璧听时连连摇着他巴斗大的头，听到这里，忽道："够了，够了！不必说下去了！"莘耜仍不管他，继续说下去："他在这里住了两天，终於失望，怏怏地去了。我觉得很对他不起。——如其我那时就认识了萧先生，便可恳求你帮个忙，掉个头了！"

玖璧把大白眼斜睨了莘耜一眼，戴上那副黑眼镜，收了桌子上的香烟匣儿和洋火，连那张大红帖儿也折了，放进袋儿里，骤然立起身来道："时候不早，我要走了！——敝业师的借款，你总得早些设法还他。我未尝不可怜你，可惜我也是流寓此间，而且用场比你要大得多哩！——打轿！"他又直着脖子，向窗外高叫一声，颔下的肉在发抖哩。"萧先生，你住在镇上的吧？请把府上的住址门牌见示，以便我亲自报谒！"玖璧道："这倒不必！——我和你本是不相识的呀！"他又摇摇头，踱着官步，一摇一摆地出去了。

素秋忙又赶到前面的小门口，并且向秋氏招招手。

那时，这个怪物已从前门出来，脚还没有跨出门，已看见他的大肚皮。莘耜仍恭而敬之地送他出来，他却头也不回，由轿夫扶了过桥，坐进轿子。莘耜送到板桥头，站住了道："萧先生，我的脚不便，没有拿竹棒儿，恕我不远送了！"轿子里的怪物似乎没有听见，高声道："怎么还不抬起来？"轿夫抬起轿子，吆吆喝喝，如飞而去。这时，方见富氏搀着兰荪，跟着桂荪，从素秋家走出，回家来了。

素秋和秋氏都从灶屋里出来，莘耜也进来了。秋氏笑着向莘耜道："果然诸葛亮料事如神！"莘耜、富氏也都大笑起来。素秋正想问个究竟，忽然承良在广场那边高叫："姊姊快来，妈妈叫你哩！"她便匆匆地出去，刚走过板桥，便听得承良埋怨的话："一去便是半天，在干什么？"素秋忍着笑道："我在看滑稽剧哩！"到了家，一面帮她妈妈做事，一面便把刚才所看到的事，绘形绘声地讲给她祖父、妈妈和弟弟听。承良听罢笑道："这样妙的滑稽剧，怎么不叫我去同看！"

午饭时间到了。今天山家宰了一只大鸡，已用火腿炖熟了。振福叫盛一碗送去给莘耜。素秋道："他家饭迟，我吃了饭再送去，定来得及。——这时候，他家怕还在收拾演滑稽剧的行头呢！"振福手里拿着一碗酒，叹口气道："这怪物如果来缠着我，我除了闭门不纳，逾垣避之之外，简直想不出应付的法儿来！可是得罪了小人，又不得安耽。——滔滔者，天下皆是也！鸟兽不可与同群！"他摇摇头，喝了一大口酒。

素秋吃完了饭，洗了脸，捧着一碗鸡，向承良道："弟弟，同去不同去？"承良笑道："戏已演完了，还去看什么？"素秋径自到尹家来。门前的矮凳儿、竹爿、刀已收拾了，地也扫干净了。走进书室，他们正团坐着，开始吃午饭，便道："正好，正好！"把那碗火腿红烧鸡肉放在桌上道："这是祖父叫我送过来的。"秋氏笑道："谭老板的《空城计》唱得好，奖品来了！"莘耜也笑道："城门口的老兵、配角，也得受赏！"素秋看时，壁上的画对，他们一家人的服装，都已恢复了旧观。秋氏邀她吃饭，她说，已经吃过，便一个人在旁边坐下。闲着没事，回忆起上午的情形来，兀自忍不住吃吃地笑。

秋氏笑道："莘耜，亏你想得出来！这条妙计，果然退得司马懿的大兵。"莘耜道："这批东西的龌龊心理，无非是'势利'两字。他所以两次来信，要来看我，无非想借我钻赵望老的门路。他和赵望老有什么关系，也只有天晓得！"素秋道："他们不是师生吗？""不见得！"莘耜说。"他第一次看照相时，还把福老错认作他的老师呢！——我所以不把照相也除去，便要试验试验他，究竟认不认得赵望老。"素秋道："太先生，这些破旧衣服哪里来的？你们为什么昨天就化装了？今天你又为什么撒这大谎，说'赵望老是来讨债的'？"莘耜笑道："我们从兵乱中逃出来时，就用那几件破衣服化装的，不料现在又用着它们。昨天是预先排演。所以说谎，因为不如此，不足以断其邪念！"素秋又道："你末了，为什么说如果早就认识他，可以向他借钱还债呢？"莘耜道："这些势利小人是一钱如命的，最怕有人要向他借钱。——这就是我的逐客令、退鬼符呀！末了，又故意问他的住址；便是敲钉转脚，使他避之如恐不及，不敢再来葫芦谷转念头。否则，怕又要来找山老先生了。——我这法术，用以退鬼，比张天师的符还灵！"素秋道："这种鬼正多着

呢!"莘耜点点头,"人何寥落鬼何多?"他曼声地吟
着这句诗,叹了口气。

第十五章　箴铭、颂赞与辞赋

"箴铭类者，三代以来，有其体矣。圣贤所以自警戒之义，其辞尤质，而意尤深。若张子作《西铭》，岂独其意之美耶？其文固未易几也！"一阵书声，从一间小小的教员住室里传出来，低低的，悠悠的，是女子的声音。停了停，又读道："颂赞类者，亦《诗》《颂》之流，而不必施之金石者也。"——这是壶镇中心小学里操场东北角的一间教员住室，女教师孙蕙英的住室。七点光景，晨曦正从屋上爬下来，向朝南的窗儿里照进去。蕙英因为今天的讲习会轮着她记录了，上一个星期日已预习一遍，今天又起了个大早，把《古文辞类纂序》翻出来读。她虽然是沉默寡言的，好胜心却强得很。"素秋也是个女子，何以她的成绩独能超过全体的同学，我不能追上她吗？"她常常这样想。苏慧的家境比较好，读书本是随随便便的；也因为受了她的策励，渐渐地用功起来。这还是以前几个月的情形。

"辞赋类者，《风》《雅》之变体也。楚人最工为之，盖非独屈子而已。余以为《渔父》及《楚人以弋说襄王》《宋玉对王问遗行》，皆设辞无事实，皆辞赋类耳。太史公、刘子政不辨，而以事载之，盖非是。辞赋固当有韵，然古人亦有无韵者，以义在托讽，亦谓之赋耳。汉世校书，有《辞赋略》，其所列者甚当。昭明太子《文选》分体碎杂，其立名多可笑者。后之编集者，或不知其陋而仍之。余今编辞赋，一以《汉略》为法。古文不取六朝人，恶其靡也；独辞赋，则晋、宋人犹有古人韵格存焉。惟齐、梁以下，则辞益俳而气益卑，故不录耳。"她继续读这一段。

星期日，而且是早晨，真静。她低低地曼声读书，那操场上却只听到她的书声。"孙先生，吃早饭哉！"校工在窗外叫了一声，才打断了她的读书。她站起来，出去吃饭了，房门却仍虚掩着。她缓缓地走到膳室里，同事们都坐好了。吃完了稀饭，方中道："今天又是我们讲习的日期。密司孙，我们同去吧！——极迟，八点钟得动身。"蕙英点点头道: "他们来了, 叫校役来叫我! "她走回自己的住室, 推门进去, 只见她的书位上坐着一个人, 倒吓了一跳。定神看时, 原来是苏慧, 已站起来向她招呼了。"惠英姊, 你真用功, 没有去听讲, 你已做了许多笔记。"苏慧指着桌上放着的一本笔记簿, 上面一条条地写着:

（一）黄帝有《金人铭》,《大学》引汤之《盘铭》, 此三代以前已有箴铭之证。

（二）张子, 名载, 字子厚, 宋郿人; 住横渠镇, 世称横渠先生。载讲学关中, 作《砭愚》《订顽》二文, 书於学堂双牖后以程子言, 改题《西铭》《东铭》。《西铭》言父天母地, 物我同与, 民我同胞之旨, 为理学名著之一。

（三）《诗》《颂》之流, 施之金石者, 姚氏入之碑志类; 此则不刻之於金石者也。

（四）屈原为作辞赋的楚人中之最著名者。尚有宋玉、景差等, 亦工辞赋。今存《楚辞》, 即集楚人所作辞赋而成, 不仅屈子一人之作。《渔父》,

屈原作，存《楚辞》中。《楚人以弋说襄王》，见《战国策》。《宋玉对王问遗行》，见《昭明文选》。屈原遇渔父事，《史记》视为实事，载入本传，刘向《新序》亦载之。故姚氏云然。

（五）刘歆继其父，向领校群书，既毕，作《七略》，分书籍为六类。此云"辞赋略"，指《七略》中之《诗赋略》，合辞赋与歌诗为一类。

（六）梁武帝长子萧统，字德施，小字维摩，未及嗣立而卒，谥曰昭明。《文选》为萧统所辑，诗文兼收。

蕙英道："我先把这些查出了，记了下来，听讲时便可全神贯注到尹老师讲的话了。笨人不得不用笨法。——今天轮着我记录哩！"苏慧笑道："姊姊不是笨人，预习也不是笨法！你这一次记的讲义稿，一定比我的好得多。前一次，我就因为预习得不周到，记录的时候弄得顾此失彼。如果没有姊姊帮忙，便要被同学们笑杀了！"蕙英说："对呀！这一次，姊姊也得帮我些忙！"

她们俩正在谈话，一个校役在窗外叫道："孙先生，方先生请；王站长他们都来了，在方先生房里等您。"苏慧看了看手表，已是七点四十分了。她们就动身。蕙英锁了房门，和苏慧一同出来，在方中的房里会齐，一同向葫芦谷进发。在路上走了一个多钟头，到山石庵时，已九点了。

上课了，莘耜仍旧先叫蕙英读姚、曾二氏的序文。蕙英已是读得很熟，声调上的抑扬顿挫也颇合拍。莘耜道："怪不得蕙英的作文有显著的进步；文言文必须读，读得熟，读得出文章的曲折神韵来，方能有心得。——不过有几个字的读音，还得加以考究。例如'其文固未易几也'的'几'字，当读若'冀'，和几个的'几'不同。'渔父'的'父'字，当读若'甫'，和'父母'的'父'不同。'恶其靡也'的'恶'，当读去声，和读平声作叹辞的'恶'不同。"他接着把这几段序文里应当查注的几个词儿提问了一下，又叫他们把《经史百家杂钞序》翻开来，看"著述门"的"词赋类"：

　　词赋类，著作之有韵者。经如《诗》之《赋》《颂》，《书》之《五子之歌》，皆是。后世曰赋，曰辞，曰骚，曰七，曰设论，曰符命，曰颂，曰赞，曰箴，曰铭，曰歌，皆是。

　　"《五子之歌》是一篇什么文章？"他问。蕙英想道："我自以为预备得详细了，却把曾氏的序文遗漏了没有查！"许多时候没有人答。素秋慢慢地站起来答道："《书经》中有一篇《五子之歌》，相传是夏太康之弟五人作的。太康性好田猎，为后羿所阻，不得归其故都；其弟五人在洛水边等他，作歌刺之。"莘耜道："是的，这一篇是伪古文。曾氏所说词赋类的异名，谁能各举一例？"方中答道："赋，如贾谊《鵩鸟赋》；骚，如屈原《离骚》；七，如枚乘《七发》；辞，如陶潜《归去来辞》；颂，如史岑《出师颂》；赞，如夏侯湛《东方朔画像赞》；箴，如韩愈《五箴》；铭，如班固《封燕然山铭》；歌，如《汉书·郊祀歌》。设论，符命，却不晓得。"蕙英听了，诧异道："他原来比我还用心，怎么随随便便举得出这许多例？""符命，本指上天所降的瑞应，为帝王受命之符。因此，臣下称颂功德，兼及祥瑞的文章，也叫作'符命'。"莘耜说到这里，在黑板上写了'瑞应'二字，解释道："瑞应，就是祥瑞的应验，如凤凰、麒麟、五星联珠等等；这些本是古专制时代的一种迷信。设论，是假设问答论难的一种文体。符命，如司马相如的《封禅文》，班固的《典引》；设论，如东方朔的《答客难》，班固的《答宾戏》。你们翻开曾氏词赋类的目录看看，方中举的几篇例，也都有的。"惠英方恍然大悟，他是看了目录回答的。莘耜又把《古文辞类纂序》的"箴铭""颂赞""辞赋"三段里的词儿，逐个提出来问，惠英都答得出来。莘耜道："姚、曾二书这四段序文，照词句讲，大家都懂得了？还有疑问没有？"

"《文心雕龙》说：'箴诵於官，铭题於器；名目虽异，警戒实同。箴全御过，铭兼褒赞。'这几句话倒是言简意赅的。"他继续说，并把《文心雕龙》的六句话，写在黑板上。"扬雄有《十二州二十五官箴》，还是古代所谓'箴诵於官'之遗。本取《尚书》'官司相规'之义。唐人元诰有《五规》。规与箴同一意义。

《金人铭》，相传为黄帝作，或谓是后人依托的。汤之《盘铭》，见引於《大学》，当确是三代的作品。以后便推而广之，有崔瑗《座右铭》、刘禹锡《陋室铭》等作品了。《诗经》中的《颂》本是用於祭祀的，梁启超以为是歌而兼舞的。后世如扬雄的《赵充国颂》，则是称颂古代某一个人了；如韩愈的《不毁乡校颂》，则以称颂古代某一件事了。司马相如有《荆轲赞》，现已亡了。苏轼的《文与可飞白赞》《韩干画马赞》，则以之赞书画了。至於史书传后的'赞'，那实在是论辨类或序跋类的文章，不是'颂赞'之'赞'。史传中的人物，忠奸善恶不一，并不是个个都可赞的。"他把所举的人名、篇名都随时写了出来。

"《诗》有风、雅、颂、赋、比、兴六义，曾氏错举'赋颂'二字以括全体。他这法儿很巧，一面可以暗示赋的出於《诗》之'赋'，颂赞等的出於《诗》之'颂'。——我国古代有两部荟萃文学作品的书，一部是《诗经》，一部是《楚辞》。我们可以说，《诗经》是最早的'诗的总集'，《楚辞》是最早的'赋的总集'。《诗经》所收集的，是黄河流域——最南也是在长江以北——的作品（《江汉》是产地最南的了）；《楚辞》却是长江流域，长江南北的作品。《诗经》时代最迟的作品，也在《春秋》中世——如《黄鸟》《渭阳》，在秦穆公时；《株林》，在陈灵公时。《楚辞》的作品，却在战国末年，所以《楚辞》可以说是一种新兴的南方文学。它，无论在词句的形式、篇幅的长短、描写的方法种种方面，都可以看出和《诗经》的不同。这种文学就是所谓'辞赋'。从前人以为它是从《诗经》的'赋'出来的，是'六义附庸，蔚为大国'。依我看来，这绝不是一种直接的递变。辞赋的作法，重在托物以抒自己的情意；重在姚氏所谓'设辞无事实'，所谓'托物以讽'。《离骚》中的香草美人，便是托物；飞腾上下，东至扶桑，西迫崦嵫，都是设辞，不是事实。这就是文学和文章不同的地方。这种作品中，情感是非常浓厚的，想象力是非常伟大的，描写是极其铺张扬厉的。与其说是出於《诗》之'赋'，倒不及'比'和'兴'的成分来得多。例如《楚辞》中的那篇《渔父》，屈原不过虚设这一个渔翁，借以发抒他自己的情感。司马迁、刘向却把他看作实有其人，那真是闹笑话了。"莘耜滔滔地讲了这一段，略略停了一下。

"《战国策》这部书，很值得一读。那时纵横游说之士的说辞，差不多全载在这部书里。他们的讲话，有两个特点：（1）每每不老实说，而假托人物以见其意；（2）铺张夸饰，言过其实。这可以说是说话的技术，是一种文学的技术。《论语》孔子说'不学《诗》，无以言'，'诵《诗》三百，不能专对，虽多亦奚以为'。何以不学《诗》就无以言呢？何以诵《诗》三百就能专对呢？固然，春秋时国际间的朝聘会盟，列国士大夫都须赋《诗》见志，故《汉志》说："登高张赋，可以为大夫'；可是那时代外交家讲话的技术，却是从文学——《诗》——上研究得来的。"莘耜仍继续地讲，"《史记》的《屈原传》，不是说'屈原娴於辞令，……出则为王应对诸侯'吗？可见他又是个长於口才的外交家。后来怀王听信谗言，不用他了；他怀着一腔忠愤，无从发泄，便作了《离骚》等辞赋，从笔头上吐出他满肚皮的牢骚来，替那时代创造了一种新的南方文学。秦汉以后，天下一统，那些游说之士无所施其技了，於是都一变而为辞赋家了。如汉之陆贾、邹阳、主父偃、庄安诸人，都是纵横家而兼辞赋家的。所以从《诗》到辞赋，中间以纵横家为变化的枢纽。这一点，是值得我们注意的。"

莘耜举起杯儿，喝了一口开水，又道："辞赋是纯文学的作品，箴铭、颂赞却不过是叶韵的文章；辞赋义在托讽，以设辞托物为作法的要件，箴铭、颂赞，一在有所儆戒，一在有所襃扬，可都是老老实实说出来的，虽然铭辞里多双关的词意。姚氏把它们分作三类，是不错的。曾氏却把它们归作'词赋'一类，而以'著作之有韵者'为其定义。不知辞赋古亦有无韵者，如姚氏所说；而论辨（如《老子》）、序跋（如《太史公自序》中司马谈论六家一段）等文中，也有叶韵之文。这是曾氏的一个缺点。还有《汉书·艺文志》的《诗赋略》，除'歌诗'一类之外，把'赋'分作四类：一是屈原一派，以抒情为主，是辞赋的正宗。二是陆贾一派，以议论为主，纵横家的色彩很浓厚。三是荀卿一派，以效物为主；效物就是描写一样东西。荀卿，赵人。我国北方人总比南方人切实，南方人的想象力却比北方人来得活动。这位荀老先生晚年曾仕楚为兰陵令，所以也做起南方文学来了；可是仍表现他北方人的色彩。《荀子》里还有《赋》篇，诸位去检出来一看，便可以晓得他这一派赋是怎样的了。还有一派，却没有著名的可以代表的人物，叫作'杂赋'。虽然我们已不能看到这类赋，可是由《汉志》里所列的目录看来，颇有些像现在的《药性赋》《七言杂字》等东西的鼻祖。至於所谓'歌诗'，则其分编颇似《诗经》。如《高祖歌诗》《宗庙歌诗》等，是'颂'的一类；《临江王》及《愁思节士歌诗》，是'雅'的一类；《吴楚汝南歌诗》等，是'风'的一类。这些歌诗，孝武帝立乐府，往往采以合乐。於是可歌可合乐的诗，和不歌而诵的赋，分为汉代文学上的两大主流：前者变成'乐府诗'，后者变成汉代最盛的'赋'了。——这一点，也是值得我们注意的！"

讲毕，散会，莘耜走了。素秋走过去看，蕙英还在那儿不停地写。写完了，方道："事非经过不知难！前几次，我随便听，随便记些儿，以为横竖有同学编印的讲义，我不过练习练习笔记罢了，似乎觉得并不十分困难。今天轮到我了。我已好好地预习过，把《辞源》上查得出的词儿——人名、书名——都预先记下了，以为今天记起来当更轻松了，不料尹老师所发挥的完全在本文之外，弄得我眼瞧黑板，耳听讲词，手录笔记，把心力完全集中起来，仍记得乱七八糟，不得要领！尹老师什么时候下台，我还没有觉得哩！好姊姊，把你的笔记簿借借我，让我去抄录整理起来，请你替我细细地改正吧！下星期日，我一定到府上来，请姊姊当面指教！"

素秋笑道："我的笔记，也是随便记的；姊姊不嫌憎，拿去参考，当然可以。下星期光降，我是很欢迎的。指教，可不敢当！"

吃了午饭，镇上的同学都回去了。素秋和承良便回到家里来。刚坐下，她们妈妈便道："桂荪来找你们过了。他家来了一个表叔，说是素秋的同学，新从上海来的。他祖父邀你们姊弟俩去陪陪他。"振福说："这个客人还是午前到的。那时，我正在诊治一个镇上抬来的病人。他是个瘦而长的青年，留着西式头发，戴一副没边的白钢丝眼镜，脸上有几点小麻子，穿了一套藏青色的制服。人倒似乎很朴实忠厚的。我也没工夫过去招呼。"素秋道："这是谁？怎么又是我的同学？"想了许久，想不起来。承良道："姊姊的同学，我是不认得的，我不去。为什么叫我也去陪？"振福道："傻孩子，你怕太先生吧？姊姊虽然和他同过学，毕竟是个女的，所以太先生叫你也去啊！而且他家在宰鸡，大约是晚饭请客人的。叫你也去陪，就是请你也去吃晚饭呀！上海来的，一定有许多新的消息带来。"承良道："我去，我去！有消息听，有鸡吃，为什么不去？"说罢，站起来就想走。素秋道："且慢，等我一下。"说罢，上楼去了。

承良笑道："姊姊毕竟是个女子！"振福道："你说什么？"承良道："女子出门，总得装扮装扮，何况来了个远客，又是她的男同学，又是新从上海来的。"振福喝道："傻孩子，不要胡说！这也是做弟弟的应该说的吗？"他妈妈也埋怨道："你今年几岁了？还这样顽皮！就快放寒假了，爸爸回来，我一定得告诉他！"承良最怕的是爸爸，涎着脸讨饶道："妈妈，恕我这一遭，下次再不敢得罪姊姊了！"振福道："俏皮话，不好随便乱说的。你已在做教师了，再不自己检点，小学生无形中也要受影响的！"不久，素秋已从楼上下来了，却并没有装扮。他们姊弟二人，便一同到尹家来。

第十六章　杂记

莘耜从山石庵回到寓里，只见书室里坐着一个穿制服的青年，在和秋氏谈话。见他进来，站起来叫了一声"母舅"，行了个鞠躬礼。莘耜愕然道："家华，你是从哪里来的？两年多没看见，这般长了！"放下书本坐了下来。"家华，我听说，你跟你的姑夫张俶庵到上海去了，今天是从那里来的？你们家里怎样了？我四处打听，得不到你家确实的消息！唉！究竟何日可以天下太平！"秋氏道："家华表哥今天十点多就到了，因为你在上课，不便来通知。他现在派到永康电报局来了，我们就可以常常见面了。"

家华，姓梁，是莘耜的外甥，家住留下镇附近的乡村中。留下沦陷时，他一个人逃到桐庐江南的张家村去，投奔他的姑夫张俶庵。第二年春天，张俶庵全家到上海去，他也同去。他在初中里，和素秋本是同班的同学；到上海后，便进了一个无线电学校。毕业之后，也曾在上海设法打了通行证，回家去过一次。家里虽然还安全，可是游击战是常常发生的；而且在沦陷区的一切生活，青年人怎么忍耐得住？所以他又回到上海，想在上海找一个职业。可是东碰西碰，仍难如愿，就鼓起勇气，回到浙东来。吃了许多苦，经过了严格的考试，才被派到永康来，充一名无线电报务员。有一次，他的同事到壶镇来。那人却是王承宗的朋友。谈话中，承宗说起在葫芦谷听一位老先生叫作尹莘耜的讲，补习国文。当时他听得了，便仔细询问，晓得这姓尹的，的确是他的母舅，避地葫芦谷中，已有两年了。这真是喜出望外的事。所以今天特地请了几天假，趁汽车到壶镇。找王承宗时，已动身到葫芦谷来了。他只得独自一人问路前来。

　　秋氏已把他们尹家转辗流徙到此地的经过大略地告诉他了。说起来此的原因，是投托莘耜的学生山子寿的。家华道："山子寿先生吗？他是我的业师；他教书时还带着个女儿，叫作山素秋，是和我同班的。"莘耜笑道："原来素秋是你的同学！"便叫桂荪去找素秋，并且把她的弟弟承良也邀了来，同吃夜饭。秋氏因为外甥来了，便把家里养着的鸡宰了一只。

午饭后，家华正在和他们大谈时局，什么德国、俄国倒成立了协定，结果是波兰晦气，被它们瓜分了；英、法却已对德宣战。国内，则长沙大火以后，继之以长沙的大捷；长沙大捷以后，却又继之以南宁的失守。秋氏道："宜山平安吗？"家华道："广西的宜山吗？浙江大学不是搬在那里吗？也被炸了，倒不如留在浙东平安！"秋氏吓得直站起来。莘耘道："你真老悖了，我不是告诉你过了，没伤人吗？"她才又坐了下去。"浙大已决定搬到贵州遵义去了。那里究竟离战区远些。"家华说。

素秋、承良已跑了进来。家华立起来想招呼，莘耘笑道："且慢！——素秋，你还认得他吗？"素秋瞪住了。呆了一歇道："你是梁家华不是？这样长了，我也认不得你了。"说罢，方给承良介绍说："他是我的胞弟承良。"家华又问："老师、师母都好？母舅说，老师在碧湖，想常有信来往的！"大家都坐了下来，重新谈论国外国内的战局。

　　下午五点光景，振之和中玉也来了。介绍，招呼，也都加入谈话。莘耘道："诸位坐坐，我去请山老先生来。"他拄着竹杖，缓步出门。不多时，便听得振福的笑声，他跟着莘耘从外面进来。莘耘对家华道："这位是太老师，子寿先生的令尊。"家华鞠了个九十度的躬。这顿夜饭，在中央那间里吃的，莘耘定要振福坐首席，家华、振之、中玉、素秋、承良依次坐下，莘耘坐了主位。山村里是没有鱼虾的，只是些鸡蛋、四件、鸡片、肉片、腰花、蹄子之类。自从赵望之去了以后，在尹家已是最丰富的肴馔了。振福是吃酒的；这些人之中，只有振之能陪他喝几杯。夜饭后，又谈了些时候，宾主方尽欢而散。家华因为电报局里很忙，怕耽误公事，第二天就想去。莘耘、秋氏竭力挽留，振福又邀他明天吃夜饭，只得再住一天；好在他的职务有同事庖代，公事上还没甚妨碍。

　　第二天上午，莘耘陪他去游卧虎洞，并在全村走了一遭；把葫芦谷种种特别的情形讲给他听，并说到自己经营的事务。谈到补习国文的事，家华道："我如其在壶镇，也要来加入。"莘耘道："他们每次编印讲义，我替你去定①一份，叫他们按期寄给你看，不是一样吗？"家华听了，很是高兴。他们回到家里，莘耘把已印好的几章，都检出来，先交给了他。午饭后，家华便静静地坐在书室里看他们的国文讲义。四点多些，桂荪兄妹先后放学回家，说："老师们请表叔到校里去玩乒乓球。"家华跟着桂荪去了。过了一小时半，振福亲自来邀莘耘吃夜饭，说家华他们已从校里直接到他家里了。莘耘就跟了他过去。走进门去时，只见山家的堂屋里摆着席面，振之、中玉、家华、素秋、承良却在素秋姊弟做书房的厢屋里谈天。莘耘到了，他们方到堂屋里来坐席。席间，家华告诉莘耘，说国文讲义素秋已答应按期寄给他了。莘耘道："以前的，我那里都有，明天你先带去看；以后的，陆续邮寄给你便了。"素秋道："那么，以前的几章补来时，交给太先生好了。"

　　席间，谈到时局，对於欧战的将来，各有各的猜度、议论。莘耘道："德国的力量，未可估计得太低。前次欧战结束迄今，恰好二十年，正合着越王勾践的

---

① "定"，今用"订"。——编者注。

'十年生聚，十年教训'。他们处心积虑，埋头准备了二十年，此番重新钻出头来，必有'不鸣则已，一鸣惊人；不飞则已，一飞冲天'的非常演出。现在正是它得意的时候了，但是也太辣手了些。"振福道："德国既然志在复仇，为什么并了奥地利之后，仍只是占捷克，灭波兰，不径向西线大举猛扑？"家华道："德国上次欧战之所以失败，便是在西线相持过久，国内经济物力因接济断绝而崩溃之故。捷克是以制军火出名的，波兰是个农产丰富的地方；德国占了这两国，不啻得到了极大的兵工厂和仓库。较上次欧战时，已占了上风了。以后它的战略如何，果然未可逆料。但我认为猛扑马奇诺防线①的正面，怕不是希望速战速决的德国所采的战略。"振福点点头道："很对，很对！"七点多，他们已吃完了这顿夜饭。谈了半个钟头，便都散了。

第三天一早，家华吃了早饭，带了一包国文讲义，别了母舅家，从葫芦谷到壶镇，搭上汽车，径回永康电报局来。当日就写了信去，向莘耜、振福道谢，并候候

---

① 今译马其诺防线。——编者注。

素秋姊弟。他在电报局里一心一意地服务，公务完毕，便在自己房间里看那份国文讲义，并且先后买了《古文辞类纂》《经史百家杂钞》《辞海》等书，自己研习。他写去质疑问难的信，莘粗一一详为解答，连他的原信也批改了寄还他。——这是后话。

有一天，家华刚下班，接着素秋第一封信，附着一章国文讲义，题目是"杂记类"。他先看了来信，然后把那章讲义拿起来细读：

　　姚云："杂记类者，亦碑文之属。碑主於称颂功德，记则所记大小事殊，取义各异。故有作序与铭诗，全用碑文体者；又有为记事而不以刻石者。柳子厚记事小文，或谓之'序'；然实记之类也。"曾云："杂记类，所以记杂事者。经如《礼记》之《投壶》《深衣》《内则》《少仪》，《周礼》之《考工记》，皆是。后世古文家，修造宫室有记，游览山水有记，以及记器物，记琐事，皆是。"

这一段后面，有几条按语，可以说是这段文章的

注释：

（一）按：此类文章，大多皆仅为记事而不以刻石。其全用碑文体，前为序，后有诗者，亦复不少。如韩愈之《汴州东西水门记》，苏洵之《张益州画像记》是。

（二）柳宗元有《序棋》《序饮》等篇。"序"同"叙"，记也；与"序跋"之"序"异。

（三）《深衣》《投壶》《内则》《少仪》为《小戴礼记》之四篇。《深衣》篇记古代之"深衣"。深衣为古大夫朝祭时之次服，庶人之吉服；衣裳相连，被体深邃，故有"深衣"之名。《投壶》篇记古时投壶之礼。古时燕饮时宾客相娱乐，每举行投壶之戏。所设之壶，颇似现在之细颈花瓶；宾主依次投矢其中，胜者酌酒负者饮。《内则》篇记男女居室，事父母舅姑之法。名曰"内则"者，谓闺门以内之仪则也。《少仪》篇记相见时及荐羞之小威仪。少，小也。

（四）《周礼》六篇，缺"冬官"一篇，以

《考工记》补之。此篇记古时百工之事，为战国时齐人所作。

（五）如韩愈之《新修滕王阁记》、柳宗元之《零陵三亭记》，是修造宫室之记。如柳宗元之《永州八记》、姚鼐之《登太山记》，是游览山水之记。如韩愈之《画记》、魏学洢之《核舟记》，是记器物之记，如袁枚之《书鲁亮侪》、吴敏树之《说钓》，是记琐事之记。

后面还有一段，是就所谓杂记类推论开去的：

姚氏谓杂记之文，有用以刻石者。如韩愈《燕喜亭记》末云："遂刻石以记。"柳宗元《永州八记》中的《钴鉧潭西小丘记》末云："书於石，所以贺兹丘之遭也。"《零陵三亭记》末云："乃撰其事以书於石。"都是刻石的证据。曾巩记学舍的文章最多，且最有名，如《宜黄县学记》《筠州学记》之类。现在各地方的学宫中，还有留存着的石碑，刻着这一类的文章。公共的建筑工事，或祠庙，或沟渠，或桥梁之类，现在还有请人撰记刻石的。其实，这些可以说是碑文的一种。至於记事、记人、记物、记书画等等，并不用以刻石的，方可说是杂记的正体。而各种笔记、日记，实自此类演出。笔记的种类最多：有关於历史掌故的，如徐梦莘的《三朝北盟会编》；有关於学术的，如王应麟的《困学纪闻》；关於文艺的，如王士禛的《渔洋诗话》，徐釚的《词苑丛谈》；也有聊资谈助的，如罗大经的《鹤林玉露》。如以文体而论，只能归入杂记一类。宋人周必大诗云："旧迹时将日记开。"每日把自己的事记下来，到许多年后，重新翻阅，大有"如对故人"之妙。以前讲书牍类时提到过，书信中，有许多流露真情的文章，因为它是只预备给收信人看的。日记，则只留备日后作者自己看，比书信更可畅所欲言；把那天所触发的情感抓住了，写下来，所以其中隽永之作更多。如李慈铭的《越缦堂日记》，他身后印布出来，便成了一部有名的著作。如明末遗民华桐流衲的《甲寅日注》，我们读了，便如身历那时清兵南下兵乱流徙之苦、亡国之痛。并且每天记日记，也是练习写作的绝妙办法。

家华一口气把它看完。就姚、曾二氏的书，找讲义中所举的几篇例，大多数是有的，他都加上了记号，预备有空时再看。

这几天，他轮值的是日班，夜里是空着的。吃过晚饭，又把素秋的信抽出来看，虽仅寥寥数语，却写得很得体，行书字也娟秀流利；家华自惭不如。她的信是这样写的：

　　家华学兄：

　　自我不见，於今三年。清风忽来，遂逢旧雨。唐人诗云："问姓惊初见，称名忆旧容。"庶几近之。匆匆别去，何以为情？国文讲义"杂记"一章，兹已印就。遵嘱邮奉，至乞检收。课室笔录，容有漏误，幸指正也！寒假已近，家父暨令表兄黎明先生不久归来，能拨冗惠临，再图良观乎？令舅氏阖第清胜，堪以告慰，并此附闻。顺颂冬安。

妹山素秋谨启

某月某日

家祖嘱笔问好。舍弟附笔候安。

　　家华取出信笺来，想写一封回信。写了几句，撕了重写，仍觉得不好。自己发恨道："我的国文竟不及一个女子！文言信我写不好，索性写一封语体的吧！"他转念一想，提笔就写：

素秋学姊：

　　来信和讲义，都已收到。弟只身离了已沦陷的家，到浙东来，虽然侥幸得到了一个啖饭之地，时时感到人地生疏、举目无亲之苦。偶然得知了家舅父流寓贵处，恍如汪洋大海中的孤舟，找到一个可以寄桇的小岛，已喜出望外了！哪知在家舅父处又逢到你——别了三年的老同学，令祖老又如此竭诚款待，叫我如何表示中心的欣慰和感谢呢？

　　国文讲义，已匆匆地看过了一遍。你们诸位同学的学不厌，家舅父的教不倦，都是使人钦佩。杂记诚然如姚先生所说，"亦碑文之属"。它和碑的分别，似乎不在刻石与不刻石——因为杂记也有刻石的——而在所记内容的关系之大小。例如苏轼的《潮州韩公文庙碑》、曾巩的《徐孺子祠堂记》，都是记祠庙的文章；姚氏一入碑志，一入杂记。曾氏因合传状、碑志为传志一类，以记人为其范围，於是姚氏所谓"碑"，便大部分被分出来了。如《平淮西碑》还可改入叙记类，作为记事之文；而大部分的碑，如韩愈的《处州孔子庙碑》《衢州徐偃王庙碑》《柳州罗池庙碑》之类，只得并入这杂记类了。

所以我认为：姚氏所谓"碑文"和"杂记"，除以所记内容关系之大小一点为区别外，竟无从分起。记事之文，也是如此。其事关系较大的，如战事会盟等，则可照曾氏所分之类，入之叙记；关系较小的，如高启的《书博鸡者事》之类，也只得入之此类。记人之文，也是如此。如其是正式的，首尾完具的，便是传志之文；如其是只记这人生平历史最精彩的某一段或某一面，便是杂记了，例如袁枚的《书鲁亮侪》。这些记事记人的杂记，倒颇合於短篇小说的做法——"以最经济的手段，记最精彩的事实，而可以即小见大。"

总之，碑文、传志、叙记等，似堂堂正正两军对垒的阵地战；杂记则似一种运动战、游击战，但也可以收到很重要的战果。所以前者如果可以说它们是规模宏伟的大文章，则杂记便应该是小巧玲珑的小品文。固然，所谓小品文，论辨也有，序跋也有，书牍也有，不能以杂记括之；但杂记类中，确有一大半是小品文，我以为——这是我的管见，吾姊以为如何？尚望不吝指教！

局中恐无寒假。彼时如能抽身，自当来府拜谒老师。

肃此奉复，并颂

侍祺！

弟梁家华谨复

某月某日

太老师前，乞叱名请安！令弟承良兄，均此候候。

　　他这封书，写了一个半钟头，方才完竣。第二天清晨，吃过早饭，到局里去接早班，便交给工役寄出了。

　　素秋接到了这封信，很是喜欢；给她祖父和弟弟看过之后，又拿到尹家去。莘耜看了喜道："舍甥对於国文，荒疏已久，竟能发挥出这一段见解来，可见他近来真在用功自修了。他前次给我的信，也说起感到自己国文程度的不够，深愧不能及你哩！"素秋笑道："这怕是太先生故意加这么一句话来奖勉我的。家华兄怎能知道我的国文？"莘耜笑道："他来的那几天，你不是还有一篇作文在我这里吗？你做的那篇《座右铭》，他看了非常钦佩，说文言文还要叶韵，如果叫他做，只得缴白卷了！不但他，就是你们同班的同学，也只有你能够做呀！素秋，你的国文，确是很有希望的！你得好好用功，不要辜负我对你的一番期望！"

第十七章　文言文与语体文

承良独自一人在厢房里画了许多画片。漫画，是他的拿手好戏。就是一张白纸上，用毛笔随便涂上几笔，也别有风趣。素秋从尹家回来，见厢房门关着，推门进去，见书桌上已摊着好多画片儿了。"弟弟，你这样小的一张张地画些什么呀？"素秋问。"今天已是十二月廿八了，下星期四，不就是元旦？我在这里画贺年片哪！"承良一面画，一面回答。"姊姊，你来替我题上几个字吧！"素秋一张一张看去，见有五张画着帆船：有张篷驶风的；有撑竿摇橹的；有船已傍岸，许多人在上岸的；有在风雨中漂荡的，波涛中驶行的。素秋便坐下来，用朱笔题道："一帆风顺""为学如撑上水船""同登彼岸""风雨同舟""愿乘长风破万里浪"。还有两张都是画着太阳：一张是朝日，题了句

"长夜漫漫旦复旦兮"；一张是冬日，茅檐下有人在晒太阳，题了"献曝"二字。又有一张田间长着苗秧，却是大雨的景致，题了"时雨之化"四字。承良一气画了十多张，素秋也题了十多张。

振福走了进来，笑道："我以为你们在用什么功，这般静悄悄的。原来在这里画画儿！"他把右手拿着的那一封信"扑"地丢在桌上："你们爸爸的信来了！"他也在看他们的画片："唔！这还画得有点儿意思，题的也好。这许多画片是做什么用的？""祖父，我们是预备做贺年片的。再过三天，就是阳历元旦了。"承良答。

素秋放下了笔，拿起她爸爸的来信，抽出来看：

素秋、承良两儿同览：

　　来禀都收悉了。"家中平安，祖父清健"，足慰远怀。"梁家华君在充无线电报务员，已到村中来过"，闻之欣然。青年人能有一技之长，小之可为自身谋生活，大之可为国家社会尽微劳，是最好的事。他是有职务的人，业余尚思补习国文，不能亲炙太先生，还想从你们的讲义里得些益处，可说是个好学的青年。太先生客居中，骤逢至亲，想也为之欣慰。

素秋近来学做文言文，进步颇快，可喜，可喜。承良的语体文亦已较前进步，但始终未曾做过一篇文言文，写过一封文言信，何不学学看呢？退一步说，文言文，即使不能"做"，亦当能"看"。因为我国数千年来遗下来的书籍，文言的实占百分之九十五以上。如果对文言文丝毫没有阅读的能力，则虽如富家子拥有偌大之遗产，而不能享受，不能使用，岂不冤枉？

阅读的能力，当由阅读中养成之。此与游泳及各种运动，必须实际学习，不能徒尚空谈，同一道理。你们可就近请教太先生，就富有兴味之文言的书籍中，视各人性之所近，择定一种，从头至尾，细加阅读。有何疑难，即可面求指教。看完后，即做一篇读书报告，请其评阅。初着手时，或觉困难，但不可畏难中止。久而久之，必能生出兴趣来。

元旦以后，尚须上课一星期，考试一星期。二十天后，便又可回家度寒假矣。不复一一。

父字

十二月廿四日

　　素秋看完一张，便递给承良。信看完了，画片也都干燥了。他们一一收拾好，跟祖父去吃午饭了。

　　午后两点多，莘粗闲着没事，来找振福谈天。振福却被镇上请去出诊了，承良也跟了去，只有素秋在家。振福有一种特别的理想：自己已有一把年纪，很想把他的伤科医术传给承良。承良这孩子也颇奇怪，别的事都懒惰，只要叫他做诊治伤科的助手，便很高兴。所以有些小手术，早已熟练了。素秋见太先生来，便请他到厢房里坐去，拿出子寿的信来给他看。他们俩便谈起文言文和语体文的问题来了。

　　素秋道："现在一般人都说，语体文是民国七八年胡适、钱玄同等提倡起来的，是我国的新文学。我想，民国以前，就有许多语体的作品了；小说如《水浒传》《西游记》《儒林外史》等，戏剧如元朝人的许多剧本，普通的文章如宋儒的《语录》。不过我想不懂，为什么宋以后便产生出这种语体文来？至於语

体的诗，似乎还得推胡适的《尝试集》为最早吧？"莘
耜道："语体诗，也早已有了。那些打油的语体诗，且
不去管它；宋朝邵雍的《击壤集》里，不是有许多语体
诗吗？这部诗，你们爸爸的书箱里还有着哩！还有一本
胡适的《白话文学史》，你可以去拿来看看。虽然有许
多拉扯附会的地方，把许多古人的诗硬认作白话诗，但
据他说来，白话文学是古已有之的。"谈到这里，素秋
的妈妈叫她去端茶；她接了茶盘，端进一碗茶来，送给
莘耜，又把茶盘拿出去交给妈妈，重新进来坐下。

　　"素秋，你要问语体的诗文何以至宋后又发达起
来，当先推究，文言文是什么时候发达起来的？换句话
说，什么时候，'文字'与'语言'方分道扬镳？"
莘耜说。素秋笑道："文字是笔下写的，语言是嘴上写
的，本来是两件事呀！"莘耜道："你试想想看：太古
时代，还是先有文字呢，先有语言呢？当然咯！是先有
语言的。清朝人王筠的《说文释例》里说得最有理：
'天下事物之象，人目见之，则心有意；意欲达之，
则口有声；声不能达之异地，传之异时，於是乎有文
字。'所以文字本是记录语言，以达之异地、传之异时

的一种符号。例如你们爸爸远在碧湖，你有什么话和他说，除到镇上去打长途电话以外，便只好用文字代语言，写封信去了。又如我现在和你在此地谈话，等忽儿我去了，你想帮助你脑中的记忆，把我的话记住，也只有用文字来记录下来了。文字本是记录语言的符号，那么，使用这种符号时，不是须力求它和所记的语言没什么两样吗？因此可以推知初有文字时的文章，必也是语体文了。"素秋点点头道："这倒是合於情理的。"

莘耜又道："《尚书》，你看见过没有？"素秋道："只在《经史百家杂钞》里看到过几篇。全部《尚书》，我也曾在太先生的书房里略略翻阅过。太先生，老实说，一些儿也看不懂！这是一部很古奥的文言古文呀！""我倒认为是一部语体文哩！"莘耜说。"语体文？不见得吧？"素秋脸上现出一种诧异的神情。"《汉书·艺文志·六艺略》尚书家那一段序文末了说：'书者，古之号令。号令於众，其言不立具，则听受施行者弗晓。古文读应尔雅，故解古今语而可知也。'"

莘耜本坐在书位上，随手取了一支笔、一张纸，把这几句话写了下来，继续讲道："这是说：《尚书》

的大部分是古代布告大众的号令，故其言立具，不加文饰。然虽无文饰，亦近雅言。所以只要能解古今语，便可知之。尔，近也；雅，雅言也。"素秋问道："什么是'雅言'呢？"莘耜道："雅者，正也。'雅言'对於'方言''俗语'而言，拿现在来比，可以说是一种'标准国语'。《论语》说：'子所雅言，《诗》《书》执礼。'《诗》是诗歌，《书》是用标准国语的白话布告，'执礼'就是现在开会行礼的'司仪''赞礼'。《论语》这句话就是说，孔子唱歌读《尚书》和赞礼的时候，是用标准国语的。《尚书》的大部分，古代布告大众的号令，是用那时的标准国语做成的，和现在官厅所出的白话告示一般。这不是古代的语体文吗？"素秋道："《尚书》既然是语体文，为什么这样难懂？难道古代一般民众的国文程度都比我们高吗？"莘耜道："这倒并不如此。言语，不但不能'行远'，不能'传后'，这样受着空间、时间的限制而已；因为空间的彼此，便有各地方言的不同；因为时间的古今，便有各时代言语的不同。我初到这里，除了子寿、你、承良、振之、中玉等几个人曾在外面跑过的之外，和本村的人，连你们祖老太爷在内，谈起话来总有些隔阂，就是方言不同的缘故。如其碰到了广东、福建、温州人，更难懂他们的话了。《尚书》，你看了难懂，就疑心它是文言的缘故。元曲，你不已认定是语体文吗？里面也有许多话，看了难懂，尤其是道白的句子。这就是古今语言不同的缘故。从元朝到现在，语言已有这许多不同了，何况《尚书》用的是三代以上的语言？所以并唐朝的古文大家韩愈，也要说'《周诰》《殷盘》诘屈聱牙'了。《大诰》《盘庚》，不是当时晓谕民众的号令吗？难道那时民众的国文程度比韩愈还好不成？"素秋听了，点头似有所悟。

莘耜喝了几口茶，问道："素秋，你读过《论语》吗？"素秋答道："廿六年下半年，爸爸在家里，教我和弟弟读《论语》《孟子》，现在还有些儿记得。""孔子的学生，颜渊叫作回也，子路叫作由也，冉有叫作求也，公西华叫作赤也，子贡叫作赐也，子张叫作师也，子夏叫作商也……是不是孔子学生的名字，都取这个'也'字的？"莘耜含着笑问。素秋经他一问，弄得疑惑起来，迟疑了一会，答道："都用'也'

字取名字，不见得吧？"莘耜含笑道："曾子尤其特别，孔子说'参也鲁'，可见他的名字叫作参也；又说'参乎，吾道一以贯之'，则又叫他参乎了。素秋，你想想看，这又是什么道理？"素秋瞪住了，答不上来。莘耜道："《论语》这部书，是孔子的弟子、门人记录的；宋儒之有语录，可以说是远承孔门的遗风。宋儒语录，是用宋朝的语体文记录的，虽然其中夹杂着文言；孔门的语录《论语》，也是用春秋末年的语体文记录的。他们不但照着孔子的话记录，并且把说话时的声气也毫不走样地记录下来了。'回也，非助我者也！'如译作现代语，便是'回呀，不是助我的呀！'；'参也鲁'，如译作现代语，便是'参呀，是个老实人'；'参乎，吾道一以贯之'，便是'参啊，我的道是一以贯之的'。这些'也'字'乎'字并非是名字，却是口语的声气。《论语》也是古代的语体文，所以比《尚书》易懂者，因为它的时代比《尚书》时代近，而秦汉以后，语言虽跟着时代而变，文字却渐渐固定了，一直到现在老是这个样子的缘故。"

"《孟子》里引了两句《诗经》，'天之方蹶，无然泄泄'；接着就说，'泄泄，犹沓沓也'。又引了一句《尚书》，'洚水警予'；接着就说，'洚水者，洪水也'。'泄泄''洚水'是《诗经》《尚书》时代的古语；'沓沓''洪水'，是孟子那时候的今语。引用了古书，尚须以今语释之；他自己的话，哪里还会反而用古代的语言？"莘耜继续讲道。素秋点点头，却又问道："'泄泄沓沓'，现在人都用作因循苟且、得过且过的意思，究竟对不对的？"莘耜道："泄泄即詍詍，沓沓即讇讇，都是多言的意思。《孟子》里还有一句'则人将曰耚耚，予既已知之矣。'耚耚是自以为是的声音颜色。'泄泄'和'耚耚'，都读若'移'；它们的意思，我颇疑其有共通之点。'天正要颠覆你，别这样唱高调，发空论，自以为是，只讲而不做了！'那两句《诗经》的意思，就是如此。"素秋道："这正切中我国人的病根！事前口号叫得人耳朵都聋了，但事到临头，却一筹莫展。越王勾践虽有沼吴之心，而他手下的文种、范蠡以及五千君子，却只张着喉咙叫口号、发空论，哪个能想到这两句惕厉的《诗》，'天之方蹶，无然泄泄'啊！"莘耜点点头，叹了口气，又说："所以要抵御外侮，非协力同心不可，单是呼号是没有用的。"

"莫谈时事，言归正传吧！"莘耜停了停，又继续他的那番话，"《孟子》引用古书，用今话来解释古话。司马迁作《史记》，却把古话译作今话。《史记》的《五帝本纪》《夏本纪》《殷本纪》以及《周本纪》的前半，所载的史料，十之八九采自《尚书》，他却把《尚书》里难懂的文句都译成汉代通行的文句。你只要翻开《尚书》《史记》两部书来对着看，就可了然。还有他记历史上人物的话，都竭力地想法保存着说话时的声气神情的。如《魏公子传》记侯生荐朱亥於信陵君，说晋鄙如不听命，不肯把军队交出来，可以打死他。信陵君说：'晋鄙，嚖唶宿将……。''嚖唶'二字，旧解说是'多言也'。多言的宿将，意不可晓。其实，这是信陵君说话时表示惋惜的叹声，他的意思说：'晋鄙，啊哟，啧啧，是一员老将！'又如他记项羽於巡游时看见秦始皇，则曰：'彼可取而代也！'记刘邦戍於咸阳，见秦始皇出来，则曰：'大丈夫得志固当如此！'这两句话，把两人不同的个性完全表现出来了。又如记诸侯将相共尊汉王为皇帝时，说：'汉王三让不得已，曰：'诸君必以为便便国家……。'甲午，遂即皇帝位汜水之南。'刘邦那时又惊又喜又难为情，所以话都吱吱咯咯地说不出来的神情，不是活现在纸上了吗？又如鸿门宴上，刘邦既已脱走，张良奉玉杯献范增。范增把杯放在地上，拔剑，击而碎之，曰：'唉！竖子不足与谋！'他不用'呜呼''噫嘻'，却用一个'唉'字，真有使读者如见其事、如闻其声之妙。总之，《史记》传人之所以能描绘如生者，所谓'传神正在阿堵中'也。《汉书》，这些地方已远不如《史记》，但也还有得见到。如《韩康传》，'君乃韩伯休哪'，便是一句语体的文章。诸如此类，不一而足。"

素秋道："文章和言语的分离，大概是发端於秦、汉以后的吧？自秦始皇兼并六国之后，造成了全国一统的局面，集权中央，於是皇帝高高在上，和人民离得很远，文字上也分别出阶级来了。如'朕'字古代任何人都可用以自称，'玺'字、'宫'字也是印章、房屋的通称，秦以后却都为帝王所专用。他因为要示异，所以凡是所谓'王言'，都得模仿《尚书》里古代王者的腔调，现在传下来的秦碑里还可以看出来。这怕是文章和言语分离的原因吧？"莘耘道："这也可以说是原因之一，而不是惟一的原因。模仿《尚书》的，如汉末的王莽，如北朝的苏绰，都有这种仿古的脾气。这种仿古的脾气，文人也有的。如扬雄仿《易》作《太玄》，仿《论语》作《法言》，王通也仿《论语》作《中说》。像，固然像，却终是假古董！"

素秋道："还有别的原因呢？"莘耘道："秦、汉以前，言语之用大，文字之用小。秦、汉以前，纸、笔、墨都未发明。代纸的初为金版、玉碟、竹简、木牍；代墨的或刀刻，或漆书。东方朔上书武帝，用车子载着他所上的书的木牍。汉初尚是如此，古代更可想而知。相传战国末商人薛稷造墨，秦将蒙恬造笔。话虽如此，我终疑心那时的笔墨，未必便有后世的那么灵便。《论语》有'子张书诸绅'的话，是改用缣帛代纸的先声。后来竹木便一变而为缣帛，直到后汉的蔡伦方发明造纸。那么，秦、汉以前要写一篇文章，不是极繁难的事吗？不但工具笨拙，古代的文字，如古文大篆等书写也很费事呀！所以古代的书籍，尽有师生口耳传授的。如《公羊传》《榖梁传》之类，不是传之数世，到汉初方缯写成书的吗？加以那时诸国分立，游说之士都可以谒见国王，当面谈话，不必如后世的上条陈，以书面间接传达其意见。因为用言语的时候多，所以古人对於言语，必有一番简练揣摩的功夫。我们须注意，要言文合一，不能单教文章去迁就语言，也必须把言语的程度提高来，使它和文章合拍啊！及秦、汉以后，天下一统，游说纵横之士固已无所施其技，而皇帝高高在上，也不能随便去见他，和他面谈。於是文字之用日大，言语之用日微。所以虽如扬雄的口吃，而犹可以文字见长。大家都把言语丢开了，在文字上用功琢磨，於是文日以华，言日以俚，文和言便渐渐地愈趋愈远了。"素秋道："对呀！这确是一个重要的原因。"

"还有一个重要的原因哩！"莘耜又说，"佛经上常说'因缘'二字，你懂得吗？譬如一株植物，下的种是'因'，土壤、日光、雨露都不过是'缘'。'因'是内在的，是属於它的本身的；'缘'是外在的，是它本身所接触的环境。你懂得吗？"素秋道："懂得。一个国家之所以贫弱危亡，文化的落后、民族的腐化衰老、国家的内讧，都是因；强邻的侵略，无论是武力的、经济的、政治的，都是缘。对不对？"莘耜道："不错。那么，文和言之所以分离，我们以前所谈的那些，都不是内在的'因'，而是它们本身以外的'缘'了。"素秋点点头。

"内在的'因'是什么呢？"莘耜先自己反问了一句，"口头说的话，不能行远，不能传后；文字则写定了，便可行远传后，而且是不能改变的了。《尚书》等古籍，流传至今，已数千年，还是那样的一部。古代的言语随时代而演变，我们已不能从口吻上来摹仿学习它；文字，却有传下来的古书可以供我们诵读、仿习。所以我们只能学古人之文，却无从学古人之言。言语是流动的，变化得最快；文字便比较固定，尤其是秦汉以后，和当时的言语已离开了，大家陈陈相因地摹仿着前人做的文言文。所以用当时的语体做的文章，传之后世，反不如用沿袭已惯的文言文容易使人看得懂。我们读元剧，读元朝的白话公文，有时反不如读唐宋八家的古文易於通晓，便是这个缘故。古代学者文人，有所著述，往往有'藏之名山，传之其人'，成千古不朽之作的奢望。老实说起来，照以前的情形而论，要达到这传

后的目的，用当时的语体文著书，确不如用历代相承的
文言文啊！——这就是言语和文字本身内在的原因。"

　　莘耜越说越有劲，素秋越听越有味，整个下午，便
在谈论中过去了。直到振福祖孙从镇上回来，方才把他
们的谈话打断。时钟已打过了五点，桂荪、兰荪来叫他
们祖父回去吃夜饭，莘耜方缓缓归来。

第十八章　恭贺新禧

　　莘耜从山家回寓里去，走过那片广场时，一阵北风迎面吹来，顿觉一股冷气钻进他的领口，打了一个寒噤，竟簌簌地发起抖来。走进那间书室，嘘了一口气道："外面真冷呀！怕要下雪呢！"富氏忙从灶间里拿出一个旧的铜脚炉来递给他。他坐下来拥着脚炉取暖。桂荪道："我们家里为什么不装一个煤炉？"莘耜叹口气道："你还记得二十五年冬天杭州寓里的煤炉吧？我们在这里，已过了两个冬了，今年又匆匆地过了一年，到了冬天，这里哪来的煤炉？"桂荪道："那么，我们什么时候回去呢？"莘耜道："难说，难说！"兰荪插嘴道："我们等爸爸回来了同去吧？"经他一说，莘耜倒又笑了起来。秋氏开出夜饭来了，热腾腾的菜和饭，虽只是些蔬食菜羹，一家大小五人团坐着吃，却增加了许多暖气。葫芦谷的人家都是日出而作，日入而息的，何况煤油又这般贵，要十五六块钱一听？尹家在这里住了两周年，也养成了这种早起早睡的良好习惯。夜饭后，收拾完毕，便上楼安寝了。

莘耜一早醒来，便觉得冷飕飕的风从屋瓦的缝里钻进来，直向他被窝里乱窜。虽然褥子下面垫了很厚的燥稻草，平时觉得又松又软又暖的，也变成冷冰冰的了。他打了一个呵欠，叹了一口冷气，坐了起来。撩开帐子一看，觉得房间里特别的亮，窗上糊着的纸好似换了新的，白得耀眼。看那一张铺上时，秋氏和桂荪早已起来，下楼去了。他穿好了衣服，跨下床，穿上棉鞋，披上一件布面的丝棉袍子，踱到前面，抽开木格儿的纸窗一望，鹅毛棉团似的雪正纷纷地旋滚下来。他对着雪呆看了一会，又想起了他远在碧湖的儿子，数百里外沦陷了两年多而毫无消息的老家。

他正呆着出神，秋氏在楼下叫道："莘耜，起来了，怎么还不下来？早饭在等你了！"他才关好了抽开的纸窗，扣好了袍子，叠好了被，走下楼来。在灶间里盥漱了，方到书室中，他们四人已在吃菜粥了。白白的米粥，一丝丝绿的青菜，这是乡村人家很好的早餐。桌子上还有两碟自己腌的酱萝卜和白菜，都很清脆可口。他吃了满满的两碗菜粥，方才放下碗筷。富氏已替两个孩子整理好书包，给了他们一把伞。他们兄妹俩各穿上一双小套鞋，背上书包，合撑着一把雨伞，笑笑跳跳，上学去了。他们不怕风，不怕雪，踏着门前广场上一片无瑕的白璧，毫不畏缩地向前行进，好似上战线去的小勇士。莘耜捧着一闷碗热茶，站在门口，一面喝茶，一面目送他两个孙儿前去，直到他们的背影在山振福家弯进山石庵去的转角上消失了，才移动他向前直望的眼光，注视那广场积雪上留着的两个孩子的双双脚印。

葫芦谷已成了个粉妆玉琢的水晶葫芦。四面都是巍巍的皑皑的雪山。树上，屋上，地上，都积着厚厚的雪。雪花儿还是飞飞扬扬地下个不休。"今年下了这般的雪，明年便不至於再闹虫灾了！"秋氏站在他背后说。"虫灾易救，兵灾难救，奈何！"莘耜答了她一句。"今天是二十八日，再过两天，便是我们到这里的两周年纪念日，我跌坏这只腿的两周年纪念日了！"他说时，左手拍着自己的大腿，"战事已整整的两年半了！何日方得天下太平？唉！”秋氏也感慨起来了。

“我们流寓在这里，虽然合家团圆，生活无忧，终究不是个了局呀！”她继续着说。“剑外忽闻收蓟北，初闻涕泪满衣裳。却看妻子愁何在？漫卷诗书喜欲狂！白日放歌须纵酒，青春作伴好还乡。即从巴峡穿巫峡，便下襄阳向洛阳。”莘耜却在曼声地背诵这首杜诗。富氏在厨下收拾完了，也走了出来道：“姨父，姨母，雪风大得很，里面去坐吧！书室里，我已生了个炭盆在那里。”老夫妻俩回进书室来，果然看见书室当中生着一盆熊熊的炭火。“这铜盆儿哪里弄来的？”秋氏问。“昨儿晚上，我在厨房里收拾碗筷，素秋妹妹提着这旧铜盆儿和木架子过来，说这铜盆儿还是他妈妈嫁来的，这木架子是她家烧纸钱的破镬子的架子；天气转冷，明天怕要下雪，她妈妈因为我们只有一个铜脚炉，所以叫她送过来的。她把这两件东西交给我，就走了。昨夜搁在灶间里，今天才拿出来用。”莘耜道：“他们待我家，真可谓体贴入微了！沦陷了的区域这般广，转辗流徙的人家不知有多少。这般天气，饥寒交迫，无可告诉的，当不在少数。以我们一家目前的状况而论，还是不幸中之大幸啊！”

　　下午，雪止了，天空仍满布着灰色的云。太阳想钻出那密密的厚厚的云幕来，看看地下的雪景。它刚露了露面，屋上的雪，便似有冤无处诉的，立刻淌下泪来了。吓得太阳又躲进云幕背后，紧闭了他的眼，不敢再来窥探。屋上流下来的泪，便在檐前结成了一条条的冰箸，和卧虎洞里的石钟乳一般。这些冰箸，经过了一夜工夫，便又胖了许多；大的，竟和婴孩的手臂似的。桂荪兄妹一早就起来了。兰荪在一根竹竿上缚着一只篮儿，擎起来，接住了冰箸；桂荪拿着另一根竹竿把冰箸敲下来。他们弄了好几条，拿着吮吃，桂荪还说是冰棒糖哩！秋氏见了，忙把它们夺下，丢在雪里，一面说：“吃不得的，吃了要肚子痛的！”边说，边拉他们进去吃早饭。吃完早饭，两个孩子又去上学了。

　　这一日，仍是阴冻的天气。下午散学之前，那广场上乱哄哄地聚着许多孩子，用铲儿、扫帚在那里扫雪。中玉、承良毕竟还是两个好事的青年，带着十多个学生，把扫拢来的雪做成一个穿军装的雪人儿。振之、素秋却站着看。那些孩子们高兴得不得了，拍着手大跳大笑起来。兰荪由素秋搀住了，站在旁边，嘻着小嘴笑；桂荪却自告奋勇，定要加入。莘耜他们听得热闹的声音，都走出门前来看。桂荪跳过来叫道："我也是一个小工兵，我们在这儿塑一个战神——一个胜利之神呀！"秋氏见他裤脚袜儿已满溅了泥水，两只小手也冻得像红萝卜了，把他拉住道："乖宝宝，换了鞋袜裤子再来。"硬把他拖进去了。素秋搀着兰荪也过来了，手里提着两个孩子的伞和书包。莘耜道："你们把这雪人儿叫作'胜利之神'，不如叫作'战争之魔'。明朝放晴了，重见青天白日，战争之魔便化为乌有了！"

三十日一早，果然阴云全被扫除，青天上显出一轮可爱的冬日。这正可以象征战后重睹升平的一番新气象。人们心里郁着的闷气也都消释了。那"战争之魔"孤立在青天白日之下，惶悚得在那儿流汗，悲悔得在那儿流泪。昨天向他拍手叫好的孩子们，也都讨厌它，远远地避着它走了，因为那广场上别的地方已渐渐地干燥起来，又成一片净土，只有它脚下却还是一片泥淖。一天，两天，这狰狞的战争之魔早就无影无踪了。接着来的，却是个清朗的、美丽的、温和的元旦。

　　山石庵里的葫芦谷小学元旦也放一天假。桂荪兄妹得了他们老师——素秋和承良——的一张贺年画片，也在那儿打算画两张贺年片去回敬。富氏在替他们设计，画什么花儿，写什么字儿。两个小孩子都静静地在做他们自己感到需要的工作。秋氏仍在那灶间门口洗衣服，莘耜在门口晒太阳。葫芦谷里，除了小学校放假之外，一切和平时一样，看不出元旦的景象，因为村子里的人家仍旧是过阴历年的。莘耜坐在门口的小竹椅子上，手里拿着一本《漱玉词》，正在低声吟咏，振之、中玉、素秋、承良四个人忽然来了。跨进门，就向莘耜行礼。——他们是来贺年的啊！莘耜忙站起来回敬，邀他们进书室去坐。富氏忙叫桂荪兄妹停止工作，收拾了笔砚，向四位老师行礼。兰荪举起右手，伸着两个指头，行了个幼童军礼。桂荪却鞠了四个躬，嘴里还说："恭贺新禧！恭贺新禧！"四个客人和莘耜都笑起来了。

　　"老师来到这里，恰好是两周年了！"振之一本正经地开起谈来。"是的，日子过得真快，整整的两周年了！"莘耜答。"战局却还没有胜利的朕兆！"中玉插了一句。"只要我们能团结一致，两年，三年，五年，十年地打下去，最后胜利必属於我们的！"承良兴奋地说。"我们的军备虽不及人家，物力、人力却是无穷无尽的！"他说时，露出一种坚决的乐观的神气。富氏端出四碗茶来，还有两个盘子，一盘是炒熟的花生，一盘是糖。素秋忙站起来接。振之道："老师竟预备着过阳历年的？"莘耜笑道："这两样都是现成的。花生，是我们自己种的。糖，还是昨天夜里试煎起来的。你们尝尝看，成绩如何？"

他们正在吃糖果，谈闲天，外面又来了几个客人——方中、李桂、苏慧、孙蕙英，邀约好了，同来拜老师和同学的年。书室里显着太狭窄了，莘耜请他们到中央那间里去坐。素秋跑进去帮秋氏婆媳的忙，泡茶，装糖果，满满地端了一盘出来。连莘耜一共有九个人，在那儿散着坐。苏慧和孙蕙英又拉了素秋，同进来拜秋氏的年，并向富氏道喜。秋氏却邀她们在书室里坐着，喝茶谈天。

"我早就主张改用国历了，可惜我们祖父和妈妈不答应。"承良又在发议论了。"我们得遵奉国家的正朔。在这年头儿，更应表示我们拥护政府的精神！何况阳历是全世界通行的，实际上又比阴历准确得多，政府改用阳历，已二十八年了，民间却还沿用着阴历。最妙的是口头叫它作'废历'，实际上却大家实行着。这种怪现状，怕不但为外国所无，我国古代也绝不会有的！"莘耘微笑道："你的议论，的确是堂皇冠冕的！若说这种现象为中外古今所无，却也不见得。外国，我不晓得；我国古代，却有这种现象的。因为习惯的改革最难，例如吸旱烟、香烟的人明知其有害无益，却不能立刻戒除。曾国藩曾有一句笑话，说他戒潮烟比破南京还难。个人小小的吸烟的习惯尚难戒除，何况全国民众几千年相承的过年的习惯？孙中山先生认为'行易知难'；若就改革习惯一端而论，怕倒是知易行难呢！"

振之道："老师说，古代也有这种现象，何以见得？"莘耘道："孔子作的《春秋》经上常有'某年春王正月'的话。《公羊传》在隐公元年解释道：'王者孰谓？谓文王也。曷为先言王而后言正月？王正月也。何言乎王正月？大一统也。'阴历，常有人写作'夏正'，因为现在民间还通行的阴历的正月就是'建寅'的夏正。夏、商、周三代的正朔是不同的：夏正建寅，以寅月为正月，是现在阴历的正月；商正建丑，是阴历的十二月；周正建子，是阴历的十一月。孔子所谓'王正月'，是指'周正'而言。《春秋》用周正，也就是承良所说表示遵奉国家正朔的意思，所以《公羊传》说他是'大一统也'。孔子是周朝人，周朝人该一律遵用周朝的正朔，何必特加一个'王'字以表示他的大一统呢？我们现在写阳历的月日时，何以必在上面标明是'国历'呢？正因为民间还在通用已废的阴历，不得不加这区别的字样啊！我以为商、周二代，虽迭改正朔，一建丑，一建子，民间或尚沿用夏正，因为夏朝也有三百多年的历史，民间奉行这建寅的正朔已成习惯了。所以孔子作《春秋》虽用周正，对颜渊又主张'行夏之时'；他觉得民间习惯不易骤改，不如率性改用夏正，倒易于收统一之效。即使这种猜度不见得的确，或者夏后之杞用夏正，商后之宋用商正，其余各国也未必一律奉行周正。如其那时各国和各地的人民已一律遵用周正，孔子的《春秋》便不必在'正月'上特加一'王'字，以表示他尊崇一统的意思了。"莘耜滔滔不绝地在发这番议论，素秋在隔壁的书室里也在凝神静听，承良拿着一封厚厚的贺年片走进书室来，她却没有注意。

"姊姊，这是你的同学梁家华寄来给你的，快拆开来看呀！"承良把那封贺年片放在书桌上，这才移转了素秋的注意。她拆开看时，却是四张夹贡纸的画片，都写着'恭贺新禧，梁家华拜年'九个红字。画的是中国画，精致得很。她们大家传观着，都点头称赏。桂荪兄妹也争着要看，并且嚷道："表叔为什么不送我们一张？"这四张画，一张是山景，有一株红叶丹枫，角儿上却又画着个月亮；一张却画着一个人捧着一块石头，跪在一所宫殿的门口；一张画着许多兵马，隐隐约约地后面还有一部古代王者乘坐的车子，细看时那大旗上有个"周"字；还有一张却简单极了，上面画着一个心，下面画着"☲"卦。"他给我贺年片，为什么要有四张之多？其余的三张是给谁的呢？"素秋说。桂荪抢着说："一张是给承良老师的，还有两张是给我和妹妹的！"

两个小孩正吵着想分画片，莘耜却踱了进来，手里也拿着两张画片，一张画着一枝桂花，一张画着一盆兰花。他见桂荪兄妹吵着要素秋手中的贺年片，便先把手中的两张画片向他们一扬，笑道："这是表叔寄来给你们的贺年片！"两个孩子各得了一张，不约而同地哈哈大笑道："我也有的！"素秋却站起来问："太先生，梁家华寄了四张贺年的画片来，似乎叫我转给另外三个人，却是忘了标明是送哪个的？您看。"说罢，把那四张画片递给莘耜。莘耜先抽出那张秋山红叶带着月亮的道："这是给你的——明明画着'山素秋'三字呢！他以丹枫红叶点出个'秋'字，以月亮点出个'素'字来。"又抽出那张最简单的，递给站在旁边的承良道："☶是艮卦，艮卦上加了一点，不是个'良'字吗？"他拿着其余的两张，径自出去了，素秋、承良、苏慧、孙蕙英都跟了出去。他走到外面，把一张分给中玉道："这是画的卞和献璞的故事，璞者，石中玉也。"剩下的一张递给了振之，笑道："你的名字却难画了，他只得用周文王的'王赫斯怒，爰振其旅'来衬托了。虽觉勉强，倒也亏他想出来的！"大家看了，都称赞梁家华聪明。素秋道："他原来也喜欢画，倒可以和弟弟结个画友。"桌子上还有他给莘耜和振福两张正式的贺年片，莘耜把他给振福的一张也交给承良。此外，还乱叠着许多贺年片。王承宗却是一封正式的贺年信，说他本想亲来贺年，因为职务所羁，不能抽身。

方中笑道："我看到了承宗兄的信，又想起你们告诉我的那个怪物萧玖璧来。他住在镇上，也快两年了，昨天突然尽室俱行了。走的时候，向承宗大讲交情，还想揩些油呢！承宗说，前天下午就去缠了他半天，那副神气真使人作三日恶哩！""他到哪里去了？"莘耜问。"管他呢！"素秋插嘴说。"他的确很奇特！据承宗告诉我说，他是到绍兴去的。安安耽耽的地方不要住，却搬到钱塘江边逼近前线的地方去！"方中说。"或者因为那边舒服些吧！这种人的心理，不是我们所能猜度的呀！"振之说。莘耜道："也许如此。"李桂道："我听得承宗说，那怪物的奇怪见解认为浙东不见得长此安耽，他或者想绕道到上海去，上海更舒服了！"莘耜又道："也许如此。"素秋听了笑道："太先生的话太说得活动了！'也许如此'，难道也许不如此吗？"莘耜也笑道："的确，也许如此，也许不如此。这种人口头虽然这般说，你们认为他靠得住吗？他的所以搬家，绝不仅是贪图舒服！我曾接到上海方面的来信，说汪精卫氏已脱离重庆，抛弃他从前的主张，响应近卫的中日和平论了；他已到上海，有於今天登台、在南京组织政府的消息。萧玖璧是个醉心做官、有缝必钻的人。或者见浙东没有飞黄腾达的机会，要赶到上海去凑热闹，也未可知。念头一转，尽室俱行，在他或认为捷足先登哩！我对别人做这种毫无凭据的揣度，其实是不应该的。我也希望我自己的揣度幸而不中！"

"哈哈，高朋满座在这里！我拜年来迟了！"振福拄着那长旱烟袋走进门来，先向莘耜拱拱手，然后向他们一一招呼。"我毕竟是个老年人，把元旦都忘怀了。方才问小媳：'素秋、阿良两个孩子哪里去了，小学里今天不是放假的吗？'她道：'他们到太先生这里拜年去了。'我才想到自己的糊涂可笑。小学里今天放假，不是为了元旦吗？所以我也过来拜尹老先生的年。不料诸位已从镇上来了！"他坐下了说。方中道："我们先到这里，当初想坐一忽儿就到校长府上来拜年的，不料谈谈说说已过了两个钟头！"说着，站起来要告辞。振之道："到校里去吃午饭吧！"桂荪恰好从里面出来，通知莘耜，说午饭已准备好了，叫留客人吃了去。

这次却要男女分坐了：外面一桌是男客，莘耜自己陪；苏慧、孙蕙英、素秋却在书室里和秋氏婆媳、两个小孩子一桌。莘耜把振福也拖住了。振福笑道："这样，我是借拜年为名，特地来吃午饭的了！莘耜先生，我知道你家里是不备酒的。阿良，你到家里去拿一大壶陈酒来。有客有肴，独独没有酒，是不行的！"阿良去不多时，提了一壶酒来，到灶间里去烫热了。吃了午饭，他们才告辞道谢而散。

第十九章　父归

　　这一学期，国文补习班一共开了十一次讲习会，作了十一次文。素秋最用功，除规定次数的习作外，又有课外的作品，总共作了十六篇，订成了厚厚的一本。末了那一次讲习会，已在一月四日开过了，讲的是文言文语体文、骈文散文、韵文无韵文的分合演变的略史。莘耜认为他们都是自动参加补习的，没有举行考试的必要，所以他们并没有考，便结束了。他们全体同学向振福要求，下学期仍继续办理；他们觉得兴趣很好，得益也不浅。振福和莘耜接洽了一下，便允许了他们的请求。山石庵里的小学却要准备举行学期考试了，素秋怕忙不过来，把末一次的讲义稿催得急如星火。一送到，她就忙着先行复核了一遍，送去交给莘耜。前半讲文言语体的那一段，素秋早已先听莘耜谈过，所以把稿子改得很好；后半段却不敢乱改，留着来请教莘耜。莘耜在国文补习班里最得意的学生是她，便又叫她坐下，和她长谈起来了。

"上半篇稿子，你改得很仔细，很不错，为什么下半篇只改正了几个错字？你也替我代代劳，全体都改了吧！"莘耜说时，脸上带着得意的微笑。"骈文和散文，韵文和散文，我自己还有些摸不清楚，怎好乱改？"素秋说。"同是一种散文，一面和骈文对立，一面又和韵文对立，究竟是怎么一回事？"她接着问。

"'散文'的名词虽同，含义却有些两样。和'骈文'一词并举的，是说句子的构造不是骈偶的散文；和韵文并举的，是说句末不叶韵的散文。例如王昌龄的《闺怨》：'闺中少妇不知愁，春日凝妆上翠楼。忽见陌头杨柳色，悔教夫婿觅封侯。'这首绝句，如就句子的构造说，可以说是'散'的，不是'骈'的，因为它四句都是不对的；如就用韵说，则四句中有三句叶韵，不是无韵的散文，而是有韵的散文了。又如洪亮吉《出关与毕侍郎笺》述及黄仲则身死运城西寺，有云：'抚其吟案，则阿㜷之遗笺尚存；披其穗帷，则城东之小史既去。盖相如病肺，经月而难瘥；昌谷呕心，临终而始悔者也。'这篇文章，我见你在那儿读，都懂得吗？就句法看，是'骈文'不是'散文'；就韵说，却不是'韵文'了。又如唐人柳中庸有一首《征人怨》的七绝：'岁岁金河复玉关，朝朝马策与刀环。三春白雪归青冢，万里黄河绕黑山。'这首诗四句中也有三句叶韵，而且前两句和后两句对得何等工整？骈偶、叶韵两个条件，可说是兼而有之了。"莘耜说时，还在她包稿子来的一张纸上随手把所举的例句写出。

素秋问道："那么，韵文就是指诗而言的吧？"莘耜道："你，怎么问出这句话来？诗，只是韵文中的一种。你不是读过几首词吗？不又看过几出元剧，如《赵氏孤儿》等吗？《桃花扇传奇》，不也看过一遍了吗？诗、词、曲都是韵文啊！词曲，还可以说是诗的变相；《古文辞类纂》《经史百家杂钞》里，箴铭、颂赞、辞赋、哀祭各类里，不也有许多叶韵的文章吗？'韵文'和'诗'，这两个名词的外包、内延，如何能完全一致？你今天问出这句话来，真是所谓'聪明一世，糊涂一时'了！"素秋也笑道："我真糊涂极了！"她虽然在笑，那苹果似的小脸儿上却泛上一阵红晕。

　　"太先生，您说六朝时有所谓'文''笔'的分别，这是指骈散之分呢，还是指有韵无韵之分？"素秋停了一忽儿，又继续问下去。莘耜答道："《文心雕龙·总术》篇说：'今之常言，有文有笔；以为无韵者笔也，有韵者文也。'似乎当时文笔之分，专指有韵无韵。可是六朝之文，不但重声韵，且重骈偶。故《情采》篇谓'立文之道有三，曰'形文'，曰'声文'，曰'情文'。虽下文又云'五色杂而成黼黻，五音比而成《韶》《夏》，五情发而为辞章'，似以'形文'指绣绘，'声文'指音乐，以陪衬'情文'之指文章；而下文《声律》一篇专论声韵，《丽辞》一篇专论骈偶，足见那时的所谓'文'必兼所谓'形文''声文'而言了。阮元有一篇《文言说》，以《易》之《文言》为千古文章之祖；以为文言数百字几於句句用韵，不但多用韵，抑且多用偶。他说，物必两色相偶而交错了，乃得名曰文，故《考工记》有'青与白谓之文，赤与白谓之章'的话，文章也是如此；孔子以用韵比偶之法，错杂其言，而自名曰'文'，否则便是古人所谓'直言之言，论难之语'，而非言之有文者了。他的儿子阮福有一篇《文笔对》，也以韵语偶句为文，散文为笔，颇能言之成理，持之有故。可惜手头没有这篇文章，不能翻出来供你参考。以偶句韵语为'文'，散文为'笔'，唐人还有这种习气，所以称韩愈的散文为'笔'，如云：'杜诗韩笔愁来读，如倩麻姑背上搔。'总之，六朝齐、梁时是我国文学史上最讲究骈偶韵律的时代。"

"我记得太先生讲曾国藩以著作之无韵有韵为论著、词赋两类的区别时，曾提到过，说古人的论著中常夹着几段有韵的文章，而辞赋却有无韵的，姚氏也曾说过。可见古人为文，并没有叶韵不叶韵的分别，只是兴到笔随，故忽而有韵，忽而无韵，可以不拘一格。不知骈散之分，是否也如此的？"素秋又问。莘耜微笑道："好孩子，这可说是闻一以知二了！李习之有几句话说得最好：'《诗》云"忧心悄悄，愠於群小"，此非对也；又云"遭闵既多，受侮不少"，此非不对也。'可见古人惟知求其文之工，对与不对尽可不拘。

"从前有所谓'排比'的一种修辞法，不必求其句句字字相对，字数有些多少也可不拘，字同义同更不必避，如《孟子》的'无恻隐之心非人也，无羞恶之心非人也，无辞让之心非人也，无是非之心非人也'，《管子》的'不为不可成，不求不可得，不处不可久，不行不可没'，都是排比。至於只有两排的排比，便类似对偶了。如白居易《夜雨》云'我有所念人，隔在远远乡；我有所感事，结在深深肠'，杜甫《前出塞》云'挽弓当挽强，用箭当用长；射人先射马，擒贼先擒王'，《论语》的'君子周而不比，小人比而不周''不在其位，不谋其政'，《庄子》的'圣人不死，大盗不止'，《荀子》的'生则天下歌，死则天下哭'，《水浒传》的'有情皮肉，无情杖子'。说它们是排比也可以，说它们是对偶也可以。所谓骈文，就是多用排比、对偶的句法的文章。我们看东汉及魏、晋人的骈文，并不句句皆对，而且并不刻意求对，倒很有些自然生动的丰度。降及齐、梁，便在对偶上用工夫了。至於宋以后的四六，对得更工巧了，文格却愈见卑下了！你们现在，只须略略懂得些骈散之分就够了。若要深究骈散文的分合源流，那竟可以编成一部专书，只好留待日后再研究了。"

素秋道："太先生这样和我一谈，可说已开了我心中的茅塞。后半篇，我再拿去试改改看吧。"莘耜笑道："这才叫作'有事弟子服其劳'！你如能努力不懈，下学期这改稿子的差使大可帮帮我的忙，我得请你当助教哩！"素秋窥见莘耜的心理，对她可以说是特垂青眼，也自欢喜；含着得意的微笑，重新拿了那篇稿子，站起来告辞要走。她还没有走出书室门口，桂荪、兰荪从外面飞跑进来，恰巧撞在她的怀里；口里嚷道："爸爸回来了！爸爸回来了！"

富氏喝道："忙什么？险些儿把姑姑撞倒了！——爸爸呢？"桂荪向外面一指道："挑来的不是爸爸的箱子？"果然有一个人，挑着一担行李，已在中央那间里歇下了。素秋出去一看，见一只手提箱是子寿的，贴有姓名的条儿，笑着向桂荪兄妹道："行李是我们爸爸的，回来的是我们的爸爸，要你们忙着高兴干什么？"兰荪倒呆住了，反而问富氏道："妈妈，爸爸究竟回来了没有？"富氏道："回来的是姑姑的爸爸——太先生呀！"兰荪毕竟年纪小，以为她爸爸果真没回来，"哇"的一声哭了起来。桂荪却在细看那一担行李，被他发现了爸爸的小皮箱，又嚷道："这不是我们爸爸的箱子？"那挑担子的人捧着一大碗茶在喝，也笑道："都来了，就在我后头呢！"桂荪听说，拔步飞跑出去。兰荪脸上还挂着泪痕，也跟了出去，没命地跑，嘴里高声地叫："哥哥，我也要去接爸爸的呀！"素秋深恐他们要摔跤，忙大踏步地追出去了。富氏到灶间里去炒了一大碗饭，拿出来给挑担子的人吃。莘耜取出六角钱来给了力钱。那人吃完饭，道谢去了。

桂荪在前面跑，兰荪在后面追。素秋赶过了广场，就先抓住了兰荪。因为拖着兰荪，反而跑不快了，直赶到田阪里的大路上，方把桂荪捉住。想哄他们回去，他们一定不肯。只得一手搀了兰荪，一手拿着那份稿子，陪他们向村口走去。他们快走到村口时，那挑行李的人已背着扁担索儿出来了。素秋道："你说就在后面，为什么还不来呢？"那人道："他们下了汽车，把这几件行李交给我，叫我挑到葫芦谷尹莘耜先生家里来。我因为曾来过好几次山石庵，山阿福先生家里我都认得的。他们本想和我同走，王站长留他们坐坐，说我是车站里的挑夫，尽可放心。所以我就比他们先走了一步。大概是他们走得慢，所以还没有到。"说罢，紧一紧脚步，上前去了。素秋向桂荪道："小弟弟，我们回去吧！爸爸他们一定是被王站长留住吃点心了！"桂荪道："姑姑，你和妹妹先回去吧！我要到村口去等爸爸。"素秋哪里肯让他一个人到村口去，只得仍跟了他走。

到了村口，素秋不准他们走上桥去，只在村口玩着，等着。他们向北遥望，只见村北的高峰上还有些未消尽的积雪，好像孩子头上的白壳鬎鬁。东面的高的山峰上，还有一角返照的斜阳。苍茫的暮色已渐渐地从西面背着夕阳的山里伸展开来了。莘耜那年跌坏时休息过的那间草舍，却已搭得大了些。素秋便带了两个孩子到那草舍里，在稻草堆上坐下休息。兰荪已觉得有些儿乏了。素秋讲他们祖父跌坏的故事，讲得活灵活现。两个孩子都听得出神了。夜之幕竟愈张愈大，草舍里渐显得暗起来了。素秋叫他们回去，桂荪坚执着要等爸爸，不肯回去。素秋骗他们说山上有老虎，天晚了要跳出来吃小孩子；村子外头有强盗、有拐子，天晚了要溜进来抢孩子。兰荪倒怕起来了。桂荪仍旧昂然道："我不怕！"

"啊——呵呵！原来在这里！"草舍外突然有人在

说话。兰荪吓得向素秋怀里钻，桂荪也怕起来了。素秋搂住了兰荪，搂住了桂荪道："如何？我如不在这里，你们便被他拖着走了！天黑了走不回去的，我们趁早回去吧！"桂荪这时也屈服了，和他的妹妹跟了素秋，走出草舍来。"原来是弟弟！你来干什么的？"素秋问。承良道："你还问我？祖父叫我来寻你们，我哪里没有寻到？姊姊，你领他们到这草舍里来干什么的？"素秋诧异道："祖父怎么会知道的，我和他们出来了？"承良道："爸爸和黎明先生回来了，太先生问黎明先生有没有碰到你们，他说没有。太师母疑心在我们家里玩，亲自来寻。祖父便叫我来寻你们了。"

桂荪听说他爸爸已到家了，提起两条小腿，向前飞跑。承良赶了上去，素秋搂着兰荪跟了上来。兰荪初时虽觉疲乏，已有了相当的休息，而且听说她爸爸已经到家了，也精神陡增起来。他们四个人欣然回去，到那广场上，秋氏已在倚门而望了。承良、素秋把他们送到了，便回家去。秋氏同两个孙儿进来。桂荪兄妹见他爸爸坐在书室里的大竹榻上，争先恐后地扑了过去。莘耜笑道："你们去接爸爸的，为什么倒是爸爸先回来，你们还不晓得呢？"桂荪道："姑姑叫我们到村口的草屋里去休息，讲你那年在桥上跌伤的故事给我们听，我们在听她讲故事，所以太先生和爸爸走过，看不见了。"黎明道："我们走过草屋前面时，的确听得里面有人在讲话，可万万想不到是你们！"富氏已开出夜饭来了，他们一家大小六人团团地坐下吃饭。黎明道："家华表弟在永康电报局，我们回来时曾去看他。两年多不见，竟比我长了。他说，如果阴历新年可以请假，还想到这里来一次哩！"桂荪又忙着告诉他爸爸："表叔曾画花儿，送给我们两张贺年的画片。"

素秋、承良回到家里，见了他们爸爸，也自有一番亲热。子寿见素秋手里拿着一卷纸，问道："这是什么东西？"素秋递将过去。子寿摊开来大略看了看，问道："这是太先生改的吗？改笔的字迹不像他的，倒像你的。可又是谁做的呢？"承良答道："这是同学笔记的讲义稿。姊姊是总编辑，每次的讲义稿，都由她先改过，送给太先生再批改的。姊姊是我们半个先生呢！同学都称她作助教。"子寿道："那么，太先生为什么一个字没有批，没有改呢？"素秋道："这一次讲的东西太复杂了。前半是说文言语体的，从前太先生曾和我详细地谈起过，所以我径自替他改了；后半是讲骈散文和韵文无韵文的，我自己也有些弄不清楚，所以没敢动笔，便缴上去了。太先生又讲了许多给我听听，叫我代代他的劳，拿回来补改，改好了再送去。"子寿点点头道："原来是这样的！太先生对於你，可说是'至矣尽矣'了。你应当知道，这是他对於你的一种特别教法，并非真的忙不过来，要你代劳呀！"

承良笑道："我们大家猜度，太先生对姊姊，一定有特别施教的地方，所以她的国文特别进步得快。他得意的学生，的确只有姊姊一个，姊姊，爸爸的看法也是如此，你别再疑心我是挖苦你、妒忌你了！"

子寿道："施教归乎因材。太先生所以对你姊姊用特别的教法，是因为她肯用心、肯努力的缘故，并不是有什么偏心。你自己不肯专心致志，努力用功，所以费了太先生半年的心力，仍旧没有什么进步。你应当知道，竞争和妒忌不同。见别人比我好，努力赶上去，要和他一样好，甚至比他还要好，这是竞争者的心理；见别人比我好，自己不努力，却望他退下来，和我一样坏，或者比我还要坏，这就是妒忌者的心理！妒忌之心不可有，竞争之心不可无！你们全班同学如果个个都怀着妒忌之心，便越弄越退步了；如果个个都怀着竞争之心，便越弄越进步了！"

承良涎着脸强辩道："我虽然不能像姊姊那样用功，虽然不能和她竞争，妒忌之心，自问是没有的，爸爸！"子寿笑道："竞争的答数是正号以上的数，妒忌的答数是负号以下的数。你自己以为虽不能竞争，却未曾妒忌，似乎是个零了。可是为学如逆水行舟，不进则退。没有进步，便有退步，绝不会永远是个零的！即使半年来，你的国文确是不进不退，但你的年龄已大了半年，比较年龄，不是已退步了半年吗？你的同学们已都有了半年的进步，如你的姊姊进步已不只半年，你却停顿在老地方，和他们比起来，不是已退步了吗？青年时期，转瞬便过去了，是人生难得的一个时期。太先生流寓到这里来，又因为跌坏了腿，不出去做事；但一旦战争了结，他仍要回故乡去的。他在这儿教你们国文，也是一个难得的机会。当这抗战时期，沦陷区不必说，战区不必说，就是后方正式的学校，也时有空袭的危险惊扰。你们在这里却得安然无事，好好读书，这更是难得了！你也会高叫'抗战建国'的口号吧？抗战固然是目前最要紧的事，建国又何尝不要紧？将来能否建国，能否复兴，便得看现在在学的青年！求学固是青年们自身的问题，也是为国家预备复兴时的一分人力、才力啊！现在得过且过的青年，绝不能担当将来建国的一份重任的！阿良，你如果是一个有志的青年，就不应该这样自暴自弃，把难得的机会轻轻放过！"

　　子寿这一番诚恳切实的教训，却把承良唤醒了，深悔从前的错误。

第二十章　风波

　　葫芦谷小学也放寒假了。他们迟放了一星期假,所以要到阴历的正月初才开学。这次学期考试的结果,桂荪在三年级里考了个第二,高兴得了不得。兰荪虽然不及她哥哥,在一年级里,也被挨进了乙等。考得好了,对於指定的寒假作业,自然也起劲了。每天在爸妈的指导下,静静地做他们的功课,功课完了才去玩。素秋、承良也由子寿就莘耜讲过的各种文体,从《古文辞类篡》和《经史百家杂钞》里每类选了几篇,叫他们抄录、标点、注释、讲解、诵读。他们姊弟俩,每人每天,短的可以抄注两三篇,长的也可以抄注一篇;因为篇幅过长者,子寿是不选的。寒假终了时,已抄注好的,共有三十多篇,大部分已由子寿校正过。一部分没有校阅过的,他们送过去请教莘耜,却见莘耜那里已堆着很厚的一堆选文，抄注的格式和他们相同，而所选的文章却不一样。素秋问道："咦！这些是谁抄注的呀？"莘耜道："子寿教你们这样做时，曾把他所选的篇目给我看，格式也是和我商量着定的。因此，我便分了一大部分给其余的同学去做，算是补习班的假期作业。现在已有一大半缴来了。将来预备印一部选文，附在国文讲义后面。有篇幅较长、注释较难，而又不能不选的，由我们替你们注。我和子寿、黎明已各有十篇注好在这儿了，却要你们两个补抄本文；标点，我们已在书本儿上加好了。"

他随手向书架上取过一个铁讲义夹夹着的一大叠稿子来给他们看，果然是好几篇很详尽的注释。素秋和承良一同翻看时，如贾谊《陈政事疏》，司马迁《报任安书》《太史公自序》《汉书·艺文志》等几篇长文章，都已注好；还有几篇，却是姚、曾二书所无。承良道："怪不得爸爸限定我们上午抄，下午注，上午我们抄书时，他把工具书都搬到我和祖父睡的厢房里去。我还以为他在预备自己下学期教的国文哩！"素秋道："弟弟，太先生和爸爸，对於我们，可说是煞费苦心了！尤其可感的，是黎明先生。他们三位如此费心，我们自己还好不用功吗？"承良自他爸爸回来的那一天受了一番教训之后，已觉悟了，今天见了这种情形，又经他姊姊一提，更加感动，竟呆呆地望着莘耜说不出话来。莘耜又从桌上叠着的那一堆里，翻出五篇抄注的文章来给他们看，说："这是梁家华的。他得到了你们的讲义，很能用功，寄来请我批改的习作已有十篇之多，每次来的信，也要求我批改了寄还他。他说，我如指定你们做什么课外工作，他也愿意加入，只要是他所能做的。他要求我暂守秘密，所以我一向没告诉你们过。这孩子，如果也住在本村，没有这般繁忙的职务缠住他，我想，倒是素秋的一个劲敌！"——这些是寒假完了，子寿和黎明已经出门之后的事，不必细述。

且说葫芦谷原是个孤僻的山村，一切都偏于守旧，阴历过年的习惯，更难骤改。村中二三十家，有大半是养猪的。阴历十二月初，便拣一个好日子，到镇上去邀两个屠户来宰年猪。猪头，留着谢年；肉，除本村邻家外，也不肯卖的，腌了预备明年吃。鸡，更是家家都有，每年每家总有只把腌鸡。到了阴历十二月二十外，便先后谢年。有猪头的各家，谢年的夜里，都来请这位村长先生去吃面、老酒、猪头肉，叫作"散福"。同一夜有两三家来请，振福分不开身时，便拖了子寿、承良去做代表。振福家谢年，总挨迟到除夕前一天，因为他要回请各家，散福时总有两三桌客人，把整个猪头吃完了，还得加上半只腌腿，老酒也要吃一坛半坛。——历年来的情形，都是如此。

阴历除夕前夜吃夜饭的时候，承良就来传他祖父的话，请莘耜父子迟些睡，定要请过去吃面的。所以秋氏婆媳领着两个孩子去睡了，莘耜和黎明还坐在书室里闲谈。十一点光景，素秋提着一盏灯笼来请他们了。他们便关了前门，从灶间里的小门出去。——葫芦谷确是个好地方，竟有"道不拾遗，夜不闭户"之风，因为从来没有发觉过小偷，村里从没有逗留过来历不明的人，村民又都是家给户足的，自然是"衣食足，知荣辱"了。

莘耜父子跟着素秋来到山家，谢年的典礼已完了，堂屋里还点着一对大的红蜡烛，已有许多客人坐满了三桌，上面的两桌却各留着一个位置。振福坐第一桌的主位，子寿、承良坐二三两桌的主位。"乡党莫如齿"，他们是按年龄坐的。和莘耜同桌的是许多老头儿；黎明坐在子寿他们一桌上，都是些三十左右的人；承良他们这一桌，却是石中玉等二十多岁的青年。振福举起杯来说声"请！"莘耜是首席，举杯道："谢谢！"三桌的老老少少齐声道："谢谢！"人多了，这一声真响得可以。振福笑道："尹老先生，诸位，我国战祸连年，别的地方都被毁坏了，沦陷了，扰乱了，我们这小小的山村还能过着太平日子，照旧谢年，照旧欢聚。我们得谢谢天，谢谢我们的祖宗！请，请！今晚大家得尽欢而散！"於是三桌的人一齐举箸，喝酒的喝酒，吃肉的吃肉。

乡下人是老实不客气的，不多时，竟似风卷残云，三桌上盛肉的大盘子个个都一扫而空了。承良把三只大盘子收了进去，又满满地装了三大盘肉出来。接连着，又端出许多面来，一人一大碗。莘耜吃不下这许多，分了一半给旁的老头儿。他们梯拖梯拖地吃完了面，素秋、承良绞了手巾来分了。有几个老头儿竟摇摇头表示不要，却用手摸摸胡子。有几个带着旱烟袋的，便散坐抽烟。素秋又捧出一大壶茶，二十多只茶碗来。子寿筛了两碗给莘耜父子，其余的客人便由他们自己动手了。

　　他们刚想各点灯笼散去，振福道："诸位且慢！明天便是除夕了。我有一件为难的事，想趁今天大家团聚的机会，和诸位商量商量。"他们听了，又重新坐下，可是还有人手里提着灯笼没有放，表示就要走的样子。振福道："今天下午，镇长来了一道训令，说奉县长之命，要派本村五十件棉背心，限于令到五日内送去，叫作什么'寒衣运动'。并且说：'事关抗战，如缴不足数，或过了限期，便要以贻误军机论罪！'这不是故意和我为难？大家都忙着过年了，他却故意拣得这几天来寻我们的开心！我明明知道：前年为了公债派得不均匀，收了钱不给我们公债票；为了抽壮丁，故意抽着关顺嫂的孤儿，想敲他二百块钱的免役金，我曾和他当面抢白过，后来我们承辉挺身出去代役，又蒙尹老先生设法，得以技术人员的资格送到重庆去，在兵工厂做事。他这口气始终没有出，所以又来寻事了！诸位替我想想，这件事如何应付呢？"说罢，从上面摆香烛的长几上拿过一件公文来。

　　石琢生——中玉的爸爸，在他们村子里是坐第二把交椅的，看了那训令，愤愤地道："他明明把公事压迟了日期，县长的命令上明说奉省令还在十二月二十五日哩！"一个老头儿插嘴道："也只早了四天！"琢生道："你真不懂事！县政府还用阴历吗？"这时候，其余的人忽然异口同声道："我们过了正月初三，上县里告他去！"他们都发火了。山阿德也在座，铁青着脸圆睁着两眼，突然站了起来，揎拳勒臂道："妈的！这家伙要和我们葫芦谷作对，活得不耐烦了！我去打杀了他，替我们这一方除害！"他原是个粗人，又灌了几碗老酒，便忍不住了。子寿忙走过去劝他，叫他坐了，好好商量个办法出来。"这种家伙，只配打！除了打，什么办法都是没用的！"他虽然被子寿按着，勉强坐了下去，还是愤愤不平。

他的声音太大了，素秋怕是有人喝醉了闹事，跑出来看。当初莫名其妙，后来承良告诉她，知道是为了限期缴五十件棉背心的事，便哈哈大笑道："这容易办！祖父，您老人家不必着急，准於明年正月初三派人送去便了！莫说五十件，一百件也有！"大家听得呆了。琢生道："表侄女儿，你莫非是有法术的不成！"素秋笑道："我有什么法术?背心早已做好了，初二便可收集

起来的。"振福道："向谁去收集呢？"莘耜本也皱着
他两条浓眉一声不响地闷坐在那里，一筹莫展，听素秋
一说，方醒悟过来，也哈哈大笑道："我的记性真坏！
小媳早就料到这一着了！"振福、琢生、子寿等听了，
更是莫名其妙。莘耜又道："素秋，你把这件事的原委
说出来吧！"琢生见莘耜如此，料定素秋绝不是说谎，
便道："素秋，快说！坐下了说吧！"这时，许多人的
眼光都集中在她身上。

素秋站在桌子边，从从容容地说："我们小学里附
设的妇女补习班的家事，不是请尹老先生的媳妇尹师
母担任的吗？去年不已买了三架缝纫机吗？今年十月
里，便叫她们做布背心了，而且做的是棉背心，每人做
了三四件。当时我不懂，问她：'做这许多棉背心干什
么？'她说：'现在各处捐集寒衣，都用棉背心，是送
给前方将士的，我觉得这是一件很切实的事。好在她们
原要学裁衣，练习缝纫机的，趁此机会做几件也好。用
得着的时候，便一气捐出去；用不着，她们自己家里的
人也可以穿的。好在做的是穿在衣服里面的背心，长短
些也不妨。'十一月里，她又教她们打毛线背心，因为

毛线贵，叫她们织了又拆，拆散了又织，每人至少也有一件。今年加入家事课的，有二十余人之多。五十件背心，不是已现成有了吗？只要她说声要收集了，便可以在几个钟头里收齐五十件的。诸位如果不信，回去问问家里的婶婶、嫂嫂、姊姊们，便晓得了！"阿德忽然笑了起来，拿手打自己的头道："我真糊涂！落雪的那天，我觉得冷极了，老伴儿做好三件新的棉背心，我要穿，她不肯给我穿，还吵过嘴哩！"说得大家都笑了。一场急如星火，一时想不出办法的事，就此解围。客人都散了，莘耜父子也回到寓里。

　　尹家住在葫芦谷，也从众从俗，过的阴历年。正月初一那天，把带出来的一张五代世系图挂在中央那一间里。每一代直系的祖宗考妣，各写着略史——这原是莘耜自己制成的。面前放着一张方桌，焚着一炉香，却没有点蜡烛。桂荪兄妹穿着新衣，文绉绉地站着，听莘耜讲他们祖宗的故事、家庭的派别、家乡的状况、亲戚的情形。这天上午，他们已分男女两班，到山家去贺过年了，振福家的人，子寿和承良，素秋和她妈妈，也都来过。振福因为是长辈，得在家招呼村里去拜年的人，所以没有过来。桂荪兄妹的同学小朋友，也有先后来的。尹家虽是客居，倒也并不寂寞。

　　这一天的中饭，小菜特别好些。子寿家送来的陈酒，吃过年夜饭，还有余剩。他们平时虽都是不喝酒的，今天也破例喝几杯。一家人正团团圆圆地坐在那书室里喝酒，忽然跑进一个陌生人来，问道："尹莘耜先生住在这里吗？有要紧的信，王站长特地派我送来的！""是的，请在外间坐吧！"黎明刚吃好饭，答应了一句，放下碗筷，匆匆地走了出去。"什么要紧的信，大年初一就送来？"秋氏说，莘耜也道："这里还通行阴历过年，承宗也知道的。虽然是差来的站役，大年初一，也得请他吃一顿酒饭。"秋氏婆媳去准备了。

　　"这确是个紧要的消息！"黎明拿着一张信笺，走了进来。"浙东从此多事矣！"他说时，把这张信递给了莘耜。莘耜接了看时，信是承宗写的，只有寥寥数语：

　　夫子大人函丈：

　　　　顷接梁家华兄电话，知敌军已於前数日雪夜渡江。西兴、萧山、闻家堰、湘湖、临浦一带，相继

沦陷。现分两路，一趋绍兴，一趋富阳、诸暨与萧山交界处。大军赶往堵截，尚在激战中。嘱速转闻，特驰禀。匆匆，不尽。专请

诲安。

受业　王承宗叩

即晨

　　浙东已苟安了两年多，这确是一个青天霹雳。莘耜叫黎明款待来人酒饭，赏他六角钱；他自己却带着那一张信，去山家告诉振福父子。振福道："莘耜先生尽管放心！我们这山村，不是兵家必争之地，即使战祸蔓延到浙东，也未必波及本村。据先父辈传说，洪、杨之役，把村口的桥拆了，与外间完全隔断，竟没有遭到兵燹哩！"子寿道："彼一时此一时，未可狃於往事，自以为高枕无忧！"振福道："本村四周都是高山，飞机怕也不易来轰炸吧？"承良道："可惜没有高射机关枪！否则，在山上设置它几架，保可击落敌机。"莘耜笑道："村子小，又非要冲，不为他们所注目，可以侥幸苟全，倒是真的。如其定要来屠灭，区区二三十家，

投下几个燃烧弹，不就都完了？——我所虑的，是浙东半壁难保安全，并不是专为本村担忧呀！"他们谈了一歇，也就散了。

谣言是没有脚的，却跑得最快。从那天起，便有接二连三的谣言传到村子里来。忽而说绍兴也沦陷了，诸暨也沦陷了，忽而说反攻大获胜利，萧山一带都克复了，钱塘江南已无敌踪；两歧的消息，纷至沓来，叫人疑惑。振福几乎天天着人到镇上去打听，仍得不到确实可靠的信息。阿德送了子寿、黎明到镇上，趁车赴碧湖去，才从承宗那里得了点儿消息，可是他又说不清楚。只知道丽水、金华都曾遭过轰炸，死伤的人虽不多，房屋却被毁了不少。明天是葫芦谷小学开学的日期。这天午饭，在山石庵的礼堂里宴请校董和教师。阿德刚从镇上回来，向他们报告听来的消息；虽然说不清楚，却指手画脚地竭力形容，和他亲眼看见敌机轰炸一般。有人说，这里四面的山高，飞机来时会在山顶上撞坏了的；也有人说，卧虎洞是个天然的防空洞，可以容全村人去避飞机；也有人说，飞机来时，可以到最高的山峰上去用枪打它里面的驾驶员。七嘴八舌地议论纷纷，却都是不合实际情形的空话。

　　他们正在喝老酒，发议论，忽听远远地传来一阵隆隆的声音。"正月里怎么打雷了？怕是天变了，真是个不祥之兆！"一位老年的校董说。大家都侧着耳朵听，那声音是越来越响，屋子似乎有些震动了。"什么？什么怪声？"石琢生追问。莘耜道："是飞机声。"振之、中玉、承良、素秋早跑到天井里去，抬头仰望。承良道："来了，来了！两只，三只——啊哟！一共有五只呢！"中玉用手指道："看！都画着红色的太阳的！——日本飞机！日本飞机！"生长在葫芦谷的人们从没有见过飞机，座上的人都想跑出去见识见识；听得说是日本飞机，立起来，又站住了。只有阿德胆子大些，竟走到天井里去，依着中玉指点的方向抬头望去，果然有五只飞机越飞越近，机身上红色的太阳已可看得清清爽爽了。越近声音越响，似乎飞得越低。"不好，它们竟在山石庵上面打起旋来了！"阿德一面说，一面跑了上来。经他一说，几个老头儿早吓得脸孔铁青；有一个刚才主张拿枪去打飞机的中年人，竟吓得躲到桌子下面去。振福道："如果投弹，躲在桌子底下也不中用的！"伸过手去把他拖了出来，笑道："炸伤了，我替你医！来，来，还是吃我们的酒饭吧！炸杀了，也做个饱死鬼！"承良等四人这时已走了上来，看到这种情形，不觉好笑，却又不好意思笑出声来。振之道："放心吃喝吧！飞机早过去了！"这席酒，总算在恐怖中吃完了。

第二天下午，承宗又来了一封信，说梁家华来电话，昨天永康被空袭，毁屋数十间，死七人，伤十余人。从萧山进攻的两路日军，已被击退，但萧山城仍未克复。临浦被焚劫，全镇的一半已成焦土了。莘耜和秋氏婆媳谈起，那年渡江逃难，也曾到过临浦，虽是一个乡镇，何等繁盛，不料在两年半后，又遭此劫。梁家的亲戚张儆庵，本住在离临浦不远的河上镇；他家远去上海，不知老家怎样了。说时，叹息不已。过了几天，又接着王承宗的一封长信，说渡江之敌冒充贩私货的商人，江防前哨收受商人的贿赂，把私货偷放，已非一次，这次却闯下了一场大祸。日军上岸以后，便把江边的步哨歼灭尽净。那位队长老爷刚娶了个姨太太，在临时公馆里打牌，吃喜酒。敌军冲入，便用机枪向他公馆里一扫，在座的主客都算是"殉国"了。萧山县长却得了些风声，带着城防的壮丁队，亲自去守西门。哪知有人做向导，领了日军绕道从东门进来，径扑县政府，唾手而得。幸而县政府的一名工役，从后门逃出，到西门去报告县长。县长知大势已去，便率领了十多个人，蹿出西门，落荒而走，投奔绍兴去了。最奇的，听说日军进城时，城里有许多人家，立刻都挂出一面太阳旗来，似乎是预先准备好的。现在日方已委出一个县长来了。这县长，据传说，就是那怪物萧玖璧。他的信上，末了还加上这么几句："老师，您还记得那怪物吗？他从前说到绍兴去，原来早就有所接洽了！一场平地风波，原来是那怪物在作怪啊！"莘耜看完了，叹口冷气道："它是个掀风作浪的怪物，早在我的意料之中了！"

国文教育经典

体裁与风格

蒋伯潜　蒋祖怡　著

下册

首都经济贸易大学出版社

·北京·

目　录

第二十一章　胡子花白的孟姜女

　　葫芦谷虽然僻处缙云的乡间，离钱塘江很远，萧山沦陷的消息，却在这桃花源似的山村中掀起了极大的风波，震荡了村中人们止水般平静的心。阴历腊尾年头的半个月里，他们简直在风声鹤唳中过日子。直到毗连萧山的地方渐渐地稳定下来，葫芦谷里的谣言方才平息。小学和附设的补习班，也都开学了。

　　在这半个月里，却有一件趣事，给村人们加添了些谈话的资料。阴历除夕的前一日，山振福不是接到了他们镇长一件雷厉风行的训令，限文到五日内要他们缴齐五十件棉背心吗？他当初急得了不得。幸而尹莘耜的媳妇富氏担任妇女补习班的家事科，在教学缝纫时，预先叫她们做就了，所以除夕那天，就收集了六十件布的棉背心。阴历正月初二日，山振福便备了公文，亲自出马，叫山阿德挑着棉背心，到镇上送寒衣去。不料他们到镇公所里，竟吃了碗闭门羹。敲了许多时候门，一个书记开门出来，说是因为过年，镇长老爷早就封印不办公了。振福没奈何，只得和阿德找到镇长的家里来。阿德将挑着的包袱歇下，拿着振福的名片，先进去找人。振福在门口等了许久，只见阿德气忿忿地跑出来道："妈的！他到亲戚家去拜年了，他家的长工叫我们送到镇公所去，说这里是他的公馆，是不收公事的。"振福也等得懊恼起来了，嚷道："呆子！你不好对他说，镇公所我们已去过了，因为关着门，所以才找到这里来的吗？"阿德道："我何尝不这样说？那家伙势派大得很哩！一声也不回答，把屏门'砰'的关上了。"他们两人无可奈何，只得重新挑了回来。

振福回到家里，气得夜饭也吃不下，躺在床上发肝火。阿德也火极了，无可告诉，趱到尹家来告诉莘耜。莘耜笑道："这却是那厮自讨苦吃，并非我们促狭！阿德哥，你去，请福翁来商量商量吧！"阿德料想莘耜必有主意，便飞奔到山家去。不多时，把振福邀来了。素秋提着一盏诸葛灯照了她祖父过来。招呼坐下，莘耜便道："依我的主见，明天备一角呈文，把六十件棉背心径送到县政府去！这公文我来起草，叫素秋抄一抄，也不费什么力的。"他就提起笔来，不消二十分钟便在一张白纸上写成了呈文的草稿：

案奉本镇镇长李少白二月二十日训令，内开："转奉钧府一月二十五日训令，内开：'准本县县党部函开："本省捐募寒衣，馈赠前方战士，各县早经着手募集。本县人民急公好义，不当后人。用特备函，咨请令饬本县各乡镇公所从速募集，以便早日汇送。"等情。准此，除分令外，合亟令仰该镇长从速募集，缴送前来，切勿延误！'等因。奉此，查葫芦谷村为本镇所属殷富之区，理合派募棉背心五十件，限於文到五日内送镇。事关军用，务须遵照派定件数，於规定期限内照缴到镇。如敢故违，定依贻误军机论罪，该村长勿谓言之不预也！切切，此令。"等因。奉此。查葫芦谷全村人民，共计三十家，均以耕农及手工业为活，并无殷富之家。且地处山僻，风气不开，居民尚多因仍旧习。

二月二十一日，奉到李镇长训令时，恰为废历除夕前夜，遵限於五日内赶制棉背心五十件，事实上不无困难。幸经村长以钧令挨户晓谕，村民颇知大义，日夜赶制，於三日内制成棉背心六十件。爰於二十四日，备呈亲自送至镇公所缴纳。不意适值废历新年，据镇公所书记张生福面告，云在李镇长封印期内，例不办公，碍难收受。不得已，亲往李镇长公馆缴纳，又值李镇长往戚家贺年，拒不收受。窃思此项寒衣事关军用，限期已届，急於星火，只得备文越级呈缴。务恳俯鉴下忱，即予收转，公德两便。谨呈

　　缙云县政府。

　　　　壶镇葫芦谷村村长山振福

这稿，振福看了，叫素秋带回家去抄好，填了年月日，盖了钤印。

第二天一早，仍旧叫阿德挑了两大袱包棉背心，从镇上搭乘汽车，径送到县里去。下了车，便一直上县衙门来。号房里坐着一个大块头的门房，见他们两个人土

头土脑，便摆出一种待理不理的架子来。可是见他们是送寒衣来的，倒也不好拒绝，懒洋洋地道："你们且在这里等一等，待我先去禀明县长。"他拿着那件呈文，慢慢地踱进去了。这时，县长正在会客室里接待壶镇的汽车站长王承宗——从前，县长看王承宗是个小伙子，并没有把他放在眼里，后来听人家说起赵望之是特地到葫芦谷来找他的老友尹莘耜的，而王承宗又是尹莘耜现在受业的学生，对待他便又是一种态度了。那大块头门房把山振福的来意说明了，将呈文双手奉上，站在旁边伺候。

县长没有把公文拆看，便道："怎么不从镇公所汇转？零零碎碎地来麻烦！既已送来了，给他一个收条，叫他走吧！谁有工夫见他？"那门房答应了一声"是"，转身就走。王承宗见是葫芦谷村长的呈文，便道："县长，我们尹老师便是住在这位山村长家里的，去年赵望老回去时，也由山村长送来上车的。我们的国文补习班是附设在他兼校长的小学里的，他便是我们的校长了。他老人家今天到县里来，我得去陪陪他。县长再见了！"说毕，起身告辞。那县长道："王站长，且坐一坐！"一面高声叫那门房道："转来，转来！"大块头又重新回进会客室来，垂手站着。那县长忽喝道："糊涂的东西！话也说不清楚吗？山村长自己上这儿来了，怎么不说明白？快请！"大块头又"是，是"地答应了几声，退了出去。"这真是从哪里说起？究竟还是说的不清楚呢？还是听的不清楚呢？"他嘴里虽咕噜着，脚下却不敢怠慢，比进来时快得多了。走出仪门，便张开喉咙嚷："山村长，县长请！"跑到了门房口，领着振福进去，还回头招呼阿德道："朋友，你且在这里坐坐，桌子上的茶壶里有热茶，筛了喝吧！"

振福跟着大块头走进会客室去时，承宗和县长都站起来招呼。振福坐下了，笑道："王站长也在这里，巧得很！"那县长道："呈文，我已经看过了。李镇长把我的训令压了一个月光景，等阴历年底才通知你，而且只限五天，要你们三十家人家的小村子赶制五十件棉背心，未免岂有此理！你却能在三天之内，募集到六十件，可见你老先生平素办事公正，为村民所信服了！现在已改行阳历了，他却摆臭架子，在阴历过年时封印！他哪来的印？省政府，县政府，何尝封什么印？还要到亲戚家去拜年，真是荒唐得很！我得下令去训斥他一番。山村长，刚才王站长说起，去年赵望之先生曾来看住在府上的一位尹莘耜先生过，盘桓了好几天。赵先生是兄弟从前的老师，那时得讯太迟，要来拜谒他，他已经走了！"振福是个忠厚长者，他听了这一番话，觉得几天来闷在肚子里的怨气早已化为乌有了，便把赵望之和尹莘耜的交情和那几天在葫芦谷里做客游玩的情形，一一说了出来，直说到自己送他上车以及后来有一个萧玖璧，也说是赵望之的学生，来找尹莘耜，如何如何闹了笑话。那县长道："这人简直是个骗子，到处借人家做招牌、幌子，可恶得很！"承宗也笑道："听说他已在沦陷了的萧山城里做县长了？"那县长道："当初我也听得如此说。近来方晓得，萧山沦陷的时候，他曾做了五天临时县长，因为竹杠敲得厉害，第六天便被斥革了——这真是俗话所说，'羊肉不吃得，惹了一身骚'啊！"他们谈了一会，便告辞出来，棉背心已由收发处正式给了收条。承宗陪了振福，带了阿德，到一家饭店里，请他们吃了中饭，方同车回镇。振福和阿德别了承宗，带着愉快的心情回到家里。

那位李镇长真的到亲戚家去拜年了吗？并不。他那天躺在家里，振福送棉背心去，他故意吩咐镇公所的书记和家里的长工托辞拒绝的。过了两三天，他便向县政府上了一个呈文，呈缴在本镇收集的棉背心一百件——许多店家，缴的是三块钱一件的钱，他却老实不客气地吞没了——公文里还带了一笔，说明葫芦谷村长山振福故意拖延，违抗命令，向县长请示，怎样加以惩罚。他想："山振福这老头，屡次挺撞我，这次也撞在我手里了！那天虽然来缴过棉背心，一定是收了些破旧的，一定不会到五十件！乡下人过新年要紧，有谁肯替他做棉背心？如其要赶制新的，他们只有二三十家人家，哪里赶得及？小小的山村里，一时要这许多布和棉花，也办不齐呀！"他越想越得意了。"最好县里叫我罚他的钱！"他自言自语地说。

他的呈文送上去之后，没有多少日子，便接到了县政府一件指令。镇公所把这件公文送到他公馆来时，他很得意地向那书记说："这次的回文来得这样快，可见这件公事是要紧的了。不知山老头儿受了怎样的惩罚！"边说，边含着笑，把公文封袋拆开。哪知不看由可，看了把他的肚皮都几乎气破了！原来这封袋里有两件公文。一件是斥责他的，说他借公济私，故意和山振福为难；而且在偌大一个镇上募了许久，只募集了一百件棉背心，葫芦谷村的住户不到全镇三十分之一，在短短的三四天内，却缴了六十件，可见他的溺职，贻误要公了；本应撤职查办，姑从宽记大过一次，以儆将来。还有一件是叫他转下去给山振福传谕嘉奖的指令，不但大大夸奖，而且记功一次。他这才深悔那天做得过火了些，没有把送来的棉背心接受下来，反叫这老头占先了一着。可是没办法，只得老着脸皮，备了一道训令，把县政府的嘉奖令转了下去，却在令末带了一笔说他越级呈缴，也有不合而已。山振福接到了这件公文，高兴异常，亲自拿来给莘耜看了，又讲给阿德听，讲完了，哈哈大笑道："我们两人肚子里闷着的气，今天方得吐尽！"——这已是阴历元宵前一天的事。

山石庵里的小学早开学了，国文补习班本学期第一次讲习会也早开过了。这一次会，只可说是行了一个始业式。山振福仍旧到场，却没有说什么话。莘耜先把批改好的寒假作业——抄注选文——分别发还，并且说：

"上学期讲习的文章的体裁，本学期前半期要讲习的，当从文章说到文学，如诗、词、戏剧、小说等等的体裁。去年也曾提到过，'辞赋'是文学的一种，今年便应当推论到其他的文学作品，可是这些文学作品，《古文辞类纂》和《经史百家杂钞》都是不收的，所以我只得从别的地方选些来做例。剧本中的传奇，如《琵琶记》《桃花扇》等，小说中的长篇章回小说，如《水浒传》《儒林外史》等可以由诸位同学去借来看，或买来看；其余如诗、词、散曲、元剧、短篇小说等，我已选定了许多，仍照去年抄注选文的办法，由各位同学拿去分配抄注，抄注完了，再交还核阅。如其大家认为要印，也可以和去年选注的文章一气编印。还有一件事，得通知你们。子寿曾来信和我商量，他在联合高中里教两班一年级，共有一百光景学生。教科书价钱太贵了，而且教材太呆板，无选择的余地；如其自己选了文章印，只有一百份，又太不经济。你们寒假里抄注的选文，原是我和他和小儿共同选的。他想请你们多印一百份，寄给他作为教材。不知你们的意见如何？"他们大家齐声答道："这当然是很好的事！"

　　莘耜又道："小儿黎明本学期在联师里也兼一班国文，可否再加印五十份，一同寄去？"他们又道："这更不成问题了！""去年我们的讲义共印一百份，今年印选注好的文章，可以加倍，印二百份。排好了版之后，多印的只要化纸墨和印工的钱，不要加排工了，所以份数愈多，价钱愈便宜。"李桂说。"可是已经注好的选文，得赶快印，他们要候着用的！"莘耜又说。李桂道："这也容易办！好在石阿毛已升排字工人的副领班了，他一定肯赶排的。"振之道："既是份数愈多愈便宜，索性多印些，省得买的人多了，又要重排。"李桂道："重排倒可不必。去年印的讲义，我都打下纸版了。如其有大批销路时，只须浇铸铅版，是很省事的。不过纸版的价钱倒不小。去年制的纸版费，我还挂着宕账呢！"

　　这次始业式是用几张八仙桌拼成口形，大家环坐着，开的茶话会。振福笑嘻嘻地含着旱烟袋儿坐在那儿，听他们谈话。这时方开口说："一共多少钱呢？为什么不告诉我？欠了人家的账，过了年不还怪难为情的！去年我就向你们说过，钱不够我可以垫的。"李桂道："大概要一百块钱，还不到些吧！"振福道："那么，今天就带一百块去，先结了账。中玉，你先在小学的存款里支给他，明天我来还给你吧！"原来石中玉在小学里兼做事务主任，教导主任是王振之兼的，体育主任是山承良兼的。中玉答道："款子，我藏在家里，我就去拿一百块钱来吧！"说罢，就站起来走了。

莘耜继续说道："本学期讲习的，我可以先告诉你们一个大概。诗、词、曲、戏剧、小说，这是关於文学体裁的；文章的风格，如繁简、刚柔、浓淡、疏密、轻松和严肃等等，都得讲到。虽然目次没有完全编排好，大致的次序是这样的。今天分给你们抄注的材料得立刻动手；能赶印出去，使大家在讲习这一类后就可以去找实例阅读，那是最好了。"李桂道："只要担任抄注的同学赶得快，排印是不成问题的，可以由我负责。"刚谈到这里，中玉拿着钱来了。振福点交了李桂。接着是大家缴学费、膳杂费，恰好收了一百〇八块，振福笑道："我真是老糊涂了！这笔钱不好先去还印刷所的账吗？倒害中玉空跑一趟！"说罢，便把一百元还给中玉，叫他在国文补习班的账簿上转一笔账。余下的八元，也交给了中玉。又哈哈笑道："诸位，我们校里的经济是公开的。上学期的账，中玉等忽儿可以翻出来，给同学们看看。"

他们刚散会，大家在分配抄注工作，排定记录次序时，中玉的爸爸琢生忽然跑了进来，笑道："阿福伯，尹老先生，我到得迟了！我刚从镇上回来，替你们带了几封信来哩！啊！今天原来备有茶点的！"说着把几封邮政信，分给莘耜他们。莘耜一个人有两封，一封是黎明的平快信，一封是梁家华的平信。他便一封封拆看了，笑道："你们的生意来了！小儿黎明的信上说，联师余外的两班一年级也想采用我们的选文，连他自己教的一班，共需一百五十份。梁家华的信上说，永康城里有间私立的求实中学，国文教员戴靖之先生是他从前的老师，见他抄注好的选文，问他是做什么用的。他把此地的情形原原本本地告诉了他。靖之先生也是我同事过的，听了大为赞成。前几天，要他写信来问，选注的文章，可否加印，他也想买一百五十份去做教材。因为他教的两班高中一年级共有一百四十多人。"

李桂道："好极，好极！再加印三百份吧！连原有的预算共印五百份好了。这两封信此刻赶到，真巧极了！"振之道："卖多少钱一页，你也得算一算，复他们一封信。我们虽然不想赚多少钱，蚀本也不必的。"李桂道："我去仔细核算一下直接写信复他们好了。大包的寄，邮费倒不少啊！"承宗道："你打好了包，交给我，我有免费寄递的法儿。托公路汽车的司机带去，不更直截快利吗？"琢生笑道："你们这补习班，将来大可以摇身一变，改做书坊生意了，可惜现在的印刷材料和纸张太贵！如果生意发达起来，尹老先生便可做总编辑，阿福伯便可改行做书坊老板了。"振福也笑道："我改了行，这把村长的交椅，你再也不好推托了！"琢生道："啊哟！这差使倒不好当！前几天演那送寒衣的趣剧，这孟姜女的主角，只有你阿福伯吃得落倒串的。如其掉了我，怕要和那镇长老爷打一场架了！"大家向这个儿长大胡子花白的孟姜女看了一眼，都忍不住笑了出来。

第二十二章　诗

　　山承良今年用功得多了。因为第一次讲习会时分配抄注的工作，他所担任的是"诗"的一部分；照莘耜排定的次序，第二次就得讲习，笔记的职务又轮派着他；每天课毕后，便在家里用心抄注。素秋见他如此努力，就帮同他抄查。两人合作，不到十天，把许多诗已抄注完毕了，送去请莘耜审核。莘耜见他这般勤奋，自觉欢喜，立刻动手校阅。整整费了一天工夫，有几处注得太繁的，替他删削了；太简的，替他增润了；错误的，也替他改正了。亲自把校好的稿本送到山家来。素秋、承良都不在家，便交给了振福。他对承良有许多奖勉的话，振福听了，也很高兴。

　　第二次讲习会在举行了。莘耜站在讲台上，开始讲道："提到诗，当先推究它的来源。诗歌的起源，可以说是在有文字之前。"大家听了，觉得一楞①。"匈奴是没有文字的民族，可是他们也有民间的歌谣：'亡我祁连山，使我六畜不蕃息；亡我焉支山，使我妇女无颜色。'由此旁证，可以推想我国未有文字的时候，民间已有口头吟诵的不成文的歌谣了。现在各地不识字的妇孺，也有他们常唱的山歌的。"他把理由说了出来，大家又觉得他的推想并不奇怪。

"我国音乐发明颇早。如《吕氏春秋》等书所说，伏羲做瑟，女娲做笙簧，葛天氏之乐，三人操牛尾以歌，虽未必完全可信，但极迟，在黄帝时，音乐已相当地发达，所以有伶伦做音律的事。我国的文字相传是黄帝的史官苍颉、沮诵所造的，苍颉、沮诵造字，话虽未必可靠，黄帝时始有文字却是可信的；而音乐的发生却在这时代以前。有音乐，必有合着音乐唱的歌词了。所以说诗歌的起源，在有文字以前，并不是一种怪论。可是古代传下来的那些诗歌，如尧时的《击壤歌》、舜时的《南风歌》、夏太康时的《五子之歌》，已有出於

---

① 今用"愣"。——编者注。

后人依托的嫌疑；尧、舜以前的诗，更无从说起了。所以我们不得不推那部三百零五篇的《诗经》为我们的诗祖宗。从大体上看，可以说都是'四言诗'。《诗经》是我国中原的文学，它的时代是在春秋中世以前。战国末年，南方新兴的文学，是辞赋，可以现存的那部《楚辞》做代表。《楚辞》中的作品，有可歌的，有不可歌的，从前已经说过。不可歌的，便流为'不歌而诵'的'赋'；可歌的，便成为一种所谓'楚调'的歌诗。所谓'楚调'，便是每句用'兮'字的（或用'只'字，或用'些'字，都只是表示歌唱时的顿挫的）。项羽被围垓下，曾作一首《拔山歌》：'力拔山兮气盖世。时不利兮骓不逝。骓不逝兮可奈何？虞兮虞兮奈若何！'刘邦大功告成，做了皇帝，回到故里，也曾作一首《大风歌》：'大风起兮云飞扬，威加海内兮归故乡，安得猛士兮守四方。'这一个失败的英雄，一个成功的枭杰，都是楚人，所以他们作的诗歌都是用'兮'字的楚调。后来汉武帝立乐府，命李延年为协律都尉，便把这首《大风歌》配以乐谱，作为祭祀的乐章了。此后，凡经乐府采选，可以合乐的歌诗，便叫作'乐府诗'，成为诗的一体了。宋人郭茂倩编有一部《乐府诗集》，他把唐尧至五代的可以合乐的歌辞选辑了一百卷，分为十二类，还有所谓'解题'，叙述源流极为详尽。到了三国初，曹操便借乐府旧题，以咏时事。例如《薤露》《蒿里》本为田横的门客哀悼田横的诗歌。李延年把它收入乐府作为'挽歌'。曹操却借'蒿里行'这旧题来咏董卓之乱。曹植更自创新调，作乐府诗，如《鞞舞新歌》。以后，唐代的诗人便多'拟乐府'（如李白的《将进酒》《行路难》之类）、'新乐府'（如白居易的《杜陵叟》《卖炭翁》之类）等作品。可是文人未必都懂乐律，他们的作品也未必可合乐歌唱，於是乐府诗便又名存实亡了。这类旧诗我已选了许多实例，诸位可以自己去阅读。"他讲到这里，暂作停顿，拿起开水杯，喝了一口。

素秋趁此机会，站起来问道："我在爸爸书箱里，找到一部《文心雕龙》。里面有一篇《乐府》篇后的注里有这样几句：'孝惠二年，夏侯宽已为乐府令，则乐府之立，未必始於武帝。'这话靠得住吗？"莘耜笑道："这是汉代官制的考据了。汉武帝立乐府的事，是见於《汉书·礼乐志》的。或者惠帝时已有乐府，而大规模地采诗合乐却在武帝时。所以《文心雕龙·乐府》篇也说：'暨武帝崇礼，始立乐府，总赵代之音，撮齐楚之气。延年以曼声协律，朱马以骚体制歌。'"素秋虽然看过这一篇，却尚未读得成诵，见莘耜竟原原本本地写了出来，不禁暗暗叹服。

"我国旧诗，除乐府诗外，又有所谓'古体'和'近体'之分。"莘耜继续讲，"古体诗有四言的、五言的，也有七言的。西汉时，韦孟谏楚王戊的诗，还是四言诗。五言的古诗，论者往往推李陵、苏武的《河梁赠答》，班婕妤的《团扇诗》为首倡。但这几首诗，也有疑为后人所依托的。《昭明文选》有古诗十九首，注云：'古诗不知作者，或云枚乘。'徐陵《玉台新咏》以为其中有'青青河畔草''西北有高楼''涉江采芙蓉''庭中有奇树''迢迢牵牛星''东城高且长''明月何皎皎'七首，是枚乘所作。然这十九首中有'驱车上东门''游戏宛与洛'等句，明明是东汉人的话；而'冉冉生孤竹'一首，《文心雕龙》明说是东汉傅毅之词。可见这十九首诗，未必是一时一人所作。

如果其中有枚乘的作品，那倒在苏、李、班婕妤之前了。钟嵘《诗品》又说夏代《五子之歌》'郁陶乎余心，颜厚有忸怩'，《离骚》'名余曰正则'，是五言之滥觞，可是《五子之歌》出於伪古文《尚书》，并非夏代的诗；《离骚》原句作'名余曰正则兮，字余曰灵均'，也并非正式的五言诗。《文心雕龙》又说《诗经·召南》的《行露》半章为五言、《孟子》所载《孺子沧浪之歌》全首为五言，《左传》所记晋优施《暇豫之歌》亦是五言。"他说到这里，把这三首诗歌都写在黑板上：

> 谁谓雀无角，何以穿我屋？
>
> 谁谓女无家，何以速我狱？
>
> ——虽速我狱，室家不足！（《行露》之一章）
>
> 沧浪之水清兮，可以濯我缨；
>
> 沧浪之水浊兮，可以濯我足。　（《沧浪歌》）
>
> 暇豫之吾吾，不如鸟鸟。
>
> 人皆集於菀，我独集於枯！　（《暇豫歌》）

"其实这些都不是完全的五言诗。"他写完了，又接续着讲，"《文心雕龙·明诗》篇说：'成帝品录三百余篇……而辞人遗翰，罕见五言。'可见西汉时代即使已有五言古诗，还没有十分发达。《汉书·五行志》上载有西汉成帝时的一首童谣。"他又回转身来写道：

邪径败良田，谗口害善人。

桂树华不实，黄雀巢其颠。

故为人所羡，今为人所怜。

振之站起来问道："老师，这首诗，'田''颠''怜'都是叶韵的。'人'字究竟是不是出了韵？"莘耜道："这是古韵，和今韵不同。顾亭林先生喜欢研究古音。有一次，他宿在傅青主先生家里。第二天早晨傅先生去叫他起来，说是'汀茫了！'顾先生听了茫然，问他是什么意思。傅先生笑说：'汀茫即天明的古音啊！''天'字古音既读如'汀'，则'田''颠''怜'当然可以和'人'字叶韵了。"

莘耜答复了振之的问话，拿起教鞭，指着黑板上那几首诗道："《行露》是《诗经·召南》中的一篇。旧说《召南》是十五《国风》之一，《国风》是各国民间的歌谣。梁启超氏虽说"二南"是曲终合奏的乐曲，这是就音乐方面区别的话。照这首诗的情意看来，的确是一首民歌而不是文人之作。《暇豫歌》或许是豫先作成了，去讽里克的，但也是优伶口中唱出来的。至於《沧浪之歌》《邪径之谣》，分明是孩子们口头唱的歌了。口头说的话，用文字写下来，便成一篇散文；口头唱的歌，用文字写下来，便成一首诗：这是一样的道理。我颇疑心，五个字一句的诗，在西汉以前，在民间口头的歌谣里已很通行，而文人的作品中，尚少这种体裁；所以'辞人遗翰，罕见五言'了。东汉时，文人的五言诗渐多，至建安以后而大盛。我所选的五言诗，除《古诗》十九首，苏、李《河梁赠答》，班婕妤《团扇诗》之外，都是建安以后的作品。

　　"至於七言古诗，任昉的《文章缘起》认为以汉武帝与群臣《柏梁台联句》为最早。这首诗是每句用韵的七言诗（以后此种体裁的七古，便叫作'柏梁体'），是许多人的集体作品。自皇帝以下，宋本《古文苑》之无注者，皆称其官位，惟梁孝王、郭舍人、东方朔直书其名。据《三秦记》，柏梁台是武帝元封三年所造，而联句之人如梁孝王已死于景帝时，不应至元封时尚在；所称官名如'光禄勋''大鸿胪''大司农'等，又都是武帝太初元年改定的官名，不应预书于元封年间所作的诗，可见明明是后人的拟作了。顾亭林先生的《日知录》考之颇详。清人沈德潜以《大风》《柏梁》为七言之始。《大风歌》为楚调，已如前述。王士祯又说《诗经》里'维昔之富不如时'（《大雅·召旻》），'予其惩而毖后患'（《周颂·小毖》），'学有缉熙於光明'（《周颂·敬之》）等为七言之始。这些又不过是零零碎碎的几句七字句而已。所以正式的完全的七言古诗，当以曹丕《燕歌行》'秋风萧瑟天气凉'一首为最早。这首诗，我也已选录，叫诸位抄注了。七言古诗中，又有所谓'歌行体'，题目称作'引''行'等的，也是与音乐有关的，是从'乐府'、合乐的歌曲演变出来的，如白居易《琵琶行》之类，我也已选有几首例了。无论是四言的、五言的、七言的古体诗，句数都没有限制；或用平韵，或用仄韵，或换韵，或不换韵，也都没有限制；字句间的平仄对偶，也都可以不拘。唐以前，本无所谓'古体诗'之名；至唐，始有'律诗'；唐人称律诗为'今体诗'，这一类诗便有'古体诗'的名称了。"

这时候，已在打退课钟了。莘耡道："今天要破一次例了。'今体诗'还没有讲过，我想在下午再继续讲下去。饭后，诸位同学且慢些儿散去！"下课之后，莘耡想回去吃饭。振之道："今天有一位同学因病请假，老师不妨在校里吃饭，省得来回跑。"莘耡道："也好，也好！得叫人去通知舍间一声。"振之便叫阿德去通知尹家。莘耡和他们一同吃过中饭，休息到一点钟，又开始上课。

"现在要讲今体诗了。今体，也叫作'近体'。'今'和'近'都是唐人的话。古体诗虽有四言、五言、七言等分别，但每句的字数并没有极严格的限制。如《诗经》，就它的大体说，是四言诗。可是也有一言的，如《缁衣》的'敝，予犹改为兮''还，予授子之粲兮'的'敝'和'还'；有二言的，如《祈父》之'祈父，予王之爪牙'的'祈父'；有三言的，如《江有汜》之'江有汜''不我以''不我以'，《振鹭》之'振振鹭''鹭於飞'；有五言的，如上午所举，《行露》之'谁谓雀无角''何以穿我屋'……；有六言的，如《卷耳》之'我姑酌彼金罍''我姑酌彼兕觥'……；有七言的，如《黄鸟》之'交交黄鸟止於桑''交交黄鸟止於棘'……后代的古体诗也是如此。如李白《蜀道难》的'噫吁嚱，危乎高哉！蜀道之难，难於上青天'，十六字的长句，竟有些像散文了。今体诗每句的字数却有严格的限制了。不但每句的字数有限制，每首的句数，除长篇排律外，也有一定；如律诗每首八句，绝诗每首四句。每句的平仄，也都有一定；虽然五言的第一、第三两字，七言的第一、第三、第五三字，可以通融，绝诗还有所谓'拗体'。古体诗可以换韵，今体诗则须一韵到底。总之，今体诗格律的拘束，要严得多了。"他一面讲，一面写，虽然带了一本笔记本儿，却老搁在桌子上，并没有去翻看。

"'今体诗'这名词，可以包括律诗和绝诗两项。律诗每首八句，五字一句的叫作'五言律诗'，也简称'五律'；七字一句的叫作'七言律诗'，也简称'七

律'；格律整严，故曰'律诗'。首尾四句，是不必对
的；中间四句，却必须对。"讲到这里，他又在黑板上
写出两首杜诗来：

春 望

杜甫

国破山河在，城春草木深。

感时花溅泪，恨别鸟惊心。

烽火连三月，家书抵万金。

白头搔更短，浑欲不胜簪。

野 望

杜甫

西山白雪三城戍，南浦清江万里桥。

海内风尘诸弟隔，天涯涕泪一身遥。

惟将迟暮供多病，未有涓埃答圣朝。

跨马出郊时极目，不堪人事日萧条！

"第一首是五律，首句也叶韵，首句和第二句也对

的；第二首是七律，首句不叶韵，首句和第二句也对的。第一首首句的调子是'平仄仄平平'，叫作'仄起'；第二首首句的调子是'平平仄仄平平仄'，叫作'平起'。律诗，我也选了不少，诸位阅读时，当注意它们的平仄、用韵、对仗等等。用作律诗的法则，作成长篇的，叫作'排律'。我也选了一篇做例。其实，这种铺排联句，多至数十韵的诗，唐宋时也总称为'律诗'，并无'排律'之名。元杨士宏编《唐音》，方列'排律'一目。

"至于四句一首的'绝诗'，也叫作'绝句'。绝句以全首不对为常例，也有全首对的，也有前二句或后二句对的。"讲到绝句，他接下去又在黑板上举了几首例：

相　思①

王维

红豆生南国，春来发几枝？

劝君休采撷，此物最相思！

---

① 原书这里为"相思子即红豆"。——编者注。

八阵图

杜甫

功盖三分国，名成八阵图。

江流石不转，遗恨失吞吴。

登鹳雀楼

王之涣

白日依山尽，黄河入海流。

欲穷千里目，更上一层楼。

江南逢李龟年

杜甫

岐王宅里寻常见，崔九堂前几度闻。

正是江南好风景，落花时节又逢君。

征人怨

柳中庸（名淡，以字行）

岁岁金河复玉关，朝朝马策与刀环。

三春白雪归青冢，万里黄河绕黑山。

他放下粉笔，拿起教鞭指着黑板上的诗道："前三首是五言绝，后两首是七言绝。第一首，全首不对；第二首，前二句对；第三首，全首都对；第四首，也是前二句对；第五首，也是全首都对。第一句可以叶韵，如末一首；也可以不叶，如其余的四首。因此，《岘佣说诗》就认为绝句是截取律诗之半而成，其全首不对者，是截取首尾四句，全首对者，是截取中间四句；前半首对者，是截取后半四句；所以绝句又有'截句'之名。可是照诗体成立的时代说，绝句却在律诗之前。如汉乐府之《上留田行》是一首五言绝句，梁简文帝的《夜望草雁》是一首七言绝句，这两首诗我都已选取在你们抄注的诗里了。那么，绝句是从哪里来的呢？我认为是从乐府里四句一解的诗和民间的抒情小歌里蜕化出来的。六朝时的民歌，已有许多具五言绝句的雏形了。例如：

寒鸟依高树，枯林鸣悲风。

为欢憔悴尽，哪得好颜容？（《子夜歌》之一）

罢去四五年，相见论故情。

　　　杀荷不断藕，莲心已复生。(《读曲歌》之一)

　　　新买五尺刀，悬着中梁柱。
　　　一日三摩挲，剧于十五女。(《琅玡王歌》)

　　　健儿须快马，快马须健儿。
　　　跋跋黄尘下，然后别雄雌。(《折杨柳歌辞》)

以上四首，不都是和五言绝句一样？此外如'杨柳青青
著地垂，杨花漫漫绕天飞'一首，便是七言绝句的雏形
了。"他写完后，仍继续讲，"那时，文人也有作这种
四句的小诗的，例如：

　　　夕殿下珠帘，流萤飞复息。
　　　长夜缝罗衣，思君此何极！

　　　山中何所有？岭上多白云。
　　　只可自怡悦，不堪持赠君。

阳关万里道，不见一人归。

惟有河边雁，秋来南向飞。

第一首是谢朓作的《玉阶怨》，第二首是陶弘景作的《答诏问山中何所有》，第三首是庾信作的《重别周尚书》。可见绝句也是先有五言后有七言，但其起源却远在唐人的律诗以前。绝句也有六言的，如秦观的《菫浦即事》，都是六言绝，其中有二首云：

挥汗读书不已，人皆怪我何求。

我岂更求荣达？日长聊以消忧！

南土四时尽热，愁人日夜俱长。

安得此身如石，一齐忘了家乡！

绝句的例，我也选了不少。至于所谓白话诗，有仍旧于句末叶韵的，有全首不叶韵的，我也选了几首例在那里。不过我认为白话诗，在现在，还没有达到成熟的时期。那些仍旧叶韵的，往往不晓旧诗和词的调儿；其下焉者，竟似的笃班唱的戏句，除俚俗鄙陋之外，实在并无可取。那些不叶韵的，竟有毫不顾到音节的，只是分行写的'白话'，而并不是'诗'。我以为白话文比文言文难做，白话诗也比文言诗难作，因为文言诗文还可以借声调、词藻、话头等装饰，来遮掩其内容之浅陋或空疏，白话诗文却把这些装饰都除去了。譬如'淡扫蛾眉'要比'污颜色'的脂粉好看，必须是一个国色天姿，方能邀人顾盼，若使全靠着绮罗脂粉以显示漂亮，而反使人觉得其鄙俗、凄凉的她们自感惭愧啊！"说到这里，方才退班，已是两点钟了。末了的几句话，在莘耜不过是随便取譬，并无用意的，哪知苏慧这天却穿了皮大衣，搽了一脸的脂粉，和布衣淡妆的蕙英、素秋坐在一块，直羞得无地自容！

第二十三章　词

　　素秋拿着她抄注好的词、承良整理好的上次所讲习的诗的讲义稿，到尹家来找莘耜。莘耜招呼她坐下之后，说道："我常常说，文言的散文骈文，因为有声调关系，应当注重读，朗读，读出它们的声调神韵来。诗和词，更须讲究音节了，更应当注重读法。"他随手翻开承良的笔记，找出他所举的几首例，叫素秋试读读看。素秋低低地读了一篇。莘耜道："读诗的调子，和读散文骈文不同。我们当先辨明它所用的字的平仄，分清它每句中的声节。平声字，声音读得长些；仄声字，声音读得短促些。每个音节里的几个字，当连着读，到这音节的末一字，方可停顿。我且举两首诗为例，用种种符号标明读法。平声，在字旁注'-'；仄声，在字旁注'｜'；照调子应当作平，而这首诗上用仄声字，或照调子应当作仄，而这首诗上用平声字的，必定是个平仄可以通融的字，就在字旁注'+'。每个音节之下，在两字之间作一'│'来分开它；如其声调上应读得缓而长的地方，把这'│'号改用'〉'号，表示当用曼声摇曳。"他说罢，取过一张纸，写道：

　　　│　│　　─　─　　│　　　─　─　│　│　　│
　　　白日│依山〉尽│，黄河〉入海│流〉。

　　　+　─　　─　│　│　│　　│　│　│　─　　─
　　　欲穷〉千里│目│，更上│一层〉楼〉。

　　　│　│　　─　─　│　│
　　　岁岁│金河〉复玉关〉，

　　　─　─　│　│　│　─
　　　朝朝〉马策│与刀〉环〉。

　　　─　─　│　│　─　─　│
　　　三春〉白雪│归青〉冢│，

　　　│　│　─　─　│　│　│
　　　万里│黄河〉绕黑山〉。

　　写完了，便恬吟密咏地低声讽诵起来。教了几遍，叫素秋学着读。素秋的天资本是聪明，散文的读法她已懂得而且娴习了，所以一经指示，便学会了诗的读法。读了几遍，觉得很有趣，便又问道："词，也可以用这法儿来学习读法吗？"莘耜道："当然可以。"他又拿起笔，写出一首李白的《菩萨蛮》来：

　　写完了，仍教她读了几遍。素秋道："'菩萨蛮'三字是题目吗？"莘耜道："这是词调名，不是题目。

每个调子，这句几个字，那句几个字，都有一定；平仄
也有一定；句法也有一定；哪句叶韵，哪句换韵，也
有一定的。作词，须照着谱作，不能随便的，所以叫
作'填词'。因为它的句子可以短至一字，长至八九
字，所以词又叫作'长短句'。词的一字句很少，只有
《十六字令》这调子的第一句，是真正的一字句。其他
各调，用'正''甚''奈''怎'……字的，不过是
下一句的'领字'，并未断句的。二字句三字句却多
了。如周邦彦《琐窗寒》的'迟暮，嬉游处'，苏轼
《满庭芳》的'无何，何处是'，姜夔《惜红衣》的
'故国，渺天北'等都是。四字句更普通了。欧阳修
《踏莎行》的'侯馆梅残，溪桥柳细''寸寸柔肠，
盈盈粉泪'，蒋捷《一剪梅》的'江上帆飘，楼上帘
招''红了樱桃，绿了芭蕉'，都是'仄仄平平，或
平平仄仄'的普通句法。五字句的普通句法是上二下
三。如《菩萨蛮》的调子，除首二句为七字句外，以下
都是上二下三的五字句，和五言诗的句法相同。只有
《燕归梁》的'记一笑千金'，是上一下四的句法；
《寿楼春》的'裁春衣寻芳'不但是上一下四的特别句

法，而且五个字都用平声，在词中也是特殊的。六字句，如尹鹗《满宫花》的'一炷后庭香袅''满地禁花慵扫''何处醉迷三岛''愁锁碧窗春晓'，也都是二二二的普通句法。七字句，有上四下三，与诗的句法相同者，如《菩萨蛮》的首二句；有上三下四，与诗的句法不同者，如《唐多令》的'燕辞归客尚淹留'，《洞仙歌》的'金波淡玉绳低转'。至於八字句，如《金缕曲》的'枉教人梦断瑶台月'；九字句，如《虞美人》的'故国不堪回首月明中''恰似一江春水向东流'，都是。素秋，我今天讲得太琐碎了！你如喜欢词，在读的时候，不但当留心平仄、用韵，还得留心它的句法呀！"他说的时候，随手把所举的例句都写在一张纸上。素秋向他要了，放进袋儿里，告辞走了。

第二天下午，莘耜刚把素秋抄注的词批校好，她又来了。莘耜那时正在批改承良的笔记，素秋便坐下来细看莘耜批改的词注。只见那首李白的《菩萨蛮》后，加了许多注，用蝇头细字写着：

　　《词律》谓此词为千古词家之祖。但此词来

历，《湘山野录》说是魏泰在鼎州沧水驿楼壁上录
得。且《菩萨蛮》一作《菩萨鬘》，调名缘起，见
於《杜阳杂编》。说唐宣宗大中初年，有女蛮国人
进贡；其人头上梳着高髻，戴着金冠，披着璎珞，
时人叫它作'菩萨蛮'，倡优遂制《菩萨蛮曲》，
文士亦往往倚曲制词。《北梦琐言》亦说唐宣宗爱
唱《菩萨蛮》词，丞相令狐绹命温庭筠撰新词进
之。今《花间集》中尚选有温氏《菩萨蛮》词十四
首。可见这调名始於宣宗时，远在李白之后；李白
如何能预填此调？但是此词确是一首好词，未能割
爱，故仍入选。

素秋等莘耜停下笔来喝茶时，问道："那么，李白
不是词家之祖了？词，究竟是什么时候起来的？是否从
诗演变出来的？"莘耜道："这问题说来话长，待我告
诉你一个大概吧！"他说时取过一张白纸，写了'旗亭
画壁'四字，问素秋道："这故事你知道吗？"素秋
道："从前似乎听爸爸讲过，可是不很记得了。"莘
耜道："王昌龄、高适、王之涣是唐代同时的诗人。有

一天，他们同在旗亭饮酒。所谓'旗亭'，就是'市楼'，挂着酒旗的酒家。忽然来了个伶官，带着好几个妓女，携着乐器上来。他们三人坐在旁边的座头上，私下相约，看这些妓女所唱的谁的诗多。过了一忽儿，伶官叫妓女们唱起来了。高适的诗唱了一首，高适在壁上记了一画；王昌龄的诗唱了两首，在壁上画了二画；只有王之涣的诗没有唱着。王之涣指着一个最漂亮的妓女道：'等会儿她唱的，一定是我作的诗！'后来轮到这个妓女唱了，果然唱道：

> 黄河远上白云间，一片孤城万仞山。
>
> 羌笛何须怨杨柳？春风不度玉门关。

这首七绝，正是王之涣的佳作。这故事是见於《集异记》的。《唐音癸籖》上还有一个故事。唐明皇和杨贵妃在兴庆宫里的沉香亭畔赏芍药花。梨园子弟来奏乐了。明皇道：'对美人，赏名花，得唱新词才好。'立刻命宣李白进宫。李白本是才思敏捷的，便撰就三章《清平调》，献了上去。於是李龟年配成曲调，明皇亲吹玉笛，命杨

贵妃唱这三章诗来和他。这三首《清平调》，我已选入
承良抄注的诗里了，也是三首七绝啊！还有王维《送元
二使安西》的那首七绝："渭城朝雨浥轻尘，客舍青青
柳色新。劝君更尽一杯酒，西出阳关无故人。'这首诗，
后来成为有名的送别时唱的《阳关曲》。从以上所说种
种看来，唐人用以合乐歌唱的是'绝句诗'了。绝诗每
句的字数是有定的，唱起来必须于句中略加顿挫，或添
入所谓'泛声'，如现在唱京戏的样子，方是好听。后
来在这些泛声处填入实字，或把原有的实字省了，换作
泛声，便变成长短句的词了。所以词又叫作'诗余'。
唐人张志和有一首《渔歌子》道：

　　　西塞山前白鹭飞，桃花流水鳜鱼肥。
　　　青箬笠，绿蓑衣，斜风细雨不须归。

这明明是一首七绝，把第三句省去一字，变成两三字句
了。又如《生查子》，朱淑贞的一首云：

　　　去年元夜时，花与灯如画。

月上柳梢头，人约黄昏后。

今年元夜时，花与灯依旧。

不见去年人，泪湿青衫袖。

这不是两首五绝吗？余如《小秦王》《阿那曲》等词调，均与七绝无别。其由诗变成的痕迹，不是很显然吗？这是词的起源之一说。"

素秋听了，比昨天所讲词的句法，有趣得多了，便又问道："难道还有另一说吗？"莘耘道："上一次，我讲诗的时候，曾提到过。乐府诗，是可以配音乐歌唱的。后来文人依旧调另作新诗，或借旧题另创新调，因为他们未必都懂音律，所以名为拟乐府、新乐府的诗，往往不能合乐歌唱了。还有诗歌等类的文学，往往从民间的歌谣出来，词也不能例外。《东晋乐录》载有那时的民歌《休洗红》二首：

休洗红，洗多红色淡。不惜缝故衣，记得初按茜。人寿百年能几何？后来新妇今为婆。

休洗红，洗多红在水。新红裁作衣，旧红翻作里。回黄转绿无定期，世事返复君所知！

这两首歌是长短句，而且两首是一个调子。又如梁武帝萧衍有《江南弄》七首，也用同一调子的长短句作成。我且举它两首：

枝中木上春并归。长杨扫地桃花飞。清风吹人光照衣。光照衣，景将夕。掷黄金，留上客。

金门玉堂临水居。一颦一笑千万余。游子去还愿莫疏。愿莫疏，意何极。双鸳鸯，两相忆！

此外，如沈约的《六忆诗》，隋宫侯夫人咏看梅花的《一点春》，炀帝的《清夜游湖上曲》，都是如此，字句音节，皆有定格。这就是词的滥觞。唐初，柳范作《江南折桂令》，见赵璘《因话录》。以后，如韦应物的《调笑》云：

胡马，胡马，远放燕支山下。跑沙跑雪独嘶，东望西望路迷。迷路，迷路，边草无穷日暮。

王建的《团扇词》，也用此调：

> 团扇，团扇，美人并来遮面。玉颜憔悴三年，谁复商量管弦？弦管，弦管，春草昭阳路断！

刘禹锡有《春去也》云：

> 春去也，多谢洛城人。弱柳从风疑举袂，丛兰浥露似沾襟。独坐亦含颦。

与白居易的几首《忆江南》同一调子，今举它的一首：

> 江南忆，最忆是杭州。山市月中寻桂子，郡亭枕上看潮头。何日复重游？

这许多调子，后来便成正式的词调了。所以，词，也可说是上承两汉乐府，下承六朝民歌，渐渐变来的。这是词的起源的又一说。"

素秋道："这两说究竟是哪一说对呢？"莘耜道：

"都对的，且必合此二说，方能完全。因为无论什么事，发生的原因都不是单一的，而是复杂的。就是外国许多乐器乐曲的输入，及於我国歌唱的文学的影响也是很大的。如《霓裳曲》《凉州调》等都是从外国的乐曲里蜕化出来的。"素秋道："《霓裳曲》不相传是唐明皇中秋游月宫，从天上听来的吗？"莘耜笑道："你怎么也相信这种迷信的话？我想来，这话，不是有人深羡这乐曲的好听，以为'此曲只应天上有'，便是明皇故神其词，造出这神话来。《霓裳羽衣曲》是开元中西凉节度使杨敬述所献的婆罗门曲，明明见於《乐苑》。"

素秋道："照此种想起来，《菩萨蛮》的调子说是起於宣宗时女蛮国人入贡这件事，或者就是女蛮国人所唱的一种歌调，也未可知了。"莘耜道："你的推想，也颇近情，可是没有证据，只得阙疑。"

素秋又问道："我所抄的词，中央有的空着一格的，有的却有两个空格的，这是什么道理？"莘耜道："单调的词，都是'小令'，中央便不必空格，如刚才举的《调笑》《忆江南》诸调；'中调'的词，便是两叠的双调，抄写时，在两叠之间，须空一格，如《菩萨蛮》

便是一例；还有三叠的，便是'长调'，须空二格，例如项鸿祚那首《兰陵王》；还有四叠的，须空四格，例如吴文英的《莺啼序》，这两首诗，你都抄过了。"素秋又问："那么，'小令''中调''长调'分别的标准是什么呢？"莘耕道："《草堂诗余》始有这'小令''中调''长调'的名称。普通以五十八字以下为'小令'，五十九字以上至九十字为'中调'，九十一字以上为'长调'。其实这三个名称只是大略指明词调的长短而已。如果执着上面所说的字数为分别的标准，则五十八字与五十九字，九十字与九十一字，所差只有一个字，究竟谁定如此严格的例呢？而且许多调子，字数多少，有好几种的。如《七娘子》一调，有五十八字的，也有六十字的；《雪狮儿》一调，有八十九字的，也有九十二字的，算它们是哪一种呢？《草堂诗余》的宋刊本，并没有这三种的分别；明嘉靖间，顾从敬刻本方有小令、中调、长调之分。所以我颇疑心这三种的分别，未必是编《草堂诗余》者的原来主张。"

素秋又问道："我抄词的时候，曾有两个疑问：一个是两首调名不同的词，字句的长短和平仄好像一样的，如《木兰花》和《玉楼春》；一个是两首同一调名的词，字句却大有多少了，如《浪淘沙》。这又是什么道理？"莘耜道："前者是调同名异，《木兰花》《玉楼春》原是同一词调。宋人好取词中字句名篇，便成为这调的一个别名了。如《念奴娇》因苏轼一词，便又有《大江东去》《酹江月》的别名。后者则本只有一个调子，后来单调的化成双叠了，短的变成长的了，如《浪淘沙》便有长短两种。"

莘耜和素秋谈话时，嘴里讲，手上写，煞是忙碌。秋氏刚跑了进来，笑道："素秋姊又不是聋子！要这样手忙脚乱的干什么？"素秋不知所谓，倒楞住了。莘耜笑道："难怪你听了不懂！我们老丈是个着地聋。从前我和他老人家谈天，都用笔谈的。我因为他听不见，所以用笔写，哪知他也不声不响地用笔问我、答我。有时候，两人在书房里谈了半天，他家里的人还不知道我们两个人在那儿哩！这是内人看惯的事实，所以见我在写，说出这句话来。她哪里知道，我所讲的话，有许多是非写不明白的呢。"秋氏经他这一提，可就回忆起她已故的爸爸来了，呆呆地坐在一旁，偷偷儿地在那里拭泪。

莘耜叹口气道："提起老丈秋谨斋先生来，真使我有无限的感慨！他是个硕学老儒，是个不出名的诗人，是个有魏晋人风度的老先生！我年轻时，学散文，学骈文，学诗，学词，研究经学，得了他不少的指导！我别的都合他的胃口，只有不会喝酒，在他看来，是一个很大的缺点。他中饭喝一次酒，下午三点多吃点心时又喝一次，夜饭又喝一次。我去做客时，常常勉强陪他喝几杯。每次必喝，每喝必醉，所以一到他家，便终日昏昏，变成个醉人了。有一次，他病得很厉害，着一个用人到我们家里来通知。内人便当日到凌家桥趁公路汽车赶了去。第二天一早，那用人又来了，说：'老爷要叫的是姑爷，不是姑奶奶。'於是我也赶了去。他叫我陪他，一天到晚坐在他床前，不准离开。陪了几天，病势越危险了。岳母、内弟、舅嫂和内人都在房里拭泪。他忽然道：'莘耜，叫他们不要哭，我是不会死的！'我那时要安慰他，便凑近他耳边高声回道：'是的，老丈的病势已有转机了！吉人天相，不久必可占勿药。'他摇摇头，叹道：'病，何尝有什么转机？'我只得说道：'内侄云士还只有十三四岁，老丈得看他成人授室，见见曾孙呀！'他又摇摇头，叹道：'这，我怕等不得了！'过了一忽儿，又道：'莘耜，你没有懂得我的意思吗？你且到我们厨房隔壁那一间贮藏室里去看看，你可晓得我还不肯死的道理。'他的意思，我仍旧听不懂，岳母等也是不懂。舅嫂说：'那间房里，杂七杂八地堆着东西，看得出什么道理来呢？'老丈又道：'你们都不懂吗？那里不是还有三坛八年陈的老酒吗？这样好的陈酒，没有喝完，就是阎罗王拿帖子来请，我也不肯去的！'"素秋听到这里，有些忍俊不住。秋氏也不禁破涕为笑了。

　　"我记得'七七'事变起后，曾去看他的病。在病榻前，谈到时局。我还以为中日有恢复和平的希望，他却说：'除非不开战；战端既开，便永远没有所谓和。'我说：'战事无论大小、久暂，结果终是和。怎么会永远没有所谓和呢？'他道：'此次中日两国的战事，并不是因有什么争执而起。日本的目的，是要吞灭中国，即使退一步说，也是要压服中国；中国的目的，是要争取生存，不肯屈服。所以，我认为，这场战事绝非短期间所能了；结果，或者是中国获得了最后的胜利；或者是中国无力抵抗了，为日本所并吞，为日本所屈服。被它并吞，是亡；向它屈服，是降。这次空前的战事，我国或幸而胜，或不幸而降，或更不幸而亡，是不会有对等的和的！我今年已八十四岁了，怕不能看到战局的结果了！'　'死去原知万事空，但悲不见九州同。王师北定中原日，家祭毋忘告乃翁！'他在枕上读起陆游的诗来了。'八一三'上海事变爆发后，我们还住在杭州城里，他着人来叫我们赶快搬回乡下去。却不料一个月后，他老人家便骤归道山。那一次，竟成了我们翁婿二人最后的谈话，而陆游一诗，似乎竟成了所谓'诗谶'了！"说罢，嗟叹不已。

素秋又坐了一歇，把莘耜随笔写的那几张纸都收拾了，带着回去。

第二十四章　散曲与剧曲

　　玉炉香，红烛泪，偏照画堂秋思。眉翠薄，鬓云残，夜长衾枕寒。梧桐树，三更雨，不道离情正苦。一叶叶，一声声，空阶滴到明。

（温庭筠《更漏子》）

　　云一緺，玉一梭，澹澹衫儿薄薄罗。轻颦双黛螺。秋风多，雨相和，帘外芭蕉三两棵。夜长人奈何！

（李煜《长相思》）

　　风飘飘，雨潇潇，便做陈抟也睡不着。懊恼伤怀抱，扑簌簌泪点儿抛。秋蝉儿噪罢寒虫儿叫，淅零零细雨洒芭蕉。

（关汉卿《大德歌》）

　　素秋自从那次莘耜把诗词的读法指点她过以后，便在空的时候常常吟咏。这学期，李桂经手的印刷工作确是赶得很快，不但去年选注的文章已印出许多，由承宗分别寄发，今年抄注的诗和词也已印好，於第三次讲习会讲词的那天送来了。他印得越快，素秋也催得越紧；莘耜见他们抄注得越快，便也批改得越迅速。苏慧抄注的散曲，孙蕙英抄注的元剧，振之、中玉抄注的短篇小说，都已改好，交还了素秋。素秋翻开刚印好的词，读了两首；又翻开刚改好的选注散曲来读了一首，觉得它们的意境很相像，形式也差不多。她又觉得读词和散曲的小令，比诗更有趣味。下面是一首马致远的《天净沙》：

枯藤老树昏鸦，小桥流水人家，古道西风瘦马。夕阳西下，断肠人在天涯！

她觉得这首散曲小令写得更好了。前三句各用三个带着形容词的名词做成，完全没有动词，到第四句方用了一个"下"字，句法已是奇了；而且前四句完全是写景物的，第五句方说到人，只此一句，已把天涯飘泊的"断肠人"在日暮旅途中无限孤凄的心情表示了出来。而且照这首小令散曲的意境，竟可以画成一幅图画。

　　她又翻开抄注的元剧来看，看到一出白朴的《梧桐雨》，是演唐明皇和杨贵妃的故事的。匆匆地看了一遍，记得刚印好的选注的诗里有一篇白居易的《长恨歌》，刚改好的抄注的短篇小说稿里有一篇陈鸿的《长恨传》，便都翻出来阅读。她想，原来同一故事，可以写成各种形式不同的文学作品。她看了这种，又读那种，觉得各有各的好处。正在自得其乐的时候，忽然阿德从镇上回来，苏慧带给她一封信，并且把一本《长生殿》、一本《桃花扇》寄来借给她看。她高兴极了，不知先看哪一本好。承良也回来了，见了这两本书，和她商量道："姊姊，你先看《长生殿》，我先看《桃花扇》。看完了，我们再掉了看。"素秋先翻翻目录，见《长生殿》也是写唐明皇、杨贵妃的故事的，便决计先看《长生殿》了。可是她还得整理轮值记录的讲义"词"的一章。她急于要看《长生殿》，每天下午课毕回家，一直要工作到晚上的十点钟。这样埋头工作了几天，小学里的缀法、书法、算学、日记等改本，又积压起来了。开了几天夜车，方才全部出清，得静下心来，去看《长生殿》。可是承良已快看完了《桃花扇》，她便发起狠来，夜里等她妈妈睡着之后，重新偷偷地扒起来看。看了两夜，把《长生殿》看完，向承良掉那本《桃花扇》。承良道："这本书，写明朝亡国时的情形，真好极了！虽然它的主角是名士侯方域，名妓李香君，可是悲壮淋漓的亡国之痛，充满於字里行间。每天晚上，我看得正出神时，祖父便不许我看，叫我睡了；其实，我哪里睡得着？前天，我从学校里回来，听得厢房里有人在唱：'十七年忧国如病！呼不应天灵地灵，调不来亲兵救兵。白练无情，送君王一命！'这是《桃花扇·哭主》一出里左良玉唱的。一忽儿又唱道：'抛下俺断篷船，撇下俺无家犬，呼天叫地千百遍，归无路进又难前！'这是《沉江》一出里史可法唱的。原来他老人家白天里也在看哪！"素秋笑嘻嘻地接了那本《桃花扇》，把《长生殿》给了承良。这是星期三晚上的事。她说："这星期日又要开讲习会了，我们必须在星期六晚上把这两本传奇看完，星期日苏慧来时，可以还她。"承良道："我横竖不很懂得曲里的意思的，和看小说般地略观大意，尽来得及。"

　　素秋得到了《桃花扇》，便捧着用心细看。可是她妈妈要她帮忙，做她爸爸的夹袍子了，化了她两个晚上的工夫。星期五晚上，瞒着妈妈，又开了半夜的夜车。星期六下午，天气异常的潮闷烦热。她妈妈见她近几天有些儿形神憔悴，逼她早些睡。一躺下，就熄了灯。她一心想起来偷看《桃花扇》，翻来覆去，只是睡不着。侧耳听听，妈妈似乎也没入睡，又不敢起来。等了许多时候，方听得微微的鼾声。她偷偷地坐了起来，伸手去摸床前灯桌上的那盒火柴，不料已只剩一个空匣儿了。她只穿着一件毛线小背心，拖着鞋子，到妈妈床前的半桌上摸着了火柴，点起那盏美孚灯来，幸而没有把妈妈惊醒。她又用东西遮住了灯光，使它不至照射到妈妈的床上。她坐在被窝里，披着一件短袄，看那后半本《桃花扇》。越看越觉得紧张，简直把时候的迟早忘了。看到完时，叹了口气，披着短袄，开门到后间去小解时，窗缝儿里已透进白茫茫的曙光来。外面正刮着大风，她抽开后窗去看天色时，一阵北风冷飕飕地扑向她的脸上，钻入她的怀中。她不禁打了一个寒噤。回到房里，吹灭了灯，脱衣躺下，便朦胧地入睡了。

　　星期日上午，莘耜到山石庵前开讲习会时，见别的人都到齐了，只有素秋缺席。这天讲的是"散曲和剧曲"，轮值苏慧和蕙英记叙。下了课，问承良时，方知素秋今天有病，不能起来。下午，便亲自来探问。振福晓得莘耜对於素秋的病特别关心，而且他是懂得些内科方药的，便向他媳妇说明了，陪他上楼来。莘耜和振福走进房去，陆氏忙把帐子撩起，掇了一张方凳儿，请莘耜在素秋的床前坐下。素秋躺在那儿，有些昏昏沉沉，小脸儿却红得和戏台上的关云长一般。陆氏想叫她醒来，莘耜摇摇手，叫不要惊动她。可是陆氏把她的手从被窝里拖出来时，她也没有醒。莘耜握住了素秋的手，替她诊脉，觉得热度非常的高。诊过了右手，再诊左手，道："福翁，我看她是受了风，着了凉。昨天黄昏时还很闷热，半夜里起了很大的北风，不小心，是容易受风寒的。"

他刚诊完了脉，替她盖好棉被时，素秋忽断断续续地唱道："抛下俺断篷船，撇下俺无家犬……归无路进又难前！"振福道："怎么她病中呓语，还在唱《桃花扇》？"莘耜忽然发现了枕头边之一本书，拿起来一看，正是一本铅印的《桃花扇》。叹道："这孩子太用功了！晚上睡了，也在看书！"陆氏道："啊！怪不得我早上起来时，天还不十分亮，去摸床前半桌上的那匣火柴，不见了；寻了一会，却在她床前的灯桌儿上。这孩子，一定等我睡着后，再起来点灯看书的。房门，我明明记得，昨天晚上是闩着的，今天早上，却被风吹开了，后窗也开了一条缝。她还到后间去过哩！"莘耜道："她昨晚简直看了一个通宵书。到后房去时一定天有些亮了，所以开窗去看的。一定是那时受的风寒！"莘耜和振福下了楼，两人斟酌商量，开了个祛风寒、发汗退热的方儿。素秋吃下去，出了一身大汗，热度就减低了许多。可是第二天，她又咳嗽、头痛、流清水鼻涕了，而且仍是不能起床。振福一早就来找莘耜，一则要请富氏替素秋代一星期课，二则请莘耜再去看一次，替素秋转一个方。

素秋这一次竟病了四五天。秋氏也常来看她。莘耜每天来替她诊治，倒还顺手。第四天，星期三，已能下楼。星期六上午，十点光景，自己到尹家来了。莘耜先叫她坐下，诊了脉，换了个清补的调理方儿，然后婉转地告诫她，看书不可过分，晚上九时以后，不可再用功，以致妨害睡眠。年轻时，自己不觉得；到了中年以后，自己觉得时，已无从补救了！秋氏在那大竹榻上加补了一条棉被，拉着素秋的手，叫她躺着休息休息；自己坐在榻旁，问她病中的情形。素秋见他们老夫妻俩对她这一种诚挚的感情，简直把她当作自己的小女儿看待，感动得说不出话来。恰好这时候阿德把印好的选文讲义、记录的讲义稿送来，莘耜就把那方儿交给了他，央他去买药。阿德本来是个粗人，也没问清楚，以为是莘耜家什么人吃的，立刻去买了送来。这两天，素秋的精神还不很好，常常要睡着去，这时躺在竹榻上，盖了一条驼绒毯，觉得颇为舒服。秋氏当初还东一句、西一句地和她搭白，后来见她要睡着去的神气，便不响了，却用手轻轻地拍她。素秋已睡熟了，她还拍着呢！阿德提着一帖药进来了，交给莘耜。秋氏接了，便替她去煎，一面忙着在烧中饭了。

素秋这一觉睡得很安甜，直到下午二时多方醒转来。富氏和两个孩子已回来吃过中饭，又上学校去了。陆氏也已来找过素秋，见她睡得正熟，只得由她。莘耜上午改好了"散曲和剧曲"的讲义稿，吃过中饭，因为竹榻上有素秋睡着，到楼上去歇午觉了。她醒来时，只有秋氏一人仍坐在竹榻旁边。见她醒来，舀了一盆脸水，绞了一把热手巾给她揩脸。素秋忙着要扒起来道："太师母，什么时候了？我得回去吃中饭了。"秋氏按住她，笑道："别忙！——药已煎好了，先吃药，还是先吃稀饭呢？"素秋被她按住，只得又躺下了，问道："怎么？家母已把药煎好送来了吗？何不叫我回去吃呢？"秋氏道："是我替你煎的。阿德哥把药送到这里来，我就预先煎好了头剂，等你醒了，吃了再回去。"素秋道："这如何对得起你老人家？"秋氏笑道："我和令堂，又有什么分别？你对我还用得着客气吗？"说罢，去温那碗煎好的药了。素秋仍躺在竹榻上，默默地体味"我和令堂又有什么分别"那句话，暗暗叹道："我素秋哪里来的幸运？太师母竟把我看作自己的女儿了！"秋氏把药温好，看她吃下，叫她吃了药不要就躺下，不如坐到靠椅上去。她自己又到厨房里去替她张罗稀饭了。

素秋一个人坐在靠椅上，见书桌的角儿上放着"散曲和剧曲"的讲义稿，是苏慧和孙蕙英合记的，便顺手

抓过来翻看：

　　唐人唱的是绝句，宋人唱的是词。苏东坡在翰林院时，尝问幕士："我词比柳耆卿如何？"那人答道："柳耆卿词，须十七八女孩儿，执红牙拍，唱他的'杨柳岸晓风残月。'学士词须关西大汉，用铜琵琶、铁绰板，唱《大江东去》。"宋人笔记中，载当时声妓歌唱文人所作新词的故事也很多。周美成曾做过大晟乐正，这官儿便是宋朝的乐府令，采新词合乐的。兼通音律的词人，北宋有柳耆卿、周美成，南宋有姜白石、吴梦窗、张玉田等，可也不多。苏东坡的词，便有时不叶音律了，而且南宋时，许多南渡词人满怀着亡国之痛，想借词尽量抒写。这时的词，不是为燕乐的管弦而作，是为发抒情感而作，哪还有心思去讲严格的音律？因此，词又和三国以后的乐府一般，渐渐地和音乐脱离了。晚唐五代的词，以小令为多；只要看《花间集》所选，便可了然。至北宋柳耆卿以后，始有慢词。於是单调之外，又有双叠、三叠、四叠的长调了。如吴文英《莺啼序·春晚感怀》那一首词,可谓极慢声长调之变,词之初起,多抒情小品,以白描的为多。李后主的词,简直是用直抒所怀的"赋"法的。后来文人填词,竭力向雕琢、托兴的方面作去,於是便有深晦凝重之弊。前人批评姜白石的词,说他好,是"如野云孤飞,来去无迹";说他坏,是"如雾里看花,终隔一层"。吴梦窗的词,更因"用事下语太晦,使人不易知",至"如七宝楼台,眩人眼目,拆碎下来,不成片段"。……词既渐和音乐脱离关系,就有"曲"代之而兴。这种新兴的文学,便又从慢词长调回到小令,从雕琢回到自然,不但回到自然,竟夹入了许多白话。散曲小令中,如马致远的《天净沙》,"枯藤老树昏鸦"那一首,还和词的小令差不多。其他,如我所选录的几首散曲小令,乍看去,竟似今人的白话诗了。例如:

山坡羊·潼关怀古

张养浩

峰峦如聚,波涛如怒,山河表里潼关路。望西都,意踟蹰。伤心秦汉经行处,宫阙万间都做了土。兴,百姓苦! 亡,百姓苦!

水仙子·夜雨

徐再思

一声梧叶一声秋，一点芭蕉一点愁，三更归梦三更后。落灯花棋未收，叹新丰孤馆人留。枕上十年事，江南二老忧，都到心头!

同一曲调，字数似乎有多少的，这是加了衬字的缘故。例如马致远的《清江引》，其一云："樵夫觉来山月低，钓叟来寻觅。你把柴斧抛，我把鱼船弃。寻取个稳便处闲坐地。"共三十一字。其二云："绿蓑衣，紫罗袍，谁为主? 两件儿都无济。便作钓鱼人，也在风波里。则不如寻取个稳便处闲坐地。"却有三十七字。这也是曲和词不同的一点。至於所谓"散曲"，实不仅指"小令"而言，还有成套的无科白的"散套"，乃多曲相联，有首有尾的，以套计数，故又曰"套数"。成套之曲，必须同叶一韵。马致远的《秋思》套曲，已经选录，便是个极好的例子。和散曲相对的，便是"剧曲"了。

宋代的歌曲，最普通的是词，每有谱集，常歌以侑酒。普通多以一阕为率。也有连续反复歌这一曲的，如欧阳修以《采桑子》十一首述西湖之胜，赵德麟以《商调蝶恋花》十首咏元稹《会真记》张生、崔莺莺的故事。但都是只歌而不舞的。歌舞相兼的，则为"传踏"（又名"转踏""缠达"）。也是合若干首咏一事的，为郑谨的《调笑转踏》，尚见於《乐府雅词》中。此曲用的只是《调笑》一调，以一诗一曲相间，咏罗敷、莫愁、卓文君三人的故事；前有"勾队词"，后有"放队词"，则用七绝。后来勾队词变为"引子"，放队词变为"尾声"，而与曲相间之诗，亦变而用它曲了。此外，尚有所谓"曲破"。唐五代时已有之，宋则借以演故事。如史浩《鄮峰真隐漫录》中之《剑舞》，演鸿门宴的项伯及杜甫所咏的公孙大娘二人舞剑的

故事。又有所谓"大曲"，其曲辞之存於今者，
《乐府雅词》中有董颖的《薄媚》，《玉照新志》
中有曾布的《水调歌头》，《郑峰真隐漫录》中有
史浩的《采莲》。三曲较长，然亦非其全遍。上面
的三种，"传踏"仅以一曲反复歌之；"曲破"与
"大曲"，曲之遍数虽多，亦仍限於一曲。其合数
曲——属於不同的宫调的若干曲——以咏一事者，
叫作"诸宫调"。今存金董解元的《西厢》，据王
国维《宋元戏曲史》的考证，便是"诸宫调"。
又有"赚调"，则取同属一宫调之诸曲合为一体。
"赚"是误赚之的意思，言正堪美听中，不觉已至
尾声。现在选录郑谨的《调笑转踏》、史浩的《剑
舞》（曲破）、董颖的《薄媚》（大曲）和董解元
《西厢》的二三调（诸宫调），《事林广记》中所
录无名氏的赚词为例。这些都是"叙事体"，而不
是"代言体"，只能弹唱歌舞，而不能正式扮演，
所以还不能算是真正的完成的"剧曲"。

　　元剧则易叙事体为代言体，唱曲之外又有科
白（元剧中记动作者曰"科"；记言语者，一人

自说曰"白"，两人对说曰"宾"；记歌唱者曰
"曲"），并有生、旦、净、末等脚色①，才完成
正式的戏剧。"杂剧"之名，宋已有之，现在则似
乎专指元剧了。元杂剧是北曲，每剧限於四折（与
今话剧之"幕"相似。按王实甫《西厢记》所以有
二十折者，实由五剧合成；分为五剧，每剧仍为
四折。惟纪君祥的《赵氏孤儿》，全剧有五折，
又有"楔子"以足其未尽之意，为元剧之变例），
每折的曲调，限於同属一宫调的，而且限定一人
唱，唱的必是"末"或"旦"二脚色所扮。较之明
以后的南曲"传奇"，剧本不限出数（实即元剧之
折数），不拘宫调，可以有许多人唱的又有不同。
至於南戏的发生，普通都认为起於南宋时浙江温州
永嘉之戏文，实际上却也是从"诸宫调"演变而出
的。元剧，已选录《单刀会》《汉宫秋》《梧桐
雨》《赵氏孤儿》四种。至於传奇，如《琵琶记》
《长生殿》《桃花扇》，也可以一阅。

---

① 今用"角色"。——编者注。

词的唱法，现已不传。曲，懂得唱法的人也不多。我们只能欣赏它们的文章，知道我国文学史上有这种文学作品，大略懂得它们的体裁风格而已。传奇演唱，原有海盐腔、弋阳腔。明末，昆山人梁伯辰善作曲，魏良辅善歌。於是变传奇为"昆腔"，弦管锣鼓诸般乐器全备，就是现在还有人演唱的昆曲了。至於现在通行的平剧（皮黄剧）[1]、秦腔（俗称"梆子腔"）、越剧（俗称"乱弹""高腔"）、粤剧（广东腔）等等，则是后来各地方的戏剧。因为它们重在演唱的工夫，剧本词句多俚俗得没甚文学上的艺术和价值，不必一一加以探讨了。

她一口气把这篇讲义稿看完了。莘耜已笑嘻嘻地坐在她对面的书位上，他什么时候进来的，素秋也没有注意到。秋氏已把稀饭摆在方桌儿上，一碟腌萝卜，一块红腐乳，一个皮蛋，叫她去吃。素秋不再客气，径自吃了两浅碗稀饭。"胃口倒好起来了。你这几天还得休

---

[1]　即今称"京剧"。——编者注。

息，不可看书！"莘耜说。素秋道："太先生放心，我已完全复原了！这篇讲义稿，似乎简单了些呢！"莘耜道："我讲的，本来还有一段'我国戏剧的来历'，因为不是直接和文学有关系的，所以她们俩略去了。略去了，也没有什么要紧。"素秋道："我刚巧这一次因病缺席，她们把这一段略去了，不但没得听，而且没得看了，未免太吃亏呀！"莘耜笑道："明天你如果精神好些，可以再来，我再讲一遍给你听听。"素秋又坐了一会，便告辞去了。

第二十五章　我国戏剧的来历

　　清明近了，星期日，是个细雨溟濛、春寒料峭的天气。莘耜新近试做了一种盘香，在书室里试点。青烟袅绕，香气盈溢。一家人静静地坐在芬香的氛围里。桂荪兄妹却哂着鼻子闻道："好香！好香！"素秋穿着一件灰色的布旗袍，一双套鞋，张着一把小伞，缓步而来。走入这一间香喷喷的书室里，放下伞，向他们招呼，在书桌前的靠椅上坐下，微笑道："太先生，我来补课了！"

　　莘耜从抽屉里找出一张写好许多字的条儿，放在书桌上，然后开始讲说："我国的戏剧里，到现在还含有六种要素：一种是'歌舞'，一种是'武技'，一种是'滑稽打诨'，一种是魔术似的'变戏法'，一种是'脸谱'，一种是所表演的'故事'——实在是许多把戏杂凑在一起的。这些都是各有它的来历的。

　　"歌舞的起源很早，王国维说它起於古代之'巫'。巫是能以歌舞降神者，故此字篆文作'巫'，象'长袖善舞'之形。《尚书·伊训》说：'恒舞於宫，酣歌於室，时（同是）谓巫风。'郑玄《诗谱》也说《诗经·陈风》里的'坎其击鼓，宛丘之下，无冬无夏，治其鹭羽''东门之枌，宛丘之栩，子仲之子，婆娑其下'，是其遗风。可见古代之巫，实以歌舞乐神为其专职。战国之楚，其俗信鬼，常作歌乐鼓舞以乐神。屈原见祭祀时所歌之词，鄙俚的居多，因为他们作《九歌》之曲（这是汉王逸《楚词章句》里说的）。《东皇太一》所谓'灵偃蹇兮姣服'，《云中君》所谓'灵连蜷兮欲留'的'灵'，王逸训为'巫'，其他'灵'字则训为'神'。盖群巫之中，有象神之衣服形貌动作，为神所凭依者，叫作'灵'，也叫作'灵保'（《东君》：'思灵保兮贤姱。'），《诗经》里叫作'神保'。（《诗·楚茨》云'神保是飨''神保是格''鼓钟送尸，神保聿归'，皆是。盖古祭时必有'尸'；宗庙之尸，代表祖宗，必以子弟为之；非宗庙之祀亦有尸，以代表所祀之神，则以巫为之耳。）惟古代之巫，以歌舞乐神，后世则以歌舞乐人了。

"春秋之世，乃有所谓'优'。《说文》云："'优，一曰倡也，一曰倡乐也。'杜预《左传注》云：'优，调戏也。'《左传》记晋之优施假歌舞以说里克（其词，即前回引过的《暇豫之歌》），《史记》亦称优孟为'楚之乐人'，这是优人职司歌舞之证。《穀梁传》载夹谷之会，齐人使优施舞於鲁君之前，孔子斥为笑君者当死；优孟又曾假装孙叔敖的衣冠，摹仿其举动，以讽楚王；则优人又兼擅滑稽调戏了。古之优，皆以侏儒为之。夹谷之会，孔子所诛的，《穀梁传》叫作'优'，《孔子家语》及何休《公羊解诂》都叫作'侏儒'；《史记·滑稽列传》记秦优，也说是秦倡侏儒，他自己又有'我虽短也'的话——此皆以侏儒为优之证。《晋语》有'侏儒扶卢'的话。韦昭注'扶，缘也；卢，矛戟之柲；缘之以为戏'，则侏儒优人於歌舞调戏之外，又兼以竞技为事了。至汉而有'寻橦'（缘竿而上的武技）、'角抵'之戏。据张衡《西京赋》所说'乌获扛鼎，都庐寻橦''跳丸剑之挥霍，走索上而相逢'，则所谓'角抵'，於角力之外，尚须角技，竟和现在的抛缸走索相似了；又云'巨兽之为曼延，舍利之化仙车，吞刀吐火，云雾杳冥'，则是《史记·大宛传》记载的安息国所献的'善眩人'一类，和现在的魔术一般了；至如'女娲坐而长歌……''东海王公赤刀粤祝，冀厌白虎，卒不能救'，则又扮演人物敷衍故事了；李尤《平乐观赋》说'骑驴驰射，狐兔惊走'，《三国志·魏明帝纪》裴松之注引《魏略》记明帝时的百戏，也有'弄马倒骑'的话，则又和现在的马戏差不多了。

"西晋之后，以迄於唐，有几种戏，至今尚可考见，而和后世戏剧有关的：

"一曰'参军戏'，起於西晋末石勒的参军周延为馆陶令，曾取官绢数万匹，得罪，下狱得宥。后每大会，勒使俳优着介帻，衣黄绢单衣。另一优问：'汝何官，亦在我辈中？'答曰：'我本为馆陶令。'抖擞单衣曰：'正坐取此，入汝辈中。'（见《太平御览》引《赵书》）唐以后，戏中脚色有'参军'之名，始此。

"二曰'代面'。北齐神武帝的弟弟兰陵王长恭，勇武而貌如女子，以不足威敌，临阵时常戴假面。尝击周师於金镛城下，勇冠三军。时人乃作一种歌舞，舞者也戴假面，摹效他指挥击刺之状，叫作《兰陵王入阵曲》（见《旧唐书·音乐志》）。现在平剧里的'大面'，实始於此。

"三曰'踏摇娘'。北齐有一个姓苏名蓓的士人，是个酒徒，他并没做官而自称郎中。每醉，常要殴打他的老婆。他的老婆常向邻人诉苦。当时便有人假扮妇人，且歌且舞，表演他的老婆诉苦时的样子。因为她一步一摇，所以叫作'踏摇娘'。及其夫至，则作互相斗殴之状（见《教坊记》及《旧唐书·音乐志》）。那苏蓓着绯戴帽，面画赤色，以像其醉。这和前述那一种'代面'，都是后世戏剧'脸谱'的起源。

"四曰'拨头'，亦作'钵头'。据《旧唐书·音乐志》谓出於西域。演胡人之父为虎所噬，其子披发素衣，上山寻父尸，上有八折，故所歌之曲凡八叠。后卒得虎杀之，为父报仇。'拨头'当为外国语的译音。《北史·西域传》有拔豆国。'拨头'或即'拔豆'的同音异译，亦未可知。这是外国传进来的戏剧了。

"五曰'樊哙排君难'。这是唐代所制的戏剧，是演鸿门宴的故事的。昭宗光化年间，孙德昭杀刘季述反正，所以制此新剧以褒之（见《唐会要》）。

"上述五种，除'参军戏'外，其余四种，都是歌舞。'参军戏'却是滑稽戏，和'歌舞'不同。前者以言语为主，后者以歌舞为主；前者为随意之动作，后者为应节之舞蹈；前者讽刺时事，后者表演故事。唐、五代、两宋，这类滑稽戏很发达。唐懿宗咸通中，有优人李可及以滑稽著名。有一次，值延庆节，僧道讲论既毕，叫优人演戏。可及儒巾儒服，出场升座，自称'三教论衡'。旁坐一优问曰：'你既博通三教，试问释迦牟尼是何如人？'他答道：'是妇人。'问者曰：'你这话有何理由？'答曰：'《金刚经》说："夫（本作敷）坐儿（本作而）坐。"如非妇人，何须"夫坐"然后"儿坐"呢？'又问：'太上老君（道教以老子为太上老君）是何如人？'答曰：'也是妇人。《道德经》（即《老子》）说："吾有大患，为吾有身。"如非妇人，何必患有孕呢？'（妇人有孕，也叫作'有身'。）又问：'文宣王（即孔子）是何如人？'答曰：'也是妇人。《论语》上，她明明自己说："吾待嫁（本作贾，同价）者也。"如非妇人，何以待嫁？'

（见高彦休《唐阙史》。）五代时，徐知训在宣州大括地皮，百姓苦之。有一次，徐知训入觐，侍宴。优伶演戏。一优人大面绿衣，状如鬼神者登场。旁一优问曰：'你是谁？'对曰：'俺乃宣州土地神是也。'又问：'你既是宣州土地，来此何为？'答道：'我是被人掘了带来的！'（见郑文宝《江南余载》。）北宋徽宗时，蔡京为相，其弟蔡卞是王安石的女婿，为枢密使，竭力尊崇丈人，封为舒王，配享孔庙。一次，御前演戏。优人扮作孔子，坐在正中，旁边侍立的是颜子、孟子和王安石。孔子叫他们坐下。王安石逊孟子上坐。孟子道：'天下达尊，爵居其一。我现在只封了个公爵，相公却是个王爵，理合请相公上坐。'王安石又和颜子一番客气。颜子道：'我不过是个陋巷匹夫，生平毫无事业，更不敢僭居相公之上了！'安石俨然坐在颜子的上面。这时孔子也觉得不安，起来让坐。安石连说：'不敢！不敢！'正在推让的时候，一个优人扮了子路，气忿忿地拉着一个扮公冶长的上场。那公冶长道：'干什么？我并没有得罪你呀！'子路唱道：'你这没用的家伙！你看别人的女婿这般为他丈人出力，还不上去救护丈人？'——那时正在议升孔庙里王安石的位子於孟子之上，因为优人讽谏，只得停止了。（见洪迈《夷坚志》。）南宋初，金人侵略北方，沦陷区的人民常被金人用敲捧①击碎脑袋而死。一日，演戏，两优人对话。一人说：'目前金人的兵势虽然厉害，我国一定可得最后胜利。'又有人说：'你们件件都敌得过我们金人吗？'答道：'自然！'那人道：'大金国有粘罕，有兀术。'答道：'我们有韩少保（世忠）、岳少保（飞）。'　'大金国有柳叶枪、凿子箭。'答道：'我们有凤凰弓、镔子甲。'　'大金国还有敲捧。'答道：'你们有敲捧，我们有天灵盖！'（见张知甫《可书》。）那时，循王张俊家私最富。一日，在高宗御前演戏，侍坐者为秦桧、韩世忠和张俊。一优人上场，自言善看星象；世上贵人，必上应一星，若以浑天仪对其人窥之，则见星而不见其人。旁一优人叫他试试看，他说，没有浑天仪，只得用个铜钱来替代。於是拿出一个铜钱，从钱眼里先看高宗，说：'这是颗紫薇星。'又

---

①　"敲捧"，原文如此，似有误，应为"敲棒"，后亦同。——编者注。

看秦桧，说是颗相星；看韩世忠，说是颗将星。挨次看到张俊，良久不说，旁边的人催问是颗什么星。他支吾着说：‘看不见什么星，只见张王爷坐在钱眼儿里。’（见田汝成《西湖游览志余》。）”这时候，不但素秋注意静听，秋氏婆媳、桂荪兄妹也一同凝神听着，听完一则，哄笑一阵。

　　“和戏剧相近的还有一种‘傀儡’，就是现在的‘木头人戏’。《封氏闻见记》中记有唐代宗时，太原节度使辛景云之丧，范阳节度使送的祭盘，有傀儡戏，以木偶演尉迟恭及突厥战将之象，及项羽、刘邦的鸿门宴，机关动作，俨然如生。到宋时，傀儡戏更盛了，有悬丝傀儡、走丝傀儡、杖头傀儡、药发傀儡、肉傀儡、水傀儡各种，都用以表演故事，见《东京梦华录》《梦粱录》《武林旧事》诸书。”莘耜仍继续谈下去。素秋笑道：“这种戏，现在欧洲和我国南北都很通行哩！”“和傀儡戏相像的，还有那时的‘影戏’。”莘耜不顾素秋插话，仍继续讲下去。桂荪插嘴道：“影戏吗？我们前年在杭州，也在戏院里看到过的。”莘耜笑道：“我所说的，并不是现在的电影呀！宋代的影戏，是用纸儿剪成，或用羊皮雕成，彩色装饰，演故事的。《梦粱录》说它'公忠者雕以正貌，奸邪者雕以丑形，以寓褒贬。'这又和现在戏剧里的脸谱有关了。"桂荪道："这倒是很好玩的。"兰荪道："我也要一个啊！"富氏笑道："傻孩子，这里何尝有这玩艺儿呢？"

莘耘仍不去顾及小孩们的话，继续讲演道："宋时有'传踏'，已说过了。这种传踏，以一曲一诗相间，前有勾队词，后有放队词，都用七绝。那时所谓'队舞'，和传踏相似，或竟是同实异名的东西。舞队有'小儿队''女弟子队'。先由'参军'（实际上是个戏提调）上场致词，然后唱勾队词。一队上来，前面揭着写队名的布的横额和对联。歌舞既毕，又唱放队词。至於所谓'剑舞'，里面有所谓'竹竿子'，和队舞传踏的参军相仿。舞者却扮作所咏故事中的人物，穿的古装。如演鸿门宴项伯的剑舞，则着汉代衣冠；演公孙大娘的剑舞，则穿唐代服装。此外如'大曲''诸宫调'等，也还只是'叙事体'，即使表演，也不过是歌舞的变相而已。到元剧出来，方纯为'代言体'，方可称为戏剧。及明代的传奇、昆曲，剧场奏演方算完全。

"至於剧中脚色之名，也都各有来历。例如：

"（一）净——'净'即'参军'之促音。宋代演剧时，充参军的脚色，手执竹竿子以指麾，故又名'竹竿子'（见《东京梦华录》）。

"（二）末——'末'亦谓之'末泥'。盖促言之，则为'末'；长言之，则为'末泥'。古歌舞中有'舞末'，往往后舞而终其曲，故名。末之名，当出於此（同上）。

"（三）副净、副末——《辍耕录》云：'副净古谓之参军，副末古谓之苍鹘。鹘能击禽鸟，末可打副净。'副净为净之副，副末为末之副。《梦粱录》云：'末泥色主张，引戏色分咐，副净色发乔，副末色打诨。'盖执竹竿以指挥之'参军'及以主张为职之'末泥'并不亲自加入表演，而滑稽戏中屡见之相对的两脚色，则为副净与副末。发乔者，谓乔作愚谬之态，以供嘲讽；打诨者，盖发挥之以成一笑柄之意。'苍鹘'亦作'苍头'。《五代史·吴世家》及姚宽《西溪丛话》引《吴史》谓徐知训专权时，每嬉戏，尝自为参军，而命其幼主杨隆演为苍鹘（《吴史》作苍头）。参军即发乔的副净，苍鹘即打诨之副末。

　　"（四）旦——戏剧中扮妇女的脚色，叫作'旦'。按《青楼集》谓张奔儿为风流旦，李娇儿为温柔旦。疑宋元时称娼妓为'旦'，后乃引申为妇女之通称，故剧中扮妇女叫作'装旦'。因此，戏剧脚色中，有'旦'的名称了。

　　"（五）丑——旧戏中打诨的脚色又有叫作'丑'的。徐渭《南词叙录》说：'以墨粉涂面，其形甚丑。今省文为丑。'此说较为近理。

　　"（六）生——戏剧中扮演正当男子之脚色。徐渭《南词叙录》说：'生，即男子之通称。史有董生、鲁生，乐府有刘生之属。'元剧中有所谓'装孤'，即扮帝王官吏之谓（古代帝王大官常自称曰'孤'）。装孤的脚色，有净、有末、有丑，但以生为多。

　　"后来戏剧脚色的名目愈分愈多，清乾隆末的《扬州画舫录》所记，乃有江湖十二脚色之说。一曰'副末'，又简称为'末'，以陈述一剧开场词为任务，盖犹沿袭宋、元'末泥色主张'之旧例。此脚色常用以扮演剧中中年、老年之男子，但居于助演的地位。如昆曲诸剧中常有的院公，又如《浣纱记》的文种，《琵琶记》的张太公，都以'末'的脚色扮之。二曰'生'，以扮演剧中主人翁之男子为主，年辈老小并无一定。三曰'小生'，所扮青年男子在剧中地位约次於'生'。如《浣纱记》，以生扮范蠡，以小生扮越王勾践。四曰'外'，此为副角，以扮中年、老年之男子为主。如《绿牡丹》中助成谢英（生）、车静芳（旦）之婚姻之前辈沈重，即以'外'之脚色充之。五曰'旦'，以扮与生相配之女主角为主。六曰'小旦'，则扮次於旦之女主角。如《绿牡丹》，以'生'扮青年男主角谢英，'旦'则扮青年女主角车静芳以配之；以'小生'扮谢英之学友顾粲，'小旦'则扮沈婉娥以配之。七曰'贴旦'。贴，副也，故以扮女配角，而所扮人物则不拘老少。如《浣纱记》以'旦'扮西施，而以'贴旦'扮越王之夫人。八曰'老旦'，与男脚色之'外'相对，为扮老妇之角色。如《荆钗记》以老旦扮王十朋之母。九曰'净'，以刚强狞猛为主，但未必尽为恶人，如《千金记》之项羽。但亦有扮妇女的，如《荆钗记》之后母。十曰'副净'，则为净之副角。如《长生殿》以净角扮安禄山，副净扮杨国忠（'副净'亦作'付净'，亦简作'付'）。十一曰'丑'，则以滑稽打诨为主，男女均可扮演。如《长生殿》中的酒保，《琵琶记》中牛府的丫头惜春，都以丑角扮之。净、副净、丑，脸上均画脸谱，故有'花面'（花脸）之称：净为'大面'（大花脸），副净为'二面'（二花脸），丑为'三面'或'小面'（三花脸、小花脸），不过净与副净是满脸画花脸的，丑却只於鼻子眉目之间画些白粉和墨而已。又於净与副净之脸，则红脸多表赤胆忠心之人，如关羽、姜维之类；黑脸表示粗莽或森严之相，如张飞、包拯之类；粉脸表示阴险多狡计之相，如曹操、严嵩之类。近来平剧的脸谱便更多了。十二曰'杂'，则但为跑龙统之杂角而已。"

　　莘粔简直讲了两个钟头光景。他那张纸上已把所引的书、所讲的重要节目写在上面。素秋看着这张纸儿听，所以听得很清楚，比以前在讲堂里听反而省力得多。她见莘粔讲完了，忙站起来倒了一碗茶，捧给他，笑道："太先生，太费力了！——我以为这些虽与文学没有直接的关系，也得记在讲义上，作为附录。太

先生，我去整理起来，附在讲义后面，行不行？"莘
耜道："好是好的，不过你的病刚才好，不要太辛苦
了！"素秋道："我的精神已完全复原了，太先生，您
放心吧！"

第二十六章　踏青

　　近几天风风雨雨，到了清明，却又放晴了。葫芦谷小学只放一天清明假，连着一个星期日，恰好有两天例假。镇上的中心小学却有一星期的春假。孙蕙英闲着没事，便邀了苏慧，於清明日的上午到素秋家来。她们原是约好了的，於这天来看一年一度的葫芦谷全村祭扫公墓的盛典。她们到了素秋家里，本想先去看尹老师，可是时候已不早了。公墓的祭礼就将开始举行，振福和承良早就去了，素秋便陪了她们径到公墓观礼。去年，同学们游公墓，游卧虎洞，蕙英她们俩没有同去，今天还是第一次。看了长长的墓道，森森的古树，庄严伟大的刻着"泰山磐石"四字的石牌坊，觉得有令人肃然起敬的气象。她们走进这牌坊，见坟前祭坛站满了人，老的、少的、小的，约有五六十。主祭的是振福，陪祭的是中玉的爸爸琢生，算是山、石两姓子孙的领袖。她们到时，正式的仪式已快完了，中玉跪在旁边读祝文。接着便是山、石两族的子弟依着行辈，一班班地依次行礼，焚化纸钱，奠爵，散班。

素秋道："他们还要到山石庵去吃清明酒，我们不必去招呼中玉和弟弟了，顺便到卧虎洞去踏青，好吗？"她们俩也都赞成，便走出墓道，向卧虎洞去。到了洞口，素秋方省悟道："啊哟！洞口是暗的，我们没有带火炬灯烛，如何是好？"蕙英胆子较大，苏慧游兴又好，定要进去。素秋道："且慢！让我到公墓那里去讨一支蜡烛点了来。"说罢，转身就走。不多时，带着半支点过的红蜡烛，一卷点着了的煤头纸，又跑了来。她吹旺了煤头纸，点起蜡烛，三人迤逦走进洞去。走了不多路，一阵风来，把蜡烛吹灭了。幸而手里的煤头纸没丢了；却吹旺了又灭却，点不着那蜡烛头。她们正在发窘，忽然洞里射出一段很强的光，照得雪亮通明。苏慧道："这不是鬼火，定是神光。"素秋笑道："姊姊怎么这般迷信？我们趁这亮光进洞去吧！一定前面还有游览的人。"蕙英道："你们村里的人，除中年以上的妇女留着看家之外，都在公墓参与祭扫，而且他们还要回到山石庵去吃清明酒，谁有工夫来游玩呢？"素秋道："这倒难猜了！"

她们一面说，一面走，刚走完洞口黑暗的一段路，那道光忽然不见了，前面却站着梁家华，手里拿着一支电烛。素秋首先叫道："密司脱梁，你几时来的？怎么一个人跑到这里来？"家华道："我是昨天下午到的。母舅和桂荪兄妹都在前面哩！你们进来时，母舅听得后面有人声，回头来看，见有微弱的烛光，忽然灭了。又听得你们的声音，叫我拿电烛来照你们的。"她们听得老师也在这里，大为高兴，丢了那纸卷的煤头，跟着家华走去，果然见莘耜坐在一块石头上，旁边倚着那根竹杖。两个孩子在草地上踢毽子，大方石上还放着一只手提藤篮儿。莘耜见她们来了，站起来笑道："我听得是素秋的声音，却不料你们两位也来了，真巧得很！"素秋把蜡烛头儿放在大方石上，她们三人各拣一块大石头坐了。家华把电烛放入藤篮里去，却取出一包盐炒土花生，一袋糖，八个大橘子来，招呼两个孩子来同吃。吃了一忽儿，又从藤篮里取出一只口琴，悠悠扬扬地吹起来。素秋拿着莘耜的竹杖在石头上敲着搭拍子；桂荪、兰荪一面唱歌，一面应节而舞。

莘耜笑道："我们讲过的诗、词、曲，可以总名为'歌唱的文学'，它们的演变，都和音乐有关系的。最早的是《诗经》，旧说分为《风》《雅》《颂》的，梁启超氏把它们分为'南''风''雅''颂'四类，以为南是终曲合奏的'乱'，风是民间的徒歌，雅是周代的正乐，颂是歌而兼舞。据《左传》所记，吴公子季札聘鲁，观乐於鲁太师，遍歌诸国之《风》，则'风'也可合乐了。东汉末，曹操伐刘表，得汉雅乐郎杜夔，三百五篇中已仅有《驺虞》《伐檀》等四篇，尚能记其乐谱。以后，《诗经》的歌法便失传了。於是全部《诗经》只留供经学、文学的研究，和音乐脱离了关系。《楚辞》中有可歌的，如《九歌》之类；有不可歌的，如《离骚》之类。不可歌的变为不歌而诵的赋，在两汉文学中独树一帜；可歌的却变为开汉代乐府之先声的楚调的歌诗。自西汉立乐府，武帝遍采各地歌诗，命李延年协律合乐，於是乐府诗兴。乐府诗，原指合乐的诗，和音乐当然不应脱离关系。可是自曹操借《蒿里行》之类的乐府旧调以咏时事，曹植借《鞞舞新歌》的旧题而自制新调，已开唐人拟乐府和新乐府等作之风了。於是乐府诗也和音乐脱离了关系。古体诗之中有歌行体，唐人所歌又本为绝句，可见古近体诗也曾和音乐发生过关系。而那时外国的乐器乐调传入中土者很多。中国的音乐受了外来的影响，当然有急剧的变化，歌唱的文学也受到间接的影响。於是一面上承魏、晋以来民间歌谣的伏流，一面把字数有定的当时合乐歌唱的绝句加以变化，而产生了一种新体的歌唱文学，便是长短句的'词'。

"及晚唐温庭筠出，而词乃大成。温氏的《握兰金荃》，是我国第一部词的专集。五代君臣颇多著名的词人，而以南唐为最盛，李后主煜简直是词人的宗匠。所谓词家三李——李白、李煜及李清照——李白的词传下来的并不多，即如《菩萨蛮》《忆秦娥》二词，后人亦多疑为伪托。除了李白，在词史上占重要地位的，实际上只有一个男的李煜，女的李清照而已。五代时蜀赵崇祚编的《花间集》，便是我国第一部词的总集。可是《花间》所收之词多是小令；即宋初词人的作品，也以小令中调居多。至柳永出，而始有长调慢词。他的词还夹入许多白话，故论词者每以诗人中之白居易比之。宋人之词，分豪放、婉约两派；豪放派当以苏东坡为首创，而南宋的辛弃疾、陈同甫等，为豪放派之发扬光大者。可是词的正宗，终当推婉约派，李清照以一女子，独擅胜场，且把她后半生乱离孤苦之情，一一用词传达出来，确是两宋词人中之翘楚。宋人所歌唱的是词，而北宋的柳永、周邦彦，南宋的姜夔、张炎等，都妙解音律。虽然苏、辛等人的词未必都能细协音律，而词的合乐歌唱，在两宋是极普遍的现象。后来由词渐渐变成了曲，由散曲渐渐变成了剧曲，於是元代便成为曲的全盛时代；当代作家有白朴、关汉卿、马致远、王实甫诸人，小令、套数、杂剧都有不朽的名作。

　　"北曲既盛，遂夺了词在歌场上的地位，而词的歌法乃渐以失传。及元、明之际，南曲的戏文骤盛起来，如高明的《琵琶记》便是南曲初期的代表作品。明末，昆曲出来，剧场的音乐，由管弦而扩充於各种锣鼓，所用的音乐更完备了，歌唱的文学与音乐的关系也更密切了。可是昆曲中所唱的曲辞毕竟太文雅了，不合於一般观众的程度，於是清代皮黄诸剧又起而代之。现在昆曲虽尚有人能填曲而且演唱，元剧便没有人能演唱，只供文人做文学上的研究，又已与音乐脱离关系了。所以从文学演变的历史看来，歌唱文学和音乐的忽合忽离，倒是它们变迁盛衰的一个大关键哩！"

　　莘耘滔滔地讲，家华他们四人静静地听，好似在卧虎洞里开国文讲习会了。桂荪兄妹，却两个人自由自在地玩。桂荪把家华吹的口琴拿了去，吹着不成调的调儿。兰荪却唱起山歌来了："正月里来～～是新～～春～～。家家～～户户——点红～～灯～～。别家呀～～丈夫——团圆～～聚，孟姜的——丈夫～～造～～长城。"莘耘笑道："兰儿在唱《孟姜女》了。你们听，这山歌原来是七字一句、四句作一解的七言绝诗；照这山歌的曲谱，不是各种七言绝诗都合得上吗？""清明～～时节——雨纷～～纷～～，路上的——行人～～欲断魂～～，借问他～～酒家～～何处有——，牧童～～遥指那——杏花～～村～～。"素秋低声地在试唱了。桂荪跑了过来，把口琴递给家华道："表叔，你快吹，姑姑在唱歌了！"家华接过口琴，竟按《孟姜女》的调子吹了起来。素秋却绯红了脸停着不肯唱了。莘耘道：

"这有什么怕难为情的？来，我们大家来唱吧！"家华吹着口琴，先来了个过门。"折戟——沉沙〰〰铁未消〰〰，自将〰〰磨洗——认前〰〰朝〰〰，东风〰〰不与——周郎〰〰便——，铜雀——春深〰〰锁二乔〰〰。"他先曼声地唱了起来。素秋她们便也跟着他唱，觉得很合拍。莘耜笑道："绝句可以合乐歌唱，和唱绝句时须加入泛声的道理，你们应该懂得了！可惜吹的是口琴，如其是笛，是洞箫，便更入调了。可见乐器和乐曲，和合乐的歌词是有关系的。"素秋道："你们两位想来还不晓得，太师母的洞箫、黎明师母的笛，是吹得很好的呢！"莘耜笑道："她们是瞎吹吹的！哪里说得上好？"

他们在洞里又逗留了许多时候，方一同出来。家华擎着电烛，在前引路；素秋抱了兰荪，苏慧挽了桂荪，蕙英提着藤篮，莘耜扶着竹杖，随后鱼贯而出，一同来到尹家。莘耜留她们在家午饭。两个孩子在书桌上吃，他们七个大人团团地坐了一桌。除了家常的蔬菜以外，还有一碗红烧牛肉，一碗冬菇鸡，一碗干菜笋干烧肉，一碗春笋炖盐鸡。素秋向苏慧她们笑道："今天，我们可以说是揩家华兄的油，把舅母烧给外甥吃的小菜也分润了。"秋氏道："牛肉和鸡是家华送来的罐头，我们倒是借花献佛哩！"

吃完了饭，莘耜向她们道了乏，自己去楼上歇午觉了。她们见老师走开了，便由素秋提议，要求秋氏吹洞箫，富氏吹笛。婆媳俩拗不过她们，便合奏了一段《阳关曲》。素秋是听她们吹过的，便低低地唱那首'渭城朝雨浥轻尘'的七绝。家华坐在旁边，把手拍着击节。吹唱完了，大家闲谈。素秋道："我认为诗、词、曲等歌唱文学的演变，不但和音乐有关，和民歌也有关系。《诗经》的《国风》固是采集的各国民歌，《楚辞》的楚调也是出于楚国的民歌，所以地方色彩极为浓厚。例如《九歌》，屈原便是依当时楚国民间祀神的歌舞的调子改造的。"家华道："对呀！汉代的歌诗，照《汉书·艺文志·诗赋略》的目录看，也有许多是各地方的民歌。可见乐府所采集的民歌之多。后来即有文人的作品，怕也是摹仿民歌的。就是五言古诗，也是先有民间的口头的歌，然后有文人的笔头的诗吧！就是唐人所歌的绝句，晚唐新兴的词，也滥觞於汉魏、六朝的民歌。曲更不必说了。"富氏道："我国诗歌词曲等文学的演变，循着三条很明显的矛盾的曲折的路线：文学一面和音乐发生关系，一面又常常挣脱音乐的关系；文人一面摹仿民歌，一面又轻视民歌，以为俚俗；词句一面向言语的自然方式发展，一面又加上种种词句上的雕琢、声调上的格律上的束缚。"家华道："表嫂说得很对！诗本起於口头的歌谣，所以起於文字之前；口头唱的歌，往往要用音乐来配合，虽则所用的乐器有简陋和繁复的不同。例如叫花子唱《莲花落》，也得有一支竹箫，有一副竹绰板；道人唱《道情》，也得有渔鼓、竹简呀。而民歌的句式往往是极自由的，极近於语言之自然的，而且是短小玲珑的。它们的合乐，往往是用音乐来配合它们的。文人摹仿它们，一方面须竭力去迁就乐谱，一方面又喜加以雕琢，一方面又喜加以扩充，变小调为长调，於是和初起的形式便不同了。可是文人毕竟不是个个兼通音律的，所以当初合乐的诗歌，到后来终於脱离音乐，成为纯粹的文学作品了。我想，表嫂所说歌唱文学的演变所以走那三条矛盾曲折的路，怕就是这个缘故吧！"

桂荪兄妹那边扒在书桌上写字，秋氏在旁监督着。

他们写好了，吵着要家华装他带来的无线电收音机。家华便托素秋去请承良来帮忙。他们俩装好了天线，便把收音机装在中央那一间客室里。"这两筒干电，价钱倒可观哩！"承良说。家华道："干电池是我自己试做的，也还将就可以用得。"他看了看自己的表道："是时候了！下午三至四时，可以收金华省立电台广播的音乐。晚上八时至九时，可以收广播的新闻。"他把机纽开了，果然那匣子里奏起音乐来。兰荪听得诧异起来，问她妈妈："这匣子里怎么有人在奏音乐？"桂荪笑道："这叫作无线电收音机。我们本来也有一具，是用电灯的电的。可惜从杭州搬回家后，就搁在家里，逃难时没有把它带来。"

她们大家听着音乐，素秋、承良又向家华讨教些无线电收音机的道理。听听谈谈，已快四点钟了。苏慧和蕙英告辞要走。素秋道："太先生今天歇午觉，许多时候还没有醒吗？"莘耜哈哈笑道："我早下楼来了！"原来他一个人坐在书室里静静地听哩！苏慧和蕙英便进来向老师告别，莘耜、秋氏、家华等送到门口，素秋、承良直送她们到村口，方回家去。莘耜又陪了家华去看振福。家华带了一罐鲜荔枝、一罐凤尾鱼去送他。坐了不久，素秋、承良也回来了。承良晓得家华也喜欢图画，便把他邀到对面做书室的厢房里去，把自己的画稿和他爸爸收藏的许多扇面册页，都拿出来给他看。他们俩谈得很投机，比第一次来时亲热得多了。素秋也陪着他们。

这面厢房里却是两个老的在谈空天。他们谈起碧湖各校，谈到子寿、黎明因为今年校中不放春假，所以没有回来。振福又谈起他们村委会议决聘请技师来村里开自流井的事。莘耘道："村中各家不是各用毛竹接山上的泉水，从后山环村分流的两条涧水不是已够用了？何必再开自流井？不是要化一千多块钱一个吗？"振福道："这是石琢生的主张。他说廿三年大旱时，村里的田都没有种；那年不但闹旱荒，并且曾发生一次大火灾，延烧了四五家。村里的消防队便是那年创办的。可是有了消防器具，没有水，也不相干。去年冬天，木材、柴炭、纸货、谷、麦等售价飞涨，我们的产销合作社大赚其钱；年底结算，共有五六千块钱盈余，所以他主张开两个自流井，将来即使天旱，也可高枕无忧了。"莘耜道："这倒是深谋远虑之计，只要经费有着，原是好事。"振福道："村子里的公众事务，倒有人商量着办，琢生便是个好帮手，又可向你老人家请教，按部就班地做去，只有进步，不曾退步的。只有我们一家的事，倒教我一筹莫展！"

莘耜道："福老府上，还有什么不满意的事呢？"振福叹口气道："子寿只顾自己教书，把儿女的婚姻大事丢在脑后；他主张儿女的婚事当由他们自主，用不着大人操心。承辉远在四川，倒也罢了；承良，有人在替他做媒，说的就是补习班里的女生孙蕙英哪！我还瞒着他，怕走了风声，男女俩同班上课，有什么不便。莘耜先生，你看那姓孙的姑娘儿怎么样？"莘耜道："人倒不错。虽然不及令孙素秋，倒也是个好好的大姑娘。模样儿既不错，性情也好，而且没有苏慧那种时髦习气。可是现在的婚姻，虽不能完全由青年们自己去瞎碰，总得先征求他们的同意才好。我且留心着，看阿良对於蕙英的印象好不好。至於订婚的事，不妨待子寿暑假回来再说。"振福道："素秋的年纪比阿良又大了两岁；她倒不比阿良，虽然是个女子，主意却是很老的！她的眼光又高，经你老先生一夸奖，我看不但本村山家的子弟，就是补习班里许多男同学，她也不放在眼里呢！我又不好敲了锣去替她找人！"莘耜道："儿女婚姻的事情，是不能着急的！子寿弟或者有得意的男学生，可以选出一个快婿来。"振福道："子寿说起学生，简直没有一个使他得意的；而且女儿的婚事，也不摆在心上。他常说要她自己去找配偶，省得将来埋怨父母。莘耜先生，你想，关在这样山僻之区里的乡下姑娘，叫她从哪里去找配偶呢？男大当婚，女大当嫁。这样因循下去，总不是个了局！您老人家和我们是三代通家之好，关系密切极了，素秋这孩子您又很赏识的，她的婚事只得请您老人家费些儿心！"他的话刚说完，素秋他们三人已走进来了。素秋走在前面，末了两句话，听得清清楚楚；她忽然回头向家华看了一眼，两颊上忽然绯红起来。她妈妈正叫她去端点心，便匆匆地到里面去了。

素秋毕竟是大方的，仍旧端了一大盘炒面出来。莘耜、家华、振福、承良、素秋五个人坐在一起吃面。谈话间，振福很称赞家华的少年老成。家华听了，以为是客气话，谦逊了几句。莘耜却把振福的用意瞧透了几分。偷眼看素秋时，见她脸儿红红的，低着头，有时微微抬起头来，向家华注视一下，似乎也有几分赞同的意思。吃完了面，和家华起身告辞，顺便邀振福他们祖孙三人到自己家里去吃夜饭，并且说家华带了一具自己装置的无线电收音机来，晚上八时可以收听新闻消息。承良第一个怂恿他祖父应邀前去。振福也因为本村没得报看，消息很是隔膜，欣然允许。

莘耜回去，到厨房里告诉秋氏，请振福祖孙三人吃夜饭。秋氏道："你要请客，也得早些通知家里。阿福伯是喝酒的，得买些酒来才行！"莘耜笑道："我突然请他们来吃夜饭，并不是偶然心血来潮。福老和我谈天时，他们三个孩子都不在坐；福老的话里暗示我，要我做媒，替家华和素秋撮合哩！"秋氏笑道："真的吗？这倒好极了！""福老的话，素秋似乎已有些听到；吃点心的时候，我看她对家华的那副神情，也颇有赞同之意呢！今天晚上，如其她也来了，便有些儿意思了；如托故不来，这事便不好开口了。"莘耜说。

夜饭时候到了，振福带着承良来了，素秋却没有来；秋氏的一团高兴被扫去了不少，她自己端了茶出去，拿了碗筷冷碟儿出去，刚在桌上摆好，兰荪忽然跌了一跤。她被两个孩子缠住了一忽儿，方走进厨房去，自言自语道："酒，叫谁去买好呢？"富氏道："素秋妹妹已烫好一壶酒，送过来了。"秋氏道："她为什么不在这儿吃夜饭呢？"富氏道："她说家里只有她妈妈一个人了，吃了夜饭再来。"菜、酒、饭一起送了出去。秋氏、富氏和两个小孩也一桌儿吃。吃过夜饭，已七点半钟。素秋提着一盏灯来了。大家把灯移到客室里去坐下，开了收音机，听新闻报告，直到九点光景，振福他们方才回去。

第二十七章　小说（一）

　　第二天，星期日，国文补习班的讲习会仍旧举行。这一次的记录本来轮着王承宗担任，因为省公路局召集站长会议，他非去出席不可，只得来信请假，并请素秋设法把他记录的职务和其他同学对掉。素秋昨天已和莘耜商量过。莘耜向家华道："明天上午，你如果有兴致去参加讲习会，这记录的事，由你替承宗去担任，好吧？"家华道："我很愿意试试看，只怕记不下来！"莘耜笑道："这怕什么？素秋是总纂，记录稿都由她先校阅一遍，再送来给我批改的。"家华道："这倒很好。素秋姊不要见笑就是了！"他们已商量妥当，所以这天上午八时半，家华便预备了纸笔，先和素秋、承良到山石庵去。同学们先后来了。除振之、中玉之外，和家华都是不熟悉的；承良姊弟替他一一介绍。九点钟，上课开讲；到十一点多，方才完毕。家华跟了莘耜回到寓里，秋氏拿出一封平快信来交给他。家华见是他局里的来信，拆开一看，原来是他们的局长有要事和他面谈，叫他当日回去。中饭后，承良和振之、中玉来看他时，他早匆匆地走了。承良回去向素秋说知。素秋道："这倒误事了！承宗请了假，代他记录的梁家华又这样匆匆地去了，不知他曾否把记录的稿子交给太先生？讲义里缺一章，怎么行呢？"承良笑道："这得由你总纂负责了！"素秋忙去问莘耜时，果然因他走得太匆促了，没有叫他把稿子留下。

星期四的下午，素秋忽然接到家华给她的一封信，把他记录的稿子整理好了附寄来，请她尽量删润；并且说自己对於国文荒疏已久，纰漏之处一定很多，请她不要见笑。另外附有一张给莘耜的信，说他们局里本分三科，一是总务科，掌机线装修、会计、庶务、文牍等事；二是报务科，掌有线无线电报收发；三是话务科，掌长途电话。现在因为无线电报特别发达，奉省令分设一科，专司其事。局长把他擢升科长，现在已经发表了。素秋看了，暗暗替他欢喜。适值承良从校里回来，便把这消息告诉了他。承良更是高兴，立刻拿着那一张信，送去给莘耜。恰巧振福在尹家和莘耜谈自流井已在动工开掘的事，看到了这张信，哈哈笑道："我早看到他是一个老成的少年，前途是很有希望的！"尹家的一家人得知家华升任科长全由他平时服务的劳绩得来，也自欢喜。

素秋一个人在家里，仔仔细细地看家华记录的讲义稿：

《庄子·外物》篇："饰小说以干县令，其於大道亦远矣。""小说"二字，见於我国古书的，似以此为最早。但此以"小说"与"大道"对举，和《荀子·正名》篇所谓"小家珍说"都指不足以阐明"大道"的议论而言；虽然庄子是道家，荀子是儒家，所谓"道"的含义，各有不同。桓谭《新论》中所说："小说家合残丛小语，近取譬喻，以作短书，治身理家，有可观之辞"，方和现在所谓"小说"有些近似。《汉书·艺文志》的《诸子略》里，把"小说"列为十家之一，而且说："小说家者流，盖出於稗官；街谈巷语，道听途说者之所造也。"颜师古注："稗官，小官。"又引如淳云："王者欲知闾巷风俗，故立稗官，使称说之。"他以为稗官和古代的采诗之官轩使者一样；而古代的小说也和《诗经》里的《国风》诸诗一样，都是从民间采辑来的。《艺文志》以为诸子皆出於王官，而且於诸子十家，每一家定要指出它所从出的某某官，故多穿凿附会之病。小说家是被屏除在"九流"以外的，是君子弗为的"小道"，而且也指不出确实的某官为其所自出，故舍胡其辞曰"出於稗官"而已。因为设"稗官"以采集民间的小说无其他古书可供旁证，我们只能认为是如淳个人揣拟之言，不能认为古代有此事实的。《艺文志》所录各书，今已全亡，无从知其内容。就书名猜度，如《青史子》《周考》《周史》之类，不过是一种杂史；如《伊尹说》《鬻子》一类，不过是后人依托的记古名人轶事琐言的书；只有《宋子》（即孟子的宋牼，《庄子》的宋鈃）照《孟子》《庄子》里的话看，他是个主张非攻寝兵的，上说下教，强聒不舍；《汉志》又说荀子道宋子，其言黄老意，则其主张实近於道、墨两家而言近旨远，想多譬喻寓言之类。又有虞初《周说》九百四十三篇，即张衡《西京赋》所谓"小说九百，本自虞初"，可是其书已亡，无从知其体裁与内容了。

小说之起源有三：一曰神话，二曰故事，三曰寓言。上古时代，无论哪一种民族，各有神话的传说。如徐整《三五历》所记：

"天地混沌如鸡子，盘古生其中。一万八千岁，天地开辟，阳清为天，阴浊为地。盘古在其中，一日几变，神於天，圣於地。天日高一丈，地日厚一丈，盘古亦日长一丈。如此万八千岁，天数极高，地数极厚，盘古极长。后乃有三皇。"

这是关於天地开辟的神话，虽见於徐整的书中，想也是古代传说下来的。余如《淮南子》中有后羿射日及其妻窃羿不死之药以奔月的神话；《列子》中有女娲氏炼石补天，共工氏与颛顼相争，怒触不周之山，折了天柱，故天倾西北，地不满东南的神话。我国古代的神话，《山海经》（此书《四库全书总目提要》列入小说家，《史记·大宛传赞》里有"《禹本纪》《山海经》所有怪物，余不敢言"的话，则司马迁已见过此书，当系周、秦间作品，但有后人附益处）、《穆天子传》（记周穆王驾八骏西游，见西王母事。此书相传为晋时在汲郡古墓中发现的竹书之一，但似出《山海经》之后）及《楚辞·九歌》《楚辞·天问》诸篇中记录得最多。故事，则取古人之事，加以渲染，加以铺张，使后世人觉得历历如绘。荆轲刺秦王这件事，照《战国策·燕策》及《史记·刺客传》所记，已够动人了。而明代《永乐大典》所收的《燕丹子》，从燕太子丹和秦王政结怨叙起，直到燕亡，加入了许多穿插描写，尤能使这悲壮的故事有声有色，可以作为古代写述故事的作品的代表。此书旧题燕太子丹撰，固然不确；孙星衍认为"其书长於序事，娴於辞令，审是先秦古书"，却也有理。

至於寓言，则先秦诸子中，尤不一而足。如《庄子·徐无鬼》篇所记的郢人与匠石，便是绝妙的一则寓言。郢人能用白垩粉刷承尘的灰幔，不使他的身上沾染一点。有一次，偶不小心，鼻子上沾了一点薄如蝉翼的白垩。匠石拿斧替他削去，运斤如风，垩尽而鼻不伤。宋元君听到了这件事，召了匠石去，问有没有这件事，要在自己鼻子上涂了白垩，命他试试看。这怎么成呢？稍微一动，就有把鼻子劈下的危险呀！所以匠石回答他说："臣则尝能为之；虽然，臣之质死久矣！"庄子是用这寓言来表示他经过惠施之墓所发生的"自夫子之死也，吾无以为质矣，吾无与之言矣"的丧失了知己之感的。又如《孟子》以齐人东郭墦间乞食，归骄妻妾的寓言，来表示求富贵之可耻，也是一篇绝妙好辞。这种例更是举不胜举了。又有看似神话，实为寓言的，如《列子》里所记的"愚公移山"。这段文章，实在是一篇很好的短篇小说。其中虽然有所谓"操蛇之神""夸娥氏之二子"负太行、王屋之山而移之的神话，可是它的要旨是在说明有"锲而不舍"、至死不已的精神，必能"有志竟成"，确是一则绝妙的寓言。看似故事，实为寓言的也有。例如《庄子》的《盗跖》篇，记柳下惠的兄弟盗跖，暴戾恣睢，拥众横行，各国诸侯也奈何他不得；孔子因与柳下惠要好，便自告奋勇，要替他去教训老弟，往见盗跖，结果弄得回来时执辔三失，脸如死灰。其实，柳下惠是春秋初年人，如何能和春秋末的孔子做朋友？所以虽然写得活龙活现，似乎有这故事，实际上是《庄子》的寓言。

　　神话里所叙述的"神"，到后来辄渐渐变成"人"。例如《山海经》里的西王母是个豹尾虎齿而穴处的怪物，《穆天子传》里便有和周穆王相见、行宾主之礼的话，已"人化"了。后世托名班固作的《汉武故事》和《汉武内传》里，所记来见汉武帝的西王母更变为"年可三十余"的丽人。神话的渐渐变成小说，由此可见。加以秦始皇、汉武帝都是做了皇帝想登仙的，所以信方士，求神仙，方术神怪之说大盛；而东汉时佛教传入中国，东汉末又发生了道教，宗教的故事又大盛起来。所以《六朝》志怪之书很多。如晋於宝的《搜神记》，王嘉的《拾遗记》（明胡应麟以为梁萧绮作），梁吴均的《续齐谐记》（《庄子·逍遥游》

云："《齐谐》者，志怪者也。"宋东阳无疑有《齐谐记》，故均书曰"续"），都是些记鬼神灵怪的杂录。《续齐谐记》中所记阳羡、许彦遇鹅笼书生事，唐段成式的《酉阳杂俎》已谓其出於佛教的《譬喻经》了。而刘义庆的《宣验记》、王琰的《冥祥记》、颜之推的《冤魂志》等，佛教的色彩更浓厚了。

可是六朝时，又有异军突起的一派，就是幽默派的杂记。东汉末，宦官专政，所谓"清流"的士大夫，横遭党锢之祸。三国、六朝，外则异族侵凌，北方沦陷了许久，又是忽分忽合，祸乱相寻；内则篡弑相寻，南方自东晋以后，也更换了五个朝代；一般人民固然在乱离中过他们朝不保暮的日子，士大夫在这种局面之下，也有不能无感慨，而又不能发感慨的烦闷。而复兴的老庄玄言，外来的佛家名理，又特盛於魏晋以后。於是酿成了所谓"清谈"和放诞的风气，尽有主张"礼岂为我辈设"的，有醉卧於人妻之侧而处之泰然的。那时士大夫阶级的风气如此，似乎所谓"礼"已荡然无存了。可是以经学而论，六朝时人对於"礼"的研究特盛，而且颇有些特到的见解。可见他们的言论举动，确只是一种"幽默"而已。这种专记"清谈"的杂记，可以说都是隽永的小品。如东晋裴启的《语林》，郭澄之的《郭玄》，梁沈约的《俗说》、陈殷芸的《小说》，书虽已亡，尚可在《太平广记》《太平御览》中见到它们的一鳞半爪。而今存的宋临川王刘义庆的《世说》，很可以做这一派的代表。如《任诞》篇云：

"刘伶恒纵酒放达，或脱衣裸形在屋中。人见，或讥之。伶曰：'我以天地为栋宇，屋室为裈衣。诸君何为入我裈中。'"

《简傲》篇云：

"钟士季（会）精有才理，先不识嵇康。钟要於时贤俊之士俱往寻康。康方大树下锻。向子期（秀）为佐，鼓排。康扬锤不辍，旁若无人。移时，不交一言。钟起去。康曰：'何所闻而来？何所见而去？'钟曰：'闻所闻而来，见所见而去。'"

我们在这部幽默隽永的杂记中，很可以看出

魏、晋人的风度来。其较为下级的，便是"笑话"。口头的笑话，当亦古已有之；集录成书的，似以东汉邯郸淳的《笑林》为最早。原书已佚，在《太平广记》等书中，尚可以考见它的遗文。《太平广记》又引《谈薮》（不知作者。《说郛》亦收《谈薮》，宋庞元英作似别为一书）。隋侯白又有《启颜录》，亦属这一类。《启颜录》里记一山东人娶蒲州女，其母患项瘿，甚大。妇家疑婿不慧，值婿来，妇翁故意试之，问曰："鸿雁能鸣，何故？"答曰："天使其然。""松柏冬青，何故？"答曰："天使其然。""道边树有骨，何故？"又答曰："天使其然。"翁曰："鸿雁能鸣者项颈长，松柏冬青者中心强，道边树有骨者车拨伤，岂是天使其然？"婿曰："虾蟆能鸣，岂是项颈长？竹亦冬青，岂是中心强？岳母项下瘿如许大，岂是车拨伤？"妇翁大惭，无以难之。《启颜录》已亡，这也是见於《太平广记》的。

　　以理想虚构人物社会，做成传记的，晋代已有之，如阮籍的《大人先生传》，陶潜的《桃花源记》之类。流衍下去，便成王绩的《醉乡记》、柳宗元的《种树郭橐驼传》一类的文章。可是不能说它们是小说。短篇"传奇"小说，则至唐而始盛。明胡应麟《笔丛》云："变异之谈，盛於六朝，然多传录舛讹，未必尽为幻设语；至唐人，乃作意好奇，假小说以寄笔端。"宋洪迈亦云："唐人小说，不可不读。小小事情，凄婉显绝，洵有神遇而不自知者；与诗律可称一代之宗。"唐代的传奇小说，大略可以分为"神怪""情爱""豪侠"三类。神怪类的小说是直接由六朝志怪之书变来的，所以发生最早；如隋唐之间，已有王度（王通之弟）的《古镜记》，无名氏的《补江总白猿传》了。今选唐李朝威的《柳毅传》、沈既济的《枕中记》、李公佐的《南柯太守传》三篇。元尚仲贤的《柳毅传书》、清李渔作的《蜃中楼》，都以《柳毅传》为题材；元马致远的《黄粱梦》、明汤显祖的《邯郸记》，都以《枕中记》为题材；汤显祖的《南柯记》则以《南柯太守传》为题材，可以参阅。写情爱的小说，唐以前不多见。而唐人传奇小说中，则颇能以隽妙之笔，叙曲折之事，写凄婉之情。今选三篇为例。陈玄祐的《离魂记》，写张倩娘、王宙事，为元人郑德辉《倩女离魂》一剧所本；白行简的《李娃传》，记名妓李娃事，为元人石君宝的《曲江池》、明人薛近衮的《绣襦记》二剧所本，而所谓郑元和唱《莲花落》的故事，至今尚流传於民间；蒋防的《霍小玉传》，写霍小玉与李益的事，倒是一出凄婉动人的悲剧，为明汤显祖的《紫钗记》和近人《紫玉钗》剧所本。写豪侠的传奇，也选录三篇。有裴铏的《昆仑奴》（见裴铏的《传奇》中，或云段成式作，或云冯延己作），述昆仑奴名磨勒者，为崔生从勋臣一品家中夜负红绡妓出的故事；明梁伯龙本此作《红绡记》剧，梅禹金亦有《昆仑奴》杂剧。薛调的《无双传》，叙侠士古押衙以奇术使王仙客、刘无双得为夫妇，为明陆采的《明珠记》剧本的题材。杜光庭的《虬髯客传》，记李靖、红拂的故事，明人张凤翼的《红拂记》、凌初成的《虬髯翁》便取之以作剧曲。唐代的传奇，也有就故事叙写铺张的，如已选注过的陈鸿《长恨传》之类；这篇传，也为元人白朴的《梧桐雨》及清人洪思的《长生殿》二剧所本。宋代的传奇小说，则以此类为多。如乐史的《绿珠传》，叙石崇妓绿珠坠楼的故事；《太真外传》，叙杨贵妃的故事；不知作者的《李师师传》，叙宋徽宗与名妓李师师的故事。宋人也有志怪之书，如徐铉之《稽神录》，吴淑之《江淮异人传》；也有并记隽永的谈话故事的，如洪迈的《夷坚志》，罗大经的《鹤林玉露》之类。但只是平实简率的记录而已。总之，文言短篇的传奇小说，在唐代已发达极了，宋人沿袭唐代的余风，不过是尾声而已。清代还有这一类的小说，要当以蒲松龄的《聊斋志异》为首屈一指，现在也选录三篇为例。

宋代是白话长篇的章回小说的发轫时代，当於下章述之；而短篇小说之由文言变为白话，倒是短篇小说史中的一大转变，今存残本的《京本通俗小说》中，如《拗相公》《错斩崔宁》《冯玉梅团圆》，都是白话的短篇小说，是南宋人的作品，就选作例子。（《拗相公》记王安石事，卷首说

"如今说先朝一个宰相"，似乎是元朝人的口吻；可是末尾又云"我宋元气，都为熙宁变法所坏"；《错斩崔宁》及《冯玉梅团圆》又称"我朝元丰年间""我宋建炎年间"，可见都是南宋人的作品。）这类白话的短篇小说，后来都被收於明冯梦龙编的《警世通言》《醒世恒言》中，而现存的《今古奇观》也是这一类小说的总集。

素秋一口气看完，觉他记录得很详，而且很有条理，要改也无从改起；只有几处留着空白，便替他填好了，送去交给莘耜。莘耜道："他既有信给你，而且把讲义稿寄来了，你得给他一个回信！他升做科长了，去信时得贺贺他，勉励勉励他。升任了一个电报局的科长，原不足奇；但他并无奥援，全由平日服务的劳绩得着升迁，倒是可喜的。我的回信，还要过几天再写，你写好了，先自寄去吧！"

素秋回到家里，就在这晚上写了一封回信给家华：

家华学兄：

　　星期日午后，舍弟诣尹宅奉访，不意兄已遄归，深以未得重晤为憾！是日上午，讲习国文，承宗学兄因公请假，记录无人，承兄慨允庖代，乃又以贵局长函召，行色匆匆，未将记录稿件留交；妹承同学谬举，职司总纂，而抄记未详，不能补阙续貂，又未敢向太先生孟浪请益，颇为悬悬。今日下午，忽奉手教，附寄讲稿，详尽明晰，自愧勿如；而犹殷殷以删润见嘱，非特足见虚怀，抑且益增惭悚！顷已转呈太先生批改，想即可付排也。附笺，当由舍弟转呈。吾兄服务勤谨，升迁乃意中事，不足贺；可贺者，在贵局长之贤明公正，能识拔人才於僚属之中耳！此间自太先生暨家祖以下，闻之均为色喜，不仅妹一人已也。国难未已，吾侪青年但有一技之长，便可有所贡献。自惭樗栎食粟而已；兄则如锥已处囊中，会当脱颖而出，前程未可量也！匆复，敬颂

　　春祺。

妹　山素秋谨复
某月某日

家祖暨舍弟嘱笔问好。

第二天上午，她先把这封信付了邮；下午，却带着信稿来给莘耘看。莘耘已由振福陪去参观掘自流井，桂荪兄妹也跟去了。富氏也不在家。秋氏在拆一件毛线衫，素秋道："太师母，师母也和太先生同去的吗？"秋氏笑道："素秋，我看你以后不要再叫她师母了！你并不是明儿的学生，明儿却是你爸爸的学生；以世谊论，你也只须称她一声世嫂。我看，你不如径叫她嫂嫂，显得亲热些。她在山石庵呀！在替家华做两对衬衫裤。"

说时，把手里的旧毛线衫一提说："这件破旧的毛线衫，还是战前桂荪的娘织了送他的。现在已破得不能穿了，我想拆了替他重织。说也可笑，这位新任的电报局科长，除外面的制服以外，里面的衣服真是褴褛不堪的！"素秋道："我晚上横竖空着，这件毛线衫，我去代织了吧！"秋氏笑道："你白天要教书，课毕后，还要自己用功，这事哪里还可以要你代劳？这样吧！你如肯依了我，老实叫我们明儿作哥哥，叫桂荪的娘作嫂嫂，方才是自家人，我方好央你帮我做些事。你愿意吗？”她眯着一双老眼向素秋注视着笑。富氏刚夹着一个衣包，从外面回来。素秋坐着向她招呼道："嫂嫂，你在做衬衣吗？"富氏道："是的，妹妹，两套衬衫裤，只做好了一套哩。"秋氏这时候竟得意极了，把手里正在拆的毛线衫，向素秋身上一放，笑道："素秋，我的儿，你拿去替我代拆代织了吧！"振福、莘耜带着两个孩子回来了。素秋把她的信稿给振福、莘耜看过，拿张纸包了那件毛线衫，挟着回去。振福坐了不久，也去了。秋氏便和莘耜、富氏谈刚才叫素秋改称呼的事，并且说，她已把家华的毛线衫拿去拆织了。

第二十八章　小说（二）

　　自从尹家装了一具无线电收音机之后，晚上常有人来听广播的新闻，老的如振福、琢生，少的如振之、中玉，尤其是素秋、承良，几乎每晚必到。星期六晚上，他们六个人都到了。琢生提议道："我们每晚总有人来搅扰尹老先生府上，我觉得心里很过不去。而且有机会听取消息的，只限于我们这几个人，也不很好。我想，从下星期一起，我们派定三组轮流记录的人，振之先生和中玉一组，素秋和承良一组，请尹老先生和小尹师母担任一组。这样办法，每星期总有两夜可以安静了。所记录的新闻，选几条重要的，於次日上午在山石庵门口公布，让大家看看。好在本村人已都识字，十之七八是看得懂白话文的。山石庵门口不是有现成的揭示处吗？"莘耜笑道："琢生先生的办法我很赞成；不过说搅扰我们的话，未免太见外了！"振福道："你这办法固然很好，只是分配工作，有些儿不公允；你把莘耜先生也派了差使，自己却躲卸开了！"莘耜道："这样分配吧！琢生先生和令郎中玉一组，素秋和小媳一组，振之和承良一组，每星期各轮两次；星期日，由我记录一次。福老年长了，除外。好不好？"振福笑道："叫我听，有时还听不懂，怎么记得下来？只得除外。"大家赞成莘耜的办法，就决定照办。星期日，山石庵门口的揭示处便贴出一张通告，说从明天起，每天在此处宣布从尹宅无线电收音机收得的新闻。葫芦谷村民得到了这消息，皆大欢喜。

　　下一个星期六的晚上，振之、承良轮值记录新闻。不到七点钟，他们就来了，广播新闻的时间是八点钟开始，还有一小时呢！莘耜招呼他们到书室里坐。那时，莘耜准备好明天用的讲稿，还摊在书桌上。振之道："老师，明天轮值我记录，正觉得无从着手预备，可否先把老师的讲稿给我看一遍？"莘耜笑道："那有什么不可以？讲稿在这儿，请看吧！"振之拿起来看时，见上面写着的，只是几条大纲，看了仍难了然，就问道："老师，你的讲稿大纲上说，白话长篇小说起於宋人的话本。话本是什么？"荸粗道："话本，是说书的底本。明郎瑛《七修类稿》说：'小说起宋仁宗，盖其时太平日久，国家闲暇，日欲进一奇怪之事以娱之。故小说得胜头回之后，即云话说赵宋某年。'例如古本《水浒传》第一回，以'话说大宋仁宗天子在位，嘉祐三年三月三日'开始。《东坡志林》记王彭云：'里巷中小儿薄劣，为其家所厌苦，辄与钱令聚坐，听说古话，至说三国事云云。'可见仁宗时已有和现在说书相似的'说话'了；《都城纪胜》谓'说话'有四种：一'小说'，二'说经'，三'说参请'，四'说史书'。《武林旧事》所载诸色伎艺人中，有'书会'（即说书会），有'演史''小说''说经诨经''说诨话'。演史，如《东京梦华录》所载京城瓦舍伎艺之霍四究说三分、尹常说五代史之类。近有影印宋残本的《五代史平话》《三国志平话》等，是属於这一类的话本；而《三国志平话》则为后来《三国志演义》的蓝本。《宣和遗事》一书，现在一般研究小说史的人，也都归入'演史'一类。但此书中记梁山泊大盗宋江三十六人的那一段，为后来《水浒传》的蓝本；

与其说它是'演史'，不如说它是'小说'。《梦粱录》云：'小说一名"银字儿"，如烟粉、灵怪、传奇、公案、朴刀、杆棒、发迹变态之事。'宋江等三十六人的事，正是所谓'朴刀、杆棒'这一类了。可是《宣和遗事》其他各部分，一叙历代帝王荒淫之失，一叙王安石变法之祸，一叙王安石引用蔡京，至童贯、蔡攸巡边，一叙徽宗与李师师，一叙道士林灵素，一叙京师岁时繁华，一叙金人攻陷汴京，一叙徽、钦二帝北狩，一叙高宗定都临安，都是属於演讲史实的。此书或是集'演史'与'小说'二类的话本而成，或者当时说话、演史和小说的界限并不分得怎样清楚。至如前次所提及的宋人白话短篇小说，如《京本通俗小说》所收的诸篇，那确是'小说'的话本了。至於'说经诨经'一类，大抵是有关於佛教的。

"现存宋、元人所作长篇小说，如《大唐三藏取经诗话》（一名《大唐三藏法师取经记》，末有'中瓦子张家印'一行字，张家为宋时临安书铺，故王国维以为宋人作；鲁迅则谓张家或至元代尚存，此书或为元人作，亦未可知），《西游记》（此非现在通行的明吴承恩所作之《西游记》，也不是明人所刻《四游记》中的《西游记》，是在《永乐大典》中发现其遗文的《西游记》），为明人吴承恩的《西游记》的蓝本，大概就是所谓'说经诨经'的一类。至於'说诨话'，大概是一种滑稽笑话的话本，现无存书，无从考据了。李商隐的《娇儿诗》里有'或谑张飞胡，或笑邓艾吃'两句，讲演史事的说书，怕在唐末已通行了，不过用语体文写下底本来，从零碎的、短篇的变成长篇的、分章分回的小说，当在宋、元两代。"

莘耜在一盏美孚灯下口讲手写地说了一大套，不觉已到八点钟。振之、承良忙走出去，莘耜也把灯移出来，把收音机开了，听广播的新闻。振之、承良就坐在方桌旁一条条地记录下来。秋氏、富氏也带着两个孩子出来，静悄悄地坐着听。新闻的广播不到半个钟头就完了，振之、承良带着所记录的稿纸去了。桂荪、兰荪却说新闻广播最不好听，不如听音乐、歌唱、平剧有趣。

第二天是星期日，上午仍开讲习会。讲毕，振之对承良道："幸而昨天晚上，先听老师把白话章回小说的起源先讲了一个大概，否则哪里记得清爽？"承良笑道："我觉得今天听讲很有趣，太先生把每种小说都讲个大概，竟和听说书似的。他讲的《三国志平话》先叙光武时有秀才司马仲相断刘邦、吕雉屈斩韩信、彭越、英布一案，命他们投生为刘备、曹操、孙权三人，三分汉朝天下以报宿冤；上帝又命司马仲相投生为司马懿，去削平三国，一统天下；虽然是荒诞不经，却为现在《三国演义》所无，新颖可喜。至于从《永乐大典》里采录的《西游记》遗文，'梦斩泾河龙'一段，我早在姊姊那里抄注的选文稿中看过了，今天听起来，更觉有趣。"振之道："就此，可见预习的益处。我如果不先把那几篇《水浒传》《红楼梦》《儒林外史》等书的叙文和考证看一遍，今天记录起来，必大感困难了！"

原来莘耜这一次讲的是长篇小说，把它们分作几类。每类举出一二部有名的著作来做代表：

如"演义类"，便举《三国演义》为代表，这部书是元、明之间的罗本字贯中所作（郎瑛《七修类稿》说他是钱唐人，周亮工《书影》说他是越人），系就《平话》本增删修改而成的一部历史小说。它原有三种本子：一种是明弘治刊，李卓吾的评本；一种是清毛宗岗改本，有金圣叹式的评语的，就是现在最通行的；一种是清李渔评阅的《第一才子书》，明人曾把它和《水浒传》合刊，叫作《英雄谱》的。而现存的元剧，如《单刀会》（关汉卿）、《博望烧屯》《连环计》《隔江斗智》（无名氏），内容都和《三国演义》所说的差不多。

"豪侠类"，他举《水浒传》为代表。此书的作者，胡应麟《庄岳委谈》以为是施耐庵；郎瑛《七修类稿》以为是罗贯中；李卓吾本题为施撰罗修；金圣叹则谓施书止於七十回，以后是罗所续。此书不同的版本甚多，有百回本（仅有征辽、征方腊故事），有百十回本、百十五回本、百二十回本、百二十四回本（加入征田虎、征王庆的故事）。现在最通行的，却是金圣叹所删的七十回本，至"梁山泊英雄惊恶梦"为止。此外，又有清人陈忱所作的《后水浒传》，叙宋江等死后，李俊浮海出去，为暹逻国王；清人俞万春则作《荡寇志》，以续七十回本，而使梁山泊众英雄非死即诛，而鬼魂仍被镇於石碣之下。元剧中如《黑旋风双献功》（高文秀）、《李逵负荆》（康进之）等，大概也是根据当时传说的梁山泊故事做成的。

　　"神怪类"，他举了一部吴承恩的《西游记》。他这部书共一百回，大概是以《永乐大典》所收的那部《西游记》为骨胳的。吴氏原本无唐僧玄奘的出身及为父母报仇事，通行本是取后来的朱鼎臣的《西游释厄传》补入的。《西游记》中的故事，如唐太宗游冥府，已远见於张鷟《朝野佥载》以前，较迟的亦见於敦煌石室中发现的俗文学中。这部书富有海阔天空、穷奇极怪的浪漫思想，而且含有诙谐讽刺。评注的人，或以为是阐明佛理的，或以为是说道家的修炼的，或以为是讲儒家明心见性之学的，见仁见智，各有不同。虽然吴承恩是明嘉靖时人，那时本有儒释道三教混杂的思想，当然受了它的影响；可是我们却不妨摒弃这种迂妄之见，而专看他的讽刺、诙谐、浪漫、活泼的那些特点。

　　"讽刺类"，他举了一部《儒林外史》。这是清雍正时人吴敬梓作的。此书原本仅五十五回，后又有人在中间加入了四回，末尾又加了"幽榜"那一回，所以又有一种六十回本。此书中所记人物，大都隐寓当时儒林中人。如马二先生为冯粹中，杜少卿为作者自己等。此书虽为章回小说，但实际上是集许多短篇而成，所以结

构非常松懈 而文笔之冷隽, 描摹之尖刻, 可谓独擅胜场。

"人情类", 他又举了一部《红楼梦》, 此书又名《石头记》, 又名《金玉缘》, 全书共一百二十回, 九十万言。其结构之精密, 描写之细腻, 在长篇小说中, 当首屈一指。作者是曹霑, 字雪芹。俞樾的《小浮梅闲话》则谓八十回后, 为高鹗(字兰墅)所续。或谓书中主人翁贾宝玉系影写清相明珠之子, 以填词著名的纳兰成德的(俞樾《曲园杂纂》); 或谓是为清世祖顺治帝及董鄂妃而作(王梦阮、沈瓶庵合撰的《红楼梦索隐》); 或以为作者旨在吊明之亡, 揭清之失, 表示他的民族主义的, 如以宝玉影射康熙的废太子胤礽, 黛玉影射朱竹垞, 宝钗影射高江村, 妙玉影射姜西溟等(蔡元培《石头记索隐》)。实在也可以说是写所谓"世禄之家鲜克有礼", 故卒骄奢淫逸, 以至衰败, 而以婚姻不自由为其中心。

"侠义类", 他举了一部《三侠五义》(原名《忠烈侠义传》), 是石玉昆的作品。石玉昆为北方之平话家, 此或为其说书时之话本。后经俞樾删润, 改名《七侠五义》。其中以写白玉堂、蒋平、智化、艾虎四人为最出色。

"谴责类"，他举了一部刘鹗（字铁云）作的《老残游记》。这部书颇可代表清末光绪时所谓维新派人物的见解。他摘发刚愎自用的清官之残酷，祸更烈於贪官，倒是一种特到之见。

此外，他说还有借小说卖弄自己的才学的，如《镜花缘》《花月痕》之类，全书的结构本也不错，可是眩博的地方总有些令人头痛。至於全部用骈文的《燕山外史》，则阅者读未及半，已要昏昏入睡了。

他又讲到章回小说的回目，起初是长短不一定的，后来却变成对偶的骈句。每回末了，往往有两句诗，这和剧曲的下场诗相仿；可是前者是作者的语气，后者是剧中人的语气。每回往往故意於吃紧处截断，使人不得不继续看下去。其实这还是说书人话本的遗形。顺便又提及许多俗文学，如"弹词""大鼓"之类。认为"弹词"本於"弹词"，起於宋末赵令时作商调鼓子词谱《西厢记》，但尚有曲无白；及董解元作《西厢弹词》，始有白有曲。其后乃蜕变为民间俗文学的弹词，用琵琶或三弦弹唱了。至於分生、旦、净、丑诸角，五人合唱，有弦子、琵琶、胡琴、鼓板等乐器，盛行於杭、苏、沪一带的，叫作"滩簧"。用锣鼓的叫作"锣鼓滩簧"。"大鼓"则为北方流行之一种歌曲，原名"打鼓说书"，一称"鼓儿词"，所唱多历史小说、民间故事。唱者一手打鼓，一手执绰板；另一人弹三弦和之。如"京音大鼓""奉天大鼓""京东大鼓"等，皆以地方区别。而"梨花大鼓"则出自山东，或谓"梨花"，即"犁铧"，本为农器之碎铁片，今以铁片做绰板击之，故名；或谓本名"历话"，因为是山东历城人所创的缘故。至於"道情"，乃散曲黄冠体之一种，今传板桥道人郑燮有此作。其实，徐大椿、灵胎已有《洄溪道情》了。这些本是歌唱文学，而内容则与小说、杂剧都有关系。

　　星期三下午课毕后，振之方把整理好的讲稿交给素秋。素秋看了一遍，觉得大致不错，送去转交给莘耜。莘耜恰好接到家华的一封回信，说毛线衫和衬衫裤都已收到。他的信里，附有习作的绝诗和小令的词，莘耜已批改好了，也拿给素秋看。素秋见他的作品，虽然不很老练，也有平仄失黏的，经莘耜一改，却觉得调熟声圆，可以上口了。最引她注意的，却是一首《如梦令》：

> 衣上千针万缕，心上千丝万绪。体贴感温存，
> 待把衷情细诉，且住，且住，休惹莺啼燕语！

　　她当时也不便细问莘耜，回到家里，却似有了什么心事，始终丢它不开。"他或者已经知道，那件毛线衫是我替他织的了？他有什么衷情要向我细诉，又怕惹人闲话呢？这首词，倒作得委婉含蓄得很！"素秋这样想。

　　承良从外面回来了，手里拿着一卷东西，笑嘻嘻地向素秋道："姊姊，家华兄寄了一张人物山水画卷来，说是他的近作，要我们题咏哩！"素秋接过来摊开一看，画中的景物很有些儿像葫芦谷。里面点缀着的人物，有扶杖的老翁，有蹲在溪边的孩子，有倚着修竹的女子，却都是古装的；有绿竹，有黄花，有红叶，显出是秋天的景象。尤其是那两个老翁，一个女子，虽然画得小，细辨起来，面貌神情很像她祖父、尹太先生和她。远远地骑着驴子来的那个戴着毡笠的少年，向另一少年作问询状的，有些儿像家华自己和承良。素秋笑道："弟弟，他这幅'秋山访旧图'

明明把我们都画进去了!"承良仔细一看,也笑着指点道:
"真的! 这是他, 这是我, 这是太先生和祖父, 溪边蹲着
的两个孩子, 虽然只能看到背影, 一定是桂荪和兰荪了。
那所小小的屋子里, 隐约可见的, 不是太师母婆媳俩吗?
真画得有趣!"素秋道: "他有信没有?"承良道: "当
然有的! 我真糊涂! 姊姊不问起, 竟忘记给你看了。"说罢,
从衣袋里掏出一封信来。这信是写给承良的:

承良世兄同学:

去年造府, 承出老师珍藏画页相示, 中有王
石谷《秋山行旅图》, 风物潇洒, 最为可喜。近
购得珂罗版石谷山水画册, 虽风神略损, 而韵格犹
存。暇时妄抚其意, 成《秋山访旧图》一幅。葫芦
依样, 殊可笑也! 以吾兄嗜画, 与弟同癖, 故敢献
丑, 并希指疵! 如不以拙劣见哂, 惠赐题咏, 则更
幸甚矣! 日前舅氏赐寄毛线衫及衬衣数事, 据家舅
母附谕, 知毛线衫重新拆织, 系出令姊之手, 感激
无似, 乞代致谢忱! 公务倥偬, 欲言不尽。顺颂
　　春祺!

弟梁家华拜启

某月某日

太先生前，乞叱名请安！

令姊均此候候。

　　素秋看了笑道："他这封信是写给你的，是请你题咏的，与我毫不相干！"承良道："姊姊，你会作诗，他是晓得的；不请教你会作诗的，倒叫我这不会作诗的来题画，是绝不会的。画是寄来给我看的，诗是要你题的。他的信，末了不是写着'令姊均此'吗？"她们姊弟俩正在推诿，恰巧振福陪莘耜去看了自流井的工程，同回到家里来。他们两老见了这幅画，都称赞家华聪明。莘耜笑道："你们也用不着推诿了，各作一首诗或词，先给我看过了，再写上去吧！"振福嚷道："限明天这时候交卷！"承良把这幅画收拾了，坐了听两老谈天。素秋也坐在旁边，心里暗想："他果然已知道毛线衫是我织的了！"

第二十九章　雪泥鸿印

　　这几天，振福和琢生都有些儿烦恼，因为他们的自流井，费了一个多月工夫，化了一千多块钱，请技师，买机件、铁管，每天村中农民参加工作的有二十左右，结果却完全失败。星期日上午，振福和琢生把抽出来的水舀了一碗，拿到莘耘家来。一进门，振福就嚷道："莘耘先生，这事怎么得了？你看，这水怕有毒，是不能吃的，灌田却又嫌太少！耗了村里许多公款，怎样赔得起？"莘耘正在替素秋姊弟改题画的诗，忙站起来招呼。他们坐下了，把那碗水放在书桌上。琢生更是垂头丧气地说不出话来。莘耘看那碗水时，非常浑浊，且有一种刺鼻的臭气，便道："这大概是含有什么杂质的矿泉，可惜我们不懂得矿学化学，不能知道它。或者有别种用处，也未可知。开井的地点，是哪一位选定的？"

琢生道："虽是我们俩的主意，却也问过那位技师。"
振福道："你还要提及他！这老李真可恶。他说：'我
不是矿学家、地质学家，怎能知道地下有这种矿泉？你
们请我来开井，井开成了，抽出水来，我的任务便完
了。'他还催讨他的三百元酬金，说明天要动身哩！"
莘耜道："福老，他的话自有他的道理。你们请他来是
订有合同的；井开成了，酬金如何能减免呢？"琢生
道："这笔钱，只得由我们两个经手人赔垫了！怎好在
公款里开支？"莘耜道："现在只得且挪垫一下，送他
走了再说。"

　　承良匆匆地跑进来道："祖父，王承宗着了一乘轿
子来请您老人家去出诊哩！说他们公路局的总工程师巡
视公路，到了本镇附近，覆车受伤，折断左臂，现在他
们站里。"振福道："你去叫阿德砟一株杉树，把树皮
刨下来，按尺度截断了，包扎好；再把我的药箱膏药等
物整理好，随身带去。我先走，你立即动身来，做我的
助手。"说罢，便向莘耜告辞，回家去预备出诊了。振
福走后，莘耜向琢生笑道："可惜福翁是个老实人，又
有王承宗夹在中间，否则，给公路局的总工程师治伤，

三百元诊金是应当有的！"琢生笑道："赚了工程师的钱，来付给工程师，这倒是如意算盘！可是福翁绝不会要他这么多的报酬！我看还是先打发了老李再说。"他坐得不久，也就去了。

素秋走了进来，笑着问莘耘道："太先生，我和弟弟题画的诗，改好了没有？"莘耘道："你这首绝句，作得很好，我只改了几个字。"素秋的原作是这样的：

> 苍葭黄菊与丹枫，装点山村入画中。
>
> 雪上偶然留爪印，却从尺幅画秋容。

莘耘道："第一句的'与'字欠生动，所以改用'伴'字。第三句袭用东坡成句，嫌太囫囵。原诗上文已有'应似飞鸿踏雪泥'一句，下句仅说'雪上偶然留爪印'，其意自明，这里上文并未说到飞鸿，意便晦涩了；而且这幅画是他特地画作纪念的，其非'偶然'可知，所以改作'鸿雪居然留爪印'。第四句中的'画'字与第二句重复；绝诗固有复用同一字的，但是没有意思的重复总当设法避免，而且全首诗中没有把'访旧'

二字点出，所以改作'好教旧雨识秋容'。你们令弟这一首，却费了我许多工夫，把它改成一支《天净沙》的小令。

素秋道："舍弟那首绝句，我看了也觉得不妥当。首句'东篱红叶映黄花'，可说袭用了我的起句，而且'东篱'只与'黄花'有关，和'红叶'无涉。第二句'得得骑驴访那家'，简直不像诗了，而且和上句是接不牢的。第三句'莫道葫芦仍依样'，是根据家华的来信说他这幅画是抚王石谷的《秋山行旅图》的，意思叫他不要这样自谦。第四句'山林原有好烟霞'，竟成了为葫芦谷自夸之辞了。他叫我替他推敲一下，我仔细想了半夜，终无从改起。现在经太先生一改，顿觉有点铁成金之妙。前两句竟和马东篱原作的句法一样。'竹篱'下偏不用'茅舍'而用'瓦舍'，就和实际情形相合，而且脱了寻常诗句的窠臼。'依样葫芦入画'，把家华兄和弟弟的原意都翻了过来，说他把葫芦谷的风物依样写入画中，是个写生妙手了。太先生，'林下'似乎不如用'松下问童子'的'松下'来得现成。第四句说他'来访烟霞'，似乎没有说到'访旧'的意思吧？"莘耜笑道："我用'云间'二字，就是从'松下问童子'那首五绝里'云深不知处'一句来的。至於'林下'二字，则暗用《世说·贤媛》篇称王夫人神情散朗有林下风的意思。他来访旧，访的固然是我，可是他的旧识却不只我一人。令弟则和他是新交，不是旧识啊！"素秋道："那么，这'林下'二字是指太师母和嫂嫂的了。"莘耜哈哈大笑起来道："我怎会称自己的妻媳有林下风呢？而且她们俩当得起'神情散朗'四字吗？"他说时，注视着素秋只是笑。素秋方才省悟，顿觉有一缕热气从心头冲上，小苹果脸儿绯红起来。她又联想到自己那首七绝末句里的'秋容'二字：恰巧和自己的名字偶合，太先生不要误会我是故意用的。越想越怕羞，脸上越觉得热烘烘的。

正在这个当儿，窗外忽然"轰"的一声，放硫黄似的起了一片火光，桂荪、兰荪一齐大叫起来。素秋、莘耜都赶出去看。原来他们的中饭刚烧好，秋氏把灶里没烧完的柴块钳出来，放在地下，想用水浇灭它，留着烧夜饭用，刚放下，就轰然发生一大片猛烈的火光。她和富氏浇了三大盆水，方把火扑灭，却还有一阵刺鼻的煤

油气。素秋道："这样贵的煤油，谁倒在地下的？"莘
耡道："一定是琢生去时，把那碗从新开的自流井中抽
出的矿泉随手倒在此地。这矿泉含有煤油呢！如其开着
了油井，葫芦谷不是发大财了？"素秋道："您老人家
的猜度倒很有道理，我赶紧去告诉琢生表伯吧！"她就
此脱身走了。

中饭之后，莘耡照旧午睡。午睡起来，已是三点左
右，正和秋氏婆媳在谈开自流井偶然发现煤油矿是可能
的事，即使所含的不是煤油，也是可以做煤油、汽油用
的，如果能开采、提炼，倒是一件大大的生产事业。琢
生、中玉父子俩都来了，邀同莘耡出去再抽些井水试验
看它可否代煤油用。他们走了之后，秋氏婆媳正在预备
明天开发做干菜笋干的工钱，桂荪、兰荪突从外面叫着
跑进来道："客人来了！客人坐着轿子来了！"富氏出
去看时，只见三乘轿子已在门口广场上歇下。从前面那
两乘轿子里走出来的是振福祖孙，笑道："傻孩子，
福公公、良叔叔都不认识了？"承良出了轿，却向后面
那一乘里扶出一个病人，径向尹家走来。那病人头上
戴着呢帽，脚上穿着皮鞋，身上是哔叽制服；远远地看

去，却是个青年。这时，秋氏已把钱收拾好了，也走到门口来。富氏道："福公公把跌坏的工程师带回来医治了。"秋氏正想和富氏走进书室去回避，那工程师已由承良扶着，振福在后面跟着，缓步走过木桥来。到了门口，那病人突然叫道："姑母，你们原来住在这里吗？"秋氏瞪住了，呆站在门口。振福道："尹师母，这位工程师是你的侄少爷呀！"富氏眼光毕竟比她婆婆好，赶上一步道："你是云士表弟吗？""嗄！表姊，我们已有五六年不见了！想不到在这里会到你们！姑夫和表哥呢？"云士说。

这时，承良已扶着秋云士走进书室里来，让他在竹靠椅上躺下。秋氏仔细一看，才认识他果是胞侄秋云士，一时悲喜交集，两行老泪汩汩地从眼睛里淌了下来。"啊哟！云儿，你一个人在浙东吗？你家里怎样了？今天怎么会跌坏的？伤了哪里？不要紧！有福伯伯替你医治，总会全愈的。你就请十天半月的假，在这里静养吧！明儿在碧湖教书哩！他怎么也不知道你的消息？老头儿今天偏跷出去了！"她噜噜苏苏地说了这么一大套。振福道："师母放心！令侄的伤，左臂最重，臂骨有些儿碎了；今天医得快，他年纪又轻，绝不致带疾的。可是绑着的杉树皮千万动不得，晚上睡也得小心！秋先生，你好好在这里静养吧！我少陪了。我叫阿良去把莘耜先生找回来吧！"说罢，径和承良走了。

原来秋氏有一个妹妹——就是她媳妇富碧如的母亲——有一个弟弟，名叫秋文，是一母所生。秋文生了一男一女，男的就是云士，单名一个云字；女的叫作霞卿，单名一个霞字。秋文自己因为要侍奉老父，而且两耳是遗传性的重听，所以并没有出来做什么事，却把子女竭力培植。云士还是民国廿四年到德国去留学的，廿七年秋天刚回国来。在滇缅公路上做了一年半工程师，今年春天方调回本省来，在公路局任总工程师之职。霞卿却跟着秋文夫妻俩留在沦陷了的老家里。云士坐了一部公路局办公用的小包车巡视全路，今天早晨由永康出发，却在离镇六七里的地方翻了车，滚入一条山沟里去，跌伤左臂。幸而汽车夫没受重伤，从倒翻的车子里扒了出来，把他抱起，在路旁一户农民家的茅屋里躺着；又就近赶到镇上来通知站长王承宗。承宗就从站里开出一部车子去，把他载回站中；一面派人去替他修理车子，一面赶紧着了一乘轿子来接振福。云士是个留学生，见振福是个乡下老头儿，用的又是中医伤科的老法儿，心里原不十分信任。可是永康找不出有名的西医伤科，只得听他医治。振福和承良替他捏好左臂的碎骨来时，先给他吃了一包麻醉的药粉，直到用药膏和杉树皮敷绑好了之后，方给他喝冷开水解救醒来，一些儿不觉得痛楚，方信其技之神。

承宗向他笑道："秋先生，我本来也不晓得山老先生的神技，因为业师尹莘耜先生廿六年冬天初到此地，在两丈多高的桥上跌下大石嶙峋的山溪里去，几乎跌死，也是他老先生医好的，所以敢大胆地做主，请他前来替你诊治呀！"云士诧异道："尹莘耜？可是单名一个农字的？可是杭县上四乡人？可是逃难来的？如何又是你的业师？你以前在哪个中学里读过书的？"振福抢着答道："正是这位老先生。他带着家眷逃难到浙东来，现在还住在我们村子里呢！秋先生也认得他吗？"云士本来哭丧着脸躺在一张藤椅上，忽然满脸堆下笑容来道："正是踏破铁鞋无觅处，得来全不费工夫！——他是我的姑夫哇！我今春到浙东以后，便留意寻访他老

人家了！我料想他走在沦陷区里绝难存身，也不会遥远
地逃到西南去；而且我在云南一带也留心打听，一年半
工夫，从没有得到他老人家的消息。从前我在杭州中学
里读书时，是住在他寓里的。分虽姑夫内侄，情谊却和
自己的爸爸一般哩！"振福便把莘耜的近况大略地向他
述说了一遍，因道："秋先生的伤，总得静养十天半
月，不如打个电报去请半个月假，今天就和我同到敝村
去，在尹先生家里养病，也可以趁此叙叙亲情别意。秋
先生的宝眷住在哪里？"云士道："我还没有结婚呢！
很好，就依山老先生的办法吧！"承宗就替他拟了个电
报，叫公共汽车的司机到永康去拍发，一面就添雇了两
乘轿子，把云士和振福、承良送到葫芦谷去。

云士和他姑母细谈别后的情形。兰荪却问他妈妈
道："他是不是家华表叔的哥哥？"富氏笑道："他姓
秋，家华表叔姓梁，怎么会是兄弟？"正在说笑，莘耜
回来了。没进门，就高声地问："云士，云士跌得怎样
呢？"云士见他姑夫来了，想站起来，秋氏忙叫他不要
动弹。莘耜走了进来，云士见他扶着竹杖，脚虽好了，
总带些儿跛蹩的样子，头发已花白了，额上也添了许

多皱纹，在杭州教书时那种短小精悍的豪气已消失了。"姑夫，记得我廿四年秋天放洋的时候，你还亲自到上海送我上船，那时怎会想到在这里再见您老人家？"云士说时，带着无限的感慨。莘耜在他的书位上坐了下来道："人事的变迁，原难逆料。乱离之世，还能久别重逢，不可谓非幸事；可惜老丈不能见你学成归来！"这句话，可又引起了秋氏的悲痛，簌簌地流下泪来。莘耜又问起他家里的情形，回国后服务的情形，今天跌坏的情形，劝他安心在这里静养。从此，云士就住在尹家的书室里，振福每天上午来给他诊治，用陈酒吞服药粉。每隔三天，便把绑着的杉树皮解开，换了膏药，重新绑上。只换了两次，便不消再绑了，只贴了膏药，用白布络着。

星期六上午，振福替云士换好了药，又和莘耜谈起开自流井失败的事。云士听了诧异道："开自流井的工程是很粗浅的，怎么也会失败？抽出来的，怎么会是矿泉而不是水？"莘耜道："这种工程，你也懂得的吗？"云士道："学过的工程，怎么不懂？山老先生，我和你去看看吧！"振福拉着莘耜同去。到了井旁，先把抽水机抽动，放出些矿泉来。云士闻了闻道："这不是纯粹的矿油，虽然也能燃烧，可不能代煤油用。而且照山老先生所说这井的深度推测，离油矿也还远；不然，抽起来的油绝不至这样少的。可是附近的地方有油矿，却因此可以证明。这井抽不到地下水，却抽到矿泉，是李工程师计算错了，开得太深的缘故。要改良，也很容易，只消重新把铁管挖起来装浅些，抽出来的地下水就可源源不绝了。"振福听了大喜。从这天起，便又召集了二十左右村民，由云士指导，重新改掘，只化了五六天工夫，便把自流井改好。扳动抽水机，果然滔滔不绝地流出来的都是清水，而且水源异常丰富。这一来，可喜煞了振福和琢生。村民们对于这位天天来监视指导的青年工程师敬仰得和天神一般。"秋先生可惜迟到了几天，否则老李也不好拿我们三百块钱去！老李这种饭桶值三百块，秋先生不值三千吗？"嘴快的阿德说。——这是后话，一笔表过不提。

星期日那天上午，云士络着手，由振福陪了去监工，十点多方回尹宅。莘耜直到十一点多方从国文讲习会里退班回来，承宗跟了他来探望云士，就在他家吃午饭。云士道："王站长，从前你叫姑夫作业师，我还以为是你从前的老师，却料不到你业余在补习国文。姑夫，你讲些什么给他们听呢？"莘耜道："有什么新花样呢？"承宗道："虽然讲的不出国文的范围，方法却和一般学校里的不同。尹老师讲的，去年以文章体裁为范围，照着姚鼐《古文辞类纂》、曾国藩《经史百家杂钞》二书所分的类，说明它们的源流格式，然后选许多文章做实例，叫我们自己去阅读。这学期又把古代的诗、词、戏曲、小说等的源流、格式，讲了六次，选了许多例。以后便要讲'风格'了。今天上午讲的便是古文家所说的'阳刚与阴柔'。我虽然为职务所羁，不能在课外把老师选定的诗文熟读，得益已是不少了。我们还把他的讲义记录下来，他选的诗文抄注起来付印哩！浙东已有好几个学校向我们买了去当教材了。将来印订成册时，我可以奉赠秋先生一份。"云士含着笑道："我得预先谢谢你！王站长，你拿进来的一卷，是你的笔记吗？"承宗道："不！我们的记录是轮流担任的，今天并不轮着我。那一卷是一张图画，山承良托我带去还梁家华的。"云士道："姑夫，你不是说家华表弟在永康电报局服务吗？他会画吗？是几时学的？”

承宗便站起来取那一卷《秋山访旧图》，打开来给云士看。云士道："这倒看他不出。廿四年我和他分手时，他还是个十三四岁的孩子哩！'苍葭黄菊伴丹枫，装点山村入画中。鸿雪居然留爪印，好教旧雨识秋容。''碧山红叶黄花，竹篱瓦舍人家，依样葫芦入画，云间林下，骑驴来访烟霞。'不错，山承良是山老先生的孙少爷。这'素秋'二字，好像是个女子的名字，又是什么人呢？王站长，我真是有眼不识泰山！那天山老先生带着他孙少爷来替我医伤的时候，我还当他是个学伤科的徒弟，不料他竟是一位小学教师，而且是能作曲的！"莘耜道："素秋便是承良的姊姊。家华的中国画是初学，他们姊弟俩的诗和曲也是初学啊！"承宗道："承良兄姊弟的作诗填曲，是老师新近教他们的。这位素秋小姐是我们国文补习班的同学中最出色的人才。我们大家推举她做总纂，记录的讲义，抄注的选文，都须请她先校改过，再送来请老师复核批改的。"云士道："啊！山老先生有这样一位孙小姐！可惜我不会画，否则，也可以画一幅《春山遇旧图》，请她题咏一下，也留个雪泥鸿印。"莘耜笑道："家华和她原是初中里的同学；你和她素昧平生，她如何肯替你题？"谈谈笑笑，吃完了午饭，承宗告辞走了。

自流井改好了，振福、琢生对云士非常感激；臂伤也全愈了，云士对於振福自然也感激之至。半个月的假期匆匆过去了，云士向姑夫姑母告辞，说明天要走。莘耜夫妇又坚留了一天。振福和琢生估量着秋云士就要走了，便於次日在振福家里治筵饯行，邀了莘耜去做陪客。云士和莘耜同到山家去时，无意中碰见了素秋。看她虽是穿着朴素的服装，并没有涂脂敷粉，却也丰神潇洒，暗想："这山僻的村子里倒有这般出色的女子！如其我还没有订婚，倒要托姑夫介绍介绍哩！"这一次的陪客是莘耜、琢生和振之，主人是振福，宾主只有六个人，送酒送菜的却是承良。云士本有祖风，酒量很好，便和振福猜拳干杯，这一餐午饭，直吃到下午二时光景，方尽欢而散。

第三十章　气象的刚柔

　　午饭后的午睡，是莘耜每天省不了的功课；他和云士从山家回来，便匆匆地上楼去了。云士在莘耜的书位上坐下，富氏泡了一碗茶给他。他见书桌上放着一份稿子，拿起来一看，标题是"气象的刚柔——风格之一。""啊！这就是他们记录的国文讲义稿了。"他自言自语地说。闲着没事，便从头细看下去：

　　　　文章和文学的体裁，大略已如上述。现在要更进一步，讲到它们的风格了。体裁是具体的，风格是抽象的。所以前人讨论到诗文的风格，多说是"只可意会，不可言传"的。我们须竭力做具体的探讨，而不可再为玄虚之谈。

云士看了这一段开场白，不禁把头点了两点。

刚与柔，是从文章的气象说的，是"风格"之一。这是清代桐城派古文家所最注意的事。姚鼐《复鲁絜非书》分文章为"阳刚"与"阴柔"二类。其言曰：

"鼐闻天地之道，阴阳刚柔而已。文者，天地之精英，而阴阳刚柔之发也。惟圣人之言，统二气之会而弗偏。然而《易》《诗》《书》《论语》所载亦间有可以阴阳刚柔分矣；值其人其时，告语之体，各有宜也。自诸子而降，其为文，无弗有偏者。其得於阳与刚之美者，则其文如霆，如电，如长风之出谷，如崇山峻崖，如决大川，如奔骐骥；其光也，如杲日，如火，如金镠铁；其於人也，如凭高视远，如君而朝万众，如鼓万勇士而战之。其得於阴与柔之美者，则其文如升初日，如清风，如云，如霞，如烟，如幽林曲涧，如沦，如漾，如珠玉之辉，如鸿鹄之鸣而入寥廓；

其於人也，漻乎其如叹，邈乎其如有所思，暖乎其如喜，愀乎其如悲。观其文，讽其音，则为文者之性情形状，举有殊焉。且夫阴阳刚柔，其本二端。造物者糅，而气有多寡盈绌，则品次亿万，以至於不可穷，万物生焉，故曰‘一阴一阳之谓道’。夫文之多变，亦若是已。糅而偏胜可也，偏胜之极，一有，一绝无，与夫刚不足为刚，柔不足为柔者，皆不可以言文。”

姚氏说明“阳刚”与“阴柔”二类的特点，用了许多譬喻的话，也是竭力想用具体的话来说明这类似玄虚的两个抽象名词。司空图的《诗品》曾用许多譬喻，以说明他所分为二十四品的诗的风格，用意正和此同。我们就姚氏所举的许多譬喻去推想，已不难明了所谓“阳刚”“阴柔”二类风格上的分别了。他论文章的阴阳刚柔，推其原於天地之道，又有些儿玄学的意味了，反使我们不易了解。其实，所谓阴与阳，柔与刚，一般人观察一切自然人物的气象，心中本有这两种不同的观念；无以名之，拿这四个字来代表这抽象的观感而已。如日和月，晴和雨，本是天上的自然现象；山和水，本是地上的自然现象；我们看了这些自然现象，总觉得有两种不同的观感。如日晴明的天气、高山峻岭、长江、大河、海洋，便觉得它们有热烈雄健的气象；如月阴雨的天气、深林幽谷、波平如镜的湖面，便觉得它们有清冷柔婉的气象。前者就是所谓"阳刚"，后者就是所谓"阴柔"了。再说得具体些，如钱塘江，便有阳刚的气象；如西湖，便有阴柔的气象。更以音乐喻之，如锣声、钟声，便是阳刚；如箫声、笛声，便是阴柔。以书法喻之，如北方的魏碑，如颜字，便是阳刚；如南方的帖，如赵松雪写的《灵飞经》，便是阴柔。以人喻之，如个儿高大的男子，便有阳刚的气象；如身材苗条的女子，便有阴柔的气象。说到文章文学方面，如韩愈、苏轼的文章，雄伟纵横，光焰万丈，从前人本有"韩潮苏海"之喻的，便是所谓得阳刚之美者；如欧阳修、归有光的文章，一唱三叹，摇曳生姿，从前人所谓"情韵不匮"的，便是所谓得阴柔之美者。如李后主的词，以婉约见长的，便是属於阴柔一类的；如辛弃疾的词，以豪放见长的，便是属於阳刚一类的了。

曾国藩选了一部《古文四象》，又把"阳刚"和"阴柔"二类分作"太阳""太阴""少阳""少阴"四种；以"气势"属太阳，又分"沉薄之势""跌荡之势"二类；以"识度"属太阴，又分"开括之度""含蓄之度"二类；以"趣味"属少阳，又分"诙诡之趣""闲适之趣"二类；以"情韵"属少阴，又分"沉雄之韵""凄恻之韵"二类。古文家简直把"阳刚"和"阴柔"看作太极的两仪，所以由两仪生四象，四象生八卦了。曾氏以后，又有把文章分作二十类的。表面是愈分愈细，实际是愈分愈混。反不如姚氏的仅分两类，最为明了得当。至於曾氏的《求阙斋日记》里说："阳刚者气势浩瀚，阴柔者韵味深美；浩瀚者喷薄而出之，深美者吞吐而出之。"却颇足显示阳刚阴柔两类气象的不同。至於就他的《经史百家杂钞》所分十一类，说论著类、词赋类宜喷薄，序跋类宜吞吐，奏议类、哀祭类宜喷薄，诏令类、书牍类宜吞吐，传志类、叙记类宜喷薄，典志类、杂记类宜吞吐，大体虽然不错，却也未可一概而论。例如哀祭类，以幽咽吞吐的情韵发抒其悲哀者，实属不胜枚举；就选读过的文章说，韩愈的《祭十二郎文》便是一篇极好的例子。传志类亦然，例如欧阳修的《泷冈阡表》，不是一篇极吞吐之致的墓志吗？奏议之中，如贾谊《陈政事疏》的痛哭流涕长太息，固以喷薄出之，但如李密的《陈情表》又何尝不是一篇回荡吞吐的文章？而且他的辞官，一方面固由于祖母刘氏已届风烛残年，愿得终养，一方面却也因为不肯屈膝於二姓，覗为新贵，而忘故主。可是这话是只好茹苦在心，不好明说的，怎能以喷薄奔进的方式出之呢？

曾氏又就历代作者分别言之，以为庄子、扬子、韩退之，得阳刚之美；司马子长、刘子政、欧阳永叔、曾子固，得阴柔之美；这也是就大体说的。《庄子》里的文章，固然属於阳刚者居多，而《刻意》《缮性》等则属於阴柔；扬子云的作品，如《反离骚》《太玄》更可一读而知其气象的阴柔；韩愈的文章，十九是属阳刚的，而《送董邵南序》《答李翊书》《祭十二郎文》，则委婉曲折，深得阴柔之美。就是以大体论，说司马子长的文章属於阴柔，也不见得是确论。《史记》中，如《项羽本纪》《魏公子传》《李将军传》《魏其武安侯传》，不但是"阳"，而且可以说是"太阳"；即使他的《报任安书》，也是属於阳刚的。即使就《史记》全书而论，拿它和班固的《汉书》一比，便显见得《史记》是得阳刚之美，《汉书》是得阴柔之美了。

文章气象的刚柔，是根据作者的个性而来的；反过来说，从文章的气象里，也可以推测作者做人的性格。大抵其文偏於阳刚的，其言辞闳以肆的，作者的个性必近於《孟子》所说的进取之"狂"；其文偏於阴柔，其格局细以整的，作者的个性必近於《孟子》所说的有所不为之"狷"；过於阳刚，而中无阴柔以调剂之者，作者的个性必刚而愎；过於阴柔，而中无阳刚以调剂之者，其人必弱而懦。一个区域的地方性，也是如此。我国北方人的个性大都偏於阳刚，南方人的个性大都偏於阴柔；即以浙东而论，诸暨、嵊县人的地方性偏於阳刚，萧山、绍兴人的地方性则偏於阴柔。文章虽然是人为的，虽然可以由作者的修养或矫饰而变其气象，但地方性和个性，往往在无意中流露出来，无从加以掩饰。其实，这是不必掩饰的。文章中能强烈地表示作者的个性，和别人的作品气象不同，便是他特有的作风了。

云士虽然久已不诵习国文，因为在中学时代受过莘耜一番指导训练，国文是有相当的基础的，看了这一章讲义，颇有会心。他刚看完，莘耜早已下楼，洗过脸，在他对面的竹靠椅上坐着喝茶了。"姑夫是什么时候下来的？我竟没有晓得！"云士笑着说。莘耜道："我下来得很久了。见你在看讲义稿，所以没有向你招呼。我讲文章气象的刚柔，你看了觉得怎样？"云士笑道："前几天，我听王承宗说，你在讲文章的阳刚与阴柔，那时虽然不说什么，心里总觉得未免落了桐城派的窠臼。今天看了他们记的讲义，却又觉得并非那种玄虚的阴阳怪气之论了。不过您所举的例，都是古文。我倒要请教请教，现代作家的语体文中，有没有所谓阳刚阴柔两种不同的风格？"莘耜道："怎么会没有？鲁迅的作品，就是得阳刚之美的，他那篇《秋夜》，我就选作一篇实例；冰心的作品，则是得阴柔之美的，我也选了一篇《笑》做例。这两篇文章，你一定都看到过，还能记得它们的大略吗？"云士闭着眼睛，追忆了一会，忽然道："的确，这是很好的两篇实例。我似乎记得，陈望道的《修辞学发凡》，也是举这两篇做例子的。"莘耜道："云士，你的记性倒不错啊！"

云士停了一歇，又道："'阴阳'二字，确有许多妙用，如日光属阳，月光属阴，男属阳，女属阴，除了'阴阳'两个字，要用别的字来替代，倒想不出适当的来。"莘耜道："这两个字，只能说它们是代表这样两种不同抽象观念的，一定要说出它们的界说定义来，倒很困难哩！不过你说男性属阳，女性属阴，却也不能一概而论。就如我们家里的两个孩子，桂荪是男的，个性却偏於阴，兰荪是女的，个性却偏於阳。"云士笑道："对呀！先祖父的个性却是属於阴柔的，先祖母的个性却是属於阳刚的。"

　　"诗的气象，不但就全篇可以分出阳刚阴柔来，就是一句诗，也各有它的风格。'一窗晴日写《黄庭》。'这一句诗已把日永风和、窗明几净的一个恬静的境界烘托了出来，何况它是在写《黄庭经》，而不是挥着大笔在作擘窠字呢？所以它的气象是属於阴柔的。'满江风雨读《离骚》。'读这一句诗，似乎置身於巨涛骇浪、狂风骤雨中，痛读屈子《离骚》，借他人酒杯，浇自己块垒，大有痛快淋漓的一种气概。所以它的气象是属於阳刚的了。"莘耜说。云士把这两句诗反复吟诵了几遍，觉他讲得很有意思。"姑夫，我倒记起五六年前的事来了。"云士又说："廿三年的下半年，我在上海交通大学里听到一位老先生的讲演，也是讲这阳刚阴柔的问题。他说，诸子之文，惟儒家能以阴柔为体，以阳刚为用。其余如道、法诸家，都是偏於阴柔的。这话，您看如何？"

　　莘耜道："道家之文如《庄子》的闳肆，法家之文如《韩非》的遒劲，绝不能说它们是属於阴柔的。有一班人，以为阳是好的，阴是不好的，於是由於他们独尊儒术排斥百家的传统观念，便发为诸子之文概属阴柔的议论了。"云士道："怎么说阳是好的，阴是不好的呢？"莘耜答道："管同不是在桐城派中和梅曾亮齐名的吗？在他的《与友人论文书》里，却有一段很好笑的议论：'仆闻道之大原出於天，得其备者，浑然如太和之元气。偏焉而入於阳，与偏焉而入於阴，皆不可以为文章之至境。然而自周以来，虽善为文者，亦不能无偏，仆谓与其偏於阴也，无宁偏於阳。何也？贵阳而绌阴，伸刚而绌柔者，天地之道，而人之所以为德也。'他竟以'贵阳贱阴'为评论文章的理由，你想可笑不可笑？""贵阳贱阴，也就是我国重男轻女的根据啊！"素来沉默寡言的富氏也发了一句议论。

谈谈说说，早又五点半了。秋氏道："云士是工程师，你对他引经据典地发空议论干什么？天快晚了，你把晚上请客的事都忘了吗？书呆子！"莘耜经她一提，道："我真的把时间忘了！"忙把书桌上压着的一张红帖子写的请客单拿过来，叫桂荪去邀振福、承良，并且把这张请客单带去，托承良转邀琢生、中玉、振之。桂荪拿着红帖儿去了。秋氏、富氏把中央客室里的方桌抬开，先放好了椅子凳儿、杯筷瓢碟。云士道："姑母，不要太费事吧！今天应当由我来回席的。"秋氏道："我们就是替你回席的呀！"

振福、琢生先到了。原来琢生正在振福家里闲谈，桂荪去一邀，便和振福先走过来。莘耜、云士忙起身让坐。秋氏自己端出茶来，云士赶快接了，分送给振福、琢生。莘耜道："我和云士，都蒙福老救治，终生铭感。今天还要费你们两位的心，替云士饯行，真对不起！云士明天决计要走了。他是个东西南北之人，再相逢不知何日，所以再邀你们两位来叙叙。"琢生道："如果秋先生不来，我们的自流井便没补救的办法了。这件事，不但我们俩非常感激，村子里哪个不永记在心头？莘耜先生太客气了，反教我们做东道主的扰你的盛馔！"正在坐谈，振之、中玉、承良一齐来了。秋氏已在客堂里点起了灯，他们七人就团团地坐下。

振福见秋氏婆媳自己送菜送酒，便道："这太叫我们不安了！承良，你去代代劳吧！"承良从书室走到厨房里去时，素秋已在那儿帮忙了。承良道："姊姊，你为什么不替太师母们搬送酒菜？"秋氏道："云士和素秋是不熟的，怎么好叫她送菜出去呢？”承良道："姊姊，你把酒菜送到书室里，叫我来接吧！”说罢，端了一盘炸腰花，径自出去了。以后的几道炒菜，便由素秋端到书室里，叫承良来接。云士当初在和琢生谈话，没有注意到；后来见承良忽坐忽起，走进走出，忙碌非常，便想："请他来吃饭，要他端菜，怎么过意得去？"这时桌上正在吃一碗甜的鲜荔枝羹，承良舀了一瓢刚往嘴里送，书室里忽有人叫："菜好了。"云士忙站起来跑了进去。书室里只有一盏没玻璃罩的煤油灯，暗暗的。素秋以为进来的是她弟弟，一面把手里的干炸丸子递过去，一面还埋怨他来接得迟。抬头一看，伸手来接的，却是陌生的秋云士，把手一缩；云士没有接牢，"砰"的一声，盘子打破了，炸丸子在地上乱滚。素秋红着脸逃进厨房去，云士却瞪住了。承良放下了瓢，赶进来看，方知道砸了一只盘子。"什么事？什么事？"振福、莘耜都高声地问。云士和承良出来，承良把这情形说了，大家哄堂大笑，把云士的脸也笑红了。

这一餐夜饭，直吃到八点光景。收拾清爽，承良便把那收音机开了。新闻报告里有一条说："德国向司堪地那维亚①半岛进兵，丹麦毫不抵抗，已全被占领；挪威虽发动抗战，领土也已被占一半。英、法的军队正在挪威登陆助战。"琢生吐吐舌头道："怎么这般快呀？"云士道："这就叫作'闪电战略'。我看，挪威也难免覆亡的！"莘耜道："云士，你离开德国不久，他们在第一次欧战里是个战败国，《凡尔赛和约》把他们束缚得很厉害，何以现在突然如此强盛？并捷克，吞奥大利②，分波兰，真可说其锋不可当咧！"振之道："这都为张伯伦的现实主义绥靖政策所误！"

云士道："前年，我回国时，和蒋百里先生同船的。他认为独裁制的国家转变国策，不如民治国家那么迂缓，所以不能专就现状限定它们的将来。何况德国真正的目标是在英、法呢？我那时已觉得他的见解很有道理，现在居然实现了。可惜得很，这样有远见的人才不为国家所重用，置之闲散，而且竟是死了！至於德国之所以强，可说是一定的结果。这二十年来，他们全国上

---

① 今译斯堪地纳维亚。——编者注。

② 今译奥地利。——编者注。

下，埋头苦干的经过，我们虽不能深知其内幕，也够值得佩服了。张伯伦之所以抱妥协态度，也是不敢把德国估量得太低的缘故呀！十年生聚，十年教训，恰好是二十年！不飞则已，一飞惊人。如果准备尚无十分把握，希特勒又怎肯以国运为孤注呢？"莘耜说："那么英、法是站不住了？"云士道："战事胜败，本是难於逆料的。如其站不住，先倒的必是法国。这不但是地理的关系，民族性也很关重要。我也曾到过巴黎，那里的气象便和柏林大不相同了，简直是个享乐的天堂！"他们直谈到九点半钟，方才散去。

第三十一章　笔法的曲直

　　尹家今天特别早些，六点多就吃早饭，因为秋云士今早要动身了。莘耜叫阿德陪了他去，顺便替他挑些儿东西，如莘耜送他的安息香、蚊香、笋干，振福送他的茶叶，琢生送他的火腿之类。阿德刚把担儿装好，正要和云士动身，振福、琢生都来送行了，只得再逗留一忽儿。云士看了看表道："快七点了，我们得动身了。承山、石两位老先生如此盛情，一大早就枉驾，真叫我愧感！山老先生的大德，我是没齿不忘的！"又回头向莘耜他们道："此番无意中遇到了姑夫、姑母、表嫂，这半个月，竟沉浸在家庭之爱的氛围里，使我这东西南北之人重温童年时快乐的梦，我得感谢上帝呀！此后，我还想常到这里来呢！我虽然不会画什么《秋山访旧图》，我的脑子里已有一幅极美妙的桃源图了！——再会吧！"他拿着呢帽，阿德挑起担子，走出门去。振福、琢生、莘耜在前，秋氏、富氏带着两个孩子在后，送了出来。

　　他们刚走过板桥去，只见广场那面有三个魁梧强壮的青年农民，两个抬着一具山兜子，一个空手的，飞跑过来。"阿福太，我们送秋先生到镇上去！"空手的那一个说。振福道："阿森，谁叫你们来的？"阿森已跑到他们面前，垂手站着道："我们大家早都想送秋先生一程了，今天早晨，方从阿德叔这里打听得秋先生要走的确实消息。有十多个人抢着要送秋先生，争论到现在，方决定由我们三个力气最好、跑路最快的去。"后面那两个人已把装好的山兜子放下。莘耜道："难得，难得！云士你坐了去吧，不要辜负了他们的好意！"云士坐上兜子，两个人抬着，拔步飞跑；阿德挑的两只小网篮儿本是轻的，也赶了上去，霎霎眼，就看不见了。振福、琢生也都回去。莘耜一家人回进屋子里，富氏道："云士表弟学成回国，舅父、舅母可以享几年福了。"秋氏道："我也向云士说过，叫他把爸妈和妹妹接到浙东来，住在沦陷区域里终不是个久安之局。他已订婚了，我劝他早些儿结婚，也可以有个家。"莘耜道："文弟夫妇怕还舍不得老家的旧田庐，而且云士娶的妻想必是完全新式的，未必肯和公婆、小姑住在一块儿吧！"

今天是星期日，九点光景，莘耜又到山石庵去上课，学生都到齐了，只有王承宗还没有来。莘耜暗想，他一定在招呼云士，今天怕又不能来了。莘耜开始讲道："上次讲的是风格之一，'阳刚与阴柔'，这是从文章的气象上区分的。今天讲的是'曲与直'，是从文章的笔致上区分的。这也是风格之一。上次我曾引曾国藩的话：'阳刚者气势浩瀚，阴柔者韵味深美；浩瀚者喷薄而出之，深美者吞吐而出之。''喷薄而出之'者就是'直'，'吞吐而出之'者就是'曲'。我们用文字来表达意见或情感，有时须'喷薄而出'，有时须'吞吐而出'，得看表达时所处的情形和所表达的内容而异，但也和表达者的个性有关；表达的方法既异，风格上便有'曲''直'之分了。"他刚讲了这一段，承宗从外面赶了进来，向莘耜一鞠躬，坐了下去。

莘耜仍继续讲道："我们要提出什么意见时，有些人喜欢直截痛快地说，有些人喜欢委婉曲折地说，这是各人的个性不同。贾谊的《陈政事疏》，痛哭流涕长太息地慷慨陈词，因为他那时还是个青年，所以不顾忌讳，一泄无余地说了个畅。王安石的《本朝百年无事札子》也把宋朝当时因循苟且的情形，痛快淋漓地陈述出来，因为他是个竭力主张变法的人，不把积习揭破，便不能使君主下改革的决心。这些文章都是'直'的一类。至如李密的《陈情表》，因为有不能明说的苦衷，只得拿祖母年老的话，就感情方面来说了。韩愈的《祭十二郎文》，从幼时的孤苦说来，把历年的离合悲欢，十二郎死后的将信将疑，委婉琐屑地吞吐而出，我们现在读他这篇文章，还可体验他写此祭文时一字一泪、哽哽咽咽地泣诉的情形呢！这些文章，便是'曲'的一类了。最妙的是李清照那篇《金石录后序》，前半叙述她夫妇结婚后，因为两夫妻都是嗜好文学和金石的，那时所处的环境又好，多么快乐；虽然也用琐屑的事实细细地描绘烘托出快乐的心情来，就气象上说，是属於'阴柔'的，可是她所用的笔法却是'直'的。后半叙述遭遇国难，赵明诚又死了，她一个人孤苦伶仃地往来迁徙於浙东一带，所携的书画金石，丢的丢了，被偷的偷去了，种种悲苦的情形，恰好和前半篇所写的相反；而所用的又都是曲笔，一顿一挫，半吞半吐，如泣如诉，读的人也当为之下泪。还有韩愈那篇《送董劭南序》，上次我说它是属於'阴柔'一类的，有几位同学似乎不很相信。韩愈的文章，十有九是属於'阳刚'的，所以这篇文章也仍带有些阳刚的气味。可是我们若把它细看细读，便可领会到它之所以属於阴柔，完全是用'以吞吐出之'的'曲'笔的缘故。你看他先说燕、赵古称多感慨悲歌之士，董生不得志而适此土，知其必有合；又说风俗与化移易，安知今不异古，则果有合否，又不可知了。下文又抒写自己的感慨，叫他吊望诸君之墓，如在市上遇昔时的屠狗英雄，告诉他'明天子在上，可以出而仕矣'，岂不是翻了过来，不是送董生到燕、赵去，反希望他招燕、赵感慨悲歌之士到中央来了吗？

"如此寥寥短篇，却有这三大曲折。因为那时藩镇跋扈，董生因不得志，怀抱利器以往，这正和现在那些郁郁不得志的人物北走燕京、南适金陵一样，是韩愈认为很痛心的一件事。这种意思，怎好在送董生的序里直截地表达出来？所以只得用曲笔吞吞吐吐地写了。你们只须把这几篇文章细细地去阅读、体贴，便可懂得笔致曲直的道理了！"他们听到这里，都暗暗点头。

"以上所说的都是散文的例。至於韵文，则表现情感的方法，曲笔居多，直笔较少。但也有'喷薄而出之'的实例。如《诗经·魏风》的《伐檀》，首章云：

坎坎伐檀兮，置之河之干兮。河水清且涟猗，不稼不穑，胡取禾三百廛兮？不狩不猎，胡瞻尔庭有县貆兮？彼君子兮，不素餐兮！

伐檀的劳动者，想起了那些不劳而食的富贵人家，便引起他的不平来了：'你们坐着享福，不种田，怎么获得了三百廛的禾？不打猎，怎么家里挂着野味？做君子的，是不吃白食的呀！'说得何等痛快！又如《小雅·苕之华》的第二章：

苕之华，其叶青青。知我如此，不如无生！

简直把一肚皮怨气都在'知我如此，不如无生'的两句里喷薄出来了。我从前讲哀祭类时提到过的《黄鸟》里，每章都有这么四句：

> 彼苍者天，歼我良人！如可赎兮，人百其身！

秦穆公葬时，见以子车氏三良殉葬的人们悲痛怜惜的情感，都从这四句诗里奔迸而出。南北朝时北方的民歌，就使说到男女之情，也是爽爽快快地直说出来的。如《折杨柳歌》云：'腹中愁不乐，愿作郎马鞭。出入挽郎臂，行坐郎膝边。'《地驱歌》云：'摩捋郎须，看郎颜色。郎不念女，各自努力。'《捉搦歌》云：'谁家女子能行步，反着后裙露。天生男女共一处，愿得两个成翁姬。'不都是用直笔的吗？杜甫避难四川，忽然听到官军收复河北的好消息，作了一首七律：

> 剑外忽传收蓟北，初闻涕泪满衣裳。
> 却看妻子愁何在？漫卷诗书喜欲狂。
> 白日放歌须纵酒，青春结伴好还乡。

即从巴峡穿巫峡，便下襄阳向洛阳。

诸位试想想看：我在这里避难已有两年多了，如果突然听到日军撤退、故乡收复的好消息，能不手舞足蹈欣喜欲狂吗？用'喷薄而出'的方式来表达这种突然的欢喜的心情，而以束缚最多的律诗来抒写，能如此淋漓尽致吗？清朝康熙初年，有名士吴汉槎，因为不相干的事，被充军到黑龙江去，许多人替他叫冤。那时的诗人吴伟业作一首古诗送他，劈头就是这样几句：

> 人生千里与万里，黯然销魂别而已！
> 君独何为至於此！生非生兮死非死，
> 山非山兮水非水！……

他在明末已成名了，清朝入关后，又被迫出来做国子监的祭酒，心里是不愿意的。临终时，有一首《贺新郎》的绝命词：

> 故人慷慨多奇节。恨当年沉吟不断，草间偷

活！艾灸眉头瓜喷鼻，今日须难决绝。脱屣妻孥非
易事，竟一钱不值何须说！……

把他半生忍受着的冤苦之情，尽情发泄出来了。《桃花
扇·哭主》一出，左良玉正在黄鹤楼会宴时，突然得到
崇祯帝殉国的消息，唱道：

　　　　到今日山残水剩，对大江月明浪明，满楼头呼
　　声哭声。这恨怎平？有皇天作证！

《沉江》一出里史可法唱道：

　　　　抛下俺断篷船，撇下俺无家犬，呼天叫地千百
　　遍，归无路进又难前！

都是这样'喷薄而出'的表情法呀！"素秋、承良听到
这里，从前读《桃花扇》这两出时的激昂情感，又在脑
中重新被勾引了起来。
　　"可是我们中国的诗人素以'温柔敦厚'为旨的，

他们大都以含蓄蕴藉为写情的原则，以如弹琴的弦外之音，如嚼橄榄的回甘之味为上乘，所以'吞吐而出'的方式比较用得多。《诗经》里有一篇《鸱鸮》，是周公旦在管、蔡流言王室漂摇的时候作的：

> 鸱鸮鸱鸮，既取我子，无毁我室！恩斯勤斯！鬻子之闵斯！
>
> 迨天之未阴雨，彻彼桑土，绸缪牖户；今汝下民，或敢侮予。
>
> 予手拮据，予所捋荼，予所蓄租；予口卒瘏，曰予未有室家。
>
> 予羽谯谯，予尾翛翛，予室翘翘。风雨所漂摇！予维音哓哓。

他假托一只鸟的口气，把鬻子恩勤、营巢辛苦、漂摇风雨、惊恐艰难的情况吞吞吐吐地诉说出来，没有一句动气的话，更没有一句灰心的话；这是用曲笔的表情方法螺旋似的、一层进一层地、深刻地、温和地表现他心坎里蕴蓄着的极浓厚的情感的。还有一首《黍离》，是宗周遗民经过他们故都王城的废墟作的：

> 彼黍离离，彼稷之苗；行迈靡靡，中心摇摇。知我者谓我心忧，不知我者谓我何求！——悠悠苍天，此何人哉！
>
> 彼黍离离，彼稷之穗。行迈靡靡，中心如醉。知我者谓我心忧，不知我者谓我何求！——悠悠苍天，此何人哉！
>
> 彼黍离离，彼稷之实。行迈靡靡，中心如噎。知我者谓我心忧，不知我者谓我何求！——悠悠苍天，此何人哉！

这三章诗，不同的只有几个字，可是长言永叹地衍成了三章。我们试设身处地想一想：从前屋舍栉比的都城，今日重经，已成了一片田野了。离了种着的是黍，是稷，在惘惘然中心摇摇如醉如噎的行人的泪眼里还能认辨吗？在旁人看来，这行人如此失魂落魄似的究是何所求呢？即使有比较算是知道他的，也不过说这行人心中怀着什么忧愁而已。他心里的感慨悲苦，哪里说得完

呢？只好叹道："天哪！这是什么人哪！'我们只须反
复地多讽诵它几遍，便可领略作者那种说不出写不出的
缠绵悱恻、回肠荡气的情绪了。杜甫的《春望》云：

> 国破山河在，城春草木深。
>
> 感时花溅泪，恨别鸟惊心。
>
> 烽火连三月，家书抵万金。
>
> 白头搔更短，浑欲不胜簪。

山河无恙，国家残破；春满城中，却只见森森的草木。
这两句，已把乱时的景象曲曲达出。花香、鸟语，本是
春光的点缀，可是因为感丧乱之时，恨流离之别，反而
看花洒泪，闻鸟惊心了。烽火连绵家书难得，唯其难
得，更觉可贵。这时满怀悲苦，搔首无语；可是人经丧
乱，老景愈迫，种种的白发，几乎簪都戴不牢了。他那
时烽火只连绵了三月，虽说'家书抵万金'，可见还曾
得到家书。现在烽火已三年了，我从故乡流徙来此，至
今还没有得到一纸家书呢！年方半百，两鬓已斑，读了
他这首诗，能不联想到自己吗？"

　　他说到这里，竟有些歔歔起来了，但仍旧继续下去：“用曲笔达情，又往往不直接写自己的情感，而用环境或别人的情感来烘托。如杜甫《羌村》的第一、第三两首：

　　　　　峥嵘赤日西，日脚下平地。

　　　　　柴门鸟鹊噪，归客千里至。

　　　　　妻孥怪我在，惊定还拭泪。

　　　　　世乱遭飘荡，生还偶然遂。

　　　　　邻人满墙头，感叹亦歔欷。

　　　　　夜阑更秉烛，相对如梦寐。

　　　　　群鸡正乱叫，客至鸡斗争。

　　　　　驱鸡上树木，始闻扣柴荆。

　　　　　父老四五人，问我久远行。

　　　　　手中各有携，倾榼浊复清。

　　　　　苦辞酒味薄，黍地无人耕。

　　　　　兵革既未息，儿童尽东征。

　　　　　请为父老歌，艰难愧深情。

歌罢仰天叹，四座泪纵横。

这两首诗，直写自己情感的句子很少，云、日、鸟鹊、鸡，都是写的环境中的景物；妻孥的惊怪悲喜，邻人的歔欷，父老口中的丁壮尽已从军，都是写的旁人的情感——这就是所谓'曲'了。更进一步，则有专写景物，丝毫没有写情感的话，而情感自然会从所描写的景物中浮现出来的。如北齐名将斛律光的《敕勒歌》：

敕勒川，阴山下。天似穹庐，笼盖四野。天苍苍，野茫茫，风吹草低见牛羊。

这诗只写单人匹马在万里莽莽的大沙漠里所见到的景象，并没有一字一句说到情感上的。可是我们读了，觉得有无限苍茫之感，而作者粗豪沉郁的个性也活跃纸上。杜甫的《倦夜》：

竹凉侵卧内，野月满庭隅。
重露成涓滴，稀星乍有无。

　　　　暗飞萤自照，水宿鸟相呼。

　　　　万事干戈里，空悲清夜徂。

这首诗，只有末两句点出作者的情感；前面的六句，纯写夜景，把初夜、中夜、深夜、黎明的景象一层层写了出来。初夜则凉侵卧内，中夜则月满庭隅，深夜而重露涓滴，月落而稀星有无、萤光闪烁；迨宿鸟相呼，则天将曙矣。这样细细写来，便把怀着满腔心事通宵睡不着的很疲倦的人的情感都烘托出来，这还不是'曲'笔吗？可是这些作品，说它们是'吞吐而出之'，似乎还不很对。因为它们简直没有'吐'，即使吐了些出来，也是不多啊！词里面的例，更是举不胜举。李清照的'新来瘦，非关病酒，不是悲秋'，不直说出她相思之苦，却又说与'病酒''悲秋'无关，读者便懂得她的言外之意了。"

　　退课钟在打了，他就匆匆地结束了，步下讲台，到休息室里去揩脸，喝开水，休息了几分钟。回到房里，秋氏告诉他："阿德他们回来说，他们一口气跑到镇上的汽车站里，还不到八点钟。云士给他们每人一块钱，他们不要，王站长硬塞在他们袋里。他们看着云士坐了一部小包车动身，方才回来。王站长跟了他们同来，说是来上课的。走出镇上，他们便把他抬了来的。他们说，家华有一封信、一包书，由王站长带来的，你收到了没有？"莘耜道："王承宗并没有交给我哪！"

莘耜吃过中饭，歇过午觉，改了几篇文章，已是四点多了。素秋来了，交给他一封信，是家华写来问候云士的；他却已走了。素秋说："家华兄送了我一本李清照的《漱玉词》，送了承良一本丰子恺的漫画。"莘耜方才省悟，阿德对秋氏所说的，是他弄错了。

素秋急於想看那本《漱玉词》，没有坐，就匆匆地回去。走进厢房，便捧着这本心爱的词，躺在一张藤椅上低声吟诵起来。一首首地读去，一页页地翻去，忽然掉下一个小纸包来。她从衣兜里拾起了，刚想拆开来看，见承良远远地向厢房走来，忙把这纸包儿藏在衣袋里。承良道："姊姊，丰子恺的漫画真有意思！你要看吗？"素秋道："我这本词趣味更好哩！"

第三十二章　文辞的繁简

　　莘耜的跛脚好得多了，在平路上已可不必扶杖，行走自如。这天是星期三，天气晴暖，他一早就带了两个孙儿到村前田野中去散步。那里有碧绿的秧针、金黄的麦秆。割麦的农夫农妇脸上都挂笑容，在晨曦中工作，嘴里唱着山歌。"今年的麦，收成很好吧？"莘耜含着笑说。"尹先生，今年倒有十二成年岁。过几天，麦粉磨好了，得请您尝尝新呢！"一个站在田塍上的老农夫回答；说话时，嘴里喷出些烟来，一手拿着镶铜嘴的短烟袋，一手叉在腰里。莘耜道："谢谢你！你们辛辛苦苦地种了东西，我却来享现成，真惭愧啊！"他正和那老农在讲闲话，一乘篮舆从村里抬出来，飞快地去了。桂荪眼快，嚷道："太师母，您到哪儿去？"篮舆的妇人回过头来，却是子寿的夫人；抬得快了，她回答桂荪的话，已听不清楚了。

　　莘耜带着两个孩子回来吃早饭，把碰见子寿夫人的话告知秋氏。秋氏道："早晨你们刚出去，她就来过了，说要回娘家去看她弟弟的病，怕要耽搁几天，托我们替她照管家里。她说：'素秋姊弟是在教书的，烧饭只好央一个女人来帮忙，可是村里的人家养蚕割麦，正忙着呢！素秋这孩子胆子很小，二十岁了，一个人睡在楼上，还觉得怕呢！'我劝她不必去央别人，她家只有祖孙三人，饭可以由我家送去；素秋胆小，可以叫她睡到这儿来的。""她的娘家在哪里呢？我倒没有听说过。"莘耜问。秋氏道："她今天说过的，在永康城里的紫薇巷。""紫薇巷？不是和电报局很近的吗？"莘耜说。富氏道："对呀！家华表弟住的电报局职员寄宿舍也在紫薇巷，他说，电报局的后门就在宿舍的斜对面。"

　　吃过早饭，桂荪兄妹去上学了。莘耜便到山家来看振福。振福自己在那儿烧开水，听到莘耜的声音，才从厨房里走出来，笑道："小媳回娘家去了，素秋、阿良到学校里去了，今天我真成为孤家寡人了！村子里大家正忙，小媳想央一个人来替我烧茶煮饭，哪里去找人呢？"莘耜道："烧茶煮饭，尽可由舍间帮忙。素秋一个人睡在楼上，如果胆小，也可以叫她到我们家里去住几夜的，只是福翁太寂寞了！"振福道："我也曾对小媳说过，只有这办法最为妥当。莘耜先生，我是不懂得客气的。中饭，叫他们姊弟俩在校里吃，我一人到府上来吃；夜饭或三人都到府上来吃，或叫阿良来拿，或由他们两个人烧，都可以。素秋如其胆小，或叫她睡到楼下来，或叫她睡到府上去，叫她自己酌定。"莘耜道："我们两家还用着客气吗？夜饭也不必另烧了。令媳的娘家在永康城里紫薇巷，倒和舍甥梁家华住的宿舍同在一条巷里。"振福道："她们娘家姓陆，住在紫薇巷十二号。陆家从前是住在乡下的，十年前方搬到城里去住。"水开了，振福忙着进去，泡了一壶茶，灌了两热水壶开水。他们两个谈说了一阵，莘耜站起来道："中饭时，我在家里恭候，千万别客气吧！"从这天起，山家每日三餐都由尹家供给；晚上，素秋宿到山家来，莘耜睡在楼下书室里的客铺上，让素秋睡在秋氏房里。素秋简直和秋氏如母女一般，和富氏如姑嫂一般，非常亲热；每天晚上，听听无线电的新闻广播，讲几个故事给桂荪兄妹听，和秋氏婆媳谈话，或自己做些批改的工作，读些儿诗文词曲，和莘耘讨论些关於国文的问题。

有一天晚上，她见莘耘改一位同学的课作，添改的少，删去的多，差不多删了原文的三分之一，问道："太先生，文章是不是一定简比繁好？"莘耘道："这是修辞上争论着的一个问题。王充《论衡·自记》篇里有这样一段话：

> 为世用者，百篇无害；不为用者，一章无补；如皆为用，则多者为上，少者为下。累积千金，比於一百，孰为富者？盖文多胜寡，财寡愈贫。世无一卷，吾有百篇；人无一字，吾有万言；孰者为贤？

这是主繁之论。可是古来论文的，却以主简者为多。例如陆机《文赋》云：

> 要辞达而理举，故无取乎冗长。

王通《中说》云：

古之文也约以达，今之文也繁以塞。

方苞《与程若韩书》云：

> 夫文，未有繁而能工者。如煎金锡，粗犷去，
> 然后黑浊之气竭而光润生。

这些都是主简之论。其实繁简各有所当，作文贵得其
当，不应以繁或简为标准。胡应麟《少室山房笔丛》
云：

> 简之胜繁，以简之得者论也；繁之胜简，以繁
> 之得者论也；要各有攸当焉。繁之失者，遇简之得
> 者，则简胜；简之失者，遇繁之得者，则繁胜。执
> 是以论繁简，其庶几乎！

又云：

> 合作，则简者约而该，繁者赡而整；不合作，

则繁者猥而冗，简者涩而枯。

顾炎武《日知录》也说：

> 辞主乎达，不论其繁与简也；繁简之论兴，而
> 文亡矣！

魏禧《与子弟论文书》也说：

> 文章繁简，非因字句多寡，篇幅长短。若庸絮
> 懈蔓，一句亦谓之繁；切到精详，连篇亦谓之简。

钱大昕《与友人论文书》也说：

> 文有繁有简。繁者不可减之使少，犹之简者不
> 可增之使多。……谓文未有繁而能工者，亦非通论也。

如上述胡、顾、魏、钱诸家所说，‘繁’或‘简’都不
是文章优劣的标准。得其当，则繁者如春之华，简者如

秋之实；失其当，则繁者如芜杂的蔓草，简者如凋零之枯枝。繁之失，在杂乱，在肤泛，在噜苏；简之失，在枯窘，在局促，在晦涩。《战国策》记苏秦说秦惠王，不得志，结果是裘敝金尽，狼狈而归。后来得太公《阴符经》，简练以为揣摩，便一出而为纵约之长、六国之相了。现在看他说秦惠王的话，散漫芜杂，不得要领，其失在繁而不得当，所以要'简练'。学国文的第一步，要写得出，写得畅，气势盛，内容富，记叙委曲详尽，这是由繁入手的方法；这样方可免除文气枯窘、局势狭隘、辞意晦涩诸病。进一步当求其简练，使其气之散者得以遒劲，局之缓者得以紧凑，意之晦者得以明爽。这就是修辞的功夫了。"

素秋道："文章繁简的问题，爸爸也曾和我们谈起过。他说：'古书多以风吹草偃喻上之化下。《尚书·君陈》的"尔惟风，下民惟草"，只有七个字，《论语》《孟子》《说苑》，可就繁得多了。'"

莘耜道："刘向《说苑》记的是泄冶之言：

> 夫上之化下，犹风靡草：东风则草靡而西，西风则草靡而东；随风所由，而草为之靡。

孟子答滕文公，也以风之靡草为喻：

> 君子之德，风也；小人之德，草也；草上之风，必偃。

《说苑》那一节共用三十二字，《孟子》只用了十八字。《论语》里也有同样的话，又比《孟子》省去两个‘也’字。这是最明显的、最常见的简胜於繁的例子。我再另外举几个例给你看看吧！《左传》，蔡声子谓楚子木曰：

> 善为国者，赏不僭而刑不滥。赏僭，则惧及淫人；刑滥，则惧及善人。若不幸而过宁僭无滥。与其失善，宁其利淫。

这条共有四十二字。《尚书·太禹谟》说：

　　罪疑惟轻，功疑惟重；与其杀不辜，宁失不经。

　　只有十七个字，意思和上条一样，文章却更简练。晋献公信骊姬之谗，杀太子申生。申生未死时，有人劝他自己向献公去分辩，他不肯；《说苑》《穀梁传》《左传》《檀弓》都记此事，而繁简不同。我写出来，让你去比较着阅读吧！"他一面说，一面取一支铅笔写道：

　　　公子重耳谓申生曰："为此者，非子之罪也。子胡不进辞？辞之，必免於罪。"申生曰："不可。我辞之，骊姬必有罪矣。吾君老矣，惓骊姬，寝不安席，食不甘味。如何使吾君以恨终哉！"……　　　　　　　　　　（《说苑》）

　　　世子之傅里克谓世子曰："入自明！入自明，则可以生；不入自明，则不可以生。"世子曰："吾君已老矣，已昏矣！吾若此而入自明，则骊姬必死；骊姬死，则吾君不安。"……　　（《穀梁传》）

　　　或谓太子："子辞，君必辨焉。"太子曰："君非姬氏，居不安，食不饱。我辞，姬必有罪。

君老矣，吾又不乐！"……　　　　　　　（《左传》）

　　晋献公将杀其世子申生。公子重耳谓之曰："子
盍言子之志於公乎？"世子曰："不可。君安骊姬——
是我伤公之心也！"……　　　　　　　（《檀弓》）

　　写完了，问素秋道："你看，哪一部书上记得最
好？"素秋细细地看了两遍，答道："《说苑》《穀
梁传》都记得太繁，文气似乎松懈；《穀梁传》不但
太繁，说他爸爸老昏，也和申生的口吻不合。《左传》
《檀弓》都以简胜繁，而《檀弓》所记申生的答话，更
有生气。太先生，我说得对不对？"莘耜微笑点头。
　　素秋又道："照上面的几个例看，都是简胜於繁
的。难道也有繁胜於简的吗？"莘耜道："当然有
的。"他仍旧一面说，一面写："《檀弓》云：

　　子路有姊之丧，可以除之矣，而弗除。孔子问
之。子路曰："吾寡兄弟而弗忍也！"孔子曰：
"先王制礼，行道之人皆弗忍也！"……

孔子回答子路的话，有些儿不明白吧？《孔子家语》也记这件事，孔子的话，就不这样简单了：

> 行道之人皆弗忍。先王制礼，过之者俯而就之，不及者企而及之。

加了两句，意思就明白了。《吕氏春秋》云：

> 荆人有遗弓者，而不肯索，曰："荆人遗之，荆人得之，又何索焉？"孔子闻之曰："去其荆而可矣！"……

《说苑》也记这件事，文辞却繁得多了：

> 楚共王出猎而遗其弓。左右请求之。共王曰："止！楚人遗弓，楚人得之，又何求焉？"仲尼闻之，曰："惜乎其不大！亦曰'人遗弓，人得之'而已，何必'楚'也？"……

这比《吕氏春秋》不明爽得多吗？还有一个例，我似乎对你讲起过的。《穀梁传》云：

> 季孙行父秃，晋却克眇，卫孙良夫跛，曹公子手偻，同时而聘於齐。齐使秃者御秃者，使眇者御眇者，使跛者御跛者，使偻者御偻者。……

《公羊传》却简得多了：

> 客或跛或眇，於是使跛者迓跛者，眇者迓眇者。……

刘知几的《史通》又说《穀梁传》（原文作《公羊》，误）太繁了，只须用一句'各以其类逆'。晋却克、鲁季孙行父、卫孙良夫、曹公子手，形体上各有缺点，齐侯要取笑他们，所以特地选了眇的、秃的、跛的、偻的，做迎接这四国使臣的使者，而请他的母亲来看这笑话。第二年的鞌之战便起因於此。把《穀梁传》所记，删成简单的文句，简虽简了，意思也晦了，神情也不生动了。这三个例，不都是繁胜简吗？"

　　素秋道："这个例也曾听爸爸说过。如此说来，毕竟还是求简好呢，求繁好呢？倒使我们无所适从了！"
莘耜道："这就要斟酌得当了！同一篇文章里，哪儿当简，哪儿当繁，也各有所当的。《孟子·齐人章》，你们不是读过的吗？它前面已说过'其良人出，则必餍酒肉而后反。 其妻问所与饮食者，则尽富贵也'，接下去叙其妻告其妾的话，又道：'良人出，则必餍酒肉而后反；问所与饮食者，则尽富贵也。……'这几句，几乎全和上文重复，而我们读了，不厌其太繁。后来其妻暗暗地跟丈夫到东郭墦间，眼见他向祭者乞食的丑态，回到家里，告诉他的妾说："良人者，所仰望而终身也，今若此！'把叙墦间乞食的许多话，简练成'今若此'三字，我们读了，只觉其语短心长，有无限感慨，而不嫌其太简。就此一例，可以悟到繁简的各有所当了！"

　　素秋道："刚与柔，曲与直，可以各成两种不同的风格；繁与简，可不可以说是风格呢？"莘耜道："辞句的繁简，本是属於修辞的事。太繁了，应当删；太简了，应当增；就是修辞的功夫。可是繁简各得其当的两种文字，便可显出它们不同的风格来：简的，有一种古朴、遒劲、峻洁的风格；繁的，有一种明畅、流动、丰缛的风格。杜甫的《贫交行》云：

> 翻手作云覆手雨，纷纷轻薄何须数？
> 君不见管鲍贫时交，此道今人弃如土！

白居易的《太行路》云：

> 太行之路能摧车，若比君心是坦途；巫峡之水能覆舟，若比君心是安流。君心好恶苦不常，好生毛羽恶生疮。与君结发未五载，岂期牛女为参商。古称色衰相背弃，当时美人犹怨悔。何必如今鸾镜中，妾颜未改君心改？为君熏衣裳，君闻兰麝不馨香；为君盛容饰，君看珠翠无颜色。行路难，难重陈，人生莫作妇人身，百年苦乐由他人！行路难，难於山，险於水。不独人间夫与妻，近代君臣亦如此。君不见左纳言，右纳史，朝承恩，暮赐死。——行路难，不在水，不在山，只在人情反覆间！

你看，这两首诗，一简一繁，都是感叹'人情反覆'，不过一就朋友说，一就夫妻、君臣说而已。它们的风格便截然不同了。又如道家名著首推《老子》《庄子》，儒家名著也有《论语》《孟子》。以《老子》比《庄子》，以《论语》比《孟子》，便觉一简一繁，一质朴一雄肆，风格截然不同了。"

素秋思索了一忽儿，似乎恍然省悟道："虽然同一时代的作品也有繁简不同，而且后来的或许比以前的简；就大体说，好像古代的文章比后世的简约得多。这是什么缘故？"

莘耜道："这却有其物质的原因。章学诚的《乙卯劄记》里有一段话说得颇好：

> 古人作书，漆文竹简，或著缣帛，或以刀削，繁重不胜。是以文辞简严，章无剩句，句无剩字。良由文字艰难，故不得已而作书，取足达意而止；非第不屑为冗长，且亦无暇为冗长也。自后世纸笔作书，其便易十倍於竹帛刀漆，而文之繁冗芜蔓亦遂随其人所欲为。虽世风文质，固有转移，而

人情於所轻便，则易於恣放，遇其繁重，则自出谨
严，亦其当也。"

　　莘耜随手把这段话写了出来。素秋笑道："语体文
不是比文言文繁吗？这也有物质方面的原因。书写的工
具越便利了，印刷术也普遍了，收买稿子的又多按字数
计钱，这也是语体文勃兴的物质原因吧！"莘耜道：
"学术界或文坛的风尚，也有关系的。东汉的经学家竟
以繁琐眩博，所以有桓谭《新论》所说的秦延君，说
《尧典》篇目两字，至十余万言，解篇首'曰若稽古'
四字，至三万言；这真是颜之推《家训》所谓'博士卖
驴，书券三纸，未有驴字'了！试想，东汉时虽说蔡伦
已发明了纸，但还是用缣帛做书，所以董卓挟时秘府图
书四散，大者用为帷盖，小者用为縢囊。可是秦延君解
经的文字繁到如此，不是一时的风尚所致吗？"他们俩
正谈得起劲，秋氏却催素秋上楼去就寝了。

第三十三章　色味的浓淡

　　星期五晚上，轮着素秋和富氏记录无线电收音的新闻。她们俩坐在客室里方桌旁一条条地写，莘耜也坐在旁边听；秋氏却在书室里伴两个孩子。他们觉得听新闻最乏味，所以把祖母缠住了，替他们做公证人下海陆空战棋。桂荪把一只飞机盲目地去炸兰荪的阵地，恰巧炸着了她的军长。兰荪急得直嚷："不好了！不好了！"外面客室里也突然起了哄："这怎么办呢？妈妈在外婆家没回来哩！还有梁……"是素秋的声音。秋氏忙叫兰荪别嚷，赶出去问："什么事？"富氏道："今天正午十二时，永康被空袭；这是刚才收到的广播消息，可是说得不详细。"说罢，却仍继续记录别的消息。莘耜仍默默地坐着，如有所思。

　　素秋见秋氏跑了出来，站起来握住了她的手："永康又不是军事要区，也来瞎炸！妈妈去了一星期多了，老不回来！明天一早，我要赶到外婆家去，拖她回来；乘便去看看家华。"秋氏觉得她的手已冰冷了，抚慰她道："不要怕，好孩子！""我不怕，我一定要到永康去；死，也得和他们——和妈妈……"素秋激昂地说，眼泪却已挂在眼角儿上了。她太急了，竟想说出"和他们死在一块儿"的话来，忙又改了口，说"和妈妈……"。秋氏尽管用手拍着她；莘耜叹了一口气，却又微笑着点点头。新闻广播完了，富氏关了收音机的机组，收拾记录，向素秋道："妹妹，你要到永康去固然是一番孝心，但得和祖老太爷商量。"秋氏道："去不得，太危险了，还是叫阿德哥去一趟。"莘耜冷冷地道："阿德去，便没有危险了吗？"

素秋向莘耜借了电烛，匆匆地回去，却又把振福拖到尹家来。振福道："这确是一件为难的事！小媳许多天不回来，大概她哥哥的病很不轻；她久留在永康，不但有空袭的危险，家里也一塌糊涂了。要叫她回来，另外着一个人去，是空劳往返的；而且叫别人去冒危险，也不是办法。我想叫阿良去——"莘耜笑道："承良和素秋又有什么分别？""他近来又脚霉，走不快；而且小媳是偏听女儿，不相信儿子的！"振福仍顾自己继续诉说。素秋道："还是我去好，而且梁……"说了半句，又停住了。莘耜道："福翁，不如让素秋去一趟吧！永康不是军事区域，不见得天天来轰炸的。明天如其天阴，便更好了。不过，动身要早，回来要快。我想，一天亮就动身，央两人用山兜子抬了她去，到镇上搭从方岩开出的早车，不到八点，就可以到永康。至多耽搁两小时，十点便可和她妈妈趁汽车回镇上了。抬的人在车站里候他们；回来时，可以抬令媳回来，让素秋步行。这样，正午就可到家了。素秋，你们穿的旗袍，开衩过低，走不快；明天不如换了短衫短裙去，皮鞋也不要穿，即使碰到空袭，趋避时也爽便些。衣服的颜色也不要穿那鲜艳夺目的！"素秋在旁点点头，又向富氏道："我的课又要请嫂嫂代一天了！"振福道："就这样办吧。不让她去，她的心里也不安耽的！我去叫两个抬她的人，不再回这里来了。"说罢，拿了电烛，匆匆便走。

　　莘耜道："素秋，你今夜把心放宽了，早些睡吧！"

素秋跟了秋氏婆媳，带着两个孩子上楼去了。她的短衫短裙都在家里，幸而身材和富氏仿佛，便向她借了一件灰色的绸夹衫，一条玄色的短裙，脚上仍穿那双布底鞋子。一切预备好，向秋氏问了电报局职员宿舍的门牌号数，方安排就寝。初睡下去时，心里老是想着：明天如何到镇上趁车，到永康后如何劝妈妈回来，如何去看家华，见到时如何如何，翻来覆去地睡不着，好久方入睡乡。一觉醒来，听得屋后'喔喔'的鸡声，窗下板壁缝里已透进曙光来。她连忙扒起，匆匆地换了衣服。看看秋氏和桂荪睡的床，蚊帐还静悄悄地放下，便轻轻地走向房门口来。房门却半开着。她想："昨晚上心绪不宁，房门都忘记关了！我先自己去炒些冷饭，抬我的人一到，吃了饭，便可动身。太师母白天太辛苦了，且让她多睡一忽儿。"她扭手扭脚地下了楼，到厨房里去。秋氏却早已把她的早餐预备好了，一碗蛋炒饭，一碗笋干汤。

"啊哟！我以为您老人家还睡着呢！要您起这么大早，如何过得去？"素秋说。秋氏笑道："我起来后，也曾到你床前来探一探，见你睡得正好，所以先来烧饭的。出门时别着急，饭得安心地吃饱的！"素秋见她如此，真感激得说不出话来。她洗了脸，在厨房里的方桌边坐下吃饭。抬的人也来了；素秋吃完饭，便拿了一把短柄阳伞，告辞动身。这时，莘耜、富氏都起来了，和秋氏三人送出门口。振福已在广场上站着；承良赤着一双脚，脚趾上包着药膏，也从家门口走了出来，道："姊姊，早去早回！"抬兜子的，就是抬云士的那两个小伙子；一上肩，就飞也似的去了。

早晨的天气是阴沉沉的。不久，又云散天青，一轮红日从东南的山背后扒了上来。秋氏怀着一颗忐忑的心，吃过早粥，收拾好了，又回到楼上去。她见素秋把换下的衣服堆在床前的椅子上，便一件件地替她整理，把一件长罩衫、一件小衫、一双洋袜拿下去洗。这时候，富氏已带了两个孩子去上学了。秋氏把素秋的衣袜拿下楼来，在袋儿里随手一舀，忽然在小衫袋儿里摸出一个小小的纸包来。"这是什么东西呢？"用手捏捏，里面有一粒硬硬的珠子似的东西。她把这小包儿拆开一看，见是一张字纸包着一颗红豆，想去替她收藏在书桌抽屉里，乘便给莘耜看看。"这颗红豆，形状真像个心，而且光彩这么好啊！她从哪里弄来的？你替她包好了，藏在抽屉里吧！"秋氏说。莘耘正坐在书位上看陈望道的《修辞学发凡》。放下书，向她掌中一瞧，笑道："这是相思子呀！唔！这两个孩子原来这般要好了，怪不得她今天一定要赶到永康去！"秋氏道："你又在说什么鬼话了，含含胡胡地！"莘耘道："我说素秋和家华哪！这颗红豆，是家华送她的！你看，包着的那张字纸，不是家华的笔迹吗？"他把秋氏放在桌上包那颗红豆的字纸抽了出来，摊开一看，上面写着：

灼灼红豆红，縢以《漱玉词》。殷勤凭寄去，此物最相思。

"这首小诗，虽然没有具名，却一望而知其为家华的手笔。素秋这孩子却在我面前弄乖，只说家华送她一本《漱玉词》，没有提起红豆呢！"莘耘含着笑说。后面还有一行，却是素秋的笔迹：

憔悴比黄花，相思托红豆。凄凄《漱玉词》，人共秋山瘦。

"我这月下老人已责无旁贷了！"莘耜用手撚着嘴上的短须，看着秋氏痴笑。"怪不得昨晚上他听到永康被空袭的消息那般着急！"秋氏似乎这时才从恍然里钻出个大悟来。

莘耜又在看书桌上放着的那本《修辞学发凡》了：

> 平淡和绚烂的区别，是由话里所用辞藻的多少而来。少用辞藻，务求清真的，便是"平淡体"；多用辞藻，力求富丽的，便是"绚烂体"。平淡体，大抵用於科学、法令等，以说明教导为主的场合；绚烂体，大抵用於以动情兴感为主的场合。

以下，便举夏丏尊译的《月夜的美感》为平淡体的代表，朱自清作的《荷塘月色》为绚烂体的代表。后面又说：

> 平淡和绚烂的区分，与修辞最有关系。因为前者就是最注意消极手法的知的语文，而后者就是最注意积极手法的情的语文。我们前面所谓记述的境

界与表现的境界，是假定着有这两种体类的纯粹境
界说的。但纯粹的境界实际上是很少见的。例如最
尚平淡的科学语辞，现在也常有所谓"肺管""肺
叶"，所谓"车手""车肩"，用上了些隐喻；而
最尚绚烂的诗词，又不见得句句都用辞藻。所谓平
淡绚烂，当然只是假定的两个极端或两种倾向，实
际上多是在这两种倾向的中间。正如我们说世间有
质朴的和华美的两种生活，而实际上多是在这两端
的中间一样。

他把那两篇例，细细地看了一遍，又翻到前面去看
那讲"记述的境界"和"表现的境界"的一段。他一忽
儿看诗，一忽儿读词，一忽儿闭着眼在沉思；突然找出
一张白纸，提起笔来，写道：

风格之一——气象的刚与柔；

风格之二——笔法的曲与直；

风格之三——文辞的繁与简；

风格之四——色味的浓与淡。

秋氏已把衣裳洗好，晾在竹竿儿上了；走进书室里，向书桌上摆着的小钟看了看，道："还只有九点半？这钟上的长短针已扒不动了！莘耜，你在写些什么呀？"莘耜道："明天又要开讲习会了，我打算讲'诗文色味的浓淡'。"秋氏道："诗文也要看出它们的色，尝出它们的味来，还得从色和味中辨浓淡吗？""是的，诗文也和别的东西一样，有它们的色和味；色有浓淡，味也有浓淡。刚才看的那颗红豆，色彩便是浓的；今天兰荪穿的那件粉红的衣裳，色彩便是淡的。前几天云士带来的咖啡，滋味便是浓的；我们喝的雨前绿茶，滋味便是淡的。"秋氏笑道："这些东西的色与味，浓与淡，我当然也懂得。诗文如何也看得出色，尝得出味呢？"莘耜道："色彩的浓淡，还容易辨。例如一篇骈文、一首律诗和一篇散文、一首绝句或古风，前者的色彩便比后者浓得多了。诗词里不是往往用许多典故，加许多辞藻的吗？不径说别离，而说'三叠阳关''灞桥折柳'；不径说相思下泪，而说'春蚕到死丝方尽，蜡炬成灰泪始干'；不径说闲愁很多，而说'问君能有几多愁，恰似一江春水向东流''试问闲愁知几许，一川衰草，满城飞絮，梅子黄时雨'。这些就不是白描，已加了许多色彩了。又如'落花人独立，微雨燕双归'两句，乍看是很平淡的，它们只叙写了四件事：落花，微雨，人独立，燕双归。可是有人独立在花儿凋谢的落红阵阵中，已是够伤感了，何况那时正是'无边丝雨细如愁'呢？何况独立着的人看到燕子双双地归来呢？这两句的色彩不已很浓厚了吗？又如'无可奈何花落去，似曾相识燕归来'。花之有开有落，燕之有去有来，原是很平常的事情。可是在'花落去'上加了'无可奈何'四字，'燕归来'上加了'似曾相识'四字，便增加了不少绚烂鲜艳的色彩了。至於'独坐幽篁里，弹琴复长啸，深林人不知，明月来相照''松下问童子，言师采药去。只在此山中，云深不知处'，便只是白描，不施彩色，但也另有一种平淡的风格。这和素秋今天去外婆家做客，穿的是灰色的旧绸夹衫，并没有涂脂抹粉，而她的丰韵却在那天来的装得富丽浓艳的苏慧小姐之上。所以色彩有浓淡之殊，可是浓的未必一定比淡的美呀！"秋氏原也懂得些诗词之类，听了含笑点头。忽又问道："现在的语体诗文想没有色彩浓艳的了？"莘耜道："这是你少看语体诗文，没有留意的缘故。陈望道举的浓和淡的例，便是两篇语体文。你有兴致，拿去随便看看，便可以明白语体文中也有'浓'和'淡'的两种风格了。不但语体诗文，平常的说话，也有浓淡的不同。你刚才进来时，曾说：'这钟上的长短针已扒不动了！'你觉得时候过去得慢，不说疑心这钟停了，却说它的长短针扒不动了；这句话不已经过一番修饰，加了一种色彩了吗？"

"味的浓淡便是色的浓淡，何必另外提出一个'味'字来呢？"秋氏问。她今天竟变成一个勤学好问的学生了。莘耜道："'色'是外露的，'味'是内在的；色浓的，味未必浓；色淡的，味又未必淡。那些讲究对仗、堆砌辞藻的诗文，就色说，几乎浓得变成猪肝色了，可是读起来竟味同嚼蜡。有些完全白描的诗文，却有味外之味，如倒啖甘蔗，愈吃愈甜，如细啮橄榄，吃了还有回味。白居易有首小诗道：'绿蚁新醅酒，红泥小火炉。晚来天欲雪，能饮一杯无？'前两句色虽浓，却没甚味儿；后两句完全是白描，几乎等於两句白话，色是淡极了，味却浓厚得很哩！陶渊明、王维的诗，便是以色淡味永见长的。"

　　"其实，味不但有浓淡，而且有'尖夵'。"莘耜的谈兴被引起了，他竟把他的老伴当作学生似的谆谆不倦地教导起来。"你又要发怪论了！"秋氏坐在那张竹靠椅上含着笑说。"红烧蹄子和清炖蹄子哪一样味儿好？"莘耜笑着问。秋氏也笑道："不错，红烧的味浓，清炖的味淡些儿，这要看吃的人口味如何。你长久没有肉吃了，所以突然想到了蹄子。肉食者鄙！哈哈！""鸡和鸭，哪样鲜？"莘耜好似没有听到她的讥讽。"鸡肉的味不如鸭肉的厚，鸭肉的味却不如鸡肉的鲜。"秋氏答。"笋和菜呢？"莘耜又问。秋氏毫不思索地答道："当然是笋鲜得多了。""鸡和鸭，笋和菜，如其不加旁的东西，它们本身的味儿是没有浓淡之分的。所谓哪样鲜，就在它们的味儿有尖夵之别；尖的便格外觉得鲜。批评诗词的术语，不常用'尖新''浑厚'这一类字眼吗？这就是我所谓'尖'和'夵'的滋味不同了。唐诗和宋诗的风格不同，诗和词的风格不同，词和曲的风格不同，所谓古文正宗和晚明小品文的风格不同，便在这一点啊！"莘耜仍滔滔不绝地说。

秋氏反问道："诗文也有甜的、苦的、酸的、辣的不同，你都尝到过了没有？"莘耜笑道："当然都尝过了。甜的、苦的，不用说，得视诗文的内容而异。你从前喜欢看《秋水轩尺牍》，我只觉得它的酸，不但有酸味，竟是酸气扑鼻了！辣的文章不很多。《韩非子》的味儿，似乎辣的成分多些，可惜你没有读过。王安石的文章也还有些辣味。"

秋氏向那小钟望了望，站起来道："尽管和你谈诗文的味儿，钟上的针已偷偷地跑到十一点多了。我得去烧中饭，桂荪母子回来，吃了饭，还得去上课哩！"说罢，径到厨房去了。莘耜也跟着走了进去，道："我来帮你的忙！""帮忙？承你的情，这是难得的！你替我去淘米吧！"秋氏说。莘耜提了一只筲箕去量米了，秋氏又高声道："多量些！素秋母女来时，省得重新再煮；她们外婆家怕有人送来呢！"秋氏坐在灶下生火，莘耜提着米筲箕到屋前的涧里去淘米了。

"尹老先生在自己淘米吗？"是一个女子的声音。莘耜抬起头来一看，叫道："子寿嫂，你们回来得这么快吗？"秋氏已从厨房的小门里迎了出来。陆氏走进他们的灶屋，在那张方桌旁坐下。秋氏泡了一碗茶给陆氏，忙着去弄饭菜，一面问道："山师母，母舅已全愈了吧？"陆氏道："舍弟的病已好些了，昨天上午却遇到了第一次的轰炸，下午便急急忙忙地搬回乡下的老家了，那里离城也不远。我怕家里人担忧，所以今天就回来了。舍弟家的老长工陪我来的，到镇上下了车，就在站上替我雇了一乘轿子；他们的东西，还有一部分没搬完，我就叫他回去了。轿子是包的，另外给了他们几角点心钱，便打发走了。可是我回到家里，横门虚掩着，进去看时，竟没有一个人！我以为老公公在你们这里，所以忙走过来找他的。"秋氏诧异道："那么，素秋呢？"陆氏道："想是和阿良教书去了。"莘耘已把淘好的米提了进来交给秋氏，听陆氏如此说，也着起急来，忙道："素秋没碰到您吗？她今天一个人到外婆家去接你了！"陆氏陡然站起来道："素秋到永康去了吗？外婆家已搬回乡下了，她去，正扑个空！今天会不会再有空袭呢？她在永康又没个亲人！老公公太没主意了！怎让她一个人去？"莘耘道："昨晚从无线电里收到了永康被空袭的新闻，她就急得了不得，一定要来接你；福翁再三拦阻不得，阿良又患脚霉，所以只得让她一个人去；是叫人抬了去的，抬的人，有一个我认得的，名叫阿森。福翁叫他们在镇上汽车站里等你们的。怎么你也没有碰到他们？"陆氏道："阿森是认得我的，下车时并没有看到他呀！"

"承辉的娘，你回来了吗？"振福也进来了，在书室里高声地叫。陆氏是缠脚的，走起来还不及莘耜这跷子快。振福见了他媳妇，脸上露出慈善的笑容，因为他已担了半天心事，这时才得到安慰。"我等得不耐烦了，踱到村前来候你们。怎么你们已到了家里？啊！我到山石庵去转了一转，大概是这时候岔过了的。抬的到底比走的快。素秋还没有到吧？"振福坐下了，笑着说。陆氏道："公公，你怎么允许她一个人上永康来？我并没有碰到她，我们弟弟家昨天下午已从城里搬回老家了。她今天去，却扑了个空！"这是出乎振福意料之外的，右手捋着花白的胡子，半晌说不出话来。陆氏道："阿森毕竟太年轻，到镇上去随便玩了，也没在汽车站上等我！"振福更诧异道："你不是他们抬来的吗？"说时，顿顿脚道："今天出了岔子了！"

第三十四章　空袭

一部公共汽车驶到了永康的车站里。男男女女，老老少少，下车的客人有七八个，站上候车的人却不少。素秋在那鱼贯的行列中下了车。从车站到紫薇巷的路她是熟识的，撑着一把短柄的阳伞开步就走。街头巷尾的人们都在谈昨天被空袭的情形："妈的！炸我们后方的老百姓，不算好汉！""昨天真险呀！我刚买了一块钱肉，提着回来，紧急警报就跟着来了。刚跑进弄里，只听得天崩地塌的一声。警报解除后出来一看，方才买肉的铺子，已被炸去了。瓦砾堆里，人肉和猪肉已是一塌糊涂，无从分辨了！""今天早晨好似个阴雨天，现在太阳又出来了。可恶的太阳！""在后方也有性命之忧，而且死了是白死的；我们不如上前线去，好歹也换他们一条性命！"素秋在这站着的一堆人里穿过去，偶然听到了所谓舆论。

　　转弯抹角，进了紫薇巷。一号、三号、五号、七号，这是她舅舅家了。"大门怎么关得紧紧的？现在已快八点钟了！"她呆了一呆，走过去敲门。敲了许久，并没有人答应。对面一家，踱出一个须发皆白的老头儿来，抬头望望天空，叹口气道："我们都成了汉献帝，不知命在何时了！"素秋见了这位老者，走过去问："老公公，七号里的陆家你晓得吗？""昨天来的飞机只有两架，投了两个炸弹，已把全城人们的心炸碎了，今天如其来六架，那还得了？"原来这老头儿是个聋子，驴头不对马嘴地答了一句，回进去了，"砰"地把门关上。她又问了几个来往的人，都摇摇头，表示不晓得。

　　电报局的职员，科长以上各有公馆，只有报务员出身、新升科长的梁家华仍住在寄宿舍里。他仍和他科里的报务员同甘苦，每星期轮值半夜班三次。因为昨晚上是值的半夜班，这时候刚起来，还在宿舍里，没有到局里去。他刚在房里吃早饭，一个工役笑嘻嘻地跑进来道："梁科长，有客——是一位小姐。"家华诧异道："你不要弄错了？哪里来的女客？"那工役道："这位小姐姓山，是从葫芦谷来的！"　"请！快请！就请她到这里来！她是我的亲戚。"家华这时候心花怒放，比升任科长不知道还要高兴几倍，忙着把稀饭小菜搬开，亲自抹桌子、揩椅子。匆匆地收拾好了，想出去接，刚走到房门口，忽觉得不好意思起来；回进来坐下了，又觉得应当去接她的。左不是，右不是，坐立进退，都觉一无是处。

　　"梁科长，山小姐来了！"那工役站在房门口说。家华忙站起来迎上去。素秋已走进他这一间小小的寝室里来了。"什么风把姊姊吹来了？难得，难得！是一个人来的？这般早！"家华满面春风地说，请她坐房里唯一的藤椅。素秋把阳伞放下了，道："家华兄，你坐吧！"家华已在自己床沿上坐了，素秋便在藤椅上坐下，说："昨天晚上，从太先生寓里你装的收音机里，收到了永康被空袭的消息。我真急得要命，因为你——因为妈妈还在舅舅家里没回去呀！所以今天一大早就赶来接她。哪知到了此地，舅舅家这时候还关着大门，敲不开，便先来看你了！"

　　家华道："令舅家不是住这巷里七号的吗？"素

秋道："你怎么知道的？"家华又道："大前天，我有事出去，无意中在巷口遇见了师母；她说是来看令舅父的病的，住在这里七号，姓陆。前天下午，我刚去拜访过她的。听说令舅父的病已好些了，她打算就回去，并且说，哪一天回去，先期来通知我，以便我带信件东西到舅母家去。陆家的大门是常常开着的，只关两扇腰门，怎么今天这时候还关着门呢？我叫工役去打听一下吧！""全喜，来！"他到房门口高声地叫。那工役应声而至。他吩咐全喜到斜对面七号陆家里去一趟，说他家的外甥小姐来了，不久就要到陆宅来，而且叫他打听为什么这时候还关着大门。全喜去了。家华道："姊姊，你坐一坐，我到局里去一趟就来，对不起！"说罢，匆匆走了，随手把房门带上。

素秋独自一个人坐着，看看这小小的卧室，倒收拾得很整洁；墙上用图画钉挂着那张《秋山访旧图》的横幅，还有许多小小的照片。除家华自己和秋云士、王承宗之外，都是不认识的。此外，也有五六张风景片。他自己那张照片上，题着"时年二十四岁"几个字。书桌上堆着许多书，有《无线电工程》《无线电学理研究》

《无线电月刊》等，和他们印的《国文讲义》《国文选注》以及《杜诗镜铨》《南唐二主词》《元曲三百首》等书。门开处，家华走了进来，手里托着几包东西，放在桌上，摊将开来，却是樱桃、花生、梅子。"姊姊，请随意用些吧！"素秋道："家华哥哥，你明明比我大四岁，叫我姊姊，未免过于客气，反而觉得见外了！"家华笑道："恭敬不如从命！妹妹，你看，樱桃的颜色，竟和红豆一般可爱。请用些吧！"素秋撮了几个樱桃吃着笑道："哥哥，我老实领你的情了！那颗红豆，不但颜色好，而且形状真像个心。你送我的，简直可以说是一颗心呢！"家华这时觉得心脏的搏动异常亢进，勉强抑制了，搭讪着道："妹妹，吃个梅子吧！"素秋摇摇头笑道："怪酸的！太师母倒喜欢吃梅子的。"

全喜站在门口道："梁科长，七号里的陆家昨天下午已搬回乡下去了，有一部分东西是刚才运走的。""你有没有问，搬到哪里去了呢？"家华问。全喜答道："这倒没有问。"家华道："你，这就太糊涂了！"素秋道："这倒不要紧，舅舅的老家我是知道的，就在离城不远的陆家村。从车站里岔过去，不过两里路。哥哥，舅舅家既已搬回去了，我得到他老家去找妈妈。"家华道："好！我陪你去吧！"素秋道："这不误了你的公事？"家华道："我已向局长请了一天假了。"素秋道："时候不早了，今天还得回去，我们就动身吧！"

他们俩出了寄宿舍，家华领路，却向巷那头走去。素秋笑道："你走错了！我方才是从这面来的。"家华道："从那边走出去，有一条比较僻静的巷，省得走热闹的市街。妹妹，你带着伞，为什么不遮？"素秋道："你不是也没有撑着伞？""我戴着呢帽呀！"家华答："你如果不要用，这把伞让我替你提着吧！"家华这样说了，素秋只得把阳伞撑起来了。

这一带果然很静，他们俩走着谈着，又谈到国文讲习会上去了。家华道："这学期，讲文章的风格，简直无从预习了！下次不晓得讲什么了？"素秋道："太先生曾说过，文章风格，不外在几点上分别；以气象论，则有'刚'与'柔'；以笔法论，则有'曲'与'直'；以辞句论，则有'繁'与'简'；以色味论，则有'浓'与'淡'；以格律论，则有'疏'与

'密'；以声调论，则有'缓'和'急'；以文境论，则有'动'与'静'；以意态论，则有'超逸'与'严肃'；以句法论，则有'整齐'与'错综'。刚柔、曲直、繁简，已都讲过了；明天，怕要讲到色味的浓淡了。"家华道："毕竟是'近水楼台先得月'，你和舅舅最接近，所以得益最多。"素秋道："这是事实问题。弟弟最可惜！他的机会不是和我一般的？却不知道利用，他还和小孩子般地见了太先生就害怕哩！"

他们已出了城，从汽车站旁边岔过去，全是乡村田野的风景了。已有几亩水田在插秧，有的却刚把小麦割去。亭亭似盖的大树站在一片绿色的草地上，野草开着些红黄的花儿。轧轧的机声从空中传来，家华眼快，早瞧见远远来的那只轰炸机，叫声"不好，敌机来了"，拖了素秋就跑。素秋听说飞机来了，吓了一大跳。她左手被家华拖住，右手撑着那把伞，跟他跑向那株大树下去，两个人蹲在草里。远远看去，那只飞机盘旋了一下，骤然头一低扑了下去。家华道："妹妹，在投弹了。那边正是汽车站！"他的话还没有说完，震天的一声响，几乎把耳朵震聋了。飞机却又扬了起来，接着又是那么往下一沉；这两声，更震得厉害，那枝大树的枝叶也被震得乱抖。接连地冒起两阵黑烟，汽车站已看不清楚了。素秋几乎吓得昏迷过去，那把阳伞也丢掉了，两只手紧握着家华的手，只是发抖。

飞机去了，黑烟也散了，汽车站仍静静地站着。他们俩率性坐在草地上休息。素秋嘘了口气道："真可怕！哥哥，你住在城里，太危险了！不如到我们那里去暂避几天。"家华道："妹妹，你放心！我们局里已有很坚固的地下室了。警报是我们管的；飞机没有到，我们先知道了。我们躲在地下室里，是很安全的。你叫我去暂避，不但妨碍职务，而且空袭之来是没有定期的呀！"

他们俩重新向陆家村走去。不多时，已到了素秋舅舅的老家。家华跟着她进去，到堂屋里坐下。素秋到里面去了。这是一所三正四厢的旧式房子，堂屋里并没有挂什么画，对角上还堆着许多桌椅、网篮，一望而知其为刚搬来的。天井里的石板上都长着青苔，似已长久没住人了。仆妇泡出茶来。过了一忽儿，一位五十多岁的老太太跟着素秋来了，向家华道："这位就是梁先生吗？你陪了小甥女来，路上遇着空袭，受了虚惊，真对不起！"素秋也向家华介绍道："这位就是舅母。舅舅病虽好了，还是不能起来；大表哥在金华店里，二表哥到上海去办货了，都不在家。""梁先生，请坐，别客气！前几天，你来看素秋的妈，我在厢房里也看见你的，不过不曾和你招呼。你们母舅和素秋家里的三代交谊，我也晓得了。"那位陆太太说。家华道："山师母呢？"素秋抢着答道："今天太不巧了！我到城里去找，舅舅家搬回来了；赶到这里，家母又回去了。""师母回去了？你不是来叫她的吗？虽没有碰到，目的却达到了！"家华说。陆太太道："素秋，你一个人老远的来，路上又受了虚惊；姑母既先回去了，你可以在这里住几天，乡下不比城里，是没有什么危险的。梁先生，你也吃了中饭再回去。"素秋道："刚才那三个炸弹，这里也听得到吗？舅母。"陆太太道："这里离汽车站只有两里路，当然听得到。厨里的碗，都震得叮当叮当地，阿弥陀佛，真厉害！"素秋道："空袭车站时，我们正走到离车站不过半里的田野里。我们躲在一株大树底下，三个炸弹，几乎把我的耳朵震聋了。幸而梁家哥哥陪了我来，否则不炸死也得吓死！"陆太太道："在旷野里，不到半里路，眼见炸弹从飞机里一个个地丢下来，难怪你吓得这个样儿。"素秋道："我已被吓怕了，这里也听得到轰炸声的；我住在这里，吃也吃不落，睡也睡不着了。舅母，不如让我回去吧！而且家里也要挂念的！"陆太太道："也说得是！吃过中饭，梁先生回城里去了，我叫人陪你回去。"素秋道："叫人陪，可以不必。一客不烦二主，我仍旧请梁家哥哥送我去上车好了。舅母，我记得离永康站不远，有一个小站，叫什么地名？离这里多远？"家华道："那是范村吧？"陆太太道："范村？从小路抄去，离这里不过四五里吧！"素秋道："梁家哥哥，你再送我一程，到范村去上车，好不好？"

家华道："好的，好的！最好能早些动身。我从那里趁车回永康，尽来得及；你到了镇上，还要走十五里路，太迟了，怕太先生和师母在家里着急啊！现在已快十一点了。"陆太太道："梁先生的话也不错；你既胆小，不敢留在这里，要回去，不如趁早。我去叫他们炒两碗饭来给你们吃，省得多挨时光。"说罢，径自进去了。素秋道："哥哥，请你坐一坐，我得进去看看母舅。"她也跟了进去，堂屋里又剩了家华一人。

大约有十多分钟吧！一个仆妇端出两大碗肉丝蛋炒饭，一碗汤来。素秋和陆太太也出来了。陆太太道："素秋，你替我陪陪梁先生吧！"他们俩老实不客气地把蛋炒饭吃完了。仆妇舀出两盆脸汤来；揩了脸，已是十一点多了。素秋、家华告辞动身，陆太太亲自送到门口，叫仆妇领他们到村后往范村去的小路口。素秋摸出四角钱来给那仆妇，她说声谢谢，回家去了。

他们俩走了许多路，家华忽然问道："我送你到这里，你们舅父舅母不觉得唐突吗？"素秋笑道："你怎么发生这样的疑问？他们如觉得唐突，也不让你再送我了！哥哥，你到范村送我上了车，就要回永康吗？"家华道："我本来想一直送你到镇上，只怕碰到了承宗，反而不好意思。"素秋低着头，一声不响地走了一段路，忽然道："你怎么这些儿勇气也没有？"家华笑道："我的勇气，要你鼓励起来的！"他们俩又默默地并肩走去。"人生如旅途，它的意义、趣味，都在前进的途中。"家华又开口了。素秋道："那么，今天我们俩的意义、趣味，也都在这前进的途中了！"家华笑道："这倒不仅在今天的途中；将来，遥远的将来，还有我们快乐的目的地哩！妹妹，你觉得怎样？"素秋向他嫣然一笑，并没有答话。他们俩走了许多路，在一株大树下坐了休息。素秋忽皱着眉头道："有一句话，我早想问你了，只是说不出口。"家华道："什么话？但说无妨！"

素秋红着脸道："前天，我无意中在太先生那里看到你表哥的一封家信，里面有一段话谈起我，说要替秋云士说媒呢！""云士吗？啊！他比我强多了！留学生，全省公路局的工程师——"家华突然站将起来，忽又坐了下去，"人又漂亮。表哥的眼光真不错！恭喜，恭喜！"他脸上现出一种苦笑的样子。"你也不知道我的心，这样挖苦我！"素秋一面说话，一面伸手去摸小衫的袋儿，失色道："啊哟！这颗红豆哪儿去了？"家华冷笑一声道："这不是我送你的一颗心吗？丢了也就算了！云士也算是我的表哥，我写封信去，叫他寄一颗来给你吧！"素秋低着头，一言不发，眼泪似断了线的珠子，一颗颗地滴在衣上，滴在草上；忽然"哇"的一声，把方才吃的蛋炒饭都呕了出来。家华见她如此，忙拿了手帕去替她揩，陪着笑脸道："妹妹，你的心，我完全明白了！原谅我吧！我梁家华如有两条心肠，叫我死在飞机炸弹之下！"素秋忙伸手去按住他的嘴道："这样毒的誓，也起得的吗？"她揩去了脸上的泪痕，衣上的吐痕，并洗去了心上的愁痕，含笑向家华道："时候不早了，我们走吧！"家华道："你不觉得什么难过吗？"素秋道："肚里的油气，心上的闷气，都吐出了，爽快得多了。"

他们俩重新上路走去。不多时，已到了范村的车站里。恰好有一部永康来的车子到了，素秋在后，家华在前，挤了上去，找了两个座位双双坐下。素秋道："你不是说送我上车就回去吗？"家华道："你方才吐了一回，一人回去，我觉得不放心！"车子开了，不到半个钟头，便到了。他们走下车来，阿森迎了上去道："姊姊回来了，婶婶呢？"素秋道："她不是一早就回来了吗？"阿森道："我们等了半天，怎么不碰见她呢？"家华道："你们等了半天，肚子也饿了，来，那里有一家饭店，吃了饭去。"他就在前引路，四个人走进一家饭店里去，拣一张方桌子坐了。堂倌过来问时，家华道："我这两个朋友，肚子饿了，你弄三个菜来，现成的盐肉、扎肉和一大盆炒菠菜，愈快愈好！你们要喝酒吗？"阿森道："我们两个是不喝酒的。"家华又道："泡饭，你们总会做的吧？加些儿开洋火丝，不要太油了——来一碗吧！""你自己不吃吗？"素秋问。家华拍拍肚子笑道："那碗蛋炒饭还在肚里呢！"

素秋向阿森他们道："这是梁先生，尹老先生的外甥。尹家每晚收新闻的无线电收音机就是他做的。""做得真妙！梁先生也到我们村子里来过，我也曾看见过他。婶婶呢？还没回来吗？"阿森说。素秋道："今天上午，我到了永康，舅舅家已於昨天搬回乡下老家了。我只得到电报局去找梁先生。他请了假，陪我到舅舅的老家去。路上遇着空袭，那三个炸弹几乎把我吓死了，幸而有梁先生做伴。到了舅舅家，方知妈妈已一早回来了。他又一直送我到这里。"阿森道："对啦！我们在车站等了许多时候，想想时候还早，便把兜子寄在站里，跑出去吃了一开茶。婶婶一定是那时候到站的。"堂倌已把饭菜先送了来。阿森他们已饿得肚子里在抽辘轳了，拿起饭来直吞。素秋的泡饭送来时，三碗菜已是碗底朝天，饭也各人吃了四碗；揩了一把脸，道："我们去把兜子抬来，省得你再走过去。"素秋道："你们如果碰到王站长，不要说我在这里，省得他来跑一趟！"那碗泡饭倒很可口，素秋吃完了，剩下一些儿汤，推给家华道："味儿很好，你也尝尝吧！"家华拿起来一呷而尽，咂咂舌头道："确是非常鲜！"

兜子在门口了。家华付了钱，送素秋出去，看她坐上兜子，方向她点点头，自向车站趁车回永康去了。素秋坐着兜子，飞快地回葫芦谷来。抬到家门口，妈妈和尹太师母正在倚门而望，振福和莘耜都走了出来。到尹家坐下了，她又把经过的情形细述一遍，只不提哭了一场的话。大家听了，都觉得空袭的可怕。

第三十五章　从文境上辨别风格

　　"秋芳兄，您这消息是哪儿来的？"方中问李桂——秋芳是李桂的字——"上次讲习会，讲的是'色味的浓淡'。承宗因为请过一次假，他的记录临时由尹老师的外甥梁家华代的，上次轮着老骆，他也没有到，密司山便要承宗补记；这件事，你是知道的。"李桂回答。"这和他们俩的订婚有什么关系？"方中又问。李桂道："定之，你老是那么性急！我以为承宗的公务忙，讲义稿的送排一定要误期了。哪知大前天，素秋已把批改好的稿子送来了。"

　　方中笑道："秋芳，你说话老是绕远圈子，还要怪我性急。"李桂也笑道："从前有赵、钱两位老爷，赵老爷叫用人买了一双靴子，化了五块六角钱。第二天，钱老爷来看赵老爷了，脚上穿的一双新靴子，材料形式和他昨天买的一样。赵老爷问他是多少钱买的。钱老爷把左脚一伸道：'两块八毛。'赵老爷是个性急的，便叫他的用人来斥责道：'你这家伙！叫你买了一双靴子，怎么赚我一半钱呢？你看，钱老爷穿的不和你买来的一样？却只化两块八！'钱老爷慢吞吞地道：'别性急！'又把右脚一伸道：'这只也是两块八！'——你就是那赵老爷，不等别人的话讲完，便这般性急！"方中哈哈笑道："够了，够了！我急於要问，你从哪儿得来的消息，你却圈子越绕越大了！真是急惊风碰到了慢郎中！"李桂道："且听我说下去，别性急吧！我接到了这份讲义稿，觉得很奇怪，原稿完全是女子的笔迹，恰好密司孙来找我，要印名片。我就乘便问她：'这是谁的笔迹，你认得出吗？'她笑道：'这是王太太写的。''别说笑话了！承宗还没有结婚，哪里来的太太？'她道：'这是密司苏写。她和承宗不久就要请你印喜帖了！'密司孙和密司苏是很接近的，她的消息一定靠得住！"

"承宗有他的未婚妻帮忙，代他做笔记，我的内人却只会烧饭、洗衣服、管孩子。下次轮到我了，找谁帮忙呢？现在讲文章风格，又不像去年讲文章体裁时，有姚、曾二书的序，可以根据了先做一番预备！"方中联想到他自己轮值纪录的事了。李桂道："你不是问过尹老师，已经知道下次要讲'文境动静'和'声调缓急'了吗？"方中道："是的，这样空洞的一个标题，教我从哪儿预备起？讲究'声调'，只有读的一法；文境的动静，也无从研习呀！"

方中是本地人，住在中心小学的背后，一所两楼两底的房子里。他因为只有妻子二人，便把一半房子租出了。前面是短墙，墙里是嵌细石子的天井。大门开在租出的那一幢前面；天井里两幢房子之间，却隔着一道竹篱；篱上有门，可以走到这边来。楼下的前半间是客堂，也是他的书室。在补习班同学中，他和李桂最接近。今天是星期日，他没有到小学里去；李桂得了苏慧和王承宗的喜讯，便跑来告诉他，两个人便长谈起来了。

"我记得尹老师选的文章里有一篇讲记述文做法的。它把记述文分作'记静态'和'记动态'两种：记静态之文，如绘画或雕刻；记动态之文，如留声机或活动影片。画人，不能把他自少至老一生的形状都画出来，只能画出他某一时间的形状；画山水，不能把它朝晖夕阴、晴雨之变、春夏秋冬之异都画在一幅纸上，也只能画出它某一时间的景象；雕刻也是如此。留声机和活动影片，本身虽然是静止之物，开动起来，却能将声音、动作活龙活现地送入人们的耳中、眼中。这篇文章，倒可以供你做预习时的参考；可是作者是谁，我却记不清了。"李桂说。

方中道："这是梁启超的文章，我已经看过了。这篇文章，却做得不错。他说，记述文又有'静中之动''静中之静''动中之静''动中之动'的分别。""你原来已先看过了！动静之中，又各有动静的分别，我倒记不清了。"李桂说。方中道："前面的两种，是属於记静态的。记静态之文，或者记已完成的事物，如做一部书的提要（例如梁氏的《诗经解题》《孟子解题》），或记一幅画（例如韩愈的《画记》），或记一件雕刻（例如魏学的《核舟记》），所记的是完全静止的固定的东西，所以说它们是'静中之静'。或者记有变化的状态之某一幕，只剪取它这一幕的景象来记，以前或以后的变化，都被摒於本文之外了；如做某处某事项的调查记载（例如永康县农业状况调查），某处的游记（例如姚鼐的《登泰山记》），所记的虽也是一时静止的景象，但是其中也有它的变化的，所以说它们是'静中之动'。记动态之文，或者记已死了的人（例如《史记·项羽本纪》《史记·魏公子列传》），所记的是他一生的事迹，虽是动态，可是人已死了，他的事实已是固定的了，所以说它们是'动中之静'。或者记一件事的始末，而其事尚在进行中，如记目前的中日战争、欧洲战争（例如《抗战三年记》《欧战的一瞥》），便和传记之文不同，所以说它们是'动中之动'了。"李桂听了道："你不是已预备得很详细了？还说无从预习起吗？"

方中道："我仔细想想，这些都是记述文内容的不同，不能算是文章风格的不同呀！"李桂不禁笑道："那么，你看梁启超那篇文章是白费工夫了！"方中道："这倒也不尽然！梁氏说记静态之文，最要紧的是空间关系，所以得先定出作者的观察点。他把观察点分作五种：

"（一）作者似乎将身子跳在事物的上空，从上面俯瞰下来，如鹰之翱翔半空注视地上，如在飞机中拍摄下面的照相，叫作'鸟瞰法'。例如《史记》的《货殖列传》，将我国秦、汉间社会中的经济状况全部记出，历史、风俗、人情……面面都写到。

"（二）作者身入於所记的对象中，一部分一部分地详细观察，明白了各部分的内容位置、相互的关系……得了综合的概念，然后分门别类，条理井然地记述下来，叫作'类括法'。例如《汉书》的《艺文志》，将我国汉以前的古籍，分作'六艺''诸子''诗赋''兵书''术数''方技'六略，六艺中又分《易》《书》《诗》《礼》《乐》《春秋》《论语》《小学》各家，诸子中又分九流十家，使读者得明白古代学艺的源流派别等等。

"（三）画家作画，有时重在人，四周的景物不过是画中人的点缀品；有时重在景，景中虽然也画着各色各样的人，却以人为风景中的点缀品。而且山水景物等各有远近浓淡之别，因为每幅画里，画家的作意必聚於一个主点，其余的都是些陪衬烘托而已。作文也常用此法，例如黄宗羲《明儒学案》中的《姚江学案》，其精神全贯注在姚江之学，姚江便是他精神聚集的所在。这种方法，叫作'凸聚法'。梁氏又以他的《墨子学案》为例，选取'兼爱'做凸聚之点，其余'尚同''非攻'……都是从'兼爱'发生出来的。

"（四）凸聚法，如振衣的提领，挈网的提纲，把紧要处抓住了，自然全部都迎刃而解。可是也有专写一部，而且不管所写者是否全部中的要点的；譬如鼎肉，所尝只是一脔，所以叫作'脔尝法'。例如《孟子》一书，有关於论政的学说，有关於论性的学说，有关於论修养的学说……我们如作一篇《孟子的性善论》，单把他主张性善的话抽出来记述，便是脔尝法了。"

方中只顾滔滔不绝地述说。李桂道："你所说的都是梁氏论记静态的记述文作法的话，我也还记得个大略；你说了许多话，我仍听不出你刚才所说的'未尽然'来！"

方中笑道："我的话还没有完哩！我要学你常说的话了：'别性急！'梁氏所说的，除上述四种做法之外，还有一种'步移法'。以上四种，所定的观察点，虽有置身事物之上，或事物之中，以观察全部，及选择重要之点，注重局部以统摄全部，或单记某一部分而遗其全体之不同，但观察者的位置——所谓坐标——却是固定的。至於步移法，则坐标时时移动，随所移动的地方而加以记述的。例如《汉书》的《西域传》，开首便说：'西域以孝武时始通'，下文便说西域有南北二道，南道从鄯善、莎车西经葱岭到大月氏、安息，北道自车师、疏勒西经葱岭到大宛、康居诸国；后面便依着这两条道路，依次顺叙诸国。柳宗元的《永州八记》，分开来是八篇，合起来是一篇；《始得西山宴游记》是全篇的开端；以后，钻潭、潭西小丘、小丘西小石潭……便依着游踪所到，依次记下去。我们读了这两篇文章，便似跟了班固去巡历西域各国，伴了柳宗元去游览永州附近各胜景一般。我以为前四种做法的记述文，它们的文境是静的；后一种做法的记述文，它的文境是动的。秋芳，你以为对不对？"

李桂笑道："对呀！记山水风景或某一地方的文章，有的全似一幅图画，把全体做平面的均匀地记述；有的就各部分类地记述；有的注重在某一点，把其余的作为陪衬；有的只写了一角或一部分；有的以游人为主，随其足迹所到移步换形地写。前四者，用的便是鸟

瞰、类括、凸聚、脔尝诸法，文境是静的；第五种用的
是步移法，文境便是动的了。可惜我举不出实例来！"
方中道："我也曾做如是想。例如我们做一篇记西湖的
文章，若只撮其大概，做平面的记载，便是鸟瞰法；如
把西湖上的景物，分寺庙、古迹、别墅、山水等类，记
述下来，便是类括法；如以所谓'西湖十景'为主，作
为记述的中心，而以其余的景物为衬托，便是凸聚法；
或专写湖面一部分的景物，而置环湖诸景於不顾，便是
脔尝法；若以游人为主，随他的游踪一步步、一处处地
写去，便是步移法了。所以单就记景物的文章而论，也
有静的文境和动的文境的分别。"李桂道："定之，你
不是已研究出一个头绪来了？"

　　"用功得来！我到你们印刷所去扑了个空，却不料
你们在这里研究国文！"孙蕙英笑着闯了进来。"我
的名片印好了吗，定之先生？""印好了，我想送来
给你的；到了这里，却坐下谈天了。"李桂一面说，一
面把他方才带来的一匣名片递给了蕙英。"多少钱？密
司脱李。"蕙英打开匣子看了，觉得颇为满意。"不要
问价钱了，算是我送你的吧！"李桂含着笑说。蕙英笑

道："那倒是我向你讨名片了！得一块钱吧？"李桂又笑道："去年冬天，我请你代买毛线，打一副手套，你不是连买毛线的钱，都不肯收吗？即使算'讨'，也是我先讨呀！"方中哈哈笑道："原来你们也这般要好！我得要秋芳送一匣名片，要密司孙送一双手套，同学是应当利益均沾的！"蕙英笑道："打毛线手套，我不如嫂嫂；而且天气已热起来了，还用得着手套吗？"方中道："我刚提出同样的要求，便立刻被拒绝了！我可以向密司苏去讨，又怕她要替王承宗打，没工夫哩！"李桂跳起来道："定之，你拿我寻开心，原没有什么；拉扯到密司孙身上去，可大不应该！阿弥陀佛！天晓得！"被他一说破，蕙英红着脸道："定之不是好人，我告诉嫂嫂去！"方中倒了一杯茶，捧到蕙英面前，陪着笑道："老同事，新同学，别生气了吧！"

"不要尽管说笑，你们正在讨论的问题，请继续下去，让我旁听旁听，好吗？"蕙英说。李桂、方中把谈过的话大略复述了一遍。蕙英道"这篇文章是我抄注的，所以脑子里还有个大概。他把记述文分作记静态、记动态两种，和现在一般人以写景记物者为记载文，叙事传人者为叙述文一样，所谓动静完全以所记述的内容而分。你们方才说的静态记述文中之动静，是就所取的观察点和作者的坐标的动静而分。前者是内容的动静，后者是做法的动静。仅此二者，还不足以表示出文章风格上意境的动静来——我以为。"方中道："你批评得很对，所以我也自己承认，虽已费了许多工夫，仍不能获得要领。你的意见怎样？可以指示我一条预习的路吗？"

蕙英道："你这样说，又太客气了。我姑且就诗来说吧！'千山鸟飞绝，万径人踪灭。孤舟蓑笠翁，独钓寒江雪。'这首诗，所写的景静极了：从孤舟於寒江，垂钓竿於雪中，加以山无飞鸟之影，径无行人之踪，不描出了一幅静悄悄的寒江垂钓图吗？不但是用的记静态的做法，而且意境也是极静的了。'独坐幽篁里，弹琴复长啸。深林人不知，明月来相照。'这首诗，虽然所记的有弹琴、长啸两种动作，可是在幽篁深林之中，唯有明月，别无人知，意境仍是极静的。又如李白那首《月下独酌》，首云'举杯邀明月，对影成三人'，又云'我歌月徘徊，我舞影零乱'，似乎写得生动热闹极了，结果却是'醉后各分散'，又只剩了个'我'，实际上却是个'月下独酌'的极静的境界。以意境说，仍是属於静的。又如杜甫《同谷歌》第一首里有'此时与子空归来，男呻女吟四壁静'两句，写的本是一种动态——杜甫携了一把白木柄的长镵空手归来，家里的儿女正在啼饥号寒，不是一个极紧张的骚动的局面吗？他虽用四壁悄然的静来衬托儿女的呻吟，意境却是动的了。《左传》记郯之战的结果，用'舟中之指可掬也'一句，点明晋军溃败时的情状。单就这一句而论，只是记舟中斫落之手指之多，是记的静态，却把中军、下军争舟时骚乱的动态和盘托了出来，意境便是属於动的了。这是我个人的浅薄的见解，不知道可不可以供你的参考？"

　　"密司孙，古人说'士别三日，便当刮目相看'，我和你天天在一起，却不晓得你的国文进步得这么快！"方中说时，流露出钦慕的神情来。李桂道："她近来和密司山很要好，这叫作'近朱者赤，近墨者黑'。密司山是朱，我却是一锭墨，把你都染黑了！"方中道："承宗是佩服山素秋的，一提起她，便是满嘴推崇的话。我以为他在向这目标进行，他却神不知

鬼不觉地要和密司苏结美满的姻缘了！""承宗怎么敢
转素秋的念头！秋云士虽不是他的顶头上司，也是他的
上级职员呀！"李桂说。"秋云士？不是因为跌伤了左
臂，曾在尹老师家里医养过半个月的吗？他是尹老师的
内侄，他是公路局的总工程师啊！他和素秋有什么关系
呢？"方中似乎不很相信。蕙英笑道："听说，尹老师
的儿子黎明曾在家信里提及，要替秋云士和素秋说媒
哩！"方中点点头道："他和黎明是表弟兄，这倒是可
能的！"李桂忽然扮了个鬼脸，向蕙英道："尹先生的
家信，你如何会看到？素秋是个半新旧的女子，虽然
和你接近，也不见得告诉你，说有人替他做媒。密司
孙，你哪里来的消息？'听说'，你听谁说的呢？唔！
唔！……"他的眼光盯住了蕙英，似乎要逼她立即答
复。"定印喜帖小号特别克己！"他又说了这么一句。
蕙英却脸上绯红起来。"秋芳，你也不是好人！"她说
了这么一句，站起来到后面去找方中的太太谈话了。

　　方中却还莫名其妙，问道："你们话中有话，倒把
我蒙住了！究竟是怎么一回事？"李桂低低地说："你
真是个老实人！素秋在替她弟弟拉拢密司孙，你还看不

出苗头来吗？""秋芳，这些事，不好捕风捉影，随便说的。你以后得谨慎儿些！"方中一本正经地说了句老成话。

　　"方先生，孙先生不在府上吗？校里有客在看她呢！"一个中心小学的校役跑了进来。"喂！阿根，是男客？是女客？姓什么？哪儿来的？"李桂抢着问。阿根答道："男的，一个小伙子，姓山。她在这里不在？"方中高声道："孙先生，校里有客来找你哩！"蕙英走了出来，匆匆地和阿根回校去了。李桂笑道："一定是山承良，热得来——九十度了！"方中正色道："你别多管闲事吧！"

第三十六章　从声调上辨别风格

方中从葫芦谷开过国文讲习会归来，先回家里去转一转，向他夫人说道："今天轮到我做记录，我想趁下午和晚上，把讲义稿整理出来。校里比家里静，我到那里去工作吧！如有人来找我，你先问他有什么事；如果没有什么事，你只要推托我没有回来，婉辞复绝。今天如其整理不好，明天小学里又要上课了。"说罢，带着记录稿到中心小学来。他到了自己的房里，便埋头着手整理，化了两个多钟头，稿子已大致就绪了。忽然想起了孙蕙英，她因为有些感冒，请了病假，没有到葫芦谷去，现在不知道怎样了，何不先去看看她，回来再抄呢？便关上房门，向操场那边走去。

蕙英房外墙角上的那株石榴，绿叶丛中，已点缀着些大红的花朵。柳荫沉沉，飞絮已无影无踪了。初夏的庭院，莺歌既歇，蝉声未起，显出一种恬静的境界来。他走到蕙英的窗外，停住了脚，想从窗上挂着的竹帘里先窥探一下，看她有没有睡着。忽然传出一种低低的吟咏声来：

　　绿树听鹈鴂，更那堪，鹧鸪声住，杜鹃声切！啼到春归无寻处，苦恨芳菲都歇。算未抵，人间离别。马上琵琶关塞黑，更长门翠辇辞金阙。看燕燕，送归妾。

　　将军百战身名裂，向河梁，回头万里，故人长绝。易水萧萧西风冷，满座衣冠似雪。正壮士，悲歌未彻。啼鸟还知如许恨，料不啼清泪长啼血。谁共我，醉明月？

"她在读辛稼轩的《贺新凉》词啊！我且慢着进去，倒可听听她再读些什么。"方中这样想，站在窗外一株梧桐树下。蕙英又在读柳永的《雨霖铃》了：

　　寒蝉凄切，对长亭晚，骤雨初歇。都门帐饮无绪，留恋处，兰舟催发。执手相看泪眼，竟无语凝咽。念去去，千里烟波，暮霭沉沉楚天阔。

多情自古伤离别，更那堪冷落清秋节。今宵酒醒何处？杨柳岸，晓风残月。此去经年，应是良辰好景虚设。便纵有千种风情，更与何人说？

好久没有声音，方中便转到房门口，曲着食指，在门上轻轻敲了几下。蕙英在房里答应道："谁呀？请进来吧！"方中开门进去，却见她躺在一张藤靠椅上，手里拿着一个纸板的讲义夹，夹着厚厚一叠铅印的国文选注；见他进来，想站起来招呼。方中忙道："躺着吧！——你现在觉得好些了吧？"蕙英道："定之先生，请坐！我吃了午时茶，出了些汗，已好了不少。""刚好些，又在读词了！今天星期日，不休息休息，明天又要上课了。"方中说罢，又在她的书位上坐了下来。

"今天尹老师怎么讲课？你们早就回来了吧？"蕙英问。"他讲文境的动静，分作三层：第一，是文章内容的动静。所讲的，和梁启超那篇记述文做法差不多。

他说记述文，有记静态和记动态两种：记静态的，又有
静中之静、静中之动；记动态的，又有动中之动、动中
之静。第二，是文章做法的动静。以做法而论，记述文
作者的坐标有固定的和移动的不同，所以也可分出动静
两类来。第三，方是意境的动静。和你那天所揣度的也
差不多。他用图画来做比喻。说画在纸上的，不论所画
的是什么，实际上，已都是静的东西了。可是画里可
以从静中表示出动态来，如以树的枝叶，人的头发、衣
裙，来显示出风的吹动；以种种形象，表示出人物的动
作。但也可以画出'寂寞梧桐深院锁清秋'的静景来。
密司孙，我初进来时，你窗前垂着绿的竹帘，院中梧
桐、杨柳的绿荫沉沉，使我领悟出所谓'静'的妙境，
虽然石榴开着几朵红如火的小花朵儿。当我们回来，走
过葫芦谷口的小辋川桥时，桥上的我们在前进，桥下的
涧水也在前进；我们中有许多人在热闹地谈笑，桥下的
涧水也发出在岩石中奔腾的声音来；前面来了面上淌着
汗、嘴里'杭育——杭育'叫着的挑担子的人们。在那
儿，便一切都动。和这静悄悄的院子里一对照，便使
我回想到什么是动态了。诗文中确也有'静'和'动'

的两种境界，可惜我不能用语言文字把它们说出来！"方中告诉她了一大套。

"他有没有讲到声调呢？"蕙英又问。方中道："他今天讲的原是'境界'和'声调'两项。他说文章的声调，有长有短，有抑有扬，有宏有细，有清有浊。就一个字说，如'香'是平声，其音缓而长，'馥'是入声，是音急而短；'芳'和'芬'虽同是平声，但'芳'字声扬，读起来比较提得高，'芬'字声抑，读起来它的声音似乎是沉下去、吞咽下去的；'芳'和'菲'，便有一宏一细的分别；'公'和'共'，便有一清一浊的分别：这些都是容易认辨的。叠字也是如此。'萧萧'和'瑟瑟'，'葱葱'和'萋萋'，'淙淙'和'潺潺'，也有长短、抑扬、宏细、清浊的不同。推而至於一句、一段、一章、一篇的声调，也自然各有不同。字和词，以平仄分长短章句的声调，则有所谓'促节'和'曼声'。在表情意的诗文里，用促节，则似哽哽咽咽的泣诉、噜噜苏苏的絮语、羞羞涩涩的情话；用曼声，则似呜呜而哭、娓娓而谈：这便是声调缓急的不同。以前说过，阳刚之文，喷薄而出；阴柔之文，吞吐而出。凡是喷薄而出的，其声调多'扬'，多'宏'；凡是吞吐而出的，其声调多'抑'，多'细'。有的文章，读起来，觉得声调是硬嘣嘣的、倔强的、紧张的；有的文章，觉得声调是软软的、柔和的、弛缓的：前者'强'，后者'柔'，截然不同。有的，觉得是须提起嗓子来高声朗诵的；有的，觉得须平心静气地恬吟密咏的：前者'扬'，后者'抑'，迥然有异。有的，须一气读下去，必须读完了这一大段，方能住口的；有的，须一板三眼地、一句一句，拖着长声缓缓读的：前者气盛，后者韵长，也各有特殊的调了。这和唱京戏一样，有快板，有慢板，有高音，有低音，不但大面、老生、小生、小旦的嗓子各各不同而已。他曾就选过的诗文，指出了几篇例，叫我们自己去读：韩愈的《再与鄂州柳中丞书》、欧阳修的《丰乐亭记》、苏轼的《赤壁赋》、归有光的《项脊轩志》、李白的《蜀道难》、杜甫的《同谷歌》、元稹的《悼亡诗》，李后主、柳永、苏轼、李清照、辛弃疾诸人的许多词，要我们从声调里去体味出它们风格的不同来。"

"这倒不是容易的事！"蕙英说。

"午饭后，我又到他寓里去过。他老先生，真是个诲人不倦的！因为我偶然提起：'我们平素对於诵读太不用功了，无论诗文词曲，要读得合调，已觉很难，哪里还能辨别出声调的不同，并且就声调上体味它们风格的不同呢？'他就翻出好几篇古文诗词来，读给我听。经他一读，它们的不同，我就辨出来了。韩愈的《再与鄂州柳中丞书》，是倔强的、促节的、宏大的、高而扬的调子；欧阳修的《丰乐亭记》、归有光的《项脊轩志》，虽然也有它们的不同，可是和韩愈那一篇比较，便觉得它们是柔和、细缓、清平的了。而且《丰乐亭记》和《赤壁赋》里，各有一段从古迹发感慨的文章：

滁於五代干戈之际，用武之地也。昔太祖皇帝尝以周师破李景兵十五万於清流山下，生擒其将皇甫晖、姚凤於滁东门之外，遂以平滁。修尝考其山川，按其图记，升高以望清流之关，欲求晖、凤就擒之所，而故老皆无在者，盖天下之平久矣！……

（《丰乐亭记》）

"月明星稀,乌鹊南飞"，此非曹孟德之诗乎？西望夏口，东望武昌，山川相缪，郁乎苍苍，此非

孟德之困於周郎者乎？方其破荆州，下江陵，顺流
而东也，舳舻千里，旌旗蔽空，酾酒临江，横槊赋
诗，固一世之雄也。而今安在哉！……

（《赤壁赋》）

这两段同是一种凭吊古战场遗迹的文章，可是读起来，
欧文以神韵悠远见长，苏文以气势雄肆见长，各有他们
的风格。归有光的《项脊轩志》更是摇曳生姿了；不说
别的，篇末的几句，便可读出一种余韵铿锵的丰神来。"
　　他说到这里，竟曼声地读道：

庭有枇杷树，吾妻死之年所手植也，今已亭亭
如盖矣！

　　他把蕙英看的那本选文拿了过来，翻出她刚才读的
两首词，读了一遍，道："尹老师说：'辛稼轩这首
《贺新凉》，柳耆卿这首《雨霖铃》，用的都是回肠荡
气的表情法。前者是累累堆堆地诉说许多离愁别恨，其
实还有说不出的国破家亡之恨——你看，"不如归去"

的杜鹃声是停止了，只听得"行不得也哥哥"的鹧鸪声；沦陷了的中原，在和平声中，已恢复无期了！——曲曲折折地在这首词中传达出来；乍看似乎语无伦次，又似用事太多（如开头就连用了鹈鴂、杜鹃、鹧鸪三种鸟声，以后，又用琵琶出塞，长门别居，燕燕送归妾，李陵河梁别苏武，太子丹易水饯荆轲许多故事），按之实际，不如此便不足以使他胸中郁积着的痛苦，倒豆儿般地吐出。我想，白居易《琵琶行》中有四句，"大弦嘈嘈如急雨，小弦切切如私语；嘈嘈切切错杂弹，大珠小珠落玉盘"，很可以形容这首词的声调。后者却是哽哽咽咽地诉说离情别意的，有所诉的只是儿女之情。你想，执手无语泪眼相看的，是临别之人；长亭都门，是临别之地；冷落清秋，是临别之时；所见者初歇之骤雨，所闻者凄切之寒蝉，都是些临别之景；将别时，念独上兰舟，前途是沉沉暮霭、千里烟波的寥阔的楚天；既别后，念今宵酒醒，心上人已不能相见了，伴行客者惟杨柳岸之晓风残月而已；写得这般凄楚，末句又以"便纵有千种风情，更与何人说"结之。这首词，清清爽爽地、有条有理地诉说柔情；读起来也觉得它哀弦促节，竭尽吞吐而出之致。《琵琶行》中的"幽咽泉流水下滩"，庶几近之。'"

"讲声调，总得口耳授受才好；偏我今天病了，不能去上课！幸而你这样详细地转述给我听，至少也得着几成的益处。"蕙英说。"你这句话，确有道理。我听了两个钟头讲，还不如到他家去听他读了半小时。他读元稹那三首《悼亡诗》的前两首时，师母坐在旁边，眼泪都被引出来了。"方中说。蕙英道："定之兄，定之先生，请你读给我听听吧！"方中不好意思推却，便翻开夹着的选文，曼声低吟道：

　　谢公最小偏怜女，自嫁黔娄百事乖。顾我无衣搜尽箧，泥他沽酒拔金钗。野蔬供膳甘长藿，落叶添薪仰古槐。今日俸钱过十万,与君营奠复营斋！

　　昔日戏言身后事，今朝都到眼前来。衣裳已施行看尽，针线犹存未忍开。尚想旧情怜婢仆，也曾因梦送钱财。诚知此恨人人有，贫贱夫妻百事哀。

他曼声缓气地读了一遍，又读一遍。第二遍读时，蕙英也和了起来。蕙英读罢道："真太凄凉了！"方中道："诗句也有雄壮痛快的。"随手又翻出辛稼轩的《破阵子》来，高声读道：

> 醉里挑灯看剑，梦回吹角连营。八百里分麾下炙，五十弦翻塞外声。沙场秋点兵。马作的卢飞快，弓如霹雳弦惊。了却君王天下事，赢得生前身后名。可怜白发生！

"尹老师才能把这首词慷慨悲歌的声调读出来。"方中说，"我坐得太久了，讲义稿还没抄呢！你也得歇歇了。"站起来，踱出房去。他走到操场里，忽然记起几句曲子来，唱道：

> 漫揾英雄泪，相离处士家。谢慈悲，剃度在，莲台下。没缘法，转眼分离乍。赤条条，来去无牵挂。那里讨，烟蓑雨笠卷单行，一任俺，芒鞋破钵随缘化！

　　他的歌声随着操场角儿上斜阳里的影子，在晚风中消逝了。蕙英又把方才读过的几首诗词，低低地读了一遍，叹道："怪不得素秋的国文进步特别快；朝晚亲炙，毕竟与众不同！我——将来如其……不是和素秋在一起，可以常常亲炙了？只怕那时素秋姊也结了婚，走了，尹老师也回家乡去了！"她低着头在沉思，忽然校役送进一封信来。她见是承良的信，立刻把它拆开。信里说，因为她今天请病假，非常挂念；据方中说，她是感冒，希望她就能复原；本想今天就来探望，因为脚霉还没有好，不能多跑路，只得先表微意，下星期日再来看她了。这样一封很平常的信，她却郑重其事地收藏起来了。"我虽然已经好了，还得小心调摄，为了自己，也是为了他。"她这样想，便把讲义收拾了，躺在床上静养。

　　暝色渐渐地扒进她的屋子。女校役王妈带了一捆东西跑进来，替她点上了灯。"孙先生，苏家送东西来了，还有一封信呢！"她站在床前向蕙英说。蕙英懒得起来，叫在桌子上纸匣儿里拿一个新印好的名片，取两角钱做送力，叫她交给来人，说声谢谢。王妈去了不久，又回进来道："孙先生，晚上仍旧吃泡饭吗？"蕙英随便答应了一声。王妈刚出去，她忽又想到，得买些小菜，躺在床上叫道："王妈，转来！"王妈回到房门口，问道："孙先生，还有什么？"蕙英道："你得替我去买些小菜来，清爽些的！"王妈努努嘴道："苏家送来的，不是过粥菜吗？"说罢，径自走了。

蕙英这才从床上起来，原来送来的东西分成两扎：一扎是三个纸包，一包是干菜笋，一包是苹果，一包是皮蛋；一扎是两个罐头，一罐是棋子腐乳，一罐是肉松。旁边放着一封信。她把信拆开看时，却见一张条子，是苏慧写的，说接素秋的来信和三包东西，嘱为转交，干菜笋和皮蛋，是尹老师家自己做的，苹果也是她们葫芦谷的土产；两个罐头却是苏慧自己送她的，因为天晚了，所以不便亲自送来。她方悟到承良信上'先表微意'四个字的用意；东西由苏慧转交，是要避校里同事的耳目。王妈端着泡饭碗筷来了。蕙英叫王妈拿一个皮蛋去敲剥干净，把两个罐头都开了。虽然只有三样菜，这餐夜饭却吃得很有味。饭后，取一个苹果，用小刀削好，切成一块一块，细细地咀嚼，似乎比水果店里买来的更香甜。

月光射进窗儿来了，她抬起头来，见一轮团团的明月正从东南角的柳梢头露出脸儿来，向她微笑。她把灯光旋得暗暗的，缓步出房，在月光中散步，嘴里在尝苹果的香甜味儿，心里在尝送苹果的人的香甜的味儿。她只觉得柔和、恬静，在这如水的月光中，在这如蜜的情谊中。

短短的围墙外面，传进哀弦激楚的胡琴声。拉完了一个过门，却又转了调子。"八月十五哇～～月光明～～。薛仁——贵——在月下——修～～书文哪～～。"有人在唱《汾河湾》了。她靠窗子站着，静静地听，虽然唱得并不高明，却又联想到白天和方中谈的声调。"明月几时有？把酒问青天……""举杯邀明月，对影成三人……""今夜鄜州月，闺中只独看……"苏东坡的词，李太白、杜子美的诗，她一首首地背诵过去，恬吟密咏地欣赏着，觉得各有各的声调，各有各的风格。

月儿一步步地扒上来，她手表上的针儿也一格格地走过去。"时候不早了，明天要上课，得去睡了！"她缓缓地踱进房去，收拾就寝，把灯熄了，让月光从玻璃窗里射进房来。满屋子的清光，顿觉俗尘尽洗，这小小的屋子好似化成玉宇琼楼了。墙外的胡琴唱戏声也早停了；远远地听得有人在吹洞箫，悠扬断续，却比胡琴柔和了许多。这柔和的箫声，渐渐地把她送入了睡乡。

第三十七章　从章句形式上辨别风格

　　因为女儿订婚的事，苏子文已请了假，回到壶镇来。他到家的第二天，王承宗就来谒见。他们翁婿当面商量，决定请尹莘耜证婚；第三天，便由承宗陪着，到葫芦谷去拜访他久不通音讯的老同学。莘耜却不过老同学的情面，又因新郎、新娘都是及门的弟子，便答应了。子文、承宗一同回到镇上子文家里。承宗只坐了一忽儿便告辞走了。

　　子文一面吃蛋炒饭，一面问他夫人道："慧儿呢？怎么不出来？现在的青年们，男女俩形影不离，固然叫人看不顺眼；快订婚了，承宗到了我们家里，却躲着不出来，又太小家气了！"旁边一个仆妇答道："小姐在楼上呢！"这时，子文的夫人正要和三个女客打牌，忙着布置，他的问话，并没有听仔细。子文一个人吃完饭，在客堂里坐着没趣，便带了一听香烟，到楼上来找女儿。

　　他上了楼，掀起布帘，一脚跨进女儿房里，却见女儿正和一个女朋友并坐在一张双人藤椅上谈天。那女客见他进来，连忙站起，恭恭敬敬地叫了声老伯。子文笑道："原来你也有客！请坐，请坐！"苏慧笑着向她爸爸道："这是我的同学孙蕙英女士，年假里，曾和爸爸见过的。"子文道："我的记性是很坏的。孙女士的面貌是熟极了，却记不起姓名来。不要拘，请坐下来谈吧！"嘴里说着话，便在苏慧书桌旁的藤椅上先坐下来。他告诉苏慧："今天已和承宗到葫芦谷去过。你们尹老师见我去看他，并且得知你和承宗要订婚了，非常欢喜。我请他替你们证婚，他已答应了。我们去时，他正和一个女生在谈笑。承宗介绍说，她也是你们的同学，叫作山……什么秋。"苏慧笑道："爸爸真好记性！刚介绍过，怎么就忘了？山素秋吧？她是我们同学中最出色的人才哩！她和尹老师在谈些什么呢？"子文道："我们一进去，便把他们的话打断了。我似乎听得他们在谈什么'格律''句法的整齐和错综'……啊！

不错！山素秋在说：'句法整齐的，便是格律严密的；句法错综的，便是格律疏放的。骈文律诗的句法，都是整齐的；散文和绝诗古诗，以及语体诗文，句法都是错综的。'大概是这样的几句话。"苏慧向蕙英道："巧得很！我们也正在谈这个问题。""怎么，你们也在讨论这问题？为什么这样巧呢？"子文说。蕙英道："因为尹老师说过，下次要讲'格律的疏密''章句的整齐和错综'了。慧姊姊，怪不得她的进步特别快；每次已讲之后，未讲之前，她都有就近请益的机会。上一次，我不是因病请了假吗？那一次是轮值方中记录的。他因为讲的是'声调'，还有许多地方不能领会，下午又到尹老师家里去问。尹老师把所举的许多文章诗词的实例，一一读给他听，他方才完全了解。他回到校里来，又仔细读给我听。前天，我看讲义，便觉得比上课听讲，还要明白哩！"

苏慧突然问道："爸爸，你今天有没有别的事了？"子文笑道："请假在家里，有什么事情呢？我正因为你妈妈要和女客们打牌，一个人在楼下闲得发闷，才上楼来找你的。你问我做什么？"苏慧脸上现出高兴的样子，向蕙英道："爸爸没事了，我们正可以乘机请他指示我们。姊姊，我们刚才讨论的问题，可以尽量地提出来！"蕙英道："老伯肯指教，那是最好没有的了。"

　　子文从香烟罐里取了一支美丽牌香烟，点着吃了，笑道："俗话说：'拳不离手，曲不离口。'我已多年不在诗文上用工夫了，不要被你们问倒啊！"蕙英道："老伯何必这般谦虚呢？"苏慧道："爸爸，所谓'整齐'的句法，是否专指骈文律诗的对句而言？"子文道："骈文律诗的对偶句子，固然是句法整齐的。例如宋汪藻为隆佑太后草的立康王赵构的诏书。是一篇四六文，我还记得几句：

　　　　缅怀艺祖之开基，实自高穹之眷命。历年二百，人不知兵；传序九君，世无失德。虽举族有北辕之篡，而敷天同左袒之心。乃眷贤王，越居近服。已徇群臣之请，俾膺神器之归。繇康邸之旧藩，嗣宋朝之大统。汉家之厄十世，宜光武之中兴；献公之子九人，唯重耳之尚在。兹乃天意，夫岂人谋？……

句法何等整齐！"子文近来颇喜欢弄弄骈文，尤其是和公文有关的奏议、诏令之类，极为留意。苏慧站起来，拿了一张白纸、一支铅笔，请她爸爸把这段文章写下来。子文道："这太麻烦了吧？"苏慧道："你这样随口背出来，我们听也听不清楚，不要说懂不懂了！——如果嫌麻烦，得把原文找出来给我们看，而且讲给我们听。"子文没法，只得在纸上把那段文章写了出来，一句句解释了一番。随手又写出一首陆游的律诗来：

> 早岁那知世事艰，中原北望气如山。
> 楼船夜雪瓜州渡，铁马秋风大散关。
> 塞上长城空自许，镜中衰鬓已先斑。
> 《出师》一表真名世，千载谁堪伯仲间！

写罢，接着讲了一遍，并且道："你们看，那一段文章和这首律诗里的中间四句，对得何等工，何等整齐！这种整齐的对句，不但在骈文律诗里有，如《诗经》里的'诲尔谆谆，听我藐藐'，《书经》里的'满招损，谦受益'，《荀子》里的'生则天下歌，死则天下哭'，《论语》里的'爱之欲其生，恶之欲其死'，甚至如《水浒传》里的'有情皮肉，无情杖子'，都是对句，都是句法整齐的。可见对偶的句子，并不限於骈文律诗中有之。反过来说，所谓整齐的句法，也不限於对句。还有所谓'排比'的句子，例如《管子》的'不为不可成，不求不可得，不处不可久，不行不可复'，杜甫《出塞》的'挽弓当挽强，用箭当用长，射人先射马，擒贼先擒王'……"

蕙英道："老伯，您所说的排比，不也是对偶吗？"子文道："排比和对偶，极相似而又不同。对偶是两两相对的；排比却可用三排四排，不必限於一对。我举的例，和对偶太相像了。《论语》里论'六言六蔽'道：'好仁不好学，其蔽也愚；好知不好学，其蔽也荡；好信不好学，其蔽也贼；好直不好学，其蔽也绞；好勇不好学，其蔽也乱；好刚不好学，其蔽也狂。'便是很整齐的六排。这还是双数的排句。'侍於君子有三愆：言未及之而言，谓之躁；言及之而不言，谓之隐；未见颜色而言，谓之瞽。''君子有三戒：少之时，血气未定，戒之在色；及其壮也，血气方刚，戒

之在斗；及其老也，血气既衰，戒之在得。'这两章各
有三排，便是奇数，和对句截然不同了。它们每排的
字数句式，虽略有不同，带些儿错综的样子，就大体
说，却是很整齐的排比。《周礼》里，这种排比的句法
最多。慧儿，你把我书橱里那本《十三经》白文去拿
来！"苏慧到楼下爸爸房里去寻了上来。子文随手一
翻，翻出《周礼·天官冢宰》那一篇的"小宰之职"，
指出一段来给她们看：

　　以官府之六职辨邦治：一曰治职，以平邦国，
以均万民，以节财用；二曰教职，以安邦国，以宁
万民，以怀宾客；三曰礼职，以和邦国，以谐万民，
以事鬼神；四曰政职，以服邦国，以正万民，以聚
百物；五曰刑职，以诘邦国，以纠万民，以除盗贼；
六曰事职，以富邦国，以养万民，以生百物。

　　"这段排比的文章，便和对偶截然不同，却也非常
整齐。"子文说。她们经他这样一指点，方完全了解排
比和对偶的不同。

　　蕙英又问道："除了对偶和排比之外，便都是错综的句法了？"子文道："还有一种'层递'的句法。《孟子》你们都已看过了吧？'天时不如地利，地利不如人和'，便是层递式。《大学》里也有一段很好的例子：

　　　　古之欲明明德於天下者，先治其国；欲治其国者，先齐其家；欲齐其家者，先修其身；欲修其身者，先正其心；欲正其心者，先诚其意；欲诚其意者，先致其知；致知，在格物。

这一段由平天下一层层地说到格物，下面又翻过来说：

　　　　物格而后知致，知致而后意诚，意诚而后心正，心正而后身修，身修而后家齐，家齐而后国治，国治而后天下平。

就《大学》全篇的章法说，也由格物致治一层层地推说开去，直到平天下为止，是一篇结构整齐、条理井然的文章。此外还有一种整齐的句法，叫作'反复'。

例如《论语》里的'人焉廋哉，人焉廋哉'，《孟子》里的'得其所哉，得其所哉'，同一句话，重复说了两遍……""爸爸，你记错了！'人焉廋哉'也是《孟子》里的。"苏慧插嘴说。子文把论语翻了出来，笑道："《孟子》里固然也有这两句，《论语》里却已先有了：'视其所以，观其所由，察其所安'，这是三句排比的句子；'人焉廋战，人焉廋哉'，又是两句反复的句了。"

蕙英继续问道："那么，怎样叫作'错综'呢？"子文道："错综就是在整齐中求变化。整齐固然是一种美，可是有时太整齐了，又觉得太呆板，没变化、没生气了。譬如一间客堂的陈设，照旧式那样中间挂一张字画，摆着搁几台子，两旁对称地挂着对联屏条，摆着交椅、茶几，也可显出一种整齐之美；把这种整齐的形式改变一下，摆上几张沙发、椅子，画对掉了立轴、横幅，对子偏不对称地挂在堂幅两边，却两只并挂在角儿上，不也显得错落有致吗？诗文也是如此。所以有骈文、四六，也有散文；有律诗、绝句，也有古诗。不但这样，有时偏从对偶排比……中，故意做成错综的句子，以显变化。例如李群玉有句云：'裙拖六幅湘江水，鬓掩巫山一段云。'这本是律诗中的对句，'六幅'对'一段'，'湘江'对'巫山'，何等工整；偏做成'蹉对'。又如王安石有句云：'春残叶密花枝少，睡起茶多酒盏疏。''密'和'疏'，'少'和'多'，本是相对的字，却偏以'多'对'密'，以'疏'对'少'。这是从对偶中求错综的例。《淮南子·主术》篇的'疾风而波兴，木茂而鸟集'，'疾'和'茂'，'风'和'木'，是相对的，偏不说'风疾'而说'疾风'。《礼记·曲礼》里有这么一段：'问国君之富，数地以对；……问士之富，以车数对；问庶人之富，数畜以对。'上下二句是'数地以对''数畜以对'，中间却偏说'以车数对'，而不说'数车以对'。这是从排比中求错综的例。《孟子·梁惠王》的第一章记孟子对梁惠王的话，开口便道：'王何必曰利，亦有仁义而已矣。'章末又说：'王亦曰仁义而已矣，何必曰利？'本是分插在首尾的两句意义相同的话，本是反复的句法，却故意翻过来说。这是从反复中求错综的例。我方才举过的从平天下说到格物的那一段《大学》，是层递的句式。第一句本可以说'古之欲平天下者先治其国'，末一句本可以说'欲致其知者必先格物'；它却变化作'古之欲明明德於天下者''致知在格物'。这是从层递中求错综的例。"

蕙英道："尹老师选的文章中有一篇《战国策·邹忌讽谏齐王》，述邹忌和他的妻、妾及客问答：'谓其妻曰："我孰与城北徐公美？"其妻曰："君美甚，徐公何能及君也！"……复问其妾曰："吾孰与徐公美？"妾曰："徐公何能及君也！"……问之客曰："吾与徐公孰美？"客曰："徐公不若君之美也！"……'意思完全一样，而句子各不相同，这是不是错综？"子文道："是的。这样错综的例子，在古文里是很多的。"苏慧道："那么，《冯谖客孟尝》那一篇里叙冯谖三次弹铗而歌，第一次说'左右以告'，第二次说'左右皆笑之，以告'，第三次说'左右皆恶之，以为贪而不知足'，也是错综了。"子文道："这个例，也举得不错。不但这三句，它叙第一次弹铗而歌，说'居有顷，倚柱弹其剑'，第二次说'居有顷，复弹其铗'，第三次说'后有顷，复弹其剑铗'，也是错综的句法呀！又如《墨子·非攻》上篇，第一层以窃桃李为例，末云：'此何也？以亏人自利也。'第二层，以攘犬豕鸡豚为例，末云：'是何故也？以亏人愈多，其不仁兹甚，罪益厚。'第三层，以杀人劫物为例，末云：'此何故也？以其亏人愈多；苟亏人愈多，其不仁兹甚矣，罪益厚。'这也是错综啊！刘知几《史通杂说》引《梁后略》记梁高祖的话'得既在我，失亦在予'，说是'变我称予，互文成句'；顾炎武《日知录》引《尚书》汤语'予恐来世以台为口实'，说言予又言台，是'互辞'；这是抽换词面以求错综。沈括的《梦溪笔谈》引韩愈《罗池神碑铭》的'春与猿吟兮秋鹤与飞'，《楚辞》的'吉日兮辰良'，是相错成文；这是交蹉词次以求错综。《旧约全书·出埃及记》的'等候你的百姓渡过去，等候你所救赎的百姓渡过去'，这是伸缩文身以求错综。爱罗先珂《童话集·春夜的梦》的'我没有翅子的时候也活着，你没有鳞，岂非也并不死掉么'，这是变化句式以求错综。这些都是修辞学上的问题。你们在讲修辞学吗？"

　　苏慧道："并不，我们在讲'风格'。尹老师说，

句式的整齐和变化，和文章的风格有关系的。"子文
又取了一支香烟，点着在吸了，笑道："你方才不是
说'词句的整齐和错综'吗？错综只能说是句式变化之
一，却不足以尽句式的变化。"蕙英道："错综之外，
还有变化吗？"子文道："有。'倒装'和'跳脱'，
便是错综之外的两种变化。"蕙英道："不错，《檀
弓》里的'谁与，哭者？'照普通的句式应当是'哭者
谁与？'《左传》里的'谚所谓室於怒市於色者'，
照普通的句式应当是'怒於室，色於市'。这就是倒
装吧？"子文道："那么，跳脱呢？慧儿，你举个例
看！"苏慧笑道："我根本没有懂得什么是跳脱，怎样
举得出例呢？"子文道："《史记·高祖本纪》里记诸
侯将相共尊汉王刘邦为皇帝的时候道：'汉王三让，不
得已，曰："诸君必以为便——便国家……"遂即皇
帝位汜水之阳。'刘邦的话并没有完，便接下那句叙
事的'遂即皇帝位……'这就叫作'跳脱'。"苏慧
道："这个例，素秋和我们谈起过的。她说，《水浒
传》火烧瓦官寺那一回里，叙那和尚对鲁智深道：'师
兄请坐，听小僧——'智深睁着眼睛道：'你说！你

说！' '——说，在先敝寺里……'这是不是跳脱呢？
她说这两段文章都是传神之笔哩！"子文道："不错！
这都是跳脱，都是传神之笔。"

蕙英道："我们听老伯说了许久，仍没有懂得它们
和文章风格的关系呀！"子文道："当初，我以为你们
在讲修辞，所以讲整齐和错综都着重在句子构造上。如
要讲到风格，则须就全篇大体上看，不能单就句子上看
了。骈文和散文的不同，律诗、绝诗和古诗的不同，
所以一望而知者，不是由於它们句式的整齐和不整齐
吗？同是律诗，或同是古诗，李太白的作品，不是有一
种不为整齐的句式所拘的作风吗？《周礼》一书有许多
地方，用排比的句式以叙述官职，《大学》一篇全篇用
层递的结构，我们读起来，不是觉得有一种条理清楚、
层次明白的风格吗？那些在整齐中插用错综的句子的作
品，也能使我们读者於条理层次整齐明白之中，觉得有
许多变化，不觉其呆板，又另有一种风格；如我们刚才
谈到过的《邹忌讽谏齐王》《冯谖客孟尝》的前半篇，
《墨子·非攻》上的全篇。《战国策·赵威后问齐使》
《墨子·兼爱》《孟子·天时不如地利》章……都有这

种风格。至於完全散行，一些儿不顾到整齐的，就有另外一种风格了。可是我谈到的倒装却不见得全篇文章都用这种句式，可以说和风格没甚关系。跳脱虽然也不会在全篇里用了许多，而且大都是用在叙述别人的说话时；但偶然用它一次，便可使文章增加生气。因此，我们不能说它和文章风格有直接的关系，也不能说它完全没有关系。"

"叮叮叮叮"，桌上的钟敲了四下。蕙英站起来道："坐得太久了！老伯、慧姊，再会吧！"苏慧要留她吃点心，她却婉辞谢绝，下楼径走。苏慧送下楼，一直送出门口。回进来时，子文已在客堂里，抱着孙子玩了。他见女儿进来，笑嘻嘻地问："孙小姐也快要订婚了，是不是和她说起的那个男同事，叫作方中的？方中姓什么呢？"苏慧笑道："爸爸，你问得太奇怪了！方中当然姓方呀！"子文道："我以为他的字叫方中，原来是单名啊！""你怎么知道她就要订婚？却又猜是方中？"苏慧说。子文道："她就要订婚，是你们尹老师谈起的。她方才说，有一次讲习会因病请假，方中回校来详细讲给她听，所以我猜她要和方中订婚了。"苏慧道："爸爸，你这人真有些奇怪，你上楼来时，不是说连她的姓都记不得了？尹老师即使谈起另有一个女生也快订婚了，你何以晓得就是她呢？"子文笑道："不是我奇怪，却是你想不通！尹老师告诉我，他现在教的补习班里，一共三个女生，不久都要订婚了。一个是你，一个是山素秋，一个当然是她了。"苏慧道："方中早已结婚了。就要和她订婚的，就是山素秋的弟弟承良，也是同学呀。"

第三十八章　从格律意态上辨别风格

　　葫芦牌蚊香的新货大批地由产销合作社发行出去。今年新制的安息香，销路虽然没有蚊香那么广，可也并不坏。莘耜寓中的客室里，还堆着许多匣蚊香和安息香，这是留备送人和自己用的。星期四下午，秋氏、富氏一匣蚊香，一匣安息香，一扎扎地在缚好来；莘耜在书室里写标签，预备分送；补习班的同学们也各得一份。还有许多不用匣儿装的蚊香，是预备分给本村做香的男女工的。

　　他们正在忙碌，素秋拿着一封厚厚的信，走了进来道："你们这样忙碌，为什么不来叫我帮忙？太先生，家父有一封信给你，方才阿德从镇上带来的。"莘耜放下笔，接了这封信："素秋，你替我写几张吧！那边四大匣一捆的，是送赵望老、秋云士、梁家华和寄给子

寿、黎明的，都得请承宗设法带寄；他们的地址，你是
晓得的。"他一面说，一面已移坐到竹靠椅上去，把信
拆开，抽出来看了：

夫子大人函丈：

久未奉手谕，但於黎明弟处，时见家训，欣悉
杖履清胜，殊慰远慕。家父来谕，时以小儿女婚姻
为言。受业衣食奔走，定省久违，乃复以向平之愿
未了，上累老人，思之仄仄！小儿承良闻已有本镇
旧戚为之说媒，即现在国文补习班肄业之孙女士蕙
英。孙女士个性如何，想为吾师所洞悉。能山居食
贫否？家父老矣，受业又未能长侍膝下，大儿承辉
远在西蜀；深望将来良儿成家后，能绳祖武，承旧
业，侍老人也！渠与小儿女同学，行将一年，感情
如何，亦须察及。居今之世，儿女婚姻，固未可全
凭媒妁之言，由家长代作主张也。黎明弟前曾谈
及令戚秋云士君，少年英进，颇有为小女素秋执柯
之意。秋君曾来碧湖，晤谈两度，诚为隽才；并云
以覆车伤臂，在尊寓疗养半月，对家父时怀眷念。

相攸得此，夫复何憾！秋君系留德硕士，前途正未可量。小女一村姑，如得偶此君子，当亦非始愿所及矣。惟窃恐齐大非偶，有如俗谚所谓"穷人扳高亲，雨天上高墩"耳！家父之意，未知如何？敬恳於便时转询，小女处亦恳师母微示此意，以觇其态度与趣向。受业与吾师三世通家，情同骨肉；舍下情形，亦已了如示掌；小女又向承青睐！故敢掬诚上渎。令甥家华，黎明弟处亦常有信来；国文已有长足之进步，其刻苦奋发诚恳悃愊之精神，在青年中亦属难得。附复小女一字，恳转交！余不一一。即请

　　诲安。

　　　　　　　　　　　　受业公仁叩

　　　　　　　　　　　　某月某日

　　莘耜看完这封信时，素秋坐在莘耜的书位上，早把标签写好，由桂荪拿出去了。子寿这封信一共写了三张信纸，莘耜看完一张，放一张在书桌上；素秋因为是她爸爸的信，便也一张一张地拿起来看。她看完谈承良和

蕙英婚事的那一段，脸上挂着得意的笑容；再看下去，说到她自己了，脸儿便红了起来。第二张恰好写到"如得偶此君子，当亦非始愿所及"为止；第三张还在莘耜手里，不能立刻接下去看。她那时脸儿已涨得绯红，并且露出一种似怨似嗔的神情来。莘耜早已看透了她的心理，却若无其事地站了起来，把第三张信笺和子寿直接给她的那封信都放在书桌上，坦然道："还有封附给你的信呢！你看完了，把给我的这一封仍装在信封里吧！"说罢，踱出去看秋氏婆媳把蚊香装进箩担里，预备明天叫阿德分送。

　　素秋看完了第三张信，方回嗔作喜。末了称赞家华的几句话，她看了尤其觉得有意思，看了一遍，又看一遍。她正把这三张信笺折叠好了放进信封去时，秋氏恰好走进书室来。"素秋，是你爸爸的信吧？说些什么呢？"她笑嘻嘻地问。素秋脸上又是一红，随即把那封信递给秋氏道："这是爸爸给太先生的信，您老人家自己看吧！我还得看爸爸给我的一封长信哩！"秋氏接了子寿那封信，一张张地看去，自言自语地道："孙小姐和阿良倒是很好的一对儿！"又看了一段道："云士固然是个人才，他住在这里养病时，我也有这个意思，而且问起他过——"她故意把话停住了，向素秋看了一眼；素秋本来低着头在看她爸爸的信，这时忽然抬起头来望秋氏，眼光恰和秋氏相值，忙又把头低了下去，粉颈上都绯红了。"——可惜他已订了婚！"秋氏又自言自语地说了一句。"原来秋先生已订了婚啊！"素秋不由自主地说出这句话来，她心里七上八下的吊桶儿这时候方安静了。

秋氏看完了信，仍放在信封里，向素秋道："素秋，到楼上去，我还有件要事呢！"她先自走了。素秋把她爸爸的信放在书桌上，压了一支铜尺，跟着上楼去，并且问："什么事情？"秋氏竟自一步步走上楼梯去，似乎没听到她的问话。她们俩走到了房里，秋氏在前窗边自己的铺上拉着素秋的手坐了下来，没有开口，已满脸堆下了笑："素秋，你爸爸给莘耜的信，你已看过了；你自己的意思怎么样，尽管老实地对我说出来！"素秋红着脸，低着头，半晌不答话。"婚姻大事，自己总得有些儿主张，别害羞不说呀！"秋氏又追问一句。"秋先生不是已订了婚吗？太先生写回信时，只要把这消息告诉爸爸好了！"素秋很取巧地回答了一句。"子寿先生对於舍甥家华如此夸奖，太过分了吧？"秋氏说。素秋只是低着头，似乎在看自己的鞋子，并不答话。

秋氏忽斜转身去，伸手向她自己的枕头套里摸出小小的一个纸包来，笑道："我的记性真坏，早想要还你的东西，今天才记起来！"素秋接在手中，知道是遗失已久的那颗红豆，料想秋氏已抖开来看过了，包豆儿的纸上，还有两首歪诗呢，不晓得她已给太先生看过没有，越想越害臊，越答不上话来。"好孩子，别再扭捏了！我给你去和莘耜说，写封回信去给你爸爸，一面向你祖父面商，替你们俩撮合如何？"秋氏又问。"家华的父母，前星期刚有信来，托我们照顾他，并且替他留心亲事。照今天这封信看来，你们爸爸当然是不成问题了。只是你祖老太爷和妈妈的意思如何，还得探询一下。"她继续说。素秋抬起头来道："祖父早和太先生谈起过了，妈妈凡事都由爸爸做主的。"秋氏笑道："家华这孩子，不知哪一世修来的！我们下楼去吧！"莘耜正看完了子寿写给素秋的信，见她们下楼来了，笑着问秋氏道："已征得同意了？"秋氏含笑点点头。素秋取了她爸爸的信，径自回去了。

　　承良在厢房里批阅算草，素秋把她爸爸的信给承良看。承良看完了道："爸爸信上所说的格律疏密问题，大概是指'诗'说的吧！你看，他所举的例，都是些诗。如近体诗的格律，有平仄、叶韵，还有律诗的对仗……何等严密。古体诗，这些格律的拘束便宽得多了。现在的白话诗更解放了，几乎无格律之可言……"素秋道："怕不但诗吧！文章何尝没有格律？姚姬传的《古文辞类纂》序里便把'格律'二字和'神理气味声色'六者并举。太先生不曾说过，这八个字就是桐城派古文家所谓'义法'中最要紧的？'格'指文章体制的格式，'律'指文章法度的宜忌。顾亭林有《救文格论》，杜甫有'老去渐於诗律细'的话，白居易也说'每被老元偷格律'，可见诗文各有它们的格律了。杜甫有句云：'新诗改罢自长吟。'白居易有句云：'旧句时时改。'项斯有句云：'枕上用心静，惟应改旧诗。'袁枚亦云：'爱好由来着笔难，一诗千改始心安。'《竹坡诗话》载杜诗'握节汉臣归'，据晁以道家藏宋子京手抄本作'秃节

汉臣归'。'秃'字比'握'字好得多，而通行本多作
'握'，或者是初稿作'握'，后又改作'秃'的。《苕
溪渔隐丛话》载徐师川曾见老杜墨迹：'桃花欲共杨花
语'句，自以淡墨改三字，作'桃花细逐杨花落'。欧
阳修作《昼锦堂记》，已送出了，又追回去，在首二句
各加一个'而'字，改成'仕宦而至将相，富贵而归故
乡'。即此诸端，可见古来有名的诗人、文人对於格律
的谨严精细了。"

承良道："姊姊，你的记性真好。这些话不是太先
生平时随便当作故事和我们谈起过的吗？你倒都记得！
如你所说，不是古来有名的作者对於诗文的格律都严密
地遵守的吗？那么，怎会有所谓'疏密'的问题？"素
秋道："这又不尽然了。和杜甫同时的诗豪李白，不是
以'斗酒诗百篇'著名的吗？他的律诗，我们读过的，
便有许多首。我且举几首来做例：

> 青山横北郭，白水绕东城。
>
> 此地一为别，孤蓬万里征。
>
> 浮云游子意，落日故人情。

挥手自兹去，萧萧班马鸣。

牛渚西江夜，青天无片云。
登舟望秋月，空忆谢将军。
余亦能高咏，斯人不可闻。
明朝挂帆席，枫叶落纷纷。

凤凰台上凤凰游，凤去台空江自流。
吴宫花草埋幽径，晋代衣冠成古丘。
三山半落青天外，二水中分白鹭洲。
总为浮云能蔽日，长安不见使人愁。

前面两首五律的颈联，'此地一为别，孤蓬万里征''登舟望秋月，空忆谢将军'，后面那首七律的腹联，'三山半落青天外，二水中分白鹭洲'，何尝谨守着律诗中二联应当属对的格律？苏东坡的词，同一词调，有时会多一字，有时会少一字；赞成他的，说他的才大，自是曲子里缚不住者；但也有人批评他不叶音律。我从前听爸爸讲过一个笑话。苏东坡应制举作的那篇《刑赏忠厚之至论》里述尧时皋陶为法官，碰到判定死刑的时候，'尧曰宥之，三；皋陶曰，杀之，三'。他考取了，去拜见座师欧阳修；欧阳修问他这事出於何书，他以'想当然尔'四字答之。他做文章，引用古事，也随便杜撰，可见他对於格律是不屑严密地遵守的了。他自己说做诗文时，随笔写去，如流水行云，任其自然。古代文人、诗人中自有他们这一派，不为格律所拘束的。因此便成了'谨严'和'疏放'的两种风格，也便是爸爸所说的格律疏密问题了。"

承良道："姊姊，你的推论的确不错！我看现代作家的语体文时，也常觉得有两种不同的作风。有的，留意於文法、修辞，每一段、每一句以及每一词，都经过一番细心的检点，然后写成的，如叶绍钧的作品；有的纯任自然，信笔写去，不论粗细雅俗，拉拉杂杂地想到哪里写到哪里，例如吴稚晖的作品。我虽早已直觉到这两派作风的不同，可是说不出所以然来。照你的说法，前者可以说是'谨严'，后者可以说是'疏放'；所以有这两种不同的风格，便由於作者的格律有'密'有'疏'的缘故啊！"

素秋道："我想，这两种风格，怕和作者的个性有密切的关系。个性旷达，不拘小节的，他的作品便是'疏放'的居多；个性精密，拘谨小心的，他的作品便是'谨严'的居多。李白和杜甫便是很好的一个对照。他们不但对於格律有疏放与谨严的不同，意境也有'超脱'和'切实'之别，态度也有'轻松'和'严肃'之别。这虽和他们所处的时代和环境的不同有关，根本的原因还在各人的个性呀。"承良道："李白和杜甫不是同时代的人吗？"素秋道："虽是同时代的，也略有先后。李白是开元全盛时代的诗坛盟主，他曾受到玄宗的恩遇，有贵妃捧砚、力士脱靴的故事。我们只须就《饮中八仙歌》'李白斗酒诗百篇，长安市上酒家眠，天子呼来不上船，自称臣是酒中仙'那几句看，已可想见他那时所受的宠遇了。杜甫却是天宝丧乱时代的诗史，陷贼、避乱、流徙，吃了许多苦，就是定居锦江浣花里以后，也有触怒严武几乎被杀的传说；他所见、所闻、所身历的，都是苦境，他的同情心又特别发达，所作的诗自然是一字一泪了！"承良又道："李白的诗，意境是超脱的，态度是轻松的，格律是疏放的；杜甫的诗，意境是切实的，态度是严肃的，格律是谨密的；诚如姊姊所说。可是李白不是曾长流夜郎吗？犯了罪去充军，不比杜甫带着家眷逃难更苦吗？”“我们读了杜甫忆李白的诗，也不免替李白担忧。实际上，他并没有到夜郎就遇赦回来了，而且他的诗名大得很，到处有人照顾他，招待他，路上也并没有吃什么苦；这是不难推想而得的。天性拘谨仁慈的人，历了许多苦难，对自己便有许多悠苦之辞，对时局便有许多伤感之作，对一般人便有许多悲天悯人的话；杜甫的诗，便是这一派的代表作，所以有‘诗圣’之称。天性旷达豪放的人，即使一时受了挫折，率性把一切都勘破了，便可以写出许多飘逸的、想入非非的、超现实的作品来；李白的诗，便是这一派的代表，所以有‘诗仙’之称了。”

承良道：“苏东坡的《水调歌头》有云：‘明月几时有？把酒问青天。不知天上宫阙，今夕是何年。起舞弄清影，何似在人间。我欲乘风归去，又恐琼楼玉宇，高处不胜寒。’《赤壁赋》末了也说：‘盖将自其变者而观之，则天地曾不能以一瞬；自其不变者而观之，则物与我皆无尽也，而又何羡乎！’这也可说是超脱极了。东坡远谪儋耳，安置黄州，挫折不可谓不小，他却如此看得破。"素秋道："对呀！所以他的作品也有疏放的、超脱的、轻松的风格。"

"现在那些幽默派的小品，不也是很轻松的吗？"承良问。"它们的态度，的确是轻松的；但是好的幽默作品，往往在轻松的态度里面，藏有严肃的冷隽的深意，否则便容易流为油腔滑调的、表现低级趣味的滑稽作品了。小品文，我以为晚明的作品最好。例如张岱的《陶庵梦忆自序》，写得何等轻松，何等自然，意境也何等超脱，可是骨子里却含着国亡家破的沉痛。"

承良道："中玉有一部《晚明小品文选》，我在校里常向他借来看的，它们的作风，格律是疏放的居多，态度是轻松的居多；也有许多如姊姊所说，在轻松的态度下，藏着严肃沉痛的意思，所以意境超脱的倒不很多。我读了，觉得它们另有一种风格，不但和王、李七子的作风不同，和归有光一派的作风也不同的。""《晚明小品文选》，爸爸也有一部，在太先生那边书橱里。弟弟，你没有看见过吗？还有一部《世说新语》，虽然所载的都是短短的一则一则，我却认为是幽默派最好的作品。意味之隽永，文笔之轻松，有吃鸭梨的清而爽的滋味，有嚼橄榄的甘而永的回味。弟弟，你何不去取来阅读？"承良道："这部书有标点吗？我怕读不断吧？"素秋道："原书是没有标点的，确有些难读。去年太先生就翻出来给我看过，竟有许多看不懂。妈妈到外婆家去时，我住在太师母房里，太先生移住到楼下去了；楼上的桌子抽屉里，却放着这部书。我晚上无意中翻开一看，却见太先生已用朱笔标点过了，并加了许多批注，看去便容易懂了。他认为有趣的话，都用墨笔圈点出来，更醒目不少。弟弟，你要看，我去拿来。"

妈妈在叫吃夜饭了，姊弟俩走过堂屋门前去，振福正送莘耜出去，在门口说道："子寿既有这意思，你老人家又肯做月老，那是最好没有了……孙家的小姐，我也见过。……几年来的心愿，想可完了！哈，哈哈！"断断续续的几句话，钻进了素秋、承良的耳朵里去，各觉得"别有一般滋味"。他们俩默默地进去，坐着等候祖父同吃夜饭。

第三十九章　体裁与风格的结论

　　比利时国王下令停战，对德屈服，固然也是欧战中重要的变化，还可以说是在意料之中的；因为这蕞尔小国，也和波兰、丹麦、挪威、荷兰一样，力不足以久抗德国闪电战的猛烈的攻击。为全世界人们意料所不及的，却是法国的骤然屈服。当这消息由尹家的无线电收音机收得了，公布出去时，葫芦谷的人心也起了一种波动。虽然村民们并没有晓得法国究竟在哪儿，可是他们知道法国是一个强大的国家。他们向振福要求，请莘耜在一个星期六的下午讲演了一次；讲演的地点便在那广场上。莘耜却费了许多预备工夫，而且央承良代画了一幅许多纸拼成的极大的地图，贴在墙上。地图虽然是极简略的，讲演的内容虽然是极粗浅的，却给了他们许多常识、许多教训。从此以后，他们对於公布的时事新闻，更注意了。

他们对於国内外的时事虽增加了注意，可是有一个很切身的问题，倒似乎漠不关心。这是什么问题呢？就是"米贵"和"旱荒"。宁、绍一带，听说米已贵到一百元一担了；今年，和廿三年一样，已有好几个月没下过雨，许多地方种不下稻子，种下的秧也多干枯死了。政府在忙着统制粮食，可是利之所在，弊即随之。饥饿的恐慌几乎弥漫於各地，无间於后方、战区和沦陷区。他们怎么能如此镇静呢？这不得不归功於他们祖先创制之善，和他们正副村长预防之功了。这小小的山村，寥寥的二三十家，每年各家收获的粮食差不多已可自给；何况还有山石庵的积谷，何况他们村里新开了自流井，在久旱时也可以汲水灌田。四百多亩稻田里，仍和往年一般，种着绿油油的稻。他们的眼光是浅近的，生活既不成问题，人心自然安定多了。孟子所主张的王政，首先要使人民不饥不寒，以为有恒产者有恒心，便是这个道理。莘耜他们这一家虽然是流寓，没有分授的田，自己又不会耕种，可是他们翁媳俩替他们教补习班，山石庵每年当作束脩送他们的粮食已够他们一家吃了，还有制香等大宗收入、黎明寄回来的薪俸，所以也成了小康之家。莘耜却时时在摇头叹息，觉得这年头儿全世界的人们都遭了空前的浩劫，并不以所谓胜利或屈服而异其痛苦。他有了这种天下一家、中国一人、民胞物与的怀抱，悲天悯人的同情自然不时要流露於语言文字之间了。

承宗和苏慧已订了婚，到葫芦谷来听讲时，依然大大方方地同往同来。六月下旬的一个星期日的上午，补习班的全体同学又全集於山石庵的礼堂里，等他们的尹老师来，做本学期最后一次的讲习。他们三三五五地分作数堆，有的在谈时局，有的在谈国文，有的在谈闲天，有的在商量今天公请老师的事。"老师来了！"不知谁这样说了一句，大家回头望去，只见莘耜从外面缓步而来。矮矮的个儿，穿着一件古铜色的旧的绸长衫，黑黑的脸儿，鼻上架着一副阔边的近视镜，长长的头颈，头上留着短短的平顶，趿着的脚穿了一双布底布帮的土做鞋子。他这副样子，他们已经看惯了的；今天却似乎特别引起了他们的注意，因为这是最后一课了。

莘耜照例向他们点头招呼。大家静悄悄地坐下了。他开口道："今天要把这一年来所讲习的国文，做一总结束。这学年，我们所讲习的，是'体裁和风格'。我们讲体裁时，是以姚姬传的《古文辞类纂》、曾涤生的《经史百家杂钞》二书所分体类为根据的，可也不限於这两部书。我们所讲习的体裁，可以归纳起来，列成一个简略的表。"说到这里，他便回过身去，在黑板上写出一个表来。

承良站起来问道："太先生，您为什么不采用姚氏的'论辨'，曾氏的'论著'，而特地用'论说'二字？别的体类的名称，不都仍姚氏或曾氏之旧的吗？"莘耜叫他坐下，问道："承良的确比去年细心得多了；一字之异，都不让它疏忽过去。谁替我代答他的疑问呢？"素秋见大家都不回答，方站起来道："曾氏把'论著''词赋''序跋'三类括为'著述门'，而且说，论著类是'著作之无韵者'，词赋类是'著作之有韵者'，序跋类是'他人之著作序述其意者'。他的意思以为论著和词赋是'作'，序跋是'述'，所以把'论辨'改作'论著'。这一类的文章，不一定是'辩论'，也有'说明'的，所以尹老师又改称'论说'了。这是我个人揣度的话，不知道对不对。"莘耜微笑

体裁

（甲）文章（杂文学）
- （一）论说（姚作"论辨"，曾作"论著"。）
- （二）序跋（自序或为他人著述做序。"赠序"附。）
- （三）诏令（下行公文书。）
- （四）奏议（上行公文书。）
- （五）书牍（私文书。）
- （六）哀祭（告祭鬼神之文皆属之。）
- （七）传状（记人之文。曾氏以合"碑志"，曰"传志"。）
- （八）碑志（记事之碑、记人之志，皆属之。）
- （九）叙记（此类为姚氏所无。）
- （十）典志（此类亦为姚氏所无。）
- （十一）杂记（记山水、宫室等及人、事之小者。）
- （十二）箴铭（以警诫为主，曾氏并入"词赋"。）
- （十三）颂赞（以褒扬为主，曾氏亦并入"词赋"。）

（乙）文学（纯文学）
- （一）辞赋（曾氏曰"词赋"，并入"箴铭""颂赞"。）
- （二）诗
  - （1）古体诗（包括《诗经》及后世五七言古风。）
  - （2）乐府诗（包括汉乐府及后世拟乐府、新乐府。）
  - （3）近体诗（包括律诗、绝诗。）
  - （4）今体诗（指现代之新体白话诗。）
- （三）词（一名"长短句"，或曰"诗余"。）
- （四）曲（指"散曲"。）
- （五）小说
  - （1）旧小说
    - （a）短篇（文言传奇及白话短篇。）
    - （b）长篇（章回小说。）
  - （2）新小说
    - （a）创作
    - （b）翻译（短篇或长篇。）
- （六）戏剧
  - （1）旧剧（歌舞剧）
    - （a）元杂剧（附宋、金作品。）
    - （b）明清传奇（附"昆曲"。）
    - （c）平剧（附各地方戏剧。）
  - （2）新剧（话剧或歌剧，创作或翻译。）
- （七）俗文学（包括"弹词""大鼓""宝卷""民歌"……）

着问："诸位以为她说得对不对？""对的，对的！"
大家齐声回答。

　　莘耜又继续讲道："体裁，比较的具体，尚易领
会；风格，却是抽象的了。唐人司空图作《诗品》，把
诗的风格分成二十四种。清人袁枚又有《续诗品》，鲍
桂星又有《唐诗品》，都是继司空图而作的。诗的风格
可以分成二十四品；一切文章、文学的风格，不可以分
成更多的品类吗？古今作者的个性、学力、时代、环境
以及他们一时内心情感的触发，对外面人事、景物所摄
取的印象，绝没有绝对相同的。所以严格地说起来，不
但一时代有一时代的风格，一地方有一地方的风格，一
人有一人的风格，而且同一作者的作品，差不多每篇各
有其风格。诸位读过的诗文、词曲、小说、戏剧已不少
了，如果能仔细去体味，便知我所说的话不是完全没有
根据的。所以我们讲风格，只得从大体上去体味，从风
格所以不同之点去辨别。那么，风格的不同，从哪几点
上去体味辨别呢？可以辨别出些什么来呢？我们也可以
就讲习过的，简括成一个表。"他转过身去，把黑板擦
干净了，又写出一个表来：

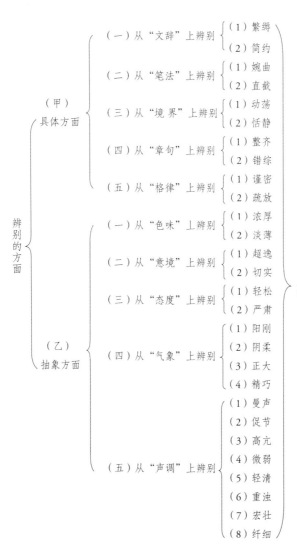

他写好了，又加以说明道："这个表，绝不能包括一切，不过举一隅以待三反而已。又如文章的气象，普通只分所谓'阳刚'与'阴柔'；即使有分得更细些的，也从'阳刚'中分'太阳''少阳'，'阴柔'中分'太阴''少阴'之类而已。我从前讲的时候，也只分两类，并没有说到'正大'与'精巧'。现在想起来，所谓气象，除了阴阳刚柔之外，还有大小之别。有的，气象局度都显示着高远阔大、冠冕堂皇，有所谓'堂堂乎'的神气；有的，气象局度虽不大，而另具一种遒劲精悍或娇小玲珑的特点。这固然和篇幅的长短与题材的大小有关，但我们绝不能否认文章气象上有这两种风格，而且不完全以篇幅长短与题材大小为分别的标准。它们又是另外一种气象上的差别，与所谓'阳刚''阴柔'不同。阳刚之文固是气象正大的居多，阴柔之文何尝没有气象正大的？反之，精巧的文章，如果有遒劲精悍的气象的，便是'阳刚'；有娇小玲珑的气象的，便是'阴柔'。因此，我们不当把它们和'阳刚''阴柔'混为一谈。这是我今天要补充的一点。"

他端起杯儿，喝了口开水，又继续讲道："声调的分别，不外乎'缓急''高低''强弱''清浊''大小'等等。有缓急，所以有'曼声'和'促节'之分；有高低强弱，所以有'高亢''微弱'之分；有清浊，所以有'轻清''重浊'之分；有'大小'，所以有'宏壮''纤细'之分。但是这些，只是理论上应有的分别，实际上绝不会分得这般清楚，而且往往是参互错综的。这是我要补充的又一点。"

他的话又转了一个方向，继续说道："我从前不曾说过吗？现在一般人把文章分作议论、说明、记叙、描写、抒情五种，是从文章的做法上分；骈文和散文，文和诗、词、曲，是从文章形式上分；我们讲习过的各种体类，是从文章的体制用途上分；广义言之，都可以说是文章的分类。那么，所谓风格，何尝不可以说是从文章的作风上分的类呢？而且文字的应繁、应简，文章的应曲、应直，文律的应密、应疏，以及态度的应轻松、应严肃……也得视所做的文章是哪一种体裁而异。例如写给尊长的信，文章便应婉曲，文律便应谨密，气象便应柔和，态度便应严肃了。所以风格和体裁绝不是毫无关系的两件东西。这是我要补充的又一点。"

　　他摸出一块手帕，揩了揩额上的汗，仍继续讲下去："文苑是一片极广大的园地：就时间方面说，已有我们祖宗数千年遗传下来的浩如烟海的作品；就空间方面说，以前有从印度方面输入的，现在有从世界各国输入的翻译作品。真是丰富极了！这一年以来讲习所及的，不过是九牛之一毛，不过从文苑外面围着的篱笆的孔隙里张望了一回而已！诸位千万不要以此自满，还得凭自己的力量去更求深造。这一年以来，同学中国文进步最快的，当然首推山素秋。其余的同学，也各有相当的进步，虽各人的进步迟速不同。这是诸位给予我的精神上的报酬。但我不能居为己功，因为这是诸位自己努力的效果。用一分力，得一分效果；用十分力，便得十分的效果。这是丝毫不爽的！不但国文，一切学问事业，都是如此。偶有事倍功半，用力勤而收效少的，那就是他致力的方向错了，用功的方法错了。纠正方向和方法的错误，才是我指导者的责任；可是也须受指导者信任我的指导，方能挽救过来的。诸位同学是信任我的，接受我的指导的；所以我相信，这一年中，并没有什么重大的错误，并没有白费什么光阴和精力。进步之所以有迟速，不是因为天赋的资质、基本的学力、所处的环境之不同，便是努力有勤惰了。今天是本学年的最后一课了，我们的讲习会就此结束。长长的夏日，长长的暑假，诸位研习国文的工作，可不要就此结束吧！"

散会了，恰好是十二点钟。莘耜走到休息室去，振福已衔着长旱烟袋，站在门口等候他了。莘耜刚揩了一把脸，喝了一口开水，琢生也含着笑从外面进来。"今天连我也沾了莘耜先生的光！"他说。原来补习的同学们在这结束的一天公宴老师，振福是校长，当然在内；他们又把琢生邀来作陪。三桌菜，是镇上包来的；酒饭，由葫芦谷的几位同学预备。厨子借振福家里烧菜，因为他家离山石庵最近，而且有素秋姊弟两位同学。山石庵的礼堂里摆下两张圆桌，一桌是振福的首席，一桌是莘耜的首席；琢生却坐了莘耜那桌的第二位。

莘耜道："今天可说是盛会了。前几天，王君承宗和苏君慧订婚的喜筵，福翁和琢生先生都没有到，同学们也有不到的。"坐在那一桌上的振之道："我们不久还可以有两次盛会。"振福说："你说葫芦谷小学散学和开学时的宴会吧？"振之道："不！小学里散学开学的宴会，虽另有许多校董参加，可是我们国文补习班的同学是不会全体来参加的。我所说的那两次盛会，今天在座的人，一定能全体参加，而且同席的人还要多，还要热闹哩！"振福笑道："为了什么事，举行这样盛大的宴会！"李桂哈哈笑道："山校长，你怎么还不知道？将来的盛会，是要你做东的。"莘耜只是对着和他同席的三个女生微笑。苏慧恰巧坐在素秋和蕙英中间，见尹老师注视她们，便用手肘左右触触她们。她们俩的脸一齐红了起来。"哈哈，对极，对极！应当由我做东。那一天，诸位同学一定要全体出席，不准托故不到！我是喜欢热闹的。"振福这才悟到，他们说的是他近来认为最得意的事。他的酒量本好，今天更高兴得了不得，酒胃大开，可惜没有对手。

席间随意谈话。他们由米贵谈到旱荒，由旱荒谈到他们的自流井，更由自流井谈到秋云士，由秋云士连带地谈起了梁家华。振福忽然道："家华也可算是补习班的学生，可惜今天没有来。"说起家华，他们又因他装的收音机，而谈锋转到欧洲的战局上来。有的说："英国怕没有单独作战的能力，不久也得屈服。这都是为张伯伦的绥靖政策所误。"有的说："法国怎么如此不禁一击？贝当是上次欧战的宿将，此番以耄耋之年，出来签订屈辱的停战条约，太不值得了！"大家议论纷纷，莘耜独一言不发。素秋道："太先生，您老人家的高见如何？"莘耜道："我也没有什么特殊的见解。不过，我们对於各国和国际的形势，平时本没有留心，现在只凭些东鳞西爪的消息，想来猜度批评，终是隔靴搔痒而已！张伯伦的一味想和德国妥协，固然可以说他误国，安知他不是因为洞悉德国的力量非英、法所能抵抗，所以老成持重，不敢轻启战端？上次欧战，德国是战败国，二十年来，生聚教训，今日方得雪耻报仇，这不是和勾践一样吗？苏联也是收复失地啊！法军既一败涂地，不屈服，便灭亡。贝当不惜牺牲他垂死之身、凡尔登英雄的名誉，出来忍辱负重，也正未可厚非啊！总之，批评不是轻易下得的！"这一席酒，直吃到下午二时才散。

第四十章　室迩人远

山振福毕竟老了！他的酒量在村子里本是数一数二的，那一天他太高兴了，和两桌的人各干了一杯，又代莘耜各干一杯，连自己的孙女、孙子都不许除外。他本已喝得不少，又一连干了三十五杯，竟成了个醉翁。散席后，由素秋、承良扶了回去。不久，大家也都散了。莘耜回到寓里，照例睡他的午觉。秋氏婆媳在做针线，桂荪兄妹在温习算术，全家静悄悄的。

素秋突然跑了进来，一进门，便道："太先生午睡还没醒吗？快叫他醒来，去替祖父解围！"秋氏惊问道："什么事？"素秋喘着气道："祖父从山石庵里喝醉了回来，我们刚想让他静静地躺一忽儿，李少白，那位镇长老爷，陪了一个什么委员到我家来了，还带着一名警察。起初还好好儿地谈话，不知为了什么，和祖父抢白起来了。那委员神气活现地要把祖父押了去呢！"
秋氏听了，连忙把睡在那张大竹榻上的莘耜叫醒。莘耜
匆匆忙忙地揩了把脸，便跟素秋到山家来。

　　莘耜一跨出门，便见广场上停着两乘藤轿，山家门
口已有三五个村民在窥探。刚走进门，已听得振福暴跳
如雷地在嚷："去就去！我不怕！"堂屋门口，威风凛
凛地站着一名警察；堂屋里上首的两张椅子上，坐着一
个穿制服的三十多岁的青年，一个穿蓝绸长衫的、留着
鼠须的、五十左右的人，大概就是委员和镇长了。琢生
鞠躬如也地站在他们面前说好话，振福气急败坏地坐在
下首的一张椅子上。

　　莘耜走进堂屋，先向振福略一招呼便问道："琢生
先生，哪一位是李镇长？"琢生忙介绍道："这位是镇
长李少白先生，这位是县里派来的张委员。他们两位为
了粮食统制的事，来找山村长的。——这位是尹莘耜先
生。"莘耜向他们俩鞠躬招呼，那张委员稍稍把屁股松
了松，李镇长却冷笑着，动都不动。莘耜向琢生道：
"今天山村长在校里多喝了几杯，年迈的人，不胜酒
力。又听说李镇长陪了一位委员来，不知有何公干，深

恐山村长酒尚未醒，所以特地过来看看。不料琢生先生已在招待了。"琢生道："现在省府因宁、绍一带闹米荒，为调剂民食起见，统制全省的粮食；本县也有粮食统制委员会的组织，特派张委员到本镇来调查粮食的情形，所以李镇长亲自陪他到此地来的。"

李少白开口道："你们村里的户口，不到本镇的三十分之一。山振福却囤积了四五百石谷，因此我陪了张委员来实地调查。我好意劝他全数缴出来，按规定的平价，粜给粮食统委会，以备调剂本县或他县民食之需。他却一味托故推诿，并且出言不逊。张委员见他倚老卖老，违抗省令，要带他到县里去呢！"振福嚷道："我们的积谷并没有这许多，而且是山石庵的，是全村公有的。他却硬说我私人囤积了四五百石，这不是故意要向我寻事吗？"李少白也高声道："私有的也罢，公有的也罢，总得全数缴出来！"

莘耜道："镇长不要动气！积谷是全村公有的，是事实；没有这么多，也是事实。既是全村公有的，山村长当然不能一人做主；要缴出来，也得召集一次会议才行呀！省府统制粮食，旨在调剂民食。葫芦谷的人，也是浙江省的人民；他们的粮食，也得顾到的。我们应当先就本村的民食，以按口授粮的办法，计算一下。所余的谷，当然得扫数缴出或封存，听候粮食统委会处置。倘若不顾到本村的民食，立刻把积谷扫数提去，怕不是省府轸念民食的本旨吧！"张委员听了他这番议论，不禁把头点了两点。

李少白道："二三十家人家，即使以每家分配五石谷计算，也不过一百三五十石谷。要囤积这许多干什么？"振福刚要开口，莘耜忙抢着回答道："村民究有多少家，每家各有多少人，这是有户籍可查的。我先来一个假定的估计罢：一家五口，算是个平均数；每人每天吃一升米，不算多吧！三五一十五，每月便得一石五斗米了。从现在到九月底新谷出，还有三个月；每家便得储备四石五斗米了。谷，做成米，普通是个对折；每家便需九石谷了。李镇长说每家分配五石谷，是怎样计算的呢？"李少白道："八月底，新谷就可上仓，你多算了一个月呀！"莘耜笑道："那么，镇长的估计法，也和我差不多，不过我多说了一个月，是不是？"李少白道："即使略有出入，也相差不远。"莘耜道："我并没有多说一个月呀！我说的九月底是国历，现在没有到六月底，不还有七、八、九三个月吗？"琢生也道："早稻，阴历八月初好割；迟稻，总要到九月中旬。本村种的十之八九是迟稻。"莘耜又道："这原是假定的估计。如要精密计算，不妨请张委员酌定一个办法：大口每天得吃多少米，小口每天得吃多少米，以几个月为标准，再按户口册登录的大小人口切实计算，本村共得酌留多少谷。再去开积谷仓，把应留的谷量起来，其余的扫数归公。张委员，您看我这办法对不对？"张委员道："这办法倒颇切实！我想，十五岁以上做大口论，不满十五岁以小口论；大口每天一升米，小口每天半升米；日期，就以三个月为标准吧！"莘耜道："琢生先生，就请你到村委会去，把户口册拿来吧！"琢生匆匆去了。

　　振福的酒还没有十分醒，竟曲肱而枕之地在茶几上呼呼打鼾了。"这老头儿真是一只猪猡！"李少白脸上露出狞笑来。莘耜见振福睡着了，忙叫承良掇进藤靠椅来，扶他躺下。琢生已把户口册拿来了。承良拿出算盘笔墨来，和琢生按户分大小口计算。张委员站在旁边看着。李少白衔着一支香烟，似乎坐在那儿沉思。计算的结果，大口共计九十八人，小口共计六十四人；照张委员说的标准计算，共需米一百〇八石，折合谷二百十六石。

"不对！不对！"李镇长忽叫了起来。"本村的人家不见得都要吃积谷。张委员，不要被他们蒙过！"张委员也恍然道："毕竟是你精细！"琢生刚想分辩，莘耜道："这也说得是。例如我家里，现在剩下的米还可支持到新谷出的时候；山村长家怕也还有些存米，无须吃积谷的人家应当除去。可是一家不知一家事，究竟哪几家有存粮，是不能猜度、估计的。琢生先生府上还有存米吗？"琢生道："不瞒你说，我家里只剩三四斗米了。"莘耜道："要实事求是，便得按户去调查，而且要镇长亲自出马，方靠得住！村委会，必须开一次的。我看，开会，调查，最快总得明天方好盘谷。"张委员向李少白道："那么，我们今天还是回去呢，还是住在这里呢？"李少白沉吟道："这里，怎么住得来？"他皱了皱眉头，突然道："石琢生，你们村里都是山、石两姓，哪里来的这个姓尹的？"琢生道："尹先生流寓此间已两年半了。"李少白道："姓尹的，你还不能算是本村人，本村的公事，不要你这来历不明的人横加干涉！"说时，声色俱厉。又转过脸去道："张委员，你不要中了他们的缓兵之计！过了一夜，明天仓里还会有谷吗？"

"放屁！"振福突然从藤椅上直跳起来。原来他已经醒了，听李少白这样说，再也按捺不住了。"我拼着这条老命不要了！和你上县里省里吃官司去！"李少白也跳了起来，把桌子一拍，喝道："你这老匹夫，对委员这样撒泼，还得了！来！将他锁起来！"忽郎郎的一声，那警察抖出一条铁链，跑了进来，恶狠狠地要锁振福。正在这一刹那工夫，外面惊天动地的一声呐喊，接着跑进许多男女老小来，把堂屋前面的走廊天井都挤满了，乱七八嘈地叫："不要放走了这狗头——李少白！拖他出来，咬杀了他！"阿德好像发了疯，赤着膊，先蹿了进来。那警察想拿铁链去锁振福时，被他赶过来一推，便跟跟跄跄地退了几步，跌在振福的藤椅旁，脚踝上被铁链敲了一下，痛得立不起来。李少白吓得面无人色，躲在张委员背后发抖。琢生忙拦住了阿德，对众人道："千万不要乱，一乱可就糟了！张委员是明白的！"一面请张委员宣布方才酌定的办法。又道："李镇长既疑我们今晚要偷谷，只得请两位立刻先去盘积谷。明天上午，请李镇长亲自按户去调查，看村民要吃积谷的到底有几家，然后按方才宣布的办法核算，将余谷扫数缴出。""积谷是我们的，大家都要吃！我们自己不吃，倒让李少白吃不成？他来调查？好！每家请他吃两个耳光！"外面又起了一阵轰。

张委员道："你们的积谷，总有簿子的；只须查簿子好了，何必去量？"琢生道："我去拿来。"说罢，便向人堆里挤出去了。李少白向张委员耳朵边叽叽咕咕地说了几句话，阿德高声嚷道："这坏蛋又在捣鬼了！""拖他出来！"外面又起了轰。阿德竟抢进来，拉住了李少白的手。李少白一手拖住了张委员，口里嚷道："尹先生，救救我吧！"莘耜坐在椅子上，笑道："我不算是本村人，不能横加干涉的呀！"阿德倒也粗中带细的，见他拖住了张委员，便不强拖他出去，只使劲捏他的手。李少白痛得叫了起来："我并没有说什么呀！山村长，山老先生，看张委员面上，救救我吧！

我——我，下次再不敢了！"振福只得道："阿德，饶了他吧！"阿德才放了手，两手叉在腰里，一双眼睛恶狠狠地盯住了李少白。

琢生拿进几本账簿来，交给张委员。张委员翻看了一遍说："原来山石庵每年收的谷，确有四百多石。到了春天，粜的粜，分的分，这时候，已仅存一百二十石了。李镇长，你原来只知其一，不知其二，却如此多事！一百二十石谷，留给本村自己吃，还怕不够哩！"振福道："我们村里的田，都归山石庵公有。山石庵是我们山、石两姓的宗祠。我们一村好似一个大家庭，不动产是公有的，山地也是如此。这是我们祖宗定下来的家规，和别处不同。张委员回到县里，只须去查钱粮底簿，葫芦谷便只有山石庵一个户名。所以我们村里的人家，没有巨富的，也没有赤贫的。"张委员笑道："原来有这种特殊情形，倒与孙总理的民生主义不谋而合了！"阿德和堂屋前拥挤着的群众知道这场风波已告平静，渐渐地散去了。李少白觉得没趣，立刻要走。琢生却留他们吃点心，一面叫四个轿夫吃饭。吃完了，方送他们动身。上轿时，李少白的鼻子里竟挂出两条鼻涕来。他们走了，琢生方笑道："这家伙，想是大烟瘾头发了！"

莘耜回到家里，把经过的情形讲给秋氏他们听，大家觉得又好气又好笑。这天夜饭莘耜只吃了半碗。就寝之后，长吁短叹地睡不着。秋氏起来问他，莘耜叹口气道："我们在这里住不长了！又回不得故乡！碧湖那里，不知道好不好住家。"秋氏诧异起来。莘耜道："李少白是个阴险小人，今天当场受了羞辱，必怀恨在心。他最恨的是福老，次之便是我，必想法报复。明枪易躲，暗箭难防。我们本是客居，又恰好在他的管辖之下。这正是俗话说的'不怕官，只怕管'啊！"秋氏道："且等黎明回来，再从长商议吧！"

第二天早晨，莘耜刚在吃稀饭，承良慌慌张张地来告诉，说他祖父突然吐了许多血，大便也都是些血块，请他赶快过去。他连忙放下碗筷，同承良过去。振福躺在他自己的床上，脸色是发青的。莘耜替他诊了一会脉道："这是昨天酒后盛怒伤肝之故。福翁，你年迈了！我看不如把村长和校长的职务交给琢生先生，方好做长期的静养。"振福道："我也这样想。我今天的病，分明是昨天被李少白呕出来的！"莘耜委婉地劝了一番，又拟了一张药方，叫试吃一帖看。他走出厢房，又到他们吃饭的边间去，低声对素秋母女道："你们不要害怕！福老是老年人，性子又暴躁，这病倒有些棘手。我想，不如拍一个电报给子寿，叫他回来，他的医道比我高明得多了。素秋，你得请几天假，看护他；仍由小媳去代课好了。"陆氏已淌下眼泪来道："子寿不在家，一切得请太先生主持！"莘耜道："当然的，我决不推诿。我找阿德去拍电报吧！"他回到家里，叫富氏去替素秋代课，写好了电报稿，叫阿德去镇上拍发，又和琢生商量好，接替村长、校长的职务，一面备公文向镇公所、教育局呈报。忙了一个上午。吃了中饭，午觉也睡不着了，躺在竹榻上只是叹气。

王承宗和苏慧忽然来了。莘耜忙起身招呼他们坐下。承宗道："我们今天特来向老师辞行的。承家岳和秋云士先生帮忙，把我调到金华去做站长，那里是一等站呀！家岳来了一封信，叫岳母他们也搬到金华去，和内兄一起居住。金华中学原是在乡下的。我，等继任的站长来了，移交清楚，便要动身。我们俩这一年来，叨

承教泽，得益不浅，今天特来告别。我们还得去见见山
校长，和小学里几位同学。"莘耜道："山校长病得很
厉害，不必去见他了。素秋告假在家，服侍祖父，我去
叫了她来。"说罢，便亲自去把素秋叫来。素秋听他们
要到金华去了，也有些黯然。他们俩在尹家吃过点心，
便到山石庵去了。

　　莘耜送他们走了，又踅到山家来看振福。琢生也坐
在振福的床前。莘耜便在他床沿上坐下，又替他诊诊
脉，觉得并没有转机。振福忽然拉住莘耜的手道："尹
先生，你虽是客居，已帮了本村不少的忙。我希望你
仍能帮琢生的忙，和我在时一样！村务、校务，我已付
托得人。只是小孙们的婚事，怕不能亲眼看他们团圆。
这要托你帮子寿的忙了！人生七十古来稀，像我这样的
年纪，已不算短命了，却不料竟死在李少白这厮手里！
我做了鬼，也不放过他！"他的气又涌上来了，两眼向
上一翻。莘耜和琢生忙着叫唤，素秋也赶过来叫；陆氏
听得，也三脚两步赶了进来，哭着叫老公公。振福悠悠
地苏醒过来，又吐了许多血。"子寿呢？赶快叫他回来
吧！"他含含胡胡地说。莘耜曲譬婉劝了好久，方静了

下去。莘耜道："我们去吧，让他静一忽儿。"便和琢生悄悄走出厢房，各自回去。

　　莘耜这天夜里几乎没有睡着。次日早晨，来不及吃稀饭，便来看振福。一脚跨进厢房，忽见子寿坐在他爸爸的床前，诧异道："你怎么到得这般早？"子寿站起来道："老师，昨天下午一时我方接到电报，立刻趁车回来，到镇上已是七点光景。吃了一碗点心就赶回来，到家时已快九点了。老师，家父本有肝气病的，近来好几年不发了。前天酒后盛怒，所以突发起来，其势不轻，倒颇可虑！"莘耜又诊了一次脉，细问昨夜的情形，方知又吐过一次血。他和子寿仔细斟酌，开了一张方儿，莘耜方回去吃稀饭。他一到家，见阿德正指手画脚地在告诉秋氏，说他昨天去托王承宗打了电报，从汽车站回来，刚走到天寿堂门口，站着和叶老板谈话，那个狗头镇长恰好走过，便叫了好几个警察来把他拖到公安分局去，硬说他是个贼，幸而叶老板和局长认得的，化了两块钱，把他保出来，所以到家已是夜了。莘耜笑道："你一定在和叶老板谈前天的事，被他听见了。"阿德道："是呀！叶老板真机警。警察来拖我时，他竟叫我王阿寿，说是他的亲戚，住在王家庄的，所以得保出来。"莘耜道："你下次到镇上去，时时得小心，切不要多说话！"阿德叹口气走了。

　　振福的病竟一天天地沉重起来，子寿请过几个医生，叶老板也来看过一次，都摇摇头，想不出挽救的法儿。子寿便和莘耜商量道："我想赶快给素秋和承良订婚。我并非迷信冲喜的俗例，因为要使家父得到最后的安慰。"莘耜道："这倒是一件应做的事。姊弟同日订婚，只要孙家答应了，家华是不成问题的。"子寿道："孙家已由原媒疏通好了。"莘耜道："那是好极了。"於是莘耜一面写信通知家华，叫他到葫芦谷来。这时，黎明已把自己和子寿的功课都结束了，回到家中。家华也来了，到山家去见过太岳父、岳父母和素秋姊弟；回来和莘耜商量，请他代表家长，黎明做介绍人。这次喜事，两场并作一场，而且是急就章，子寿夫妇又无暇兼顾，都由莘耜一家代办，所以忙得不亦乐乎。

　　葫芦谷小学放暑假的第二天，家华和素秋、承良和蕙英两对新人同时在山石庵礼堂订婚。由新村长石琢生证婚。客人除了本村各家的男女，素秋的舅母之外，到的并不多；补习班的同学，也只到了振之、中玉、方中、李桂四人。承宗夫妇早已走了，其余的，或不在家，或有病，或有事，都没有来。订婚的仪式是在上午举行的；礼毕后，便在礼堂上设席。男客由莘耜父子、琢生父子招待，女客由富氏和琢生的夫人招待。安席了，子寿便带着婿、女、儿、媳，回去见他爸爸。

振福的病近几天更沉重了，非但不能起坐，而且是昏迷的时候居多。陆氏一人在床前陪他，见子寿他们来了，便俯下身去叫道："老公公，素秋和承良都订了婚，和新女婿、新媳妇，来拜见你哩！"振福悠悠地苏醒了过来，睁开他没神的眼，见床前站着儿媳和两对新人，精神顿时兴奋起来，枯干的脸上露出一丝笑容。"好，好，我的心事完了。尹……呢？"他的声音，渐渐地低下去，低下去，竟听不清楚了。素秋道："爸爸，祖父在挂念太先生呀！"家华道："我去找他来！"承良道："我去吧！"他跑到山石庵去把莘耜邀来。莘耜在他床沿上坐下，叫了声福翁。振福又竭力地睁开眼睛来，喘着气道："我……我要和你长别了！这里，这里……不，不好……你们不如暂时离开吧！赵望

翁，你也来看我么？哈，哈，原来是秋……秋云士。李
少白，你这坏蛋，滚出去！滚，滚……"他又在说昏话
了。一口痰涌起来，又厥了过去；任凭他们怎样哭喊，
他竟一瞑不视了。移时，脸上却又泛出一丝笑容来。山
家真应了"贺者在门，吊者在室"的古话。这消息传了
出去，葫芦谷里几乎是一片哭声。他们遵照向例，在头
七里出殡，丧事由琢生主持，全归山石庵办理。因为振
福是全村爱戴的老村长，礼节特别隆重，在山石庵开了
一天吊。赵望之、秋云士都得了信，赶来吊丧。第二
天，全村的人都到公墓去送葬。送了葬回来，望之、云
士都急于要走，莘耜也不坚留。望之在临走时，握着莘
耜的手道："莘耜，我看这里住不得了，你不如移家到
碧湖去！"家华因为只请了三天假，不久也匆匆走了。

　　一个月光皎洁的夏夜，莘耜、子寿两家的人，都在
广场上乘凉。莘耜、子寿、黎明三个人环坐在那大石旁
谈天，秋氏、陆氏、富氏、素秋、蕙英五个人也在一起
谈天。桂荪、兰荪和小朋友们在玩猫鼠穿谷仓的游戏，
还有许多乘凉的男男女女一堆一堆地坐在矮凳上。横架
着的大凉棚竹上，阿德低着头在吃潮烟。一切和前两年

的夏夜一样，只少了一个拿着长旱烟袋儿的老人——山振福。琢生忽然来了，招呼坐下之后，突然问道："莘耜先生，听说你们要搬到碧湖去了，后天就要动身，真的吗？"莘耜道："正想明天向您来辞行呢！省立联合师范办在碧湖的乡下，联师的校长本和我是老宾主，曾屡次邀我回校去。前几天又把聘约寄来了，并且说已替我们在乡下租好了房子。我和小儿都在那里教书，家眷远隔在此地，是不便的，所以决计尽室俱行了。在这里寓居了两年多，和这第二故乡作别，倒有些恋恋呢！"阿德跳了起来道："尹老先生，你怎么这样忍心？老村长刚死，就丢下我们，高飞远走了！"说了这一句，竟淌下泪来。乘凉的男女也都觉得凄然。

莘耜又道："舍甥梁家华昨天来信，他已擢升了龙泉的电报局长，想邀承良去当会计哩！"琢生道："这可使我为难了！尹先生全家去了，补习班便得停办；阿良如其也走了，还得添聘一个教员哩！"他沉默了许久，忽又笑道："李少白这家伙，脸皮真老，他今天写了封信给我，还说深悔那天不当为了公事和福老口角，不料福老不久竟尔病故，要想向他道歉，也无从道歉。又说现在有一旅兵是去年在萧山边境立过功劳的，调到镇上来休养。那旅长姓武，是个少年英雄。他颇有意为素秋作伐，叫我向子寿先容。我因素秋已经订婚，覆绝他了。"大家听了，不禁哈哈笑了一阵。阿德道："就是我有女儿，也不要这狗头做媒！"谈了许久，大家散去。

尹家走了之后，子寿竟把家务托给琢生，也带着家眷走了。原来李少白不怀好意，哄那位武旅长向山家一再求婚，说琢生的回信是说谎，振福在时，还托他物色孙婿哩。因此，子寿怕又闯祸，只得把家眷也带到碧湖去了。

秋老虎比伏天还热，广场上的月光依然如故，一堆堆乘凉的男女依然如故。坐在横架着的大竹子上吸潮烟的阿德忽然长长地嘘了口气道："死的死了，走的走了，真应了猪八戒的话，大家散了伙！"他抬起头来，只见山涧那边的三间小楼房，黑黑地静静地站在他的前面，回过头去，又看见关着门阒无一人的他们老村长的家。